NACIONALIDADE
NOTAS PRÁTICAS

MÁRIO FILIPE MONTEIRO LOPES
JURISTA

NACIONALIDADE

NOTAS PRÁTICAS

NACIONALIDADE
NOTAS PRÁTICAS

AUTOR
MÁRIO FILIPE MONTEIRO LOPES

EDITOR
EDIÇÕES ALMEDINA, SA
Av. Fernão Magalhães, n.º 584, 5.º Andar
3000-174 Coimbra
Tel.: 239 851 904
Fax: 239 851 901
www.almedina.net
editora@almedina.net

PRÉ-IMPRESSÃO | IMPRESSÃO | ACABAMENTO
G.C. – GRÁFICA DE COIMBRA, LDA.
Palheira – Assafarge
3001-453 Coimbra
producao@graficadecoimbra.pt

Abril, 2008

DEPÓSITO LEGAL
274669/08

Os dados e as opiniões inseridos na presente publicação
são da exclusiva responsabilidade do(s) seu(s) autor(es).

Toda a reprodução desta obra, por fotocópia ou outro qualquer processo,
sem prévia autorização escrita do Editor,
é ilícita e passível de procedimento judicial contra o infractor.

Biblioteca Nacional de Portugal - Catalogação na Publicação

LOPES, Mário Filipe Monteiro

Nacionalidade : notas práticas. - (Guias práticos)

ISBN 978-972- 40-3456-0

CDU   342

*À minha mulher Isabel e
minhas filhas Leonor e Rita*

PREFÁCIO

Foi com muito gosto e orgulho que aceitei o convite do Dr. Mário Lopes para escrever o prefácio da sua obra. Com muito gosto, porque além da franca amizade de há longos anos, tenho um profundo respeito pela sua honradez de carácter, pela sua organização e capacidade de trabalho, ou seja, pelas suas qualidades humanas e profissionais.

Com orgulho, porque a publicação de uma obra desta natureza por um Conservador é prestigiante não só para o próprio mas também para toda a classe profissional a que o mesmo pertence, pois o brilho de um dos seus membros ilumina toda a classe.

Lamentavelmente a Classe dos Conservadores dos Registos, em regra, não tem gozado de grande prestígio e consideração junto dos demais juristas. Talvez por, em tempos idos, um bacharel em Direito só poder ser Conservador, mas nunca Advogado, Juiz ou Procurador do Ministério Público.

Hoje em dia a realidade é bem diferente e além da Licenciatura existe uma formação jurídica específica, aproximadamente de 3 anos.

No meio académico, ao qual tivemos o privilégio de pertencer durante 6 anos, contemporâneos e subsequentes à realização do mestrado (científico e não profissional), na Faculdade de Direito de Lisboa, e entre a advocacia, actividade também exercida anteriormente pelo autor da obra, os conservadores são, lamentavelmente, considerados uma espécie menor. Recordo, em particular, um colega que me advertiu com paternal bondade para não trocar o ensino universitário pela carreira de Conservadora.

Um Conservador é um jurista, tal como os seus pares, mas além disso é ainda responsável pela contabilidade, pela aquisição de consumíveis, pela reparação do equipamento danificado, pela gestão e formação de recursos humanos. E, por todos estes aspectos, o Conservador é pessoal e não solidariamente responsável com a equipa, quer seja pela avaria de um fax, quer seja pela falta de um cêntimo ou de um milhão.

Com tudo isto acumula o seu trabalho de jurista, interpretando o direito internacional privado para, verbi gratia, determinar a lei aplicável à transcrição de um casamento.

É ainda pessoalmente responsável, e avaliado, pelos resultados obtidos por uma equipa que não teve oportunidade de seleccionar pelo mérito, capacidade, diligência ou lealdade, e que por vezes aceita com dificuldade ou resistência os procedimentos inovadores e a reciclagem profissional.

Desconhecemos outra classe de juristas com semelhante panóplia de responsabilidades.

Pelas multíplices exigências a que estão sujeitos, torna-se particularmente difícil obter o tempo necessário para investigar, estudar e compilar, mas a partilha do conhecimento, característica de espíritos elevados, é sempre fruto de alguma abnegação e sacrifício pessoais.

Esta obra, de elevada qualidade, em que o autor partilha o saber teórico enriquecido pela experiência é uma mais valia para todos os juristas que interpretam e aplicam a Lei da Nacionalidade.

ANA ESTELA LEANDRO

Mestre em Direito
Conservadora do Registo Civil
ex-assistente da Faculdade de Direito de Lisboa e da Academia Militar
ex-advogada

"Pela Lei Orgânica n.º 2/2006, de 17 de Abril, foram introduzidas alterações à Lei n.º 37/81, de 3 de Outubro (Lei da Nacionalidade), que modificaram substancialmente os regimes da atribuição e da aquisição da nacionalidade portuguesa.

De entre essas alterações destaca-se, pela relevância que assume, o reforço do princípio do ius soli, o que constitui a concretização do objectivo, assumido no Programa do Governo, do reconhecimento de um estatuto de cidadania a quem tem fortes laços com Portugal.

Com efeito, as modificações demográficas, ocorridas nos últimos anos, determinaram que muitos descendentes de imigrantes, embora sendo estrangeiros, nunca tenham conhecido outro país, além de Portugal, onde nasceram.

Neste contexto, e revertendo como um importante factor de combate à exclusão social, pela nova lei é atribuída a nacionalidade portuguesa de origem aos nascidos no território português, filhos de estrangeiros, se pelo menos um dos progenitores também aqui tiver nascido e aqui tiver residência, independentemente de título, ao tempo do nascimento do filho, bem como aos nascidos no território português, filhos de estrangeiros que se não encontrem ao serviço do respectivo Estado, se declararem que querem ser portugueses, desde que, no momento do nascimento, um dos progenitores aqui resida legalmente há, pelo menos, cinco anos.

Por sua vez, no domínio da aquisição da nacionalidade foi consagrado um direito subjectivo à naturalização por parte dos menores nascidos no território português, filhos de estrangeiros, se, no momento do pedido, um dos progenitores aqui residir legalmente há cinco anos ou se o menor aqui tiver concluído o primeiro ciclo do ensino básico.

A limitação da discricionariedade, através do reconhecimento, em diversas situações, de um direito subjectivo à naturalização, constitui, aliás, outra importante inovação, introduzida pela referida Lei Orgânica n.º 2/2006, de 17 de Abril.

Acresce que, de um modo geral, foram simultaneamente diminuídas exigências, tendo sido introduzido, para efeitos de atribuição ou de aquisição da nacionalidade, um novo conceito de residência legal no território português, cuja prova pode ser efectuada através de qualquer título válido, e não apenas mediante autorização de residência.

Tais alterações determinariam, por si só, a necessidade de aprovar um novo Regulamento da Nacionalidade Portuguesa, adaptado aos princípios e normas que enformam a Lei da Nacionalidade recentemente revista.

Todavia, o objectivo do presente decreto-lei não se circunscreveu à regulamentação da nova lei.

Assim, aproveitou-se para simplificar procedimentos relativos aos pedidos de nacionalidade e ao respectivo registo e para eliminar actos inúteis, adoptando um conjunto de medidas que tornam mais fácil para os cidadãos o exercício dos seus direitos.

No domínio da simplificação de procedimentos, salienta-se que os autos de declarações para fins de atribuição, aquisição e perda da nacionalidade, lavrados nas conservatórias do registo civil ou nos serviços consulares portugueses, se tornam agora facultativos, sendo criados meios alternativos para que os interessados possam remeter as suas declarações directamente para a Conservatória dos Registos Centrais.

Trata-se, sem dúvida, de uma medida de grande impacte ao nível da facilitação da vida quotidiana de muitos cidadãos, neles se incluindo os emigrantes portugueses e as respectivas famílias, que passam a dispor da possibilidade de requerer actos de nacionalidade sem ter de se deslocar a Portugal ou a um posto consular.

Além disso, prevê-se a criação de extensões da Conservatória dos Registos Centrais, disponibilizando-se, assim, novos balcões de atendimento, com competência para a instrução dos pedidos de nacionalidade. Consagra-se, ainda, a possibilidade de serem designadas entidades públicas, associações ou outras entidades privadas para prestar informações sobre o tratamento e a instrução dos pedidos de atribuição, aquisição e perda da nacionalidade e encaminhar as respectivas declarações e requerimentos para a Conservatória dos Registos Centrais.

No que se reporta à eliminação de actos inúteis, refere-se que os registos de nacionalidade, tradicionalmente lavrados por assento, são, na maior parte dos casos, transformados em registos por mero averbamento e, bem assim, é eliminada a publicação no Diário da República do despacho de concessão da nacionalidade portuguesa, por naturalização.

Salienta-se, ainda, o facto de os interessados estarem genericamente dispensados de apresentar certidões de actos de registo civil nacional, que devam instruir os pedidos de atribuição, aquisição e perda da nacionalidade, bem como de apresentar outros documentos, designadamente o certificado do registo criminal português e documentos comprovativos da residência legal no território português, os quais se referem a informação de que a administração já dispõe e que passam a ser oficiosamente obtidos.

Por outro lado, atribuem-se novas competências aos ajudantes e escriturários da Conservatória dos Registos Centrais promovendo, deste modo, a desconcentração de competências, o que permite uma capacidade de resposta acrescida.

Adoptam-se, ainda, várias disposições destinadas a permitir que os pedidos de atribuição, aquisição e perda da nacionalidade possam, no futuro, ser efectuados por via electrónica. Por último, uma vez que, em matéria do contencioso da nacionalidade, a competência foi transferida para os tribunais administrativos e fiscais, são também introduzidas novas regras quanto à tramitação dos processos e quanto à impugnação das decisões do conservador dos Registos Centrais."

In, Preâmbulo do Regulamento da Nacionalidade Portuguesa

1. ATRIBUIÇÃO

POR EFEITO DA LEI

1.º A

1.1 Artigo 1.º n.º 1 alínea a) da Lei da Nacionalidade

São portugueses de origem os filhos de mãe portuguesa ou de pai português nascidos no território português.

A quem se aplica

– Indivíduos nascidos no território português, filhos de mãe portuguesa ou de pai português, artigo 3.º, alínea a), do RN;

Serviços receptores do pedido

– Conservatórias do Registo Civil;
– Unidade de saúde onde seja possível declarar o nascimento.

<u>Nota:</u>

– Artigo 96.º do Código do Registo Civil – **Prazo e lugar** – n.º 1 – O nascimento ocorrido em território português deve ser declarado verbalmente, dentro dos 20 dias imediatos, em qualquer conservatória do registo civil ou, se o nascimento ocorrer em unidade de saúde onde seja possível declarar o nascimento, até ao momento em que a parturiente receba alta da unidade de saúde.
N.º 2 – O nascimento deve ainda ser declarado, nos mesmos termos, na unidade de saúde para onde a parturiente tenha sido transferida, desde que seja possível declarar o nascimento.

Documentos necessários

– Declaração para inscrição do nascimento no registo civil português, a prestar em qualquer conservatória do Registo Civil ou unidade de saúde onde seja possível declarar o nascimento. Artigo 96.º, n.º 1 do Código do Registo Civil.

Notas:

*– Para nascimento ocorrido **há mais de 1 ano**, a declaração voluntária de nascimento só pode ser recebida quando prestada por qualquer dos pais ou por quem tiver o registando a seu cargo, nos termos do artigo 99.º, n.º 1 do Código do Registo Civil.*

A declaração voluntária de nascimento ocorrido há mais de um ano pode, ainda, ser recebida pelo próprio interessado se for maior de 14 anos, devendo, porém, sempre que possível, ser ouvidos os pais do registando quando não sejam declarantes, conforme o artigo 99.º, n.º 1 do Código do Registo Civil.

*– Para a declaração de nascimento ocorrido **há mais de 14 anos**, deve ser exigida a intervenção de duas testemunhas e, se possível, ser exibido documento que comprove a exactidão da declaração, podendo o conservador promover as diligências necessárias ao apuramento dos factos, nos termos do artigo 99.º, n.º 2 do Código do Registo Civil.*

*– Artigo 99.º do Código do Registo Civil – **Casos especiais de declarações tardias** – n.º 1 – A declaração voluntária de nascimento ocorrido há mais de um ano só pode ser recebida quando prestada por qualquer dos pais, por quem tiver o registando a seu cargo ou pelo próprio interessado se for maior de 14 anos, devendo, porém, sempre que possível, ser ouvidos os pais do registando quando não sejam declarantes.*

N.º 2 – Para a declaração de nascimento ocorrido há mais de 14 anos, deve ser exigida a intervenção de duas testemunhas e, se possível, ser exibido documento que comprove a exactidão da declaração, podendo o conservador promover as diligências necessárias ao apuramento dos factos.

– Documentos de identificação dos pais, que devem ser exibidos, sempre que possível. Artigo 102.º, n.º 2 do Código do Registo Civil.

– Documento emitido pela unidade de saúde que comprove a ocorrência do parto e indique o nome da parturiente, que deve ser exibido, sempre que o nascimento ocorra em território português em unidade de saúde onde não seja possível declarar o nascimento.

Se o nascimento ocorrer em território português fora das unidades de saúde, deve ser exibido documento emitido nos mesmos termos. Artigo 102.º, n.ᵒˢ 5 e 6 do Código do Registo Civil.

Emolumentos

Gratuito

Nota:

*– Artigo 10.º **Actos gratuitos** – alínea a) do RERN – Assento de nascimento ocorrido em território português ou em unidade de saúde no estrangeiro, ao abrigo de protocolo celebrado com o Estado Português; Decreto-Lei n.º 324/ 2007 de 28 de Setembro de 2007, com entrada em vigor no dia 29 de Setembro de 2007.*

Prova

– A nacionalidade portuguesa originária dos filhos de mãe portuguesa ou de pai português nascidos no território português prova-se pelo assento de nascimento, artigo 21.º, n.º 1 da LN.

Nota:

*– Artigo 21.º da Lei da Nacionalidade – **Prova da nacionalidade originária** – n.º 1 – A nacionalidade originária dos indivíduos abrangidos pelas alíneas a), ... do n.º 1 do artigo 1.º prova-se pelo assento de nascimento.*

1.º B

1.2 Artigo 1.º n.º 1 alínea b) da Lei da Nacionalidade

São portugueses de origem os filhos de mãe portuguesa ou de pai português nascidos no estrangeiro se o progenitor português aí se encontrar ao serviço do Estado Português.

A quem se aplica

– Indivíduos nascidos no estrangeiro, filhos de mãe portuguesa ou de pai português, se à data do nascimento o progenitor português aí se encontrar ao serviço do Estado Português, artigo 3.º, alínea b, do RN;

Serviços receptores do pedido

– Extensões da Conservatória dos Registos Centrais;
– Conservatórias do Registo Civil;
– Serviços consulares portugueses.

Documentos necessários

– **Declaração para inscrição do nascimento no registo civil português**, a prestar em serviço receptor do pedido, mediante auto de declaração de nascimento. Artigo 7.º, do RN.

Notas:

– *Nos assentos de nascimentos ocorridos no estrangeiro de filhos de mãe portuguesa ou de pai português que ao tempo se encontrassem ao serviço do Estado Português é feita menção especial desta circunstância como elemento de identificação do interessado, artigo 7.º n.º 1 do RN.*
– *Os indivíduos nascidos no estrangeiro de cujo assento de nascimento conste a menção de que a mãe ou o pai se encontrava ao serviço do Estado Português, à data do nascimento, são portugueses de origem, sendo-lhes atribuída a nacionalidade portuguesa por efeito da lei, nos termos do artigo 3.º do RN.*

– **Documento passado pelo departamento a que o progenitor português prestava serviço no estrangeiro,** comprovativo que ao tempo do nascimento se encontrava ao serviço do Estado Português. A apresentação do documento é dispensada sempre que o funcionário tenha conhecimento oficial do facto. Artigo 7.º do RN.

Emolumentos

Gratuito

Nota:

*– Artigo 10.º **Actos gratuitos** – alínea h) do RERN – Assento de nascimento ocorrido no estrangeiro, atributivo da nacionalidade portuguesa, ou registo de atribuição da referida nacionalidade, desde que referentes a menor;*

Prova

– A nacionalidade portuguesa originária dos filhos de mãe portuguesa ou de pai português nascidos estrangeiro se o progenitor português aí se encontrar ao serviço do Estado Português prova-se pelo assento de nascimento, artigo 21.º, n.º 1 da LN.

Nota:

*– Artigo 21.º **Prova da nacionalidade originária** – n.º 1 – A nacionalidade originária dos indivíduos abrangidos pelas alíneas b), ... do n.º 1 do artigo 1.º prova-se pelo assento de nascimento.*

POR EFEITO DA VONTADE

1.º C

1.3 *Artigo 1.º n.º 1 alínea c) da Lei da Nacionalidade*

São portugueses de origem os filhos de mãe portuguesa ou de pai português nascidos no estrangeiro se tiverem o seu nascimento inscrito no registo civil português ou se declararem que querem ser portugueses.

DECLARAÇÃO ou INSCRIÇÃO

A quem se aplica

– Menores, filhos de mãe portuguesa ou de pai português, nascidos no estrangeiro, artigo 8.º do RN;
– Maiores, filhos de mãe portuguesa ou de pai português, nascidos no estrangeiro, que comprovem documentalmente que a filiação relativamente ao progenitor português (mãe ou pai) foi estabelecida durante a menoridade, artigo 14.º da LN.

Serviços receptores do pedido

– Extensões da Conservatória dos Registos Centrais;
– Conservatórias do Registo Civil;
– Serviços consulares portugueses.

Notas:

– *Artigo 32.º do RN* – **Forma das declarações** – *n.º 1* – *As declarações [para fins de atribuição] a que se refere o n.º 1 do artigo anterior [31.º] podem ser prestadas em extensões da Conservatória dos Registos Centrais junto de outras pessoas colectivas públicas, em termos a fixar por protocolo a celebrar entre essas entidades e a Direcção-Geral [Instituto] dos Registos e do Notariado, em conservatórias do registo civil e em serviços consulares portugueses, sendo aí reduzidas a auto, e enviadas para a Conservatória dos Registos Centrais, se possível por via electrónica, nas condições que vierem a ser fixadas por portaria do Ministro da Justiça.*

– Actualmente existem várias <u>extensões da Conservatória dos Registos Centrais</u>, uma é no Centro Nacional de Apoio ao Imigrante (CNAI), sita na Rua Álvaro Coutinho, n.º 14, 1150-025 Lisboa, Telefone 218 106 100, Fax 218 106 117 e outra no Arquivo Central do Porto, sita na Rua Visconde de Setúbal, n.º 328, 4200-498 Porto, Telefone 225 573 840, Fax 225 573 849.

– O Centro Nacional de Apoio ao Imigrante (<u>CNAI</u>), extensão da Conservatória dos Registos Centrais, tem competência para lavrar assentos de nascimento por inscrição directa.

– **Extensão da Conservatória dos Registos Centrais localizada no Centro Nacional de Apoio ao Imigrante em Lisboa** – **Despacho n.º 42/2007 de 16 de Maio de 2007 do IRN, I. P.**, *produzindo efeitos desde 15 de Dezembro de 2006, data da entrada em funcionamento da extensão da Conservatória dos Registos Centrais localizada no CNAI – Define as regras relativas ao pessoal que seja afecto às extensões da Conservatória dos Registos Centrais, criadas ao abrigo das disposições legais do Regulamento da Nacionalidade Portuguesa, aprovado pelo Decreto-Lei n.º 237--A/2006, de 14 de Dezembro.*

– **Criação de uma extensão da Conservatória dos Registos Centrais localizada no Arquivo Central do Porto** – **Despacho n.º 54/2007 de 26 de Junho de 2007 do IRN, I. P.** – *Cria um posto de atendimento da Conservatória dos Registos Centrais, a funcionar no Arquivo Central do Porto, constituindo uma extensão daquela, com início no dia 29 de Junho de 2007.*

– **Balcões de Nacionalidade** – **Despacho n.º 11/2008 de 22 de Janeiro de 2008 e Despacho n.º 18/2008 de 01 de Fevereiro de 2008 do IRN, I. P.** – *Cria uma rede de balcões da Conservatória dos Registos*

Centrais, e que constituem extensões da Conservatória dos Registos Centrais, nas Conservatórias do Registo Civil de Almada, Amadora, Silves, Torres Vedras, Vila Nova de Famalicão, Vila Verde e Arquivo Central do Porto.

Nestes balcões pode ser praticado um conjunto de actos de nacionalidade, próprios da Conservatória dos Registos Centrais:
  a) Instrução dos pedidos de aquisição da nacionalidade portuguesa, por naturalização, de estrangeiros que satisfaçam os requisitos previstos nos n.ᵒˢ 1 a 4 do artigo 6.º da Lei n.º 37/81, de 3 de Outubro, (Lei da Nacionalidade), na redacção introduzida pela Lei Orgânica n.º 2/2006, de 17 de Abril;
  b) Instrução e decisão dos pedidos de atribuição da nacionalidade portuguesa, nos termos da alínea c), do n.º 1 do artigo 1.º da Lei da Nacionalidade, relativamente a filhos de mãe portuguesa ou de pai português, desde que o nascimento deste progenitor tenha ocorrido no território português;
  c) Instrução e decisão dos pedidos de atribuição da nacionalidade portuguesa, nos termos da alínea e), do n.º 1 do artigo 1.º da Lei da Nacionalidade;
  d) Feitura dos actos de registo relativos aos pedidos de atribuição e de aquisição da nacionalidade referidos nas alíneas anteriores e subsequentes comunicações legais.

Documentos necessários

– **Declaração para inscrição do nascimento no registo civil português** ou **declaração para atribuição da nacionalidade portuguesa**, a prestar em serviço receptor do pedido, mediante auto de declaração de nascimento. Artigo 8.º, n.º 1, al. a) ou b) do RN;

<u>Notas:</u>

– *Nos casos em que o <u>poder paternal</u> não é exercido em conjunto pelos pais, quando o menor esteja sujeito a tutela ou noutras situações especiais, cabe ao serviço receptor do pedido indicar quem deve prestar a declaração de nascimento, tendo presente a necessidade de que, nesse acto, sejam cumpridas as regras relativas ao estabelecimento da filiação e da representação do menor – artigo 8.º, n.º 1, alínea b) do RN;*

Em princípio, devem ambos os legais representantes (pais) prestar a declaração para inscrever o nascimento do seu filho, nascido no estrangeiro, no registo civil português mediante declaração, a fim de lhe ser atribuída a nacionalidade portuguesa.

Se o poder paternal está regulado ou homologado por sentença ou homologado por decisão e averbado ao assento de nascimento, sendo o poder paternal exercido por um só progenitor, tem este legitimidade para a inscrição.

– A lei aplicável para determinar o <u>representante legal</u>, em caso de menores ou incapazes, sendo os pais portugueses ou de outra nacionalidade, variará consoante o caso concreto, por força da aplicação das normas de conflitos previstas nos artigos 57.º e 32.º do Código Civil.

Assim, sendo ambos os progenitores portugueses é aplicável a lei Portuguesa.

Sendo um progenitor português e o outro estrangeiro com residência habitual comum é aplicável a lei da residência habitual comum. Se não tiverem residência habitual comum, é aplicável a lei pessoal do filho. Porém, neste caso, se o filho for apátrida é aplicável a lei do domicílio legal do filho, nos termos dos artigos 57.º n.º 1 e 32.º do referido Código Civil.

A lei estrangeira aplicável pode reenviar para outro ordenamento jurídico, segundo as conexões estabelecidas no seu direito internacional privado, pelo que, a lei aplicável variará consoante o caso.

– À <u>composição do nome</u> a quem seja atribuída a nacionalidade portuguesa, são aplicáveis as regras legais em vigor, ou seja, o artigo 103.º do Código do Registo Civil. Porém, sempre que assim o pretenda, o interessado pode manter a composição originária do nome conforme o registo de nascimento estrangeiro, contrariando as referidas regras legais. Por exemplo, em França é admissível 3 nomes próprios na composição do nome. Deverá ser produzida prova, sempre que possível documental, da admissibilidade do nome, admitido na onomástica estrangeira, nos termos do artigo 103.º, n.º 3 do Código do Registo Civil.

Na atribuição de nacionalidade mediante declaração, o interessado deve indicar a composição que pretende adoptar para o nome, a qual é averbada ao assento de nascimento respectivo, já lavrado ou a lavrar por transcrição, sempre que o nome seja alterado. Na inscrição de nascimento atributiva da nacionalidade ou de assento de nacionalidade, deve mencionar-se no texto o novo nome e averbar-se a forma originária, quando demonstrada – artigo 11.º do RN.

– Se o interessado, ao formular o pedido de nacionalidade portuguesa, não o enquadra bem juridicamente, os órgãos ou agentes administrativos competentes devem procurar <u>suprir oficiosamente</u> as <u>deficiências do requerimento</u>, de modo a evitar que aquele sofra prejuízos por virtude de simples irregularidades ou de mera imperfeição na formulação do seu pedido, nos termos do artigo 76.º do Código do Procedimento Administrativo, aprovado pelo Decreto-Lei n.º 442/91, de 15 de Novembro.

Assim e a título de exemplo, não obstante o interessado ter formulado o pedido de aquisição de nacionalidade portuguesa, nos termos do artigo 2.º da LN, e se por análise dos documentos juntos, bem como de acordo com o artigo supra referido do Código do Procedimento Administrativo, a via correcta para o ingresso do registo de nascimento, na ordem jurídica portuguesa, for a aplicação do artigo 1.º n.º 1 alínea c) da LN, porque ao progenitor português foi atribuída a nacionalidade portuguesa, com base, também, no artigo 1.º n.º 1 alínea c) da LN, a Conservatória dos Registos Centrais supre, oficiosamente, as deficiências do requerimento e o processo passa a ser analisado à luz deste último preceito legal.

– As disposições do Código do Procedimento Administrativo, aprovado pelo Decreto-Lei n.º 442/91, de 15 de Novembro, com as alterações introduzidas pela Declaração de Rectificação n.º 265/91, de 31 de Dezembro, pela Declaração de Rectificação n.º 22-A/92, de 29 de Fevereiro, pelo Decreto-Lei n.º 6/96, de 31 de Janeiro e pelo Acórdão TC n.º 118/97, de 24 de Abril, são aplicáveis a todos os órgãos da Administração Pública, nomeadamente, aos Órgãos dos Institutos Públicos.

Por relevantes para os processos de nacionalidade, transcrevem-se alguns artigos deste Código relativos à marcha do procedimento administrativo.

Capítulo IV
Da marcha do procedimento

Secção I
Do início

Artigo 74.º
Requerimento inicial

1 – O requerimento inicial dos interessados, salvo nos casos em que a lei admite o pedido verbal, deve ser formulado por escrito e conter:
   a) A designação do órgão administrativo a que se dirige;
   b) A identificação do requerente, pela indicação do nome, estado, profissão e residência;
   c) A exposição dos factos em que se baseia o pedido e, quando tal seja possível ao requerente, os respectivos fundamentos de direito;
   d) A indicação do pedido em termos claros e precisos;
   e) A data e a assinatura do requerente, ou de outrem a seu rogo, se o mesmo não souber ou não puder assinar.

2 – Em cada requerimento não pode ser formulado mais de um pedido, salvo se se tratar de pedidos alternativos ou subsidiários.

Artigo 76.º
Deficiência do requerimento inicial

1 – Se o requerimento inicial não satisfizer o disposto no artigo 74.º, o requerente será convidado a suprir as deficiências existentes.

2 – Sem prejuízo do disposto no número anterior, devem os órgãos e agentes administrativos procurar suprir oficiosamente as deficiências dos requerimentos, de modo a evitar que os interessados sofram prejuízos por virtude de simples irregularidades ou de mera imperfeição na formulação dos seus pedidos.

3 – São liminarmente indeferidos os requerimentos não identificados e aqueles cujo pedido seja ininteligível.

ARTIGO 77.º
Apresentação de requerimentos

1 – Os requerimentos devem ser apresentados nos serviços dos órgãos aos quais são dirigidos, salvo o disposto nos números seguintes.

2 – Os requerimentos dirigidos aos órgãos centrais podem ser apresentados nos serviços locais desconcentrados do mesmo ministério ou organismo, quando os interessados residam na área da competência destes.

3 – Quando os requerimentos sejam dirigidos a órgãos que não disponham de serviços na área de residência dos interessados, podem aqueles ser apresentados na secretaria do Governo Civil do respectivo distrito ou nos Gabinetes dos Ministros da República para a Região Autónoma dos Açores ou da Madeira.

4 – Os requerimentos apresentados no termos previstos nos números anteriores são remetidos aos órgãos competentes pelo registo do correio e no prazo de três dias após o seu recebimento, com indicação da data em que este se verificou.

ARTIGO 78.º
Apresentação dos requerimentos em representações diplomáticas ou consulares

1 – Os requerimentos podem também ser apresentados nos serviços das representações diplomáticas ou consulares sediadas no país em que residam ou se encontrem os interessados.

2 – As representações diplomáticas ou consulares remeterão os requerimentos aos órgãos a quem sejam dirigidos, com a indicação da data em que se verificou o recebimento.

ARTIGO 79.º
Envio de requerimento pelo correio

Salvo disposição em contrário, os requerimentos dirigidos a órgãos administrativos podem ser remetidos pelo correio, com aviso de recepção.

Artigo 81.º
Recibo da entrega de requerimentos

1 – Os interessados podem exigir recibo comprovativo da entrega dos requerimentos apresentados.

2 – O recibo pode ser passado em duplicado ou em fotocópia do requerimento que o requerente apresente para esse fim.

Artigo 83.º
Questões que prejudiquem o desenvolvimento normal do procedimento

O órgão administrativo, logo que estejam apurados os elementos necessários, deve conhecer de qualquer questão que prejudique o desenvolvimento normal do procedimento ou impeça a tomada de decisão sobre o seu objecto e nomeadamente, das seguintes questões:

a) A incompetência do órgão administrativo;
b) A caducidade do direito que se pretende exercer;
c) A ilegitimidade dos requerentes;
d) A extemporaneidade do pedido.

– **Certidão do registo de nascimento** da mãe portuguesa ou do pai português, a fim de provar a nacionalidade portuguesa de um deles. Se os pais forem casados entre si, deve constar o averbamento de casamento ou apresentada prova do casamento. Artigo 8.º, n.º 2 do RN;

Nota:

– No caso de menor de 14 anos em que ambos os pais declarem o nascimento e se o nome do registando se conformar com as regras legais em vigor acerca da composição do nome, é suficiente a declaração de nascimento e a certidão de nascimento do progenitor português. Caso contrário, deve ser apresentada prova documental do uso ou admissibilidade do nome pretendido, nos termos dos artigos 11.º n.ºˢ 1 e 2 do RN e 103.º do C.R.C..

Para **maior de 14 anos**

– **Certidão do registo de nascimento** do registando. A certidão deve provar que a filiação se encontra regularmente estabelecida em relação ao progenitor português. Artigo 9.º, n.º 2 do RN e artigo 14.º, da LN.

Se o interessado for **maior** de idade, a certidão deve provar que a filiação relativamente ao progenitor português foi estabelecida durante a menoridade.

Notas:

– No caso de maior de idade, em que é feita a prova do estabelecimento da filiação durante a menoridade relativamente ao progenitor português, para além da certidão do nascimento devidamente traduzida e legalizada, deve ser junta a certidão de nascimento do progenitor português, de cópia integral, se possível emitida por fotocópia do registo, ou a indicação dos dados necessários para a sua obtenção pelos serviços, nos termos dos artigos 9.º e 37.º n.ºˢ 1, 3 e 4 do RN e documento de identificação do interessado, nos termos do artigo 9.º, n.º 2 do RN.

Caso pretenda manter a composição originária do nome e esta contrarie as regras vigentes na lei portuguesa (vide artigo 103.º do Código de Registo Civil), deverá ser apresentado documento comprovativo desse nome, nos termos do artigo 11.º, n.º 2 do RN.

– A lei aplicável para determinar a maioridade do registando é a que resultar da aplicação das normas de conflitos contidas nos artigos 25.º, 31.º n.º 1 e 32.º do Código Civil e no artigo 28.º da LN.

A definição da maioridade do registando é importante, não só pela questão da prova do estabelecimento da filiação relativamente ao progenitor português na menoridade, decorrente da aplicação do artigo 14.º da LN, mas também para se poder concluir se o interessado tem legitimidade para prestar, por si, a declaração atributiva da nacionalidade – n.º 1 do artigo 31.º do RN.

Exemplo: se o registando nasceu no Brasil, mas reside habitualmente na África do Sul e, caso tenha dupla nacionalidade (brasileira e sul africana), prevalece a nacionalidade sul-africana para o efeito de definir se o mesmo é maior, por ser a da residência habitual – artigo 28.º da LN.

Na falta de residência habitual num dos Estados de que o interessado é nacional, será aplicável a lei do Estado com o qual o interessado mantém uma vinculação mais estreita.

Se viesse a esclarecer-se que o registando reside habitualmente na África do Sul, o mesmo atingiria a maioridade aos 21 anos de idade, enquanto que, se fosse residente no Brasil, atingiria a maioridade aos 18 anos de idade. Mas se, por outro lado, o mesmo residisse em Portugal, poderia vir a concluir-se que era a lei portuguesa a aplicável, caso fosse o Estado Brasileiro aquele com o qual ele tinha uma vinculação mais estreita, já que a lei brasileira remete a definição da matéria para a lei estrangeira do Estado onde o seu nacional tem residência estabelecida.

– Tendo em conta as alterações introduzidas no Código do Registo Civil, pelo Decreto-Lei n.º 324/2007 de 28 de Setembro, na sequência das declarações para nacionalidade, é imediata e oficiosamente consultada a base de dados do registo civil pela Conservatória dos Registos Centrais, sendo solicitado às conservatórias a <u>integração na base de dados</u> dos documentos que se mostrem necessários, de forma a comprovar os registos de nascimento e de casamento necessários.

– As <u>certidões</u> de actos de registo civil, nacional ou estrangeiro, destinadas a instruir as declarações e os requerimentos são, se possível, <u>de cópia integral e emitidas por fotocópia do assento</u>, <u>legalizadas</u> (nos termos previstos no Código de Processo Civil) e <u>acompanhadas de tradução</u> feita ou certificada, nos termos previstos na lei, artigo 37.º n.º 2 e 3 do RN.

– A <u>tradução</u> pode ser feita em Cartório Notarial Português, Consulado Português, Consulado que represente em Portugal o país onde o documento foi emitido, Câmaras de Comércio e Indústria, reconhecidas nos termos do Decreto-Lei n.º 244/92, de 29 de Outubro, Advogados e Solicitadores, qualquer Conservatória, tradutor idóneo (desde que certificada por qualquer entidade anterior referida). Não pode intervir como tradutor aquele a quem o documento respeita, o seu cônjuge, ou os familiares referidos na alínea e) do n.º 1 do artigo 68.º do Código do Notariado, por serem inábeis.

– Os interessados estão dispensados de apresentar as certidões de registos que devam instruir as declarações para fins de atribuição, desde que indiquem elementos que permitam identificar os assentos, designadamente o local de nascimento ou de casamento, a respectiva data e se

for do seu conhecimento, a conservatória do registo civil português onde se encontram arquivados e o respectivo número e ano, caso em que essas <u>certidões são oficiosamente obtidas</u>, artigo 37.º n.º 4 do RN.

– A apresentação de certidões de assentos que devam instruir declarações ou requerimentos para fins de atribuição da nacionalidade é dispensada, se os correspondentes actos de registo se encontrarem arquivados na Conservatória dos Registos Centrais, artigo 37.º n.º 6 do RN.

– A <u>certificação de fotocópia de documentos</u> para instruir ou basear actos de registo pode ser feita em Cartório Notarial Português, Consulado Português, Câmaras de Comércio e Indústria, reconhecidas nos termos do Decreto-Lei n.º 244/92, de 29 de Outubro, Advogados e Solicitadores, qualquer Conservatória, Juntas de freguesia e operadores de serviço público de correios CTT – Correios de Portugal, S.A., nos termos do Decreto-Lei n.º 28/2000, de 13 de Março.

– **Documento de identificação**, nomeadamente, fotocópia certificada de passaporte ou equivalente (emitido por país da União Europeia), título ou autorização de residência;

Notas:

– Se o <u>maior de 14 anos</u> não possuir documento de identificação válido para este fim, ou seja, não se identifique com documento bastante, e não apresente certidão do assento estrangeiro do seu nascimento, é exigida a intervenção de 2 testemunhas, que confirmem a sua identidade (nome, data de nascimento, naturalidade, filiação e estado civil) e se possível deve ser exibido documento que comprove a exactidão da declaração, podendo o conservador ou o oficial dos registos promover as diligências necessárias ao apuramento dos factos alegados, artigo 9.º, n.º 2 do RN.

Como meio complementar de prova podem ser admitidos documentos de identificação antigos (como por exemplo, título eleitoral, carteira de identidade e carteira nacional de habilitação brasileiros; documentos emitidos pela Administração Portuguesa nas ex-colónias, antes da independência daqueles territórios, designadamente, cédula pessoal, de baptismo, bilhete de identidade ou outros), dos quais conste a respectiva filiação, mesmo que já caducados. Estes documentos devem ser reme-

tidos à Conservatória dos Registos Centrais para fins de apreciação. Assim, pode ser elaborado um auto de declarações pelo serviço receptor do pedido, no qual se inquiram as testemunhas sobre a identidade do interessado.

– <u>Documentos bastantes para identificação</u> do interessado, entre outros: passaporte do interessado ou outro documento de identificação, fotocópias autenticadas do documento de identificação (por exemplo: passaporte brasileiro), respeitantes ao registando, dentro do respectivo prazo de validade e dos quais conste a filiação. Artigo 9.°, n.° 2 do RN.

– Se o registando não tiver documentos de identificação, é suficiente a intervenção de duas testemunhas no acto, confirmando verbalmente as declarações prestadas, sendo identificadas no assento ou na declaração de nascimento, devendo assiná-lo, nos termos do artigo 9.°, n.° 2 do RN. Não têm de ser ouvidas em auto de inquirição de testemunhas, pois tal não resulta do teor do referido artigo.

Emolumentos

   Menor: Gratuito
   Maior: € 175,00

<u>*Notas:*</u>

   – *Artigo 10.° **Actos gratuitos** – alínea g) do RERN – Declaração atributiva da nacionalidade portuguesa, para inscrição de nascimento ocorrido no estrangeiro, ou declaração para fins de atribuição da referida nacionalidade, bem como os documentos necessários para tais fins, desde que referentes a menor;*

   – *Artigo 18.° **Emolumentos do registo civil e de nacionalidade** – 2.1.1 do RERN – Procedimento de inscrição de nascimento ocorrido no estrangeiro ou de atribuição da nacionalidade portuguesa referentes a maior, incluindo os autos de redução a escrito das declarações verbais prestadas para esse efeito, os respectivos registos e documentos oficiosamente obtidos – (euro) 175.*

   – *Artigo 18.° **Emolumentos do registo civil e de nacionalidade** – 2.4 do RERN – Em caso de indeferimento liminar, os emolumentos previstos nos números anteriores são devidos na sua totalidade.*

Prova

– A nacionalidade portuguesa originária prova-se, consoante os casos, pelas menções constantes do assento de nascimento lavrado por inscrição no registo civil português ou pelo registo da declaração de que depende a atribuição, artigo 21.º, n.º 3 da LN.

Nota:

– *Artigo 21.º* **Prova da nacionalidade originária** *– n.º 3 – A nacionalidade originária dos indivíduos abrangidos pela alínea c) do n.º 1 do artigo 1.º prova-se, consoante os casos, pelas menções constantes do assento de nascimento lavrado por inscrição no registo civil português ou pelo registo da declaração de que depende a atribuição.*

Formulários e Impressos

– O RN prevê no n.º 1 do artigo 32.º, que, tratando-se de atribuição da nacionalidade mediante inscrição de nascimento no registo civil português, as declarações para fins de atribuição da nacionalidade portuguesa, devem ser reduzidas a auto, podendo ser prestadas em extensões da Conservatória dos Registos Centrais junto de outras pessoas colectivas públicas, em termos a fixar por protocolo a celebrar entre essas entidades e o Instituto dos Registos e do Notariado I. P., em conservatórias do registo civil e em serviços consulares portugueses, sendo enviadas para a Conservatória dos Registos Centrais, se possível por via electrónica, nas condições que vierem a ser fixadas por portaria do Ministro da Justiça.
– Tratando-se de atribuição da nacionalidade portuguesa, que não seja para inscrição do nascimento no registo civil português, as declarações para fins de atribuição, podem constar de impresso de modelo aprovado por despacho do presidente do IRN, I. P.

Notas:

– O impresso de modelo aprovado é de distribuição e utilização gratuita nos serviços dos registos e do notariado competentes, depois de impressos em suporte papel.
– Todos os modelos são constituídos por duas páginas e têm que ser impressas em frente e verso para salvaguarda da identificação dos requerentes.

– O impresso está disponível na seguinte página Web:
http://www.irn.mj.pt/sections/irn/a_registral/servicos-externos-docs/impressos/nacionalidade/declaracao-para/downloadFile/file/Mod._1C_ci.pdf?nocache=1199877671.25
– Para correcta leitura destes ficheiros é necessário um aplicativo adequado à leitura de ficheiros .pdf.

Caso o interessado não disponha de nenhum utilitário, pode fazer gratuitamente a partir do web site da Adobe o **download da versão mais actualizada do Acrobat Reader** (em português para Windows 95/98, ou superior).

Os ficheiros .pdf disponibilizados são a cores pelo que deve ser usada a versão mais actualizada do Acrobat Reader.

– Os modelos de impressos disponibilizados são para o preenchimento manuscrito (utilizando maiúsculas bem legíveis, sem emendas ou rasuras);

– Devem ser consultadas as instruções de preenchimento constantes em cada impresso, em especial quanto à formalização das assinaturas, onde deve ser sempre indicado o número, data e entidade emitente do documento utilizado na identificação.

– Se a ligação à Internet não permitir uma boa velocidade de tráfego de dados, deve ser guardado no disco rígido do computador os ficheiros .pdf que forem consultados, após a sua abertura, para se conseguir preencher e imprimir rapidamente os formulários.

– Para isso, deve ser criada uma "pasta / folder" numa directoria à escolha e executado o download e o "guardar como / save as" desses ficheiros para a mesma.

– Para uma impressão correcta dos formulários deve ter-se em conta a possibilidade de configurar os 3 modos de imprimir existentes no Acrobat Reader: 1 – reduzir para ajustar à página; 2 – aumentar para ajustar à página; 3 – auto-girar e centrar as páginas. Deve ser seleccionada a impressão completa, sem omissão de qualquer elemento gráfico do formulário.

– As declarações para fins de atribuição da nacionalidade, nos termos do disposto no n.º 2 do artigo 32.º do Regulamento da Nacionalidade Portuguesa, aprovado pelo Decreto-Lei n.º 237-A/2006, de 14 de Dezembro, que constem de impresso de modelo aprovado, são remetidas à Conservatória dos Registos Centrais, por correio pelos interessados (e não por intermédio das Conservatórias de Registo Civil ou dos Ser-

viços Consulares) ou entregues nas respectivas delegações sitas no CNAI, em Lisboa ou no Arquivo Central do Porto, em Portugal.

– Declarações para fins de atribuição, aquisição e perda da nacionalidade portuguesa – Modelos dos impressos – Despacho do IRN, I. P. de 15 de Dezembro de 2006

O Regulamento da Nacionalidade Portuguesa, aprovado pelo Decreto--Lei n.º 237-A/2006, de 14 de Dezembro, prevê, no n.º 2 do seu artigo 32.º, que, salvo tratando-se de atribuição da nacionalidade mediante inscrição de nascimento no registo civil português, as declarações para fins de atribuição, aquisição e perda da nacionalidade portuguesa podem constar de impresso de modelo a aprovar por despacho do director-geral dos Registos e do Notariado.

Assim, para esse efeito, determino:

1 – Ao abrigo do disposto no n.º 2 do artigo 32.º do Regulamento da Nacionalidade Portuguesa, aprovado pelo Decreto-Lei n.º 237-A/2006, de 14 de Dezembro, aprovo os seguintes modelos de impressos, anexos ao presente despacho e que dele fazem parte integrante:

- Modelo 1C de declaração para fins de atribuição da nacionalidade, ao abrigo do disposto na alínea c) do n.º 1 do artigo 1.º da Lei n.º 37/81, de 3 de Outubro; cor: fundo branco com impressão a preto e molduras a rosa;
- Modelo 1E de declaração para fins de atribuição da nacionalidade, ao abrigo do disposto na alínea e) do n.º 1 do artigo 1.º da Lei n.º 37/81, de 3 de Outubro; cor: fundo branco com impressão a preto e molduras a rosa;
- Modelo 2 de declaração para fins de aquisição da nacionalidade, ao abrigo do disposto no artigo 2.º da Lei n.º 37/81, de 3 de Outubro; cor: fundo branco com impressão a preto e molduras a verde;
- Modelo 3 de declaração para fins de aquisição da nacionalidade, ao abrigo do disposto no artigo 3.º da Lei n.º 37/81, de 3 de Outubro; cor: fundo branco com impressão a preto e molduras a verde;
- Modelo 4 de declaração para fins de aquisição da nacionalidade, ao abrigo do disposto no artigo 4.º da Lei n.º 37/81, de 3 de

Outubro; cor: fundo branco com impressão a preto e molduras a verde;
- Modelo 8 de declaração para fins de perda da nacionalidade, ao abrigo do disposto no artigo 8.º da Lei n.º 37/81, de 3 de Outubro; cor: fundo branco com impressão a preto e molduras a azul;
- Modelo 29 de declaração para fins de aquisição da nacionalidade, ao abrigo do disposto no artigo 29.º da Lei n.º 37/81, de 3 de Outubro; cor: fundo branco com impressão a preto e molduras a verde;
- Modelo 30 de declaração para fins de aquisição da nacionalidade, ao abrigo do disposto no artigo 30.º da Lei n.º 37/81, de 3 de Outubro; cor: fundo branco com impressão a preto e molduras a verde;
- Modelo 31 de declaração para fins de aquisição da nacionalidade, ao abrigo do disposto no artigo 31.º da Lei n.º 37/81, de 3 de Outubro; cor: fundo branco com impressão a preto e molduras a verde;

2 – De acordo com o disposto no artigo 3.º do Decreto-Lei n.º 51/2001, de 2 de Março, os referidos modelos de impressos estão disponíveis em formato digital, no sítio **www.dgrn.mj.pt** e podem, uma vez impressos, ser submetidos pelas vias normais, ou seja, apresentados, em suporte de papel, nas extensões da Conservatória dos Registos Centrais ou enviados, por correio, para a mesma Conservatória.

3 – A impressão destes impressos, em suporte de papel, deve ser feita preferencialmente a cores, de acordo com o modelo aprovado, e numa única folha, constituída por frente e verso, sem prejuízo do dever de aceitação dos mesmos, quando a sua impressão conste de duas páginas ou seja feita a preto e branco.

4 – A Conservatória dos Registos Centrais e as conservatórias do registo civil devem assegurar a distribuição gratuita dos referidos impressos em suporte de papel.

Lisboa, 15 de Dezembro de 2006. O director-geral, *António Luís Figueiredo*

Declaração para atribuição da nacionalidade portuguesa através da inscrição do nascimento

Conservatória do Registo Civil de ... *a)*
Auto de Declaração de Nascimento *b)*

Processo de Nascimento/Intermediação n.º /   c)
Registando Nome *d)* próprio:
         Apelidos:
         Sexo:
         Hora e data do nascimento: ... horas e ... minutos, do dia *e)*
         Naturalidade:
Pai   Nome:
         Idade:
         Estado: *f)*
         Naturalidade: freguesia de ..., concelho de ...
         Residência habitual: *g)*
Mãe   Nome:
         Idade:
         Estado: *f)*
         Naturalidade: freguesia de ..., concelho de ...
         Residência habitual: *g)*
Avós paternos   F... e F...
Avós maternos F... e F...
Declarantes: Os pais *h)*, com residência actual em *i)*...
Menções especiais: *j)*
    Declaração prestada perante oficial público

    O presente auto, depois de lido, vai ser assinado pelo Conservador, F..., por competência própria, perante quem foi lavrado e lhe confere fé pública.
    Data: ... de ... de ...
    O/A Conservador, F..., Por competência própria

Notas:

    a) Indicar o nome da Conservatória intermediária onde é feito o auto de declaração, para inscrição de nascimento, a enviar à Conservatória dos Registos Centrais.

b) Este auto contém as menções previstas no Código do Registo Civil, artigo 33.º, n.º 2 do RN

c) O número do processo e o ano é automaticamente atribuído pelo SIRIC.

d) Sendo o estado civil dos progenitores do registando o de "casado", para que esse facto possa ser invocado, o casamento deve ter ingressado na ordem jurídica portuguesa. Se o pai e a mãe se identificaram como casados no auto de declaração de nascimento, e o casamento ainda não ingressou na ordem jurídica portuguesa, havendo fortes constrangimentos ao seu ingresso, podem os pais, a título excepcional, serem identificados com o estado civil que consta do registo civil português, devendo, nesse caso, ser prestado auto de declarações rectificativo quanto ao estado civil dos pais.

e) Deve ser mencionado o novo nome e averbar-se a forma originária, quando demonstrado, artigo 11.º, n.º 4 do RN.

f) Indicar a hora e os minutos, bem como o dia, o mês e o ano em que nasceu o registando.

g) A residência habitual dos pais reporta-se à data de nascimento do registando.

h) No acto de inscrição de nascimento de indivíduo nascido do casamento dos pais, qualquer destes pode fazer-se representar pelo outro, mediante procuração lavrada por documento particular, assinado pelo representado, com a indicação feita pelo signatário do número, data e entidade emitente do respectivo bilhete de identidade ou documento equivalente, artigo 31.º, n.º 3 do RN.

i) A residência é à data da declaração, ou seja, é a residência actual.

j) Menções especiais aplicáveis:

– Nascido a bordo;

– Foi apresentado documento comprovativo do estabelecimento da filiação na menoridade;

– Foi apresentado documento comprovativo do estabelecimento da filiação;

– Foi apresentado documento comprovativo do estabelecimento da filiação materna;

– Foi apresentado documento comprovativo do estabelecimento da filiação materna na menoridade;

– Foi apresentado documento comprovativo do reconhecimento paterno;

– *Foi apresentado documento comprovativo do reconhecimento paterno na menoridade;*
– *Foi apresentado documento do qual consta a filiação;*
– *O registando deu o seu assentimento à perfilhação;*
– *F... assentiu na perfilhação;*
– *Declaração prestada perante oficial público.*

Declaração para atribuição da nacionalidade portuguesa que não seja para inscrição do nascimento

Conservatória a)

Data:
Lugar:
Nome completo do Conservador *b)* e respectiva qualidade:

Interessado

Nome completo:
Sexo:
Data do nascimento:
Estado:
Documento de identificação:
Naturalidade:
Nacionalidade:
Filiação:
Residência actual:

Assento de nascimento do progenitor português

Número:
Ano:
Conservatória:

Representantes legais c) ou Procurador

Nome completo:
Residência:

Verificação da identidade do declarante

Menção da forma: *d)*

Declaração
Factos declarados:

Pretende que lhe seja atribuída a nacionalidade portuguesa, nos termos do artigo 1.º, n.º 1 alínea c), da Lei da Nacionalidade, e que seja lavrado o respectivo registo, por ser filho de:
___ mãe portuguesa / ___ pai português *e)*

Pretende manter a composição originária do seu nome/Não pretende manter a composição originária do seu nome, declarando qual o nome pretendido *f)*

Fim da declaração:
Pedido do respectivo registo:

Documentos

– Certidão do registo de nascimento do interessado.
– Certidão do registo de nascimento do progenitor português.
– Fotocópia certificada do passaporte, título ou autorização de residência ou documento de identificação equivalente.
– Procuração *g)*
– Outros documentos *h)*

Assinaturas

Declarante: *i)*
Conservador: *j)*

Notas:

a) Indicar qual a Conservatória ou Consulado.
b) Oficial ou agente consular.
c) Caso o interessado seja incapaz.
d) Pelo <u>conhecimento pessoal</u> do funcionário perante quem são prestadas as declarações, artigo 34.º, n.º 1, alínea a) do RN. Pela <u>exibição</u> do <u>bilhete de identidade, título</u> ou <u>autorização de residência, passaporte</u> ou <u>documento de identificação equivalente</u> do declarante. Neste caso, deve mencionar-se no auto o número, data e entidade emitente do documento de identificação, artigo 34.º, n.º 1, alínea b) do RN. Supletivamente, pela <u>abonação de 2 testemunhas</u> idóneas, que podem ser os

parentes ou afins das partes e do próprio funcionário, artigo 34.º, n.º 1, alínea a) do RN. Na abonação testemunhal, as testemunhas oferecidas devem exibir bilhete de identidade, título ou autorização de residência, passaporte ou documento de identificação equivalente e ser identificadas no auto, que assinam depois do declarante e antes do funcionário, artigo 34.º, n.º 3 do RN.

e) Escolher qual a opção aplicável.

f) Indicar a composição que pretende adoptar para o nome, a qual é averbada ao assento de nascimento respectivo, já lavrado ou a lavrar por transcrição, sempre que o nome seja alterado, artigo 11.º, n.º 3 do RN

g) Se houver intervenção de procurador. A procuração deve conferir poderes especiais e obedece à forma prevista no Código do Registo Civil, salvo se for passada a advogado ou solicitador, artigo 31.º, n.º 2 do RN.

h) Indicar quais.

i) Se souber e puder assinar, artigo 33.º, n.º 1, alínea h) do RN. Se não souber ou não puder, deve mencionar-se esse facto. Quando a declaração for prestada por <u>advogado ou solicitador</u> é suficiente, para a confirmação da assinatura, a indicação do número da respectiva cédula profissional, artigo 35.º, n.º 2 do RN.

j) Ou oficial dos registos ou agente consular.

Nacionalidade – Notas Práticas

Conservatória dos Registos Centrais

Data de Recepção na C.R.Centrais:

DECLARAÇÃO PARA ATRIBUIÇÃO DA NACIONALIDADE PORTUGUESA

Filhos de mãe portuguesa ou de pai português nascidos no estrangeiro que declarem que querem ser portugueses (art. 1º, nº 1, al.c) da Lei da Nacionalidade nº 37/81, 3/10)

Antes de preencher, leia atentamente as instruções

Quadro 1: Identificação do interessado

1. Nome completo

2. Sexo: ☐ F ☐ M

Data de nascimento (Dia Mês Ano) 3. Estado civil

4. Doc. de Identificação nº   5. Data de emissão: (Dia Mês Ano)

6. Emitido por

Residente em

Cod. Postal

País   7. Tel.

7. e-mail:

Naturalidade

País

Nacionalidade

8. Filiação
Pai:

Mãe:

Quadro 2: Declarações: Declara pretender que lhe seja atribuída a nacionalidade portuguesa, nos termos do artigo 1º, nº 1, al. c), da Lei da Nacionalidade, e que seja lavrado o respectivo registo, por ser filho de:

☐ mãe portuguesa   ☐ pai português

1. Não sendo apresentada a certidão do registo de nascimento do progenitor que assinalou anteriormente, indicar o local e a data de nascimento do mesmo :

freguesia

concelho

País

Data do nascimento: (dia mês ano)   Assento com o nº   do Ano de

☐ Conservatória do Registo Civil

☐ Conservatória dos Registos Centrais

2. Pretende manter a composição originária do seu nome?   ☐ Sim   ☐ Não

3. Se indicou Não, declare qual o nome pretendido:

Mod. 1C

1. Atribuição – Por Efeito da Vontade – 1.º C

Quadro 3: Preencher apenas quando o impresso não seja assinado pelo interessado

Nome do declarante:

Residente em:

Cod. Postal ____ - ____

País _____ 1 Tel. _____

2 Intervém na qualidade de:

Nome do declarante:

Residente em:

Cod. Postal ____ - ____

País _____ 1 Tel. _____

2 Intervém na qualidade de:

1 e-mail:

Quadro 4: Relação de documentos juntos

1. ☐ Certidão do registo de nascimento do interessado.
2. ☐ Certidão do registo de nascimento da mãe/pai nacional português.
3. ☐ Fotócopia certificada do passaporte, título ou autorização de residência ou documento de identificação equivalente.
4. ☐ Procuração.
   ☐ Outros documentos, indicar quais:

Quadro 5: Assinaturas

As declarações prestadas correspondem à verdade e não omitem qualquer informação relevante.

_____   _____
Local   Dia Mês Ano

1 _____
  Assinatura do declarante reconhecida presencialmente

1 _____
  Assinatura do declarante reconhecida presencialmente

Quadro 6: Pagamento

Se menor: Gratuito   Se maior: 175 €
Junta:
1 ☐ Cheque n° _____ no valor de ____ €
   do Banco _____ emitido à ordem da Conservatória dos Registos Centrais.
2 ☐ Vale Postal n° _____ no valor de 175€

AS FALSAS DECLARAÇÕES SÃO PUNIDAS NOS TERMOS DA LEI

Os dados pessoais recolhidos destinam-se a organizar e manter actualizada a informação respeitante à nacionalidade, estado civil e capacidade dos cidadãos, sendo o seu tratamento da responsabilidade do Director-Geral dos Registos e do Notariado. O acesso à informação é facultado ao próprio, que tem direito à actualização e correcção dos dados.

Mod. 1C

Mod. 1C

INSTRUÇÕES DE PREENCHIMENTO DO IMPRESSO MODELO 1C

(art.1º n.º 1 al.c) da LN)

⇨ O impresso deve ser preenchido em língua portuguesa, sem emendas ou rasuras, com letras maiúsculas de imprensa e escrevendo apenas uma letra em cada rectângulo, deixando um em branco entre cada palavra.

⇨ O impresso deve ser assinado pelo interessado, sendo maior, ou pelos representantes legais do menor ou incapaz ou por procurador com poderes especiais para o acto.

⇨ No preenchimento o declarante deve assinalar a opção pretendida com um ☒ .

⇨ Caso o espaço destinado a cada campo não seja suficiente para o preenchimento de toda a informação, deverá utilizar um novo impresso, do mesmo modelo, preenchendo, apenas, no campo respectivo, os elementos em falta. Neste caso, devem ser anexados os dois impressos.

⇨ Este impresso está disponível no sítio: http://www.dgrn.mj.pt/rcentr/atrib1.asp onde pode obter outros esclarecimentos adicionais.

Quadro 1

1. O nome deve ser aquele que usa de acordo com o documento de identificação ou o registo de nascimento estrangeiro.
2. Sexo: F - feminino ; M - masculino.
3. Estado Civil: só é de mencionar se for maior ou emancipado.
4. Documento de identificação: passaporte, título ou autorização de residência ou outro documento de identificação equivalente, emitido pela autoridade competente de um dos países da União Europeia, sempre que se trate de maior de 14 anos.
5. Data em que o documento de identificação foi emitido.
6. Autoridade que emitiu o documento de identificação.
7. A indicação do telefone e do e-mail é facultativa.
8. Filiação: deve indicar-se o nome completo do pai e da mãe.

Quadro 2

1. Pode juntar a certidão do registo de nascimento do progenitor (mãe ou pai) de nacionalidade portuguesa, de cópia integral e, se possível, emitida por fotocópia.

Mod. 1C

Caso não junte a certidão de nascimento do progenitor português (mãe ou pai), a mesma pode ser obtida pelos Serviços, desde que o registo de nascimento se encontre arquivado na Conservatória dos Registos Centrais ou, não sendo esse o caso, se o interessado indicar os elementos que permitam identificar o registo, designadamente o local de nascimento, a respectiva data e, se for do seu conhecimento, a Conservatória do Registo Civil Português onde o mesmo se encontra arquivado e o respectivo número e ano.
2. Se pretender manter o nome com que se identificou no Quadro 1 deve assinalar "Sim".
3. Se assinalou "Não", e pretende alterar o nome com que se identificou no Quadro 1, deve indicar o nome completo pretendido, que deve ser composto de nome próprio (máximo de dois vocábulos) e apelidos (máximo de quatro vocábulos).

Quadro 3

1. A indicação do telefone e do e-mail é facultativa.
2. O impresso deve ser assinado pelo interessado, sendo maior ou por procurador deste com poderes especiais para o acto. Se o interessado for menor ou incapaz deve ser assinado pelos seus representantes legais ou por procurador destes com poderes especiais para o acto.
   Quando o impresso não for assinado pelo interessado, o declarante deve indicar a qualidade em que intervém: procurador do registando; representante legal; procurador da mãe; procurador do pai ou outra qualidade.

Quadro 4

1. A certidão do registo de nascimento do interessado deve ser, em princípio, de cópia integral e emitida por fotocópia. Esta certidão deve ser devidamente legalizada e acompanhada de tradução, se escrita em língua estrangeira.
2. Assinalar este campo se juntou certidão. Caso não apresente esta certidão deverá ter preenchido os elementos referidos no campo 1 do quadro 2, para que os Serviços possam obter a certidão.
3. Este documento deve ser junto sempre que se trate de maior de 14 anos.
4. Se existir intervenção de procurador a junção da procuração é obrigatória.

Quadro 5

1. O reconhecimento presencial da assinatura pode ser feito:
   - perante funcionário do serviço com competência para receber o impresso;
   - em Cartório Notarial ou Conservatórias do registo português;
   - em Consulado de Portugal no estrangeiro;

Mod. 1C

- por Advogado ou Solicitador, ou
- pelas câmaras de comércio e indústria, reconhecidas nos termos do Decreto-Lei n.º 244/92, de 29 de Outubro.

Se o procurador for advogado ou solicitador é suficiente, para a confirmação da assinatura, a indicação da respectiva cédula profissional.

Quadro 6

1. O cheque deverá ser pagável em Portugal. Se optar por enviar cheque pagável no estrangeiro, deve ter em conta que a cobrança desse cheque envolve despesas bancárias que são encargo do interessado, devendo o correspondente valor ser incluído no montante do cheque a enviar à Conservatória dos Registos Centrais.
2. No vale postal deve sempre mencionar-se o nome do interessado e o fim a que se destina.

O pedido é indeferido:

a) Se não constar do impresso de modelo aprovado pelo Director-Geral dos Registos e do Notariado (disponível nas extensões da Conservatória dos Registos Centrais, nas Conservatórias do Registo Civil, nos Consulados e no sitio www.dgrn.mj.pt);
b) Se forem omitidas menções ou formalidades previstas no impresso;
c) Se não for acompanhado dos documentos necessários para comprovar os factos que constituem o fundamento do pedido.

Se o pedido vier a ser indeferido liminarmente a declaração não produz efeitos, **não havendo lugar ao reembolso de qualquer quantia.**

APRESENTAÇÃO DO PEDIDO

O impresso, acompanhado dos documentos necessários, pode ser:

Enviado por correio para:	Entregue na Extensão da Conservatória dos Registos Centrais sita no:
Conservatória dos Registos Centrais **Mod. 1C** Rua Rodrigo da Fonseca, 200 1099-003 Lisboa	Centro Nacional de Apoio ao Imigrante (CNAI) Rua Álvaro Coutinho, 14 1150-025 Lisboa

1.º D

1.4 Artigo 1.º n.º 1 alínea d) da Lei da Nacionalidade

São portugueses de origem os indivíduos nascidos no território português, filhos de estrangeiros se pelo menos um dos progenitores também aqui tiver nascido e aqui tiver residência, independentemente de título, ao tempo do nascimento.

A quem se aplica

Estrangeiros nascidos em território português a partir de 8 de Outubro de 1981, data em que entrou em vigor a Lei n.º 37/81, de 3 de Outubro, filhos de pais estrangeiros, se um dos progenitores tiver nascido em Portugal e aqui tivesse residência, independentemente de título, à data do nascimento do filho.

Nota:

– *Aos indivíduos nascidos em território que esteve sob administração portuguesa ou nascidos nas ex-colónias antes da independência, não lhes é aplicável a alínea d) do artigo 1.º da LN, dado não terem nascido em território português, tal como definido no n.º 1 do artigo 5.º da Constituição da República Portuguesa.*

Serviços receptores do pedido, se assento já lavrado

– Qualquer conservatória é competente para eliminar a menção da nacionalidade estrangeira dos progenitores no registo de nascimento do interessado, por forma a que daí resulte a nacionalidade portuguesa do mesmo.

Documentos necessários

– **Certidão do registo de nascimento** do progenitor que tiver nascido no território português, para comprovação da naturalidade desse progenitor. Se os pais forem casados entre si, deve constar o averbamento de casamento ou apresentada prova do casamento, artigo 4.º, n.º 3 do RN;

– **Indicação dos elementos** relativos ao assento de nascimento, que o permitam identificar ou fazer o pedido na conservatória detentora do mesmo;

– **Documento comprovativo da nacionalidade** dos progenitores, sempre que possível, excepto nos casos em que não haja dúvidas sobre a nacionalidade portuguesa de, pelo menos, um deles, artigo 4.º, n.º 2 do RN.

– **Documento comprovativo da residência** do progenitor no território português, à data do nascimento do interessado. Este documento pode ser dispensado, desde que sejam invocados factos que justifiquem a impossibilidade da sua apresentação, artigo 4.º, n.º 3 e 4 do RN;

Notas:

– Deve ser apresentado documento comprovativo da sua residência no território português.

Embora não existam dúvidas de que é relevante a simples residência de facto, não indica a lei qual a espécie de documento que, em concreto, deve ser apresentado para a comprovar.

Assim, deve ser considerado suficiente, para este efeito, qualquer documento que, de algum modo, possa comprovar a indicada residência, como será o caso, entre outros, do <u>atestado de residência</u> emitido pela competente autoridade administrativa, dos <u>documentos comprovativos das condições de alojamento</u>, <u>da frequência escolar</u>, <u>dos descontos efectuados para a segurança social</u> e <u>para a administração fiscal</u>.

A apresentação do documento pode ser dispensada, desde que sejam invocados factos que justifiquem a impossibilidade da sua apresentação, nos termos do artigo 4.º, n.º 4 do RN.

Este regime de prova é aplicável, por identidade de razão, às situações previstas no artigo 70.º do RN.

– **Nascimentos ocorridos no território português, de filhos de estrangeiros, também nascidos em Portugal e aqui residentes – alínea d) do n.º 1 do artigo 1.º da Lei n.º 37/81, de 3 de Outubro – Despacho n.º 35/2007 de 04 de Abril de 2007 da DGRN**

Emolumentos

Gratuito

Nota:

– Artigo 10.º **Actos gratuitos** – alínea g) do RERN – Declaração atributiva da nacionalidade portuguesa, para inscrição de nascimento ocorrido no estrangeiro, ou declaração para fins de atribuição da referida nacionalidade, bem como os documentos necessários para tais fins, desde que referentes a menor;

Prova

A nacionalidade portuguesa originária prova-se pelo assento de nascimento onde conste a menção da naturalidade portuguesa de um dos progenitores e a da sua residência no território nacional, artigo 21.º, n.º 4 da LN.

Nota:

– Artigo 21.º **Prova da nacionalidade originária** – n.º 4 da LN – A nacionalidade originária dos indivíduos abrangidos pela alínea d) do n.º 1 do artigo 1.º prova-se pelo assento de nascimento onde conste a menção da naturalidade portuguesa de um dos progenitores e a da sua residência no território nacional.

Formulários e Impressos

– A declaração para eliminar a menção da nacionalidade estrangeira dos progenitores no registo de nascimento do interessado, por forma a que daí resulte a nacionalidade portuguesa do mesmo, é reduzida a auto por qualquer conservatória, sendo actualizado o registo de nascimento por averbamento.

Declaração para atribuição da nacionalidade portuguesa através da eliminação da menção da nacionalidade estrangeira dos progenitores

Conservatória a)

Data:
Lugar:
Nome completo do Conservador *b)* e respectiva qualidade:

Interessado

Nome completo:
Sexo:
Data do nascimento:
Estado:
Documento de identificação:
Naturalidade:
Nacionalidade:
Filiação:
Residência actual:

Assento de nascimento c)

Número:
Ano:
Conservatória:

Representantes legais d) ou Procurador

Nome completo:
Residência:

Verificação da identidade do declarante

Menção da forma: *e)*

Declaração

Factos declarados:

Que do assento do interessado consta que os pais do registado são de nacionalidade ... *f)*, menção feita de acordo com o disposto no artigo 37.º da Lei n.º 37/81 de 3 de Outubro.

Acontece, porém, que o pai/mãe nasceu em território português, na freguesia de ... *g)*, concelho de ... *g)* e à data do nascimento de seu filho residia em Portugal.

Fim da declaração:
Pedido do respectivo registo:

Assim sendo, a menção da nacionalidade dos pais é agora indevida, pelo que requer que a mesma seja eliminada do assento, nos termos do art.º 70.º do Regulamento da Nacionalidade.

Documentos

– Certidão do registo de nascimento do pai/mãe.
– Documento comprovativo da sua residência no território português. *h)*
– Procuração. *i)*
– Outros documentos. *j)*

Assinaturas

Declarante: *l)*
Conservador: *m)*

<u>Notas:</u>

a) Indicar qual a Conservatória ou Consulado.
b) Oficial ou agente consular.
c) Se lavrado no registo civil português.
d) Caso o interessado seja incapaz ou se houver intervenção de procurador.
e) Pelo <u>conhecimento pessoal</u> do funcionário perante quem são prestadas as declarações, artigo 34.º, n.º 1, alínea a) do RN. Pela <u>exibição</u> do

bilhete de identidade, título ou *autorização de residência, passaporte* ou *documento de identificação equivalente* do declarante. Neste caso, deve mencionar-se no auto o número, data e entidade emitente do documento de identificação, artigo 34.º, n.º 1, alínea b) do RN. Supletivamente, pela *abonação de 2 testemunhas* idóneas, que podem ser parentes ou afins das partes ou do funcionário, artigo 34.º, n.º 1, alínea a) do RN

Na abonação testemunhal, as testemunhas oferecidas devem exibir bilhete de identidade, título ou autorização de residência, passaporte ou documento de identificação equivalente e ser identificadas no auto, que assinam depois do declarante e antes do funcionário, artigo 34.º, n.º 3 do RN.

f) Indicar qual a nacionalidade.

g) Indicar a freguesia e o concelho da naturalidade do progenitor que nasceu em território português.

h) É considerado suficiente a junção de qualquer documento que, de algum modo, possa comprovar a residência, como será o caso, entre outros, do *atestado de residência* emitido pela competente autoridade administrativa (Junta de Freguesia), dos *documentos comprovativos das condições de alojamento, da frequência escolar, dos descontos efectuados para a segurança social* e *para a administração fiscal*.

i) Se houver intervenção de procurador.

j) Indicar quais.

l) Se souber e puder assinar, artigo 33.º, n.º 1, alínea h) do RN. Se não souber ou não puder, deve mencionar-se esse facto. Quando a declaração for prestada por *advogado ou solicitador* é suficiente, para a confirmação da assinatura, a indicação do número da respectiva cédula profissional, artigo 35.º, n.º 2 do RN.

m) Oficial dos registos ou agente consular.

1.º E

1.5 Artigo 1.º n.º 1, alínea e) da Lei da Nacionalidade

São portugueses de origem os indivíduos nascidos no território português, filhos de estrangeiros que não se encontrem ao serviço do respectivo Estado, se declararem que querem ser portugueses e desde que, no momento do nascimento, um dos progenitores aqui residia legalmente, há pelo menos 5 anos.

A quem se aplica

Estrangeiros nascidos em território português a partir de 8 de Outubro de 1981, data em que entrou em vigor a Lei n.º 37/81, de 3 de Outubro, filhos de pais estrangeiros, desde que, nos 5 anos anteriores à data do nascimento do filho, um dos progenitores aqui residisse legalmente e durante esse período nenhum dos progenitores se encontrasse ao serviço do respectivo Estado.

Nota:

– O registo da atribuição da nacionalidade nos termos da alínea e) do n.º 1 do artigo 1.º da LN é lavrado por assento, com as menções previstas no artigo 51.º do RN, na Conservatória dos Registos Centrais, de acordo com os artigos 46.º a 48.º do RN. Assim, a atribuição da nacionalidade deve ser averbada ao registo de nascimento, como mera actualização e não como averbamento, pelo que não obedece aos requisitos estipulados no artigo 52.º do RN, a saber: o facto registado, o seu fundamento legal e os seus efeitos.

Serviços receptores do pedido

– Extensões da Conservatória dos Registos Centrais;
– Conservatórias do Registo Civil;
– Serviços consulares portugueses.

Documentos necessários

– **Certidão do assento de nascimento** do interessado, artigo 10.º, n.º 2, alínea a) do RN.

Nota:

– As <u>certidões</u> de actos de registo civil, nacional ou estrangeiro, destinadas a instruir as declarações e os requerimentos são, se possível, <u>de cópia integral e emitidas por fotocópia do assento</u>, <u>legalizadas</u> (nos termos previstos no Código de Processo Civil) e <u>acompanhadas de tradução</u> feita ou certificada, nos termos previstos na lei, artigo 37.º n.º 2 e 3 do RN.

– **Documento emitido pelo Serviço de Estrangeiros e Fronteiras (SEF)**, comprovativo de que, há pelo menos 5 anos, à data de nascimento do filho, um dos progenitores tinha residência legalmente estabelecida no território português, ao abrigo de qualquer dos títulos, vistos ou autorizações previstos no regime de entrada, permanência, saída e afastamento de estrangeiros e no regime do direito de asilo ou ao abrigo de regimes especiais resultantes de tratados ou convenções de que Portugal seja parte, designadamente no âmbito da União Europeia e da Comunidade dos Países de Língua Portuguesa, artigo 10.º, n.º 2, alínea b) do RN.

– **Documento emitido pelo SEF**, comprovativo de que, nenhum dos progenitores se encontrava no território português ao serviço do respectivo Estado estrangeiro, artigo 10.º, n.º 2, alínea c) do RN.

Nota:

– Os interessados estão dispensados de apresentar os documentos emitidos pelo **SEF**, destinados a comprovar a residência legal no território português, bem como a circunstância de que nenhum dos progenitores se encontrava no território português ao serviço do respectivo Estado estrangeiro, os quais são oficiosamente obtidos junto das entidades competentes, sempre que possível, por via electrónica, artigo 37.º n.º 7 do RN.

Emolumentos

Menor: Gratuito
Maior: € 175,00

Notas:

– *Artigo 10.º **Actos gratuitos** – alínea g) do RERN –* ... *declaração para fins de atribuição da referida nacionalidade, bem como os documentos necessários para tais fins, desde que referentes a menor;*
– *Artigo 18.º **Emolumentos do registo civil e de nacionalidade** – 2.1.1 do RERN – Procedimento de* ... *atribuição da nacionalidade portuguesa referentes a maior, incluindo os autos de redução a escrito das declarações verbais prestadas para esse efeito, os respectivos registos e documentos oficiosamente obtidos – (euro) 175.*
– *Artigo 18.º **Emolumentos do registo civil e de nacionalidade** – 2.4 do RERN – Em caso de indeferimento liminar, os emolumentos previstos nos números anteriores são devidos na sua totalidade.*

Prova

– A nacionalidade portuguesa originária prova-se pelo registo da declaração de que depende a atribuição, artigo 21.º, n.º 5 da LN.

Nota:

– *Artigo 21.º **Prova da nacionalidade originária** – n.º 5 – A nacionalidade portuguesa originária de indivíduos abrangidos pela alínea e) do n.º 1 do artigo 1.º prova-se pelo registo da declaração de que depende a atribuição.*

Formulários e Impressos

– O RN prevê no n.º 1 do artigo 32.º, que, tratando-se de atribuição da nacionalidade mediante inscrição de nascimento no registo civil português, as declarações para fins de atribuição da nacionalidade portuguesa, devem ser reduzidas a auto, podendo ser prestadas em extensões da Conservatória dos Registos Centrais junto de outras pessoas colectivas públicas, em termos a fixar por protocolo a celebrar entre essas entidades e o Instituto dos Registos e do Notariado I. P., em conservatórias do registo civil e em serviços consulares portugueses, sendo enviadas para a Conservatória dos Registos Centrais, se possível por via electrónica, nas condições que vierem a ser fixadas por portaria do Ministro da Justiça.

– Tratando-se de atribuição da nacionalidade portuguesa, que não seja para inscrição do nascimento no registo civil português, as declarações para fins de atribuição, podem constar de impresso de modelo aprovado por despacho do presidente do IRN, I. P.

Notas:

• *Consultar 1.º C* – **Formulários e Impressos** – *Notas:*

– *O impresso de modelo aprovado está disponível na seguinte página Web:*

http://www.irn.mj.pt/sections/irn/a_registral/servicos-externos-docs/impressos/nacionalidade/declaracao-para2995/downloadFile/file/Mod._1E_ci.pdf?nocache=1199878139.19

Declaração para atribuição da nacionalidade portuguesa

Conservatória a)

Data:
Lugar:
Nome completo do Conservador *b)* e respectiva qualidade:

Interessado

Nome completo:
Sexo:
Data do nascimento:
Estado:
Documento de identificação:
Naturalidade:
Nacionalidade:
Filiação:
Residência actual:

Assento de nascimento c)

Número:
Ano:
Conservatória:

Representantes legais d) ou Procurador

Nome completo:
Residência:

Verificação da identidade do declarante

Menção da forma: *e)*

Declaração

Factos declarados:

Fim da declaração:
Pedido do respectivo registo:

Pretende que lhe seja atribuída a nacionalidade portuguesa, nos termos do artigo 1.º, n.º 1 alínea e), da Lei da Nacionalidade, e que seja lavrado o respectivo registo, por ser filho de estrangeiro que à data do seu nascimento residia legalmente no território português, há pelo menos 5 anos, não se encontrando nenhum dos progenitores ao serviço do respectivo Estado estrangeiro.

Documentos

– Certidão do registo de nascimento do interessado. *f)*
– Documento emitido pelo SEF comprovativo da residência legal ___ do pai ou ___ da mãe. *g)*
– Documentos emitidos pelo SEF comprovativos de que o pai e a mãe não se encontravam ao serviço do respectivo Estado estrangeiro. *g)*
– Procuração. *h)*
– Outros documentos. *i)*

Assinaturas

Declarante: *j)*
Conservador: *l)*

Notas:
  a) *Indicar qual a Conservatória ou Consulado.*
  b) *Oficial ou agente consular.*
  c) *Se lavrado no registo civil português. Se não apresentar esta certidão do assento, deverá ser indicado o n.º do assento, o ano e qual a Conservatória que o lavrou a fim de ser obtida, oficiosamente, pela Conservatória dos Registos Centrais.*
  d) *Caso o interessado seja incapaz.*
  e) *Pelo <u>conhecimento pessoal</u> do funcionário perante quem são prestadas as declarações, artigo 34.º, n.º 1, alínea a) do RN. Pela <u>exibição</u> do <u>bilhete de identidade</u>, <u>título</u> ou <u>autorização de residência</u>, <u>passaporte</u> ou <u>documento de identificação equivalente</u> do declarante. Neste caso, deve mencionar-se no auto o número, data e entidade emitente do*

documento de identificação, artigo 34.º, n.º 1, alínea b) do RN. Supletivamente, pela abonação de 2 testemunhas *idóneas, que podem ser parentes ou afins das partes ou do funcionário, artigo 34.º, n.º 1, alínea a) do RN*

Na abonação testemunhal, as testemunhas oferecidas devem exibir bilhete de identidade, título ou autorização de residência, passaporte ou documento de identificação equivalente e ser identificadas no auto, que assinam depois do declarante e antes do funcionário, artigo 34.º, n.º 3 do RN.

f) Se não apresentar esta certidão, deverá ser indicado o n.º do assento, o ano e qual a Conservatória que o lavrou a fim de ser obtida, oficiosamente, pela Conservatória dos Registos Centrais.

g) Escolher qual a opção aplicável. Os interessados estão dispensados de apresentar os documentos emitidos pelo **Serviço de Estrangeiros e Fronteiras***, os quais são oficiosamente obtidos junto deste serviço, sempre que possível, por via electrónica, nos termos do artigo 37.º n.º 7 do RN, destinados a comprovar que:*

– um dos progenitores tinha residência legal no território português, há pelo menos 5 anos, à data do nascimento do filho.

– o pai e a mãe não se encontravam ao serviço do respectivo Estado estrangeiro.

h) Se houver intervenção de procurador.

i) Indicar quais.

j) Se souber e puder assinar, artigo 33.º, n.º 1, alínea h) do RN. Se não souber ou não puder, deve mencionar-se esse facto. Quando a declaração for prestada por advogado ou solicitador é suficiente, para a confirmação da assinatura, a indicação do número da respectiva cédula profissional, artigo 35.º, n.º 2 do RN.

l) Oficial dos registos ou agente consular.

Conservatória dos Registos Centrais

Data de Recepção na C.R.Centrais:

DECLARAÇÃO PARA ATRIBUIÇÃO DA NACIONALIDADE PORTUGUESA

Nascidos no território português, filhos de estrangeiros, que declarem que querem ser portugueses
(art. 1º, nº 1, al.e) da Lei da Nacionalidade nº 37/81, 3/10)

Antes de preencher, leia atentamente as instruções

Quadro 1: Identificação do interessado

1. Nome completo

2. Sexo: ☐ F   ☐ M

Data de nascimento (Dia Mês Ano)   3. Estado civil

4. Doc. de Identificação nº   5. Data de emissão: (Dia Mês Ano)

6. Emitido por

Residente em

Cod. Postal

País   7. Tel.

7. e-mail:

Naturalidade

Freguesia:

Concelho:

Nacionalidade

8. Filiação

Pai:

Mãe:

Quadro 2: Declarações: Declara pretender que lhe seja atribuída a nacionalidade portuguesa, nos termos do art. 1º, nº 1, al. e) da Lei da Nacionalidade, e que seja lavrado o respectivo registo, por ser filho de estrangeiro que à data do seu nascimento residia legalmente no território português, há pelo menos 5 anos, não se encontrando nenhum dos progenitores ao serviço do respectivo Estado estrangeiro.

1. ☐ Junta a certidão do seu registo de nascimento.

2. Não sendo apresentada a certidão, indicar:

Assento nº   do Ano de

Conservatória do Registo Civil

1. Atribuição – Por Efeito da Vontade – 1.º E 61

Quadro 3: Preencher apenas quando o impresso não seja assinado pelo interessado

Nome do declarante:

Residente em:

Cod. Postal

País   ₁ Tel.

₂ Intervém na qualidade de:

Nome do declarante:

Residente em:

Cod. Postal

País   ₁ Tel.

₂ Intervém na qualidade de:

₁ e-mail:

Quadro 4: Relação de documentos juntos

₁ ☐ Certidão do registo de nascimento do interessado.

₂ ☐ Documento emitido pelo SEF comprovativo da residência legal   ☐ do Pai ou   ☐ da Mãe

₃ ☐ Documentos emitidos pelo SEF comprovativos de que o pai e a mãe não se encontravam ao serviço do respectivo Estado estrangeiro.

₄ ☐ Procuração.

☐ Outros documentos, indicar quais:

Quadro 5: Assinaturas

As declarações prestadas correspondem à verdade e não omitem qualquer informação relevante.

_____ | | | | | | |
             Local   Dia Mês Ano

₁ _____
Assinatura do declarante reconhecida presencialmente

₁ _____
Assinatura do declarante reconhecida presencialmente

Quadro 6: Pagamento
Se menor: Gratuito   Se maior: 175 €
Junta:
₁ ☐ Cheque nº | | | | | | | | | | | | | | | | | | | no valor de | | | | |€
   do Banco _____ emitido à ordem da Conservatória dos Registos Centrais.

₂ ☐ Vale Postal nº _____ no valor de 175 €

AS FALSAS DECLARAÇÕES SÃO PUNIDAS NOS TERMOS DA LEI

Os dados pessoais recolhidos destinam-se a organizar e manter actualizada a informação respeitante à nacionalidade, estado civil e capacidade dos cidadãos, sendo o seu tratamento da responsabilidade do Director-Geral dos Registos e do Notariado. O acesso à informação é facultado ao próprio, que tem direito à actualização e correcção dos dados.

INSTRUÇÕES DE PREENCHIMENTO DO IMPRESSO MODELO 1E
(art.1º n.º 1 al.e) da LN)

⇨ O impresso deve ser preenchido em língua portuguesa, sem emendas ou rasuras, com letras maiúsculas de imprensa e escrevendo apenas uma letra em cada rectângulo, deixando um em branco entre cada palavra.

⇨ O impresso deve ser assinado pelo interessado, sendo maior, ou pelos representantes legais do menor ou incapaz ou por procurador com poderes especiais para o acto.

⇨ No preenchimento o declarante deve assinalar a opção pretendida com um ☒ .

⇨ Caso o espaço destinado a cada campo não seja suficiente para o preenchimento de toda a informação, deverá utilizar um novo impresso, do mesmo modelo, preenchendo, apenas, no campo respectivo, os elementos em falta. Neste caso, devem ser anexados os dois impressos.

⇨ Este impresso está disponível no sítio: http://www.dgrn.mj.pt/rcentr/atrib2.asp onde pode obter outros esclarecimentos adicionais.

Quadro 1

1. O nome deve ser aquele que usa de acordo com o registo de nascimento.
2. Sexo: F - feminino ; M - masculino.
3. Estado Civil: só é de mencionar se for maior ou emancipado.
4. Documento de identificação: passaporte, título ou autorização de residência ou outro documento de identificação equivalente, emitido pela autoridade competente de um dos países da União Europeia, de que o interessado seja titular.
5. Data em que o documento de identificação foi emitido.
6. Autoridade que emitiu o documento de identificação.
7. A indicação do telefone e do e-mail é facultativa.
8. Filiação: deve indicar-se o nome completo do pai e da mãe.

Quadro 2

1. Pode juntar a certidão do registo de nascimento, de cópia integral e, se possível, emitida por fotocópia.

1. Atribuição – Por Efeito da Vontade – 1.º E

Mod. 1E

2. Caso não junte a certidão de nascimento, a mesma pode ser obtida pelos Serviços, devendo indicar a conservatória do registo civil português onde o registo se encontra arquivado e o respectivo número e ano, se for do seu conhecimento.

Quadro 3

1. A indicação do telefone e do e-mail é facultativa.
2. O impresso deve ser assinado pelo interessado, sendo maior ou por procurador deste com poderes especiais para o acto. Se o interessado for menor ou incapaz deve ser assinado pelos seus representantes legais ou por procurador destes com poderes especiais para o acto.

Quando o impresso não for assinado pelo interessado, o declarante deve indicar a qualidade em que intervém: procurador; representante legal; procurador da mãe; procurador do pai ou outra qualidade.

Quadro 4

1. Assinalar este campo se juntou certidão. Caso não apresente esta certidão deve preencher os elementos referidos no campo 2 do quadro 2, se forem do seu conhecimento, para que os Serviços possam obter a certidão.
2. Assinalar se juntou este documento. O interessado está dispensado de o apresentar, sendo o mesmo obtido pelos Serviços.
3. Assinalar se juntou estes documentos. O interessado está dispensado de os apresentar, sendo os mesmos obtidos pelos Serviços.
4. Se existir intervenção de procurador a junção da procuração é obrigatória.

Quadro 5

1. O reconhecimento presencial da assinatura pode ser feito:
   - perante funcionário do serviço com competência para receber o impresso;
   - em Cartório Notarial ou Conservatórias do registo português;
   - em Consulado de Portugal no estrangeiro;
   - por Advogado ou Solicitador, ou
   - pelas câmaras de comércio e indústria, reconhecidas nos termos do Decreto-Lei n.º 244/92, de 29 de Outubro.

Se o procurador for advogado ou solicitador é suficiente, para a confirmação da assinatura, a indicação da respectiva cédula profissional.

Quadro 6

1. O cheque deverá ser pagável em Portugal. Se optar por enviar cheque pagável no estrangeiro, deve ter em conta que a cobrança desse cheque envolve despesas bancárias que são encargo do interessado, devendo o correspondente valor ser incluído no montante do cheque a enviar à Conservatória dos Registos Centrais.
2. No vale postal deve sempre mencionar-se o nome do interessado e o fim a que se destina.

O pedido é indeferido:

a) Se não constar do impresso de modelo aprovado pelo Director-Geral dos Registos e do Notariado (disponível nas extensões da Conservatória dos Registos Centrais, nas Conservatórias do Registo Civil, nos Consulados e no sítio www.dgrn.mj.pt);

b) Se forem omitidas menções ou formalidades previstas no impresso;

Se o pedido vier a ser indeferido liminarmente a declaração não produz efeitos, **não havendo lugar ao reembolso de qualquer quantia.**

APRESENTAÇÃO DO PEDIDO

O impresso, acompanhado dos documentos necessários, pode ser:

Enviado por correio para:	Entregue na Extensão da Conservatória dos Registos Centrais sita no:
Conservatória dos Registos Centrais **Mod. 1E** Rua Rodrigo da Fonseca, 200 1099-003 Lisboa	Centro Nacional de Apoio ao Imigrante (CNAI) Rua Álvaro Coutinho, 14 1150-025 Lisboa

1.º F

1.6 Artigo 1.º n.º 1, alínea f) da Lei da Nacionalidade

São portugueses de origem os indivíduos nascidos no território português e que não possuam outra nacionalidade.

Presumem-se nascidos no território português, salvo prova em contrário, os recém-nascidos que aqui tenham sido expostos, n.º 2 do artigo 1.º da LN.

A quem se aplica

Nascidos em território português filhos de pais estrangeiros ou apátridas que, provando não possuir qualquer nacionalidade, sejam apátridas.

Serviços receptores do pedido

– Extensões da Conservatória dos Registos Centrais;
– Conservatórias do Registo Civil;
– Serviços consulares portugueses.

Documentos necessários

– **Certidão do registo de nascimento** do interessado, artigo 33.º, n.º 1, alínea h) do RN.

– **Documento comprovativo da nacionalidade estrangeira** dos pais do interessado ou da sua apatridia.

– **Documento comprovativo de que** o interessado não possui a nacionalidade do país ou países de que os pais são nacionais, emitido pela ou pelas autoridades daquele ou daqueles.

– **Documento comprovativo de que** o interessado não possui a nacionalidade do país ou países com o qual ou com os quais tenha tido conexões relevantes para efeito de nacionalidade, emitido pela ou pelas autoridades daquele ou daqueles.

Notas:

– *A certidão de nascimento deve ser de cópia integral e se possível, emitida por fotocópia.*
– *A certidão pode ser obtida oficiosamente.*
– *Artigo 36.º **Prova da apatridia** – do RN – A apatridia prova-se, para os fins do presente decreto-lei, pelos meios estabelecidos em convenção e, na sua falta, por documentos emanados das autoridades dos países com os quais o interessado tenha conexões relevantes, designadamente dos países de origem e da última nacionalidade ou da nacionalidade dos progenitores.*

Emolumentos

Menor: Gratuito
Maior: Gratuito

Prova

A nacionalidade portuguesa originária dos indivíduos nascidos no território português e que não possuam outra nacionalidade prova-se pelo assento de nascimento, artigo 21.º, n.º 1 da LN.

Nota:

– *Artigo 21.º **Prova da nacionalidade originária** – n.º 1 da LN – A nacionalidade portuguesa originária dos indivíduos abrangidos pela alínea f) do n.º 1 do artigo 1.º prova-se pelo assento de nascimento.*

2. AQUISIÇÃO

Suspensão de Procedimentos

O procedimento de aquisição da nacionalidade portuguesa por efeito da vontade, por adopção ou por naturalização suspende-se durante o decurso do prazo de 5 anos a contar da data do trânsito em julgado de sentença que condene o interessado por crime previsto na lei portuguesa e em pena ou penas que, isolada ou cumulativamente, ultrapassem 1 ano de prisão. Com esta suspensão suspende-se também a contagem do prazo de 1 ano, de dedução de oposição à aquisição da nacionalidade portuguesa, pelo Ministério Público. Artigo 13.º n.º 1 e 2 e artigo 10.º n.º 1 da LN.

Composição do nome

O interessado pode requerer o aportuguesamento dos elementos constitutivos do nome próprio, a conformação do nome completo com as regras legais portuguesas ou, se já tiver assento de nascimento lavrado no registo civil português com nome diverso daquele que usa, a adopção desse nome. O aportuguesamento, por tradução ou adaptação, gráfica e fonética, à língua portuguesa dos nomes próprios de origem estrangeira deve obedecer às disposições legais aplicáveis aos nascidos no território português. Se o aportuguesamento não for possível por tradução, ou a adaptação se mostrar inadequada, o interessado pode optar por um nome próprio português. O interessado que use vários nomes completos deve optar por um deles. Sempre que o nome seja alterado, a nova composição é averbada ao assento de nascimento, se já lavrado ou a lavrar por transcrição e, tratando-se de assento a lavrar por inscrição ou de assento de nacionalidade, menciona-se no texto o novo nome e averba-se a forma originária. Quando o registo de nacionalidade seja lavrado por averbamento, deve constar deste a nova composição do nome. Artigo 39.º do RN.

POR EFEITO DA VONTADE

2.º

A filiação, natural ou adoptiva, bem como o casamento ou a união de facto estabelecem relações de família que podem fundamentar a aquisição da nacionalidade portuguesa, nos termos previstos e regulamentados nos artigos 2.º a 5.º, 9.º e 10.º da LN, e 10.º a 14.º, 22.º a 28.º do RN.

2.1 *Aquisição por filhos menores ou incapazes*

Os filhos menores ou incapazes de pai ou mãe que adquira a nacionalidade portuguesa podem também adquiri-la, mediante declaração, por intermédio dos seus representantes legais, que pretendem ser portugueses, desde que não se verifique qualquer das circunstâncias que são fundamento de oposição à aquisição da nacionalidade. Na declaração é identificado o registo de aquisição da nacionalidade da mãe ou do pai – artigos 2.º e 9.º da LN e artigo 13.º do RN.

A quem se aplica

Estrangeiros menores ou incapazes, filhos de mãe ou de pai que tenha adquirido a nacionalidade portuguesa após o nascimento do filho.

Serviços receptores do pedido

– Extensões da Conservatória dos Registos Centrais;

– Conservatórias do Registo Civil;
– Serviços consulares portugueses.

Documentos necessários

– **Declaração aquisitiva** a prestar pelos representantes legais, nos termos dos artigos 31.º a 40.º do RN;

Notas:

– *Nos autos de declaração para aquisição da nacionalidade portuguesa, deverão constar as seguintes menções:*

*a) Para fins do disposto na alínea b) do artigo 9.º da LN, o interessado, maior de 16 anos, deve esclarecer, se foi ou não condenado, com trânsito em julgado da sentença, pela prática de crime punível com pena de prisão de máximo **igual** ou superior a 3 anos, segundo a lei portuguesa (a anterior redacção da LN, referia superior a 3 anos)*

*b) A residência actual, bem como, se maior de 16 anos, **a indicação dos países (e localidades) onde tenha tido anteriormente residência** e a respectiva **profissão** (cfr. Alínea c), do n.º 1 do artigo 33.º do RN).*

– *Os processos de nacionalidade são analisados pela ordem da sua recepção na Conservatória dos Registos Centrais. Só são analisados com carácter prioritário, os processos cuja urgência seja documentalmente comprovada.*

– **Certidão do registo de nascimento do menor ou do incapaz**, onde conste a que a filiação relativamente ao progenitor português, se encontra regularmente estabelecida durante a menoridade – artigo 37.º do RN e artigo 14.º da LN;

Notas:

– *A certidão deve ser emitida por fotocópia e devidamente legalizada pelo consulado português local (e se a certidão for reconstituída, fotocópia do assento primitivo que o baseou). Se o nascimento está registado no registo civil português, deve ser certidão de cópia integral e se possível emitida por fotocópia. Neste último caso, a certidão pode ser obtida oficiosamente.*

– Caso os pais do interessado constem como declarantes no registo de nascimento daquele e apesar disso não tenham assinado o assento, deverão esclarecer em auto o motivo pelo qual não o assinaram.

– Quando a certidão do interessado não se encontra em condições de ser transcrita, deve para o efeito ser lavrado auto de declaração para inscrição de nascimento, enquanto menor, nos termos do disposto no n.º 2, artigo 50.º do RN.

– Tendo a Conservatória dos Registos Centrais conhecimento de que são emitidas certidões de inteiro teor dos assentos de nascimento lavrados no Registo Civil Brasileiro, devem ser estas as únicas a instruir os processos de aquisição de nacionalidade, devidamente legalizadas pelo consulado português local, ainda que não sejam emitidas por fotocópia.

– **Certidão do registo de nascimento**, da mãe ou do pai onde conste averbada a aquisição da nacionalidade portuguesa, de cópia integral e se possível emitida por fotocópia. Se os pais forem casados entre si, deve constar o averbamento de casamento ou apresentada prova do casamento. Artigo 8.º, n.º 2 do RN;

<u>*Notas:*</u>
– A certidão pode ser obtida oficiosamente.
– Artigo 50.º **Transcrição e inscrição do registo de nascimento** *– n.º 3 do RN – Além do registo de nascimento, são obrigatoriamente transcritos no registo civil português todos os actos de estado civil lavrados no estrangeiro e referentes a indivíduos a quem tenha sido atribuída a nacionalidade portuguesa ou que a tenham adquirido.*

– **Documento** comprovativo da nacionalidade estrangeira do menor ou do incapaz – artigo 37.º, n.º 1 do RN;

<u>*Nota:*</u>
– Entre outros documentos comprovativos da nacionalidade estrangeira do incapaz, filho de mãe ou pai que tenha adquirido a nacionalidade portuguesa, podem ser apresentados, nomeadamente, certificado de

nacionalidade, passaporte ou título de residência. A cédula de inscrição consular não pode ser valorada para comprovar a nacionalidade estrangeira do incapaz.

– Se o interessado tiver mais de 16 anos, **certificados do registo criminal** *emitidos pelas autoridades portuguesas e pelos serviços competentes do país da naturalidade e da nacionalidade, bem como dos países onde o interessado tenha tido e tenha residência, após os 16 anos, acompanhados de tradução, se escritos em língua estrangeira – artigo 57.º, n.º 3, alínea a) do RN.*

Notas:

– O certificado do registo criminal emitido pelas autoridades portuguesas pode ser obtido oficiosamente. Artigo 37.º, n.º 7, alínea a) do RN.

– O interessado pode, mediante requerimento fundamentado na impossibilidade prática de apresentação dos certificados do registo criminal, do país da naturalidade, nacionalidade ou residência, solicitar a dispensa da sua junção, desde que não existam indícios da verificação do fundamento de oposição à aquisição da nacionalidade, conforme a alínea b) do artigo 9.º da LN, que estes documentos se destinavam a comprovar. A dispensa tem carácter excepcional e é apreciada casuisticamente, devendo ser junta prova documental e testemunhal. As testemunhas devem ser ouvidas em auto, pronunciando-se quanto ao fundamento de oposição. Artigo 57.º, n.º 5 do RN.

– Em processo de aquisição da nacionalidade por efeito da vontade, se a Conservatória dos Registos Centrais tomar conhecimento que o interessado praticou um crime, pelo qual tenha sido condenado, cuja moldura penal corresponda a pena de prisão de máximo igual ou superior a 3 anos, embora já se encontre reabilitado pelo decurso do tempo, deve aquela participar os factos susceptíveis de fundamentarem a oposição à aquisição da nacionalidade ao Ministério Público, junto do competente tribunal administrativo e fiscal, remetendo-lhe todos os elementos de que dispuser. O Ministério Público deve deduzir oposição quando receba a participação referida, propondo a acção, caso entenda haver fundamento. Artigo 57.º, n.ᵒˢ 7 e 8 do RN.

– Se o interessado tiver mais de 16 anos, **documentos** que comprovem a natureza das funções públicas ou do serviço militar prestados a Estado estrangeiro, sendo caso disso – artigo 57.°, n.° 3, alínea b) do RN.

Nota:
– A apresentação destes documentos só tem lugar se o interessado tiver estado nestas circunstâncias.

– **Prova documental** ou qualquer outra legalmente admissível de que o interessado tem ligação efectiva à comunidade nacional — artigo 9.° da LN e artigos 57.°, n.° 1 e 37.°, n.° 1 do RN.

Notas:
• *Consultar 2.6 – Notas:*
– Entre outras provas podem ser apresentadas, nomeadamente, fotocópias certificadas do boletim individual de saúde, (registo de vacinação), cartão de utente dos serviços de saúde, autorização de residência, entre outros, bem como documento comprovativo da nacionalidade estrangeira do mesmo, nomeadamente, certificado de nacionalidade, passaporte ou autorização de residência.
– É relevante para a apreciação da ligação efectiva à comunidade nacional, entre outras, a prova do conhecimento da língua portuguesa, a residência em território português, desde que titulada e a frequência de estabelecimento de ensino português, no caso dos menores.
– Caso venha a verificar-se que um dos progenitores do registando tenha nascido em território ultramarino português tornado independente, deverá ser esclarecido em auto ou mencionar-se na declaração para aquisição da nacionalidade, se perdeu ou não a nacionalidade portuguesa nos termos do artigo 4.° do Decreto-Lei n.° 308-A/75, de 24 de Junho, por não se encontrar abrangido pelo disposto nos artigos 1.° ou 2.° do citado diploma e se requereu ao Ministério da Administração Interna a conservação ou concessão da nacionalidade portuguesa, ao abrigo do disposto no artigo 5.° do referido decreto-lei.

• **Decreto-Lei n.° 308-A/75, de 24 de Junho**

Artigo 4.°

Perdem a nacionalidade portuguesa os indivíduos nascidos ou domiciliados em território ultramarino tornado independente que não sejam abrangidos pelas disposições anteriores.

Artigo 1.°

1. Conservam a nacionalidade os seguintes portugueses domiciliados em território ultramarino tornado independente:
   a) Os nascidos em Portugal continental e nas ilhas adjacentes;
   b) Até à independência do respectivo território, os nascidos em território ultramarino ainda sob administração portuguesa;
   c) Os nacionalizados;
   d) Os nascidos no estrangeiro de pai ou mãe nascidos em Portugal ou nas ilhas adjacentes ou de naturalizados, assim como, até à independência do respectivo território, aqueles cujo pai ou mãe tenham nascido em território ultramarino ainda sob administração portuguesa;
   e) Os nascidos no antigo Estado da Índia que declarem querer conservar a nacionalidade portuguesa;
   f) A mulher casada com, ou viúva ou divorciada de, português dos referidos nas alíneas anteriores e os filhos menores deste.

2. Os restantes descendentes até ao terceiro grau dos portugueses referidos nas alíneas a), c), d), primeira parte, e e) do número anterior conservam também a nacionalidade portuguesa, salvo se, no prazo de dois anos, a contar da data da independência, declararem por si, sendo maiores ou emancipados, ou pelos seus legais representantes, sendo incapazes, que não querem ser portugueses.

Artigo 2.°

1. Conservam igualmente a nacionalidade portuguesa os seguintes indivíduos:
   a) Os nascidos em território ultramarino tornado independente que estivessem domiciliados em Portugal continental ou nas ilhas adjacentes há mais de cinco anos em 25 de Abril de 1974;

b) A mulher e os filhos menores dos indivíduos referidos na alínea anterior.

Artigo 5.º

Em casos especiais, devidamente justificados, não abrangidos por este diploma, o Conselho de Ministros, directamente ou por delegação sua, poderá determinar a conservação da nacionalidade portuguesa, ou conceder esta, com dispensa, neste caso, de todos ou alguns dos requisitos exigidos pela base XII da Lei n.º 2098, de 29 de Julho de 1959, a indivíduo ou indivíduos nascidos em território ultramarino que tenha estado sob administração portuguesa e respectivos cônjuges, viúvos ou descendentes.

Emolumentos

Menor/Incapaz: € 120,00

Notas:

– Artigo 18.º **Emolumentos do registo civil e de nacionalidade** – 2.2.2 do RERN – Procedimento de aquisição da nacionalidade por efeito da vontade … referentes a incapaz, incluindo o auto de redução a escrito das declarações verbais prestadas para esse efeito, o respectivo registo e documentos oficiosamente obtidos – (euro) 120.

– Artigo 18.º **Emolumentos do registo civil e de nacionalidade** – 2.4 do RERN – Em caso de indeferimento liminar, os emolumentos previstos nos números anteriores são devidos na sua totalidade.

Prova

A aquisição da nacionalidade portuguesa prova-se pelos respectivos registos ou pelos consequentes averbamentos exarados à margem do assento de nascimento, artigo 22.º, n.º 1 da LN.

Nota:

– Artigo 22.º **Prova da aquisição da nacionalidade** – n.º 1 do RERN – A aquisição da nacionalidade prova-se pelo respectivo registo ou pelo consequente averbamento exarado à margem do assento de nascimento.

Formulários e Impressos

– O RN prevê no n.º 1 do artigo 32.º, que, tratando-se de aquisição da nacionalidade portuguesa, as declarações podem ser prestadas em extensões da Conservatória dos Registos Centrais junto de outras pessoas colectivas públicas, em termos a fixar por protocolo a celebrar entre essas entidades e o Instituto dos Registos e do Notariado I. P., em conservatórias do registo civil e em serviços consulares portugueses, sendo aí reduzidas a auto, e enviadas para a Conservatória dos Registos Centrais, se possível por via electrónica, nas condições que vierem a ser fixadas por portaria do Ministro da Justiça.

– Tratando-se de aquisição da nacionalidade portuguesa, as declarações para fins de aquisição, podem constar de impresso de modelo aprovado por despacho do presidente do IRN, I. P.

Notas:

• *Consultar 1.º C* – **Formulários e Impressos** – *Notas:*
– *O impresso de modelo aprovado está disponível na seguinte página Web:*
   http://www.irn.mj.pt/sections/irn/a_registral/servicos-externos-docs/impressos/nacionalidade/declaracao-para8492/downloadFile/file/Mod._2_ci.pdf?nocache=1199879465.39
– *As declarações para fins de aquisição da nacionalidade, nos termos do disposto no n.º 2 do artigo 32.º do Regulamento da Nacionalidade Portuguesa, aprovado pelo Decreto-Lei n.º 237-A/2006, de 14 de Dezembro,* que constem de impresso, *são remetidas à Conservatória dos Registos Centrais, por correio* pelos interessados *(e não por intermédio das Conservatórias de Registo Civil e Serviços Consulares) ou entregues nas respectivas delegações sitas no CNAI, em Lisboa ou no Arquivo Central do Porto, em Portugal.*

Declaração para aquisição da nacionalidade por filhos menores ou incapazes

Conservatória a)

Data:
Lugar:
Nome completo do Conservador *b)* e respectiva qualidade:

Interessado

Nome completo:
Sexo:
Data do nascimento:
Estado:
Documento de identificação:
Naturalidade:
Nacionalidade:
Filiação:
Residência actual:
Países onde tenha residido anteriormente: *c)*
Profissão:

Assento de nascimento d)

Número:
Ano:
Conservatória:

Representantes legais e) ou Procurador

Nome completo:
Residência:

Verificação da identidade do declarante

Menção da forma: *f)*

Declaração

Factos declarados:

– Tem ligação efectiva à comunidade nacional. *g)*

– Não foi condenado, com trânsito em julgado da sentença, pela prática de crime punível com pena de prisão de máximo igual ou superior a 3 anos, segundo a lei portuguesa.

– Não exerceu funções públicas sem carácter predominantemente técnico, nem prestou serviço militar não obrigatório a Estado estrangeiro.

Fim da declaração:
Pedido do respectivo registo:

Pretende adquirir a nacionalidade portuguesa, nos termos do artigo 2.º, da Lei da Nacionalidade, e que seja lavrado o respectivo registo, por ser filho de ___ mãe / ___ pai *h)* que adquiriu a nacionalidade portuguesa, depois do seu nascimento.

Pretende manter a composição originária do seu nome / Não pretende manter a composição originária do seu nome, declarando qual o nome pretendido. *i)*

Documentos

– Certidão do registo de nascimento do progenitor (mãe ou do pai), que é nacional português. *j)*

– Certidão do registo de nascimento do menor ou incapaz. *l)*

– Documento comprovativo da nacionalidade estrangeira do menor ou incapaz.

– Certificado(s) do registo criminal português e estrangeiro(s), este(s) emitido(s) pelo(s) país(es) onde o interessado tenha tido residência(s) após os 16 anos. *m)*

– Procuração. *n)*

– Outros documentos. *o)*

Assinaturas

Declarante: *p)*
Conservador: *q)*

Notas:

a) Indicar qual a Conservatória ou Consulado.
b) Oficial ou agente consular.
c) Indicar localidades e países.
d) Se lavrado no registo civil português.
e) Caso o interessado seja incapaz.
f) Pelo conhecimento pessoal do funcionário perante quem são prestadas as declarações. Pela exibição do bilhete de identidade, título ou autorização de residência, passaporte ou documento de identificação equivalente do declarante. Supletivamente, pela abonação de 2 testemunhas idóneas, que podem ser parentes ou afins das partes ou do funcionário. Na abonação testemunhal, as testemunhas oferecidas devem exibir bilhete de identidade, título ou autorização de residência, passaporte ou documento de identificação equivalente e ser identificadas no auto, que assinam depois do declarante e antes do funcionário. Artigo 34.º do RN.
g) Apontar os factos.
h) Escolher qual a opção aplicável.
i) Escolher qual a opção aplicável. Se não pretender manter a composição originária do seu nome, deve ser declarado qual o nome pretendido.
j) Se não apresentar esta certidão, deverá ser indicada a naturalidade e a filiação do progenitor, a fim de ser obtida, oficiosamente, pela Conservatória dos Registos Centrais.
l) Se não apresentar esta certidão, deverá ser indicado o n.º do assento, o ano e qual a Conservatória que o lavrou a fim de ser obtida, oficiosamente, pela Conservatória dos Registos Centrais.
m) Se não apresentar o certificado do registo criminal português, deverá declarar que pretende que seja obtido, oficiosamente, pela Conservatória dos Registos Centrais.
n) Se houver intervenção de procurador.
o) Indicar quais.
p) Se souber e puder assinar, artigo 33.º, n.º 1, alínea h) do RN. Se não souber ou não puder, deve mencionar-se esse facto. Quando a declaração for prestada por <u>advogado ou solicitador</u> é suficiente, para a confirmação da assinatura, a indicação do número da respectiva cédula profissional, artigo 35.º, n.º 2 do RN.
q) Oficial dos registos ou agente consular.

Conservatória dos Registos Centrais

Data de Recepção na C.R.Centrais:

DECLARAÇÃO PARA AQUISIÇÃO DA NACIONALIDADE PORTUGUESA

Estrangeiro menor ou incapaz, cuja mãe ou pai tenha adquirido a nacionalidade portuguesa, depois do seu nascimento (art. 2º da Lei da Nacionalidade nº 37/81, 3/10)

Antes de preencher, leia atentamente as instruções

Quadro 1: Identificação do interessado

1. Nome completo

2. Sexo: ☐ F ☐ M   Data de nascimento: (Dia Mês Ano)   Estado civil:

3. Doc. de Identificação nº   4. Data de emissão: (Dia Mês Ano)

5. Emitido por

Residente em

Cod. Postal   -

País:

Naturalidade
Freguesia:
Concelho:
País:

Nacionalidade

6. Filiação
Pai:

Mãe:

7. Localidades e Países onde residiu anteriormente:

8. Profissão:

Quadro 2: Declarações:
Declara pretender adquirir a nacionalidade portuguesa, nos termos do art. 2º da Lei da Nacionalidade, e que seja lavrado o respectivo registo, por ser filho de mãe ou de pai que adquiriu a nacionalidade portuguesa, depois do seu nascimento.

Para o efeito, pronuncia-se sobre os seguintes factos:

1. Tem ligação efectiva à comunidade portuguesa? ☐ Sim ☐ Não
2. Foi condenado, por sentença transitada em julgado, pela prática de crime punível com pena de prisão de máximo igual ou superior a 3 anos, segundo a lei portuguesa? ☐ Sim ☐ Não
3. Exerceu funções públicas sem carácter predominantemente técnico a Estado estrangeiro? ☐ Sim ☐ Não
4. Prestou serviço militar não obrigatório a Estado estrangeiro? ☐ Sim ☐ Não
5. ☐ Junta certidão do registo de nascimento da ☐ Mãe ☐ Pai, que é nacional português.
6. Se não apresenta a certidão do registo de nascimento do progenitor que assinalou no campo anterior, indique relativamente ao mesmo:
Naturalidade:
Filiação
Pai:
Mãe:
7. Se nasceu em Portugal e não apresenta a certidão do registo de nascimento, indique:
Assento nº   do Ano de
☐ Conservatória do Registo Civil
8. ☐ Pretende que o certificado do registo criminal português seja obtido pela Conservatória dos Registos Centrais.

Pretende manter a composição do nome indicado no campo 1 do Quadro 1? ☐ Sim ☐ Não
Se indicou Não, declare qual o nome pretendido:

Quadro 3: Identificação dos declarantes:

Nome do declarante:

☐☐

☐☐

Residente em:
☐☐

Cod. Postal ☐☐☐☐ - ☐☐☐ ☐☐☐☐☐☐☐☐☐☐☐☐☐☐☐☐☐☐☐☐☐☐☐☐☐☐

País ☐☐☐☐☐☐☐☐☐☐☐☐☐☐☐☐☐☐☐☐☐☐ [1] Tel. ☐☐☐☐☐☐☐☐☐☐☐

[2] Intervém na qualidade de:
☐☐

Nome do declarante:

☐☐

☐☐

Residente em:
☐☐

Cod. Postal ☐☐☐☐ - ☐☐☐ ☐☐☐☐☐☐☐☐☐☐☐☐☐☐☐☐☐☐☐☐☐☐☐☐☐☐

País ☐☐☐☐☐☐☐☐☐☐☐☐☐☐☐☐☐☐☐☐☐☐ [1] Tel. ☐☐☐☐☐☐☐☐☐☐☐

[2] Intervém na qualidade de:
☐☐

[1] e-mail: ☐☐☐☐☐☐☐☐☐☐☐☐☐☐☐☐☐☐☐☐☐☐☐☐☐☐☐☐☐☐☐☐☐☐☐

Quadro 4: Relação de documentos juntos

[1] ☐ Certidão do registo de nascimento do menor ou incapaz.

[2] ☐ Certidão do registo de nascimento do progenitor.

[3] ☐ Documento comprovativo da nacionalidade estrangeira do menor ou incapaz.

[4] ☐ Certificado(s) do registo criminal estrangeiro, emitido(s) nos seguintes países:
☐☐

☐☐

[5] ☐ Documento comprovativo da natureza das funções públicas.

[6] ☐ Documento comprovativo de que prestou serviço militar não obrigatório a Estado estrangeiro.

[7] ☐ Procuração.

☐ Outros documentos, indicar quais:
☐☐

☐☐

Quadro 5: Assinaturas

As declarações prestadas correspondem à verdade e não omitem qualquer informação relevante.

_____, ☐☐ ☐☐ ☐☐☐☐
　　　　Local　　　　　　　Dia　Mês　Ano

[1] _____
　　Assinatura do declarante reconhecida presencialmente

[1] _____
　　Assinatura do declarante reconhecida presencialmente

Quadro 6: Pagamento

Menor/Incapaz: 120€
Junta:

[1] ☐ Cheque nº ☐☐☐☐☐☐☐☐☐☐☐☐☐☐☐☐☐☐☐ no valor de ☐☐☐☐ €

do Banco _____ emitido à ordem da Conservatória dos Registos Centrais.

[2] ☐ Vale Postal nº _____ no valor de 120 €

AS FALSAS DECLARAÇÕES SÃO PUNIDAS NOS TERMOS DA LEI

Os dados pessoais recolhidos destinam-se a organizar e manter actualizada a informação respeitante à nacionalidade, estado civil e capacidade dos cidadãos, sendo o seu tratamento da responsabilidade do Director-Geral dos Registos e do Notariado. O acesso à informação é facultado ao próprio, que tem direito à actualização e correcção dos dados.

Mod.2

INSTRUÇÕES DE PREENCHIMENTO DO IMPRESSO MODELO 2
(art.2º da LN)

⇨ O impresso deve ser preenchido em língua portuguesa, sem emendas ou rasuras, com letras maiúsculas de imprensa e escrevendo apenas uma letra em cada rectângulo, deixando um em branco entre cada palavra.

⇨ O impresso deve ser assinado pelos representantes legais do menor ou incapaz ou por procurador com poderes especiais para o acto.

⇨ No preenchimento o declarante deve assinalar a opção pretendida com um ☒ .

⇨ Caso o espaço destinado a cada campo não seja suficiente para o preenchimento de toda a informação, deverá utilizar um novo impresso, do mesmo modelo, preenchendo, apenas, no campo respectivo, os elementos em falta. Neste caso, devem ser anexados os dois impressos.

⇨ Este impresso está disponível no sitio: http://www.dgrn.mj.pt/rcentr/aquis2.asp onde pode obter outros esclarecimentos adicionais.

Quadro 1

1. O nome deve ser aquele que usa de acordo com o documento de identificação ou o registo de nascimento.
2. Sexo: F - feminino ; M - masculino.
3. Documento de identificação: passaporte, título ou autorização de residência ou outro documento de identificação equivalente, emitido pela autoridade competente de um dos países da União Europeia, de que o interessado seja titular.
4. Data em que o documento de identificação foi emitido.
5. Autoridade que emitiu o documento de identificação.
6. Filiação: deve indicar-se o nome completo do pai e da mãe.
7. Se residiu anteriormente noutro país ou países estrangeiros, deve indicar as respectivas localidades e países, se se tratar de maior de 16 anos.
8. A profissão só é de mencionar se se tratar de maior de 16 anos.

Quadro 2

1. Pode juntar documentos que provem essa ligação efectiva.
2. Só deve assinalar este campo, e pronunciar-se sobre este facto, se o interessado for maior de 16 anos.
3. Só deve assinalar este campo, e pronunciar-se sobre este facto, se o interessado for maior de 16 anos.
4. Só deve assinalar este campo, e pronunciar-se sobre este facto, se o interessado for maior de 16 anos.
5. O interessado deve assinalar este campo caso apresente a certidão do registo de nascimento, de cópia integral e, se possível, emitida por fotocópia, do progenitor (mãe ou pai) que adquiriu a nacionalidade portuguesa.
6. Caso não apresente a certidão do registo de nascimento da mãe ou do pai que tenha adquirido a nacionalidade portuguesa, a mesma pode ser obtida pelos Serviços, devendo indicar a naturalidade e a filiação desse progenitor.
7. Se o menor ou incapaz nasceu em Portugal e apresentar a certidão do seu registo de nascimento, esta deve ser de cópia integral e, se possível, emitida por fotocópia. Caso não junte a certidão do seu registo de nascimento deve indicar a conservatória do registo civil português onde o mesmo se encontra arquivado e o respectivo número e ano, se for do seu conhecimento, para que os Serviços possam obter a certidão.
8. Deve assinalar caso pretenda que o certificado do registo criminal português seja obtido oficiosamente pelos Serviços.

Quadro 3

1. A indicação do telefone e do e-mail é facultativa.
2. O impresso deve ser assinado pelos representantes legais do menor ou incapaz ou por procurador destes com poderes especiais para o acto.
   O declarante deve indicar a qualidade em que intervém: representante legal; procurador da mãe; procurador do pai ou outra qualidade.

Quadro 4

1. Se nasceu no estrangeiro, este documento é obrigatório. Neste caso, a certidão do registo de nascimento deve, em princípio, ser de cópia integral e emitida por fotocópia. Esta certidão deve ser devidamente legalizada e acompanhada de tradução, se escrita em língua estrangeira.

Se nasceu em Portugal e apresentar certidão do seu registo de nascimento, esta deve ser de cópia integral e, se possível, emitida por fotocópia. Caso não junte a certidão do seu registo de nascimento, deve ter preenchido o campo 7 do quadro 2, se esses elementos forem dos seu conhecimento, para que os Serviços possam obter a certidão.

2. Assinalar se apresentou certidão do registo de nascimento do progenitor nacional português. Caso não apresente a referida certidão, deve preencher os elementos referidos no campo 6, do quadro 2, para que os Serviços possam obter a certidão.

3. Este documento deve ser acompanhado de tradução, se escrito em língua estrangeira. Pode ser apresentada cópia certificada do passaporte.

4. Se o menor ou incapaz tiver mais de 16 anos, deve juntar os certificados do registo criminal emitidos pelos Serviços competentes do país da naturalidade e da nacionalidade, bem como dos países onde tenha tido e tenha residência após os 16 anos, acompanhados de tradução, se escritos em língua estrangeira (documentos obrigatórios, excepto se for simultaneamente requerida a dispensa da sua apresentação). O interessado está dispensado de apresentar o certificado do registo criminal português, que é oficiosamente obtido pelos Serviços, devendo ter assinalado o campo 8 do quadro 2.

5. Se o menor ou incapaz tiver mais de 16 anos, deve juntar os documentos que comprovem a natureza das funções públicas prestadas a Estado estrangeiro, caso tenha assinalado a opção "Sim" no campo 3 do quadro 2.

6. Se o menor ou incapaz tiver mais de 16 anos, deve juntar os documentos que comprovem a prestação do serviço militar não obrigatório a Estado estrangeiro, caso tenha assinalado a opção "Sim" no campo 4 do quadro 2.

7. Se existir intervenção de procurador a junção da procuração é obrigatória.

Quadro 5:

1. O reconhecimento presencial da assinatura pode ser feito:
   - perante funcionário do serviço com competência para receber o impresso;
   - em Cartório Notarial ou Conservatórias do registo português;
   - em Consulado de Portugal no estrangeiro;
   - por Advogado ou Solicitador, ou
   - pelas câmaras de comércio e indústria, reconhecidas nos termos do Decreto-Lei n.º 244/92, de 29 de Outubro.

Mod.2

Se o procurador for advogado ou solicitador é suficiente, para a confirmação da assinatura, a indicação da respectiva cédula profissional.

Quadro 6:

1. O cheque deverá ser pagável em Portugal. Se optar por enviar cheque pagável no estrangeiro, deve ter em conta que a cobrança desse cheque envolve despesas bancárias que são encargo do interessado, devendo o correspondente valor ser incluído no montante do cheque a enviar à Conservatória dos Registos Centrais.
2. No vale postal deve sempre mencionar-se o nome do interessado e o fim a que se destina.

O pedido é indeferido:
a) Se não constar do impresso de modelo aprovado pelo Director-Geral dos Registos e do Notariado (disponível nas extensões da Conservatória dos Registos Centrais, nas Conservatórias do Registo Civil, nos Consulados e no sitio www.dgrn.mj.pt);
b) Se forem omitidas menções ou formalidades previstas no impresso;
c) Se não for acompanhado dos documentos necessários para comprovar os factos que constituem o fundamento do pedido.

Se o pedido vier a ser indeferido liminarmente a declaração não produz efeitos, **não havendo lugar ao reembolso de qualquer quantia.**

APRESENTAÇÃO DO PEDIDO

O impresso, acompanhado dos documentos necessários, pode ser:

Enviado por correio para:	Entregue na Extensão da Conservatória dos Registos Centrais sita no:
Conservatória dos Registos Centrais Mod. 2 Rua Rodrigo da Fonseca, 200 1099-003 Lisboa	Centro Nacional de Apoio ao Imigrante (CNAI) Rua Álvaro Coutinho, 14 1150-025 Lisboa

3.º

2.2 Aquisição por efeito do casamento ou da união de facto

A) O estrangeiro <u>casado há mais de três anos</u> com nacional português pode adquirir a nacionalidade portuguesa se declarar, na constância do casamento, que quer ser português e provar que não se encontra abrangido por qualquer das circunstâncias que são fundamento de oposição à aquisição da nacionalidade – artigos 3.º, 9.º e 10.º da LN.

B) O estrangeiro que, à data da declaração, <u>viva em união de facto há mais de três anos</u> com nacional português pode adquirir a nacionalidade portuguesa, após acção de reconhecimento dessa situação a interpor no tribunal cível – artigo 3.º n.º 3 da LN.

A quem se aplica

A) Ao estrangeiro casado com nacional português;

B) Ao estrangeiro que coabite com nacional português, em condições análogas às dos cônjuges, há mais de 3 anos, desde que tenha obtido sentença a reconhecer esse facto.

Serviços receptores do pedido

– Extensões da Conservatória dos Registos Centrais;
– Conservatórias do Registo Civil;
– Serviços consulares portugueses.

Documentos necessários

– **Declaração aquisitiva** prestada na constância do casamento A) ou na vivência da união de facto B), apresentada ou elaborada na conservatória e com as formalidades previstas nos artigos 14.º, 31.º, 32.º e 33.º do RN;

<u>Notas:</u>

Nos autos de declaração para aquisição da nacionalidade portuguesa, deverão constar as seguintes menções:

– *A residência actual, bem como, se maior de 16 anos,* **a indicação dos países (e localidades) onde tenha tido anteriormente residência** *e a respectiva* **profissão** *(cfr. Alínea c), do n.º 1 do artigo 33.º do RN).*

– *Para fins do disposto na alínea b) do artigo 9.º da LN, o interessado, maior de 16 anos, deve esclarecer, se foi ou não condenado, com trânsito em julgado da sentença, pela prática de crime punível com pena de prisão de máximo* **igual** *ou superior a 3 anos, segundo a lei portuguesa (a anterior redacção da LN, referia superior a 3 anos).*

Para este efeito, pode(m) o(s) facto(s) constar da declaração aquisitiva ou de declaração anexa, preenchida e assinada, com reconhecimento presencial da assinatura, de acordo com o modelo seguinte:

Nome completo:

Pretendendo adquirir a nacionalidade portuguesa, nos termos do n.º 1 do artigo 3.º da Lei n.º 37/81, de 3.10, vem pronunciar-se sobre o(s) seguinte(s) facto(s):

Foi condenado, por sentença transitada em julgado, pela prática de crime punível com pena de prisão de máximo igual ou superior a 3 anos, segundo a lei portuguesa? Sim ___ Não ___ a)

Data:

Assinatura:

a) Escolher qual a opção aplicável com um X.

– *Deve ser indicado o nome, ano de nascimento e conservatória onde o filho(s) está(ão) registado(s), se o(s) houver.*

– **Certidão do registo de nascimento** do interessado — artigo 37.º, n.º 3 do RN;

Notas:

– *As certidões de actos de registo civil, nacional ou estrangeiro, destinadas a instruir as declarações e os requerimentos são, se possível, de cópia integral e emitidas por fotocópia do assento, legalizadas (nos termos previstos no Código de Processo Civil) e acompanhadas de tradução feita ou certificada, nos termos previstos na lei, artigo 37.º n.º 2 e 3 do RN.*

– *Da certidão de nascimento deve constar o sexo do interessado, pois é elemento necessário à feitura do registo. No caso de impossibilidade de apresentação da mesma, poderá o interessado requerer a ins-*

crição do seu nascimento, nos termos do disposto no artigo 50.º, n.º 2 do RN, prestando a respectiva declaração em qualquer conservatória do Registo Civil.

– **Certidão de casamento** A) ou **certidão de sentença** B) de reconhecimento da união de facto há mais de três anos de estrangeiro com nacional português — artigo 14.º, n.º 3 ou n.º 4 do RN;

Notas:
– São obrigatoriamente transcritos no registo civil português todos os actos de estado civil lavrados no estrangeiro e referentes a indivíduos que tenham adquirido a nacionalidade portuguesa, nos termos do artigo 50.º, n.º 3 do RN.
– Se o casamento entre o estrangeiro e o nacional português foi celebrado no estrangeiro, deve o mesmo ser transcrito no registo civil português. Da certidão deve constar a modalidade do casamento, nomeadamente, civil, católico ou religioso não católico. Se não constar, deve ser esclarecido em auto pelo nubente, pela nubente ou por procurador por eles nomeado, a modalidade do casamento, artigo 50.º, n.º 3 do RN.
– A união de facto que fundamente a aquisição da nacionalidade portuguesa, entre indivíduos de diferente ou do mesmo sexo, pode ser declarada ou reconhecida em país estrangeiro, por sentença judicial ou por acto administrativo. Porém, para que tenham eficácia em Portugal, têm de ser revistas e confirmadas por tribunal português, de acordo com o artigo 1094.º e seguintes do Código do Processo Civil. Obtida a revisão e confirmação da decisão estrangeira, deve o interessado juntar ao pedido de aquisição da nacionalidade portuguesa, a certidão da sentença judicial, de reconhecimento da união de facto há mais de três anos de estrangeiro com nacional português, conforme estipulado no artigo 3.º n.º 3 da LN e artigo 14.º, n.º 2 e 4 do RN.
– Os estrangeiros residentes em Portugal, que vivam em união de facto com nacional português e que não vêem reconhecida essa união porque a Lei n.º 7/2001 de 11 de Maio ainda não foi regulamentada, podem adquirir a nacionalidade nos termos do artigo 3.º, interpondo no tribunal cível acção de reconhecimento da situação de união de facto – n.º 3 do artigo 3.º da LN e números 2 e 4 do artigo 14.º do RN.

– **Certidão de nascimento** do cônjuge português, com o casamento averbado A) ou do membro da união de facto B) de nacionalidade portuguesa — artigo 14.º, n.º 3 ou n.º 4 do RN;

– **Declaração** B), prestada há menos de 3 meses, pelo nacional português com quem viva em união de facto, que confirme a manutenção da referida união — artigo 14.º, n.º 4 do RN;

Nota:
– A declaração pode ser reduzida a auto perante funcionário da conservatória ou constar de documento assinado pelo membro da união de facto que seja nacional português, contendo a indicação do número, data e entidade emitente do respectivo bilhete de identidade. Artigo 14.º, n.º 5 do RN.

– **Documento** que prove a nacionalidade estrangeira do interessado – artigo 37.º, n.º 1 do RN

Nota:
– Entre outros documentos comprovativos da nacionalidade estrangeira do interessado, podem ser apresentados, nomeadamente, certificado de nacionalidade, passaporte ou título de residência. A cédula de inscrição consular não pode ser valorada para comprovar a nacionalidade estrangeira, por se basear em declaração do próprio interessado.

– **Documento** comprovativo da natureza das funções públicas ou do serviço militar prestados a Estado estrangeiro, sendo caso disso.

Nota:
– A apresentação deste documento só tem lugar se o interessado tiver estado nestas circunstâncias, devendo ser emitido pela autoridade estrangeira, e no qual conste a natureza, período de duração e cargos exercidos ao Serviço do Estado Estrangeiro, respectivo.

– **Certificados do registo criminal** emitidos pelas autoridades portuguesas e pelos serviços competentes do país da naturalidade e da nacionalidade, bem como dos países onde o interessado tenha tido e tenha residência após os 16 anos, que quando escritos em língua estrangeira, devem ser acompanhados de tradução feita ou certificada, nos termos previstos na lei – artigo 9.º da LN e 22.º, n.º 1, alínea b), 37.º e 57.º n.º 3 alínea a) do RN.

Notas:

– Caso não seja possível apresentar o certificado de registo criminal do país da naturalidade, da nacionalidade e dos países onde tenha tido e tenha residência, deverá o interessado, mediante requerimento, solicitar a dispensa da sua junção, que apenas poderá ocorrer em situações excepcionais de impossibilidade prática, documentalmente comprovada, atento o disposto no artigo 13.º da LN, justificando essa mesma impossibilidade e desde que não existam indícios da verificação do fundamento de oposição à aquisição da nacionalidade, que esses documentos se destinavam a comprovar, nos termos do artigo 57.º n.º 5 do RN.

– Relativamente aos certificados de registo criminal brasileiros, só os emitidos pelo Departamento da Polícia Federal no Brasil, única entidade com competência para emitir o referido documento para todo o território nacional brasileiro, é que são aceites. Pelo que os certificados emitidos pelo tribunal de qualquer estado, não são valorados. Artigo 57.º n.º 3, alínea a) do RN.

– Quanto aos certificados de registo criminal russos, só os emitidos pelo Ministério do Interior da Federação Russa, entidade competente para emitir o referido documento, o qual ateste a verificação de antecedentes criminais em todo aquele território, é que são aceites. Artigo 57.º n.º 3, alínea a) do RN.

– O certificado de registo criminal da Índia, a apresentar, deve ser emitido pelas competentes autoridades na República da Índia, devidamente legalizado pelo Consulado Português local, acompanhado de tradução certificada nos termos legais. Não é do conhecimento da Conservatória dos Registos Centrais que os interessados tenham que se deslocar à República da Índia para a sua obtenção.

• Consultar o artigo 2.º – **Documentos necessários – certificados do registo criminal – <u>notas:</u>**

– **Prova documental** ou qualquer outra legalmente admissível de que o interessado tem ligação efectiva à comunidade nacional – artigo 9.º da LN e artigos 37.º n.º 1 e 57.º n.º 1 do RN.

Notas:
* Consultar **2.6 – *Notas:***
– Entre outras provas podem ser apresentadas, nomeadamente, fotocópias certificadas do boletim individual de saúde, (registo de vacinação), cartão de utente dos serviços de saúde, autorização de residência, declarações de IRS dos últimos anos, certidão da Segurança Social, contrato de trabalho ou declaração de entidade patronal, comprovativo dos descontos para a Segurança Social, contrato de arrendamento ou recibos de pagamento das rendas, escritura de compra e venda de imóvel, entre outros, bem como documento comprovativo da nacionalidade estrangeira do mesmo, nomeadamente, certificado de nacionalidade, passaporte ou autorização de residência. A separação de facto assinalada na declaração de IRS é valorada negativamente.

Estas provas de ligação à comunidade nacional portuguesa, apresentadas pelo interessado, são devidamente ponderadas na decisão de efectuar ou não a participação ao Ministério Público, para uma eventual dedução de acção de oposição à aquisição da nacionalidade, a instaurar no Tribunal Administrativo e Fiscal de Lisboa, nos termos do artigo 57.º, n.º 7 do RN.

– Quando é necessário esclarecer-se eventuais <u>divergências relativamente ao nome</u> do interessado, com o qual pretende ser identificado, como por exemplos, a divergência entre o assento de nascimento e como é identificado segundo a sua lei pessoal (certificado de nacionalidade) ou divergência entre o assento de nascimento e o seu assento de casamento lavrado no registo civil português, deve aquele prestar os devidos esclarecimentos ou deve ser elaborado auto de declarações complementares, se houver intervenção de conservatória intermediária, quanto à composição correcta do seu nome.

Na eventualidade de se pretender a grafia que consta do assento de nascimento estrangeiro, e não a que consta do assento de casamento português, deverá o interessado promover a rectificação deste último assento, quanto ao seu nome (antes e depois do casamento, pressupondo neste caso, que houve adopção de apelido do cônjuge) e posteriormente, informar a Conservatória dos Registos Centrais desse facto.

– *É relevante para a apreciação da ligação efectiva à comunidade nacional, entre outras, a prova do conhecimento da língua portuguesa e a residência em território português, desde que titulada.*

– *As certidões de nascimento devem ser de cópia integral e se possível, emitidas por fotocópia. As certidões, documentos e certificados de registo criminal, se forem escritos em língua estrangeira, deverão ser legalizados e traduzidos.*

– *As certidões e o certificado do registo criminal português podem ser obtidos oficiosamente.*

Emolumentos

€ 175,00

Notas:

– *Artigo 18.º **Emolumentos do registo civil e de nacionalidade** – 2.2.1 – Procedimento de aquisição da nacionalidade por efeito da vontade, ... referentes a maior, incluindo o auto de redução a escrito das declarações verbais prestadas para esse efeito, o respectivo registo e documentos oficiosamente obtidos – (euro) 175.*

– *Artigo 18.º **Emolumentos do registo civil e de nacionalidade** – 2.4 do RERN – Em caso de indeferimento liminar, os emolumentos previstos nos números anteriores são devidos na sua totalidade.*

Prova

A aquisição da nacionalidade portuguesa prova-se pelos respectivos registos ou pelos consequentes averbamentos exarados à margem do assento de nascimento, artigo 22.º, n.º 1 da LN.

Nota:

– *Artigo 22.º **Prova da aquisição da nacionalidade** – n.º 1 do RERN – A aquisição da nacionalidade prova-se pelo respectivo registo ou pelo consequente averbamento exarado à margem do assento de nascimento.*

Formulários e Impressos

– O RN prevê no n.º 1 do artigo 32.º, que, tratando-se de aquisição da nacionalidade portuguesa, as declarações podem ser prestadas em extensões da Conservatória dos Registos Centrais junto de outras pessoas colectivas públicas, em termos a fixar por protocolo a celebrar entre essas entidades e o Instituto dos Registos e do Notariado I. P., em conservatórias do registo civil e em serviços consulares portugueses, sendo aí reduzidas a auto, e enviadas para a Conservatória dos Registos Centrais, se possível por via electrónica, nas condições que vierem a ser fixadas por portaria do Ministro da Justiça.

– Tratando-se de aquisição da nacionalidade portuguesa, as declarações para fins de aquisição, podem constar de impresso de modelo aprovado por despacho do presidente do IRN, I. P.

Notas:

• *Consultar 1.º C* – **Formulários e Impressos** – *Notas:*
– *O impresso de modelo aprovado está disponível na seguinte página Web:*
  http://www.irn.mj.pt/sections/irn/a_registral/servicos-externos-docs/impressos/nacionalidade/declaracao-para6167/downloadFile/file/Mod._3_ci.pdf?nocache=1199879593.92
• *Consultar 2.º* – **Formulários e Impressos** – *Notas:*

Declaração para aquisição da nacionalidade por efeito do casamento ou da união de facto

Conservatória a)

Data:
Lugar:
Nome completo do Conservador *b)* e respectiva qualidade:

Interessado

Nome completo:
Sexo:
Data do nascimento:
Estado:
Documento de identificação:
Naturalidade:
Nacionalidade:
Filiação:
Residência actual:
Países onde tenha residido anteriormente: *c)*
Profissão:

Assentos de nascimento e de casamento do interessado d)

Números:
Anos:
Conservatórias:

Procurador e)

Nome completo:
Residência:

Verificação da identidade do declarante

Menção da forma: *f)*

2. Aquisição – Por Efeito da Vontade – 3.º

Declaração

Factos declarados:

– Tem ligação efectiva à comunidade nacional. *g)*
– Não foi condenado, com trânsito em julgado da sentença, pela prática de crime punível com pena de prisão de máximo igual ou superior a 3 anos, segundo a lei portuguesa.
– Não exerceu funções públicas sem carácter predominantemente técnico, nem prestou serviço militar não obrigatório a Estado estrangeiro.

Fim da declaração:
Pedido do respectivo registo:

Pretende adquirir a nacionalidade portuguesa, nos termos do artigo 3.º, da Lei da Nacionalidade, e que seja lavrado o respectivo registo, por ser casado há mais de 3 anos com nacional português / por viver em união de facto há mais de 3 anos com nacional português, tendo obtido o reconhecimento judicial dessa situação. *h)*

Documentos

– Certidão do registo de casamento *d)* e *i)* ou certidão da sentença judicial de reconhecimento da união de facto há mais de três anos de estrangeiro com nacional português.
– Certidão do registo de nascimento do interessado. *d)* e *i)*
– Certidão do registo de nascimento do cônjuge / do nacional português, membro da união de facto. *d)* e *i)*
– Declaração do nacional português, prestada à menos de 3 meses, que confirme a manutenção da união de facto. *j)*
– Documento comprovativo da nacionalidade estrangeira do interessado.
– Certificado(s) do registo criminal português e estrangeiro(s), este(s) emitido(s) pelo(s) país(es) onde o interessado tenha tido residência(s) após os 16 anos. *l)*
– Documento comprovativo da natureza das funções públicas ou do serviço militar não obrigatório, prestados a Estado estrangeiro. *m)*
– Procuração. *n)*
– Outros documentos. *o)*

Assinaturas

Declarante: *p)*
Conservador: *q)*

Notas:

a) Indicar qual a Conservatória ou Consulado.
b) Oficial ou agente consular.
c) Indicar localidades e países.
d) Se lavrados no registo civil português.
e) Caso o interessado se faça representar.
f) Pelo conhecimento pessoal do funcionário perante quem são prestadas as declarações. Pela exibição do bilhete de identidade, título ou autorização de residência, passaporte ou documento de identificação equivalente do declarante. Supletivamente, pela abonação de 2 testemunhas idóneas, que podem ser parentes ou afins das partes ou do funcionário. Na abonação testemunhal, as testemunhas oferecidas devem exibir bilhete de identidade, título ou autorização de residência, passaporte ou documento de identificação equivalente e ser identificadas no auto, que assinam depois do declarante e antes do funcionário. Artigo 34.º do RN.
g) Apontar os factos.
h) Escolher qual a opção aplicável.
i) Se não apresentar esta(s) certidão(ões), deverá ser indicado o local de nascimento e/ou de casamento, a(s) data(s) e a(s) conservatória(s) do registo civil português onde se encontra(m) arquivada(s) e o(s) respectivo(s) número(s) e ano(s), a fim de ser(em) obtida(s), oficiosamente, pela Conservatória dos Registos Centrais.
j) A declaração do nacional português, que confirme a manutenção da união de facto, pode ser reduzida a auto perante funcionário do registo civil ou constar de documento assinado pelo membro português da união de facto, devendo conter a indicação do número, data e entidade emitente do respectivo bilhete de identidade, artigo 14.º, n.º 5 do RN.
l) Se não apresentar o certificado do registo criminal português, deverá declarar que pretende que seja obtido, oficiosamente, pela Conservatória dos Registos Centrais.

m) A apresentação é obrigatória só para quem tiver estado nestas circunstâncias.

n) Se houver intervenção de procurador.

o) Indicar quais.

p) O declarante deve assinar a declaração se souber e puder, artigo 33.º, n.º 1, alínea h) do RN. Se não souber ou não puder, deve mencionar-se esse facto. Quando a declaração for prestada por <u>advogado ou solicitador</u> é suficiente, para a confirmação da assinatura, a indicação do número da respectiva cédula profissional, artigo 35.º, n.º 2 do RN.

q) Oficial dos registos ou agente consular.

Nacionalidade – Notas Práticas

Conservatória dos Registos Centrais

Data de Recepção na C.R.Centrais:

DECLARAÇÃO PARA AQUISIÇÃO DA NACIONALIDADE PORTUGUESA

Estrangeiro casado há mais de três anos com nacional português ou que viva em união de facto há mais de três anos com nacional português (art. 3º da Lei da Nacionalidade nº 37/81, 3/10)

Antes de preencher, leia atentamente as instruções

Quadro 1: Identificação do interessado

1. Nome completo

2. Sexo: ☐ F ☐ M   Data de nascimento: Dia Mês Ano   Estado civil:
3. Doc. de Identificação nº   4. Data de emissão: Dia Mês Ano
5. Emitido por
   Residente em
   Cod. Postal   -
   País   6. Tel.
6. e-mail:
   Naturalidade
   País
   Nacionalidade
7. Filiação
   Pai:

   Mãe:

8. Localidades e Países onde residiu anteriormente:

9. Profissão:

Quadro 2: Declarações: Declara pretender adquirir a nacionalidade portuguesa, nos termos do art. 3º da Lei da Nacionalidade, e que seja lavrado o respectivo registo, por:

1. ☐ Ser casado com nacional português há mais de 3 anos.
2. ☐ Viver em união de facto com nacional português há mais de 3 anos, tendo obtido o reconhecimento judicial dessa situação.

Data do casamento: Dia Mês Ano
Local do casamento:

Para o efeito, pronuncia-se sobre os seguintes factos:

3. Tem ligação efectiva à comunidade portuguesa? ☐ Sim ☐ Não
   Foi condenado, por sentença transitada em julgado, pela prática de crime punível com pena de prisão de máximo igual ou superior a 3 anos, segundo a lei portuguesa? ☐ Sim ☐ Não
   Exerceu funções públicas sem carácter predominantemente técnico a Estado estrangeiro? ☐ Sim ☐ Não
   Prestou serviço militar não obrigatório a Estado estrangeiro? ☐ Sim ☐ Não
4. Se nasceu em Portugal e não apresenta a certidão do seu registo de nascimento, indique:
   Assento nº   do Ano de
   Conservatória do Registo Civil
5. ☐ Pretende que o certificado do registo criminal português seja obtido pela Conservatória dos Registos Centrais.

6. Não sendo apresentada a certidão do registo de nascimento do cônjuge/membro da união de facto de nacionalidade portuguesa, indicar relativamente ao mesmo:

Nome completo:

Naturalidade:
Freguesia
Concelho
Data de nascimento: | | | | | | | | (dia mês ano) Assento com o nº | | | | | | do Ano de | | | |
☐ | | | Conservatória do Registo Civil | | | | | | | | | | | | | |
☐ Conservatória dos Registos Centrais

Quadro 3: Preencher apenas quando o impresso não seja assinado pelo interessado

Nome do declarante:

Residente em:

Cod. Postal | | | | | - | | | |
País | | | | | | | | | | | | | | | | Tel. | | | | | | |
1. e-mail:
2. Intervém na qualidade de:

Quadro 4: Relação de documentos juntos

1. ☐ Certidão do registo de nascimento do interessado.
2. ☐ Certidão do registo de nascimento do cônjuge/membro da união de facto de nacionalidade portuguesa.
3. ☐ Certidão do registo de casamento.
4. ☐ Certidão da sentença judicial que reconheceu que o estrangeiro coabita com nacional português em condições análogas às dos cônjuges, há mais de 3 anos.
5. ☐ Declaração, prestada há menos de 3 meses, pelo nacional português com quem viva em união de facto, que confirme a manutenção da referida união.
6. ☐ Certificado(s) do registo criminal estrangeiro, emitido(s) nos seguintes países:

7. ☐ Documento comprovativo da nacionalidade estrangeira do interessado.
8. ☐ Documento comprovativo da natureza das funções públicas.
9. ☐ Documento comprovativo de que prestou serviço militar não obrigatório a Estado estrangeiro.
10. ☐ Procuração.
☐ Outros documentos, indicar quais:

Quadro 5: Assinatura

As declarações prestadas correspondem à verdade e não omitem qualquer informação relevante.

_____, | | | | | | | |
Local   Dia Mês Ano

_____
Assinatura do declarante reconhecida presencialmente

Quadro 6: Pagamento

Custo: 175 €
Junta:
1. ☐ Cheque nº | | | | | | | | | | | | | | | | | no valor de | | | | |€
do Banco _____ emitido à ordem da Conservatória dos Registos Centrais.
2. ☐ Vale Postal nº _____ no valor de 175€.

AS FALSAS DECLARAÇÕES SÃO PUNIDAS NOS TERMOS DA LEI

Os dados pessoais recolhidos destinam-se a organizar e manter actualizada a informação respeitante à nacionalidade, estado civil e capacidade dos cidadãos, sendo o seu tratamento da responsabilidade do Director-Geral dos Registos e do Notariado. O acesso à informação é facultado ao próprio, que tem direito à actualização e correcção dos dados.

INSTRUÇÕES DE PREENCHIMENTO DO IMPRESSO MODELO 3
(art.3º da LN)

⇨ O impresso deve ser preenchido em língua portuguesa, sem emendas ou rasuras, com letras maiúsculas de imprensa e escrevendo apenas uma letra em cada rectângulo, deixando um em branco entre cada palavra.

⇨ O impresso deve ser assinado pelo interessado ou por procurador com poderes especiais para o acto.

⇨ No preenchimento o declarante deve assinalar a opção pretendida com um ☒.

⇨ Caso o espaço destinado a cada campo não seja suficiente para o preenchimento de toda a informação, deverá utilizar um novo impresso, do mesmo modelo, preenchendo, apenas, no campo respectivo, os elementos em falta. Neste caso, devem ser anexados os dois impressos.

⇨ Este impresso está disponível no sítio: http://www.dgrn.mj.pt/rcentr/aquis1.asp onde pode obter outros esclarecimentos adicionais.

Quadro 1

1. O nome deve ser aquele que usa de acordo com o documento de identificação ou o registo de nascimento estrangeiro.
2. Sexo: F - feminino ; M - masculino.
3. Documento de identificação: passaporte, título ou autorização de residência ou outro documento de identificação equivalente, emitido pela autoridade competente de um dos países da União Europeia, de que o interessado seja titular.
4. Data em que o documento de identificação foi emitido.
5. Autoridade que emitiu o documento de identificação.
6. A indicação do telefone e do e-mail é facultativa.
7. Nome completo do pai e da mãe.
8. Se residiu anteriormente noutro país ou países estrangeiros, deve indicar as respectivas localidades e países.
9. A profissão que exerce actualmente.

Quadro 2

1. Assinalar se for casado com nacional português há mais de três anos, devendo indicar a data e o local de casamento. Caso o casamento tenha sido celebrado no estrangeiro, deve ter sido previamente transcrito no registo civil português.

2. Assinalar caso coabite com nacional português em condições análogas às dos cônjuges há mais de três anos, e desde que tenha previamente obtido o reconhecimento judicial da situação de união de facto.
3. Pode juntar documentos que comprovem essa ligação efectiva.
4. Se nasceu em Portugal, e não apresenta a certidão do seu registo de nascimento deve preencher este campo, se for do seu conhecimento, para que os Serviços possam obter a certidão.
5. Deve assinalar caso pretenda que o certificado do registo criminal português seja obtido oficiosamente pelos Serviços.
6. Caso não apresente a certidão de nascimento do cônjuge/membro da união de facto de nacionalidade portuguesa, deve indicar o nome completo do mesmo, bem como a freguesia e concelho da naturalidade e data de nascimento. Se for do seu conhecimento, deve indicar a conservatória do registo civil português onde o registo de nascimento se encontra arquivado e o respectivo número e ano, a fim de que a mesma possa ser obtida pelos Serviços.

Quadro 3

1. A indicação do telefone e do e-mail é facultativa.
2. O impresso deve ser assinado pelo próprio ou por procurador deste com poderes especiais para o acto. Quando o impresso não for assinado pelo interessado, o declarante deve indicar a qualidade em que intervém: procurador do registando ou outra qualidade.

Quadro 4

1. Se nasceu no estrangeiro, este documento é obrigatório. Neste caso, a certidão do registo de nascimento deve, em princípio, ser de cópia integral e emitida por fotocópia. Esta certidão deve ser devidamente legalizada e acompanhada de tradução, se escrita em língua estrangeira.
   Se nasceu em Portugal e apresentar certidão do seu registo de nascimento, esta deve ser de cópia integral e, se possível, emitida por fotocópia. Caso não junte a certidão do seu registo de nascimento, deve ter preenchido o campo 4 do quadro 2, se esses elementos forem do seu conhecimento, para que os Serviços possam obter a certidão.
2. Assinalar se apresentou a certidão do registo de nascimento do cônjuge/membro da união de facto de nacionalidade portuguesa. Caso não apresente a referida certidão, devem ser preenchidos os elementos referidos no campo 6 do quadro 2, para que os Serviços possam obter a certidão.

3. Assinalar se for casado e juntar certidão do registo de casamento, de cópia integral, se possível, emitida por fotocópia. Esta certidão pode ser obtida oficiosamente pelos Serviços devendo ter preenchido o campo 1 do quadro 2.

4. Assinalar em caso de união de facto, devendo juntar certidão da sentença judicial que reconheça que coabita com nacional português em condições análogas às dos cônjuges, há mais de três anos.

5. Em caso de união de facto, juntar declaração prestada há menos de três meses, pelo nacional português, que confirme a manutenção da referida união. Essa declaração pode ter o seguinte conteúdo:

> F_____, natural de _____, filho de _____ e de _____, residente em _____, portador do bilhete de identidade nº _____, emitido em _____ por _____, declara, para efeitos de aquisição da nacionalidade portuguesa por F _____ que vive em união de facto com o/a mesmo/a, em condições análogas às dos cônjuges, confirmando, assim, a manutenção da referida união. Data e assinatura.

6. Deve juntar os certificados do registo criminal emitidos pelos Serviços competentes do país da naturalidade e da nacionalidade, bem como dos países onde tenha tido e tenha residência após os 16 anos, acompanhados de tradução, se escritos em língua estrangeira (documentos obrigatórios, excepto se for simultaneamente requerida a dispensa da sua apresentação). O interessado está dispensado de apresentar o certificado do registo criminal português, que é oficiosamente obtido pelos Serviços, devendo ter assinalado o campo 5 do quadro 2.

7. Documento comprovativo da nacionalidade estrangeira do interessado, acompanhado de tradução, se escrito em língua estrangeira. Pode ser apresentada cópia certificada do passaporte.

8. A apresentação deste documento só tem lugar se tiver assinalado a opção "Sim" no quadro 2.

9. A apresentação deste documento só tem lugar se tiver assinalado a opção "Sim" no quadro 2.

10. Se existir intervenção de procurador a junção da procuração é obrigatória.

Quadro 5:

1. O reconhecimento presencial da assinatura é feito:
   - perante funcionário do serviço com competência para receber o impresso;
   - em Cartório Notarial ou Conservatórias do registo português;

- em Consulado de Portugal no estrangeiro;
- por Advogado ou Solicitador, ou
- pelas câmaras de comércio e indústria, reconhecidas nos termos do Decreto-Lei n.º 244/92, de 29 de Outubro.

Se o procurador for advogado ou solicitador é suficiente, para a confirmação da assinatura, a indicação da respectiva cédula profissional.

Quadro 6:

1. O cheque deverá ser pagável em Portugal. Se optar por enviar cheque pagável no estrangeiro, deve ter em conta que a cobrança desse cheque envolve despesas bancárias que são encargo do interessado, devendo o correspondente valor ser incluído no montante do cheque a enviar à Conservatória dos Registos Centrais.
2. No vale postal deve sempre mencionar-se o nome do interessado e o fim a que se destina.

O pedido é indeferido:
   a) Se não constar do impresso de modelo aprovado pelo Director-Geral dos Registos e do Notariado (disponível nas extensões da Conservatória dos Registos Centrais, nas Conservatórias do Registo Civil, nos Consulados e no sítio www.dgrn.mj.pt);
   b) Se forem omitidas menções ou formalidades previstas no impresso;
   c) Se não for acompanhado dos documentos necessários para comprovar os factos que constituem o fundamento do pedido.

Se o pedido vier a ser indeferido liminarmente a declaração não produz efeitos, **não havendo lugar ao reembolso de qualquer quantia.**

APRESENTAÇÃO DO PEDIDO

O impresso, acompanhado dos documentos necessários, pode ser:

Enviado por correio para:	Entregue na Extensão da Conservatória dos Registos Centrais sita no:
Conservatória dos Registos Centrais **Mod. 3** Rua Rodrigo da Fonseca, 200 1099-003 Lisboa	Centro Nacional de Apoio ao Imigrante (CNAI) Rua Álvaro Coutinho, 14 1150-025 Lisboa

4.º

2.3 Aquisição por declaração após aquisição de capacidade

Os que hajam perdido a nacionalidade portuguesa por efeito de declaração prestada durante a sua incapacidade podem adquiri-la, quando capazes, mediante declaração – artigos 4.º e 9.º da LN e artigo 15.º do RN.

A quem se aplica

O estrangeiro que, tendo sido português, perdeu a nacionalidade portuguesa enquanto menor ou incapaz, por efeito de declaração de quem o representava, pode voltar a adquirir a nacionalidade portuguesa, se o declarar e provar que não está abrangido por qualquer uma das circunstâncias que são fundamento de oposição. Artigo 15.º do RN.

São abrangidos aqueles que, sendo portugueses originários e tendo também outra nacionalidade, perderam a nacionalidade portuguesa, na menoridade ou durante a sua incapacidade, mediante declaração de vontade dos seus representantes legais.

Serviços receptores do pedido

– Extensões da Conservatória dos Registos Centrais;
– Conservatória do Registo Civil à escolha;
– Serviços consulares portugueses.

Documentos necessários

– **Declaração aquisitiva** a prestar pelo interessado que haja perdido a nacionalidade, por si ou por procurador bastante, nos termos dos artigos 4.º da LN, 15.º e 33.º do RN;

Notas:

Nos autos de declaração para aquisição da nacionalidade portuguesa, deverão constar as seguintes menções:

– *Para fins do disposto na alínea b) do artigo 9.º da LN, o interessado, maior de 16 anos, deve esclarecer, se foi ou não condenado, com trânsito em julgado da sentença, pela prática de crime punível com pena de prisão de máximo* **igual** *ou superior a 3 anos, segundo a lei portuguesa (a anterior redacção da LN, referia superior a 3 anos)*
– *A residência actual, bem como, se maior de 16 anos,* **a indicação dos países onde tenha tido anteriormente residência** *e a respectiva profissão (cfr. Alínea c), do n.º 1 do artigo 33.º do RN).*

– **Certidão do registo de nascimento do interessado**, emitida por fotocópia e devidamente legalizada pelo consulado português local, onde conste o averbamento da perda da nacionalidade – artigo 15.º n.º 2 do RN e artigo 22.º n.º 1 da LN;

Notas:
– *A certidão de nascimento deve ser de cópia integral e se possível, emitida por fotocópia, da qual conste o averbamento da perda da nacionalidade. As certidões, documentos e certificados de registo criminal, se forem escritos em língua estrangeira, deverão ser legalizados e traduzidos.*
– *Caso o interessado esteja registado no Registo Civil Português, a certidão portuguesa pode ser obtida oficiosamente, nas situações previstas no RN, não sendo necessário juntar certidão emitida pelo país da nacionalidade.*

– **Documento** que prove a nacionalidade estrangeira do interessado – artigo 37.º, n.º 1 do RN

Notas:
– *Entre outros documentos comprovativos da nacionalidade estrangeira do interessado, podem ser apresentados, nomeadamente, certificado de nacionalidade, passaporte ou título de residência. A cédula de inscrição consular não pode ser valorada para comprovar a nacionalidade estrangeira do interessado.*
– *Se escrito em língua estrangeira, deve ser acompanhado de tradução.*

– **Certificados do registo criminal** emitidos pelas autoridades portuguesas e pelos serviços competentes do país da naturalidade e da nacionalidade, bem como dos países onde o interessado tenha tido e tenha residência após os 16 anos – artigo 9.º da LN e 22.º, n.º 1, alínea b) do RN. (Vide notas anteriores).

Nota:
– O certificado do registo criminal português pode ser obtido oficiosamente.

• *Consultar o artigo 2.º – **Documentos necessários – certificados do registo criminal** – notas:*

– **Documento** comprovativo da natureza das funções públicas ou do serviço militar não obrigatório, prestados a Estado estrangeiro, sendo caso disso.

Nota:
– A apresentação destes documentos comprovativos só é obrigatória para quem tiver estado nestas circunstâncias.

– **Documento** comprovativo da capacidade do interessado, caso esta não resulte da certidão do seu registo de nascimento – artigo 37.º, n.º 1 do RN.

Nota:
– O interessado apenas deve juntar documento comprovativo da sua capacidade, desde que esta não resulte da sua certidão de nascimento, artigo 4.º da LN e artigos 15.º e 37.º do RN.

– **Prova documental** ou qualquer outra legalmente admissível de que o interessado tem ligação efectiva à comunidade nacional – artigo 9.º da LN e artigos 57.º, n.º 1 e 37.º, n.º 1 do RN.

Notas:

• Consultar **2.6 – *Notas:***

– Entre outras provas podem ser apresentadas, nomeadamente, fotocópias certificadas do boletim individual de saúde, (registo de vacinação), cartão de utente dos serviços de saúde, autorização de residência, entre outros, bem como documento comprovativo da nacionalidade estrangeira do mesmo, nomeadamente, certificado de nacionalidade, passaporte ou autorização de residência.

– Auto de declarações complementares, quando é necessário esclarecer-se, eventuais divergências relativamente ao nome, com o qual pretende ser identificado, como por exemplo, divergência entre o assento de nascimento e como é identificado segundo a sua lei pessoal (certificado de nacionalidade).

– As certidões de nascimento devem ser de cópia integral e se possível, emitidas por fotocópia. As certidões, documentos e certificados de registo criminal, se forem escritos em língua estrangeira, deverão ser legalizados e traduzidos.

– As certidões e o certificado do registo criminal português podem ser obtidos oficiosamente.

– Caso venha a verificar-se que um dos progenitores do registando tenha nascido em território ultramarino português tornado independente, deverá ser esclarecido em auto, se perdeu ou não a nacionalidade portuguesa nos termos do artigo 4.º do Decreto-Lei n.º 308-A/75, de 24 de Junho, por não se encontrar abrangido pelo disposto nos artigos 1.º ou 2.º do citado diploma e se requereu ao Ministério da Administração Interna a conservação ou concessão da nacionalidade portuguesa, ao abrigo do disposto no artigo 5.º do referido decreto-lei.

Emolumentos

€ 175,00

Notas:

– Artigo 18.º **Emolumentos do registo civil e de nacionalidade** *– 2.2.1 do RERN – Procedimento de aquisição da nacionalidade por efeito da vontade, ... referentes a maior, incluindo o auto de redução a escrito das declarações verbais prestadas para esse efeito, o respectivo registo e documentos oficiosamente obtidos – (euro) 175.*

– *Artigo 18.º Emolumentos do registo civil e de nacionalidade – 2.4 do RERN* – *Em caso de indeferimento liminar, os emolumentos previstos nos números anteriores são devidos na sua totalidade.*

Prova

A aquisição e a perda da nacionalidade portuguesa prova-se pelos respectivos registos ou pelos consequentes averbamentos exarados à margem do assento de nascimento, artigo 22.º, n.º 1 da LN.

Nota:
– *Artigo 22.º **Prova da aquisição da nacionalidade** – n.º 1 da LN* – *A aquisição da nacionalidade prova-se pelo respectivo registo ou pelo consequente averbamento exarado à margem do assento de nascimento.*

Formulários e Impressos

– O RN prevê no n.º 1 do artigo 32.º, que, tratando-se de aquisição da nacionalidade portuguesa, as declarações podem ser prestadas em extensões da Conservatória dos Registos Centrais junto de outras pessoas colectivas públicas, em termos a fixar por protocolo a celebrar entre essas entidades e o Instituto dos Registos e do Notariado I. P., em conservatórias do registo civil e em serviços consulares portugueses, sendo aí reduzidas a auto, e enviadas para a Conservatória dos Registos Centrais, se possível por via electrónica, nas condições que vierem a ser fixadas por portaria do Ministro da Justiça.

– Tratando-se de aquisição da nacionalidade portuguesa, as declarações para fins de aquisição, podem constar de impresso de modelo aprovado por despacho do presidente do IRN, I. P.

Notas:

• *Consultar 1.º C* – **Formulários e Impressos** – *Notas:*
– *O impresso de modelo aprovado está disponível na seguinte página Web:*
http://www.irn.mj.pt/sections/irn/a_registral/servicos-externos-docs/impressos/nacionalidade/declaracao-para9476/downloadFile/file/Mod._4_ci.pdf?nocache=1199879978.92
• *Consultar 2.º* – **Formulários e Impressos** – *Notas:*

Declaração para aquisição da nacionalidade por declaração após aquisição de capacidade

Conservatória a)

Data:
Lugar:
Nome completo do Conservador *b)* e respectiva qualidade:

Interessado

Nome completo:
Sexo:
Data do nascimento:
Estado:
Documento de identificação:
Naturalidade:
Nacionalidade:
Filiação:
Residência actual:
Países onde tenha residido anteriormente:
Profissão:

Assento de nascimento c)

Número:
Ano:
Conservatória:

Procurador d)

Nome completo:
Residência:

Verificação da identidade do declarante

Menção da forma: *e)*

Declaração

Factos declarados:

– Tem ligação efectiva à comunidade nacional.

– Não foi condenado, com trânsito em julgado da sentença, pela prática de crime punível com pena de prisão de máximo igual ou superior a 3 anos, segundo a lei portuguesa.

– Não exerceu funções públicas sem carácter predominantemente técnico, nem prestou serviço militar não obrigatório a Estado estrangeiro.

– O registo da perda da nacionalidade portuguesa foi lavrado sob o n.º ... /.... *f)*

Fim da declaração:
Pedido do respectivo registo:

Pretende adquirir a nacionalidade portuguesa, nos termos do artigo 4.º, da Lei da Nacionalidade, que perdeu por efeito de declaração prestada durante a sua incapacidade, e que seja lavrado o respectivo registo de aquisição.

Documentos

– Certidão do registo de nascimento do interessado.
– Documento comprovativo da nacionalidade estrangeira do interessado.
– Documento comprovativo da capacidade do interessado.
– Certificado(s) do registo criminal português e estrangeiro(s), este(s) emitido(s) pelo(s) país(es) onde o interessado tenha tido residência(s) após os 16 anos. *g)*
– Documento comprovativo da natureza das funções públicas ou do serviço militar não obrigatório, prestados a Estado estrangeiro. *h)*
– Procuração. *i)*
– Outros documentos. *j)*

Assinaturas

Declarante: *l)*
Conservador: *m)*

Notas:

a) *Indicar qual a Conservatória ou Consulado.*

b) *Oficial ou agente consular.*

c) *Se lavrado no registo civil português. Se não apresentar esta certidão do assento, deverá ser indicado o n.º do assento, o ano e qual a Conservatória que o lavrou a fim de ser obtida, oficiosamente, pela Conservatória dos Registos Centrais.*

d) *Se houver intervenção de procurador.*

e) *Pelo conhecimento pessoal do funcionário perante quem são prestadas as declarações. Pela exibição do bilhete de identidade, título ou autorização de residência, passaporte ou documento de identificação equivalente do declarante. Supletivamente, pela abonação de 2 testemunhas idóneas, que podem ser parentes ou afins das partes ou do funcionário. Na abonação testemunhal, as testemunhas oferecidas devem exibir bilhete de identidade, título ou autorização de residência, passaporte ou documento de identificação equivalente e ser identificadas no auto, que assinam depois do declarante e antes do funcionário. Artigo 34.º do RN.*

f) *Indicar o número e o ano.*

g) *Se não apresentar o certificado do registo criminal português, deverá declarar que pretende que seja obtido, oficiosamente, pela Conservatória dos Registos Centrais. Relativamente ao(s) certificado(s) do registo criminal estrangeiro(s), este(s) emitido(s) pelo(s) país(es) onde o interessado tenha tido residência(s) após os 16 anos, destinado(s) a instruir a declaração deve(m) ser <u>legalizado(s)</u> (nos termos previstos no Código de Processo Civil) e <u>acompanhado(s) de tradução</u>, feita ou certificada, nos termos previstos na lei, artigo 37.º n.º 2 do RN.*

h) *A instrução da declaração com este documento é obrigatória, só para quem tiver estado nestas circunstâncias.*

i) *Se houver intervenção de procurador.*

j) *Indicar quais.*

l) *Se souber e puder assinar, artigo 33.º, n.º 1, alínea h) do RN. Se não souber ou não puder, deve mencionar-se esse facto. Quando a declaração for prestada por <u>advogado ou solicitador</u> é suficiente, para a confirmação da assinatura, a indicação do número da respectiva cédula profissional, artigo 35.º, n.º 2 do RN.*

m) *Oficial dos registos ou agente consular.*

Conservatória dos Registos Centrais

DECLARAÇÃO PARA AQUISIÇÃO DA NACIONALIDADE PORTUGUESA

Data de Recepção na C.R.Centrais:

Estrangeiro que, tendo sido português, perdeu a nacionalidade enquanto menor ou incapaz
(art. 4º da Lei da Nacionalidade nº 37/81, 3/10)

Antes de preencher, leia atentamente as instruções

Quadro 1: Identificação do interessado

1. Nome completo

2. Sexo: ☐ F ☐ M   Data de nascimento: __/__/__ (Dia Mês Ano)   Estado civil: _____

3. Doc. de Identificação nº _____   4. Data de emissão: __/__/__ (Dia Mês Ano)

5. Emitido por _____

Residente em _____

Cod. Postal ____-____

País: _____   6. tel: _____

6. e-mail: _____

Naturalidade
Freguesia: _____
Concelho: _____
País: _____
Nacionalidade _____

7. Filiação
Pai: _____

Mãe: _____

8. Localidades e Países onde residiu anteriormente: _____

9. Profissão: _____

Quadro 2: Declarações

Declara pretender adquirir a nacionalidade portuguesa, nos termos do art. 4º da Lei da Nacionalidade, que perdeu por efeito de declaração prestada durante a sua incapacidade, e que seja lavrado o respectivo registo de aquisição.

Para o efeito, pronuncia-se sobre os seguintes factos:

1. Tem ligação efectiva à comunidade portuguesa? ☐ Sim ☐ Não

Foi condenado, por sentença transitada em julgado, pela prática de crime punível com pena de prisão de máximo igual ou superior a 3 anos, segundo a lei portuguesa? ☐ Sim ☐ Não

Exerceu funções públicas sem carácter predominantemente técnico a Estado estrangeiro? ☐ Sim ☐ Não

Prestou serviço militar não obrigatório a Estado estrangeiro? ☐ Sim ☐ Não

2. O registo da perda da nacionalidade portuguesa foi lavrado sob o nº _____ do ano de _____

3. Se não apresenta a certidão do registo de nascimento, indique:
Assento nº _____ do Ano de _____

☐ ____ Conservatória do Registo Civil _____

☐ Conservatória dos Registos Centrais

4. ☐ Pretende que o certificado do registo criminal português seja obtido pela Conservatória dos Registos Centrais.

Quadro 3: Preencher apenas quando o impresso não seja assinado pelo interessado

Nome do declarante:

Residente em:

Cod. Postal

País   Tel.

e-mail:

Intervém na qualidade de:

Quadro 4: Relação de documentos juntos

1. ☐ Certidão do registo de nascimento do interessado.
2. ☐ Documento comprovativo da nacionalidade estrangeira do interessado.
3. ☐ Documento comprovativo da capacidade do interessado.
4. ☐ Certificado(s) de registo criminal estrangeiro, emitido(s) nos seguintes países:

5. ☐ Documento comprovativo da natureza das funções públicas.
6. ☐ Documento comprovativo de que prestou serviço militar não obrigatório a Estado estrangeiro.
7. ☐ Procuração.
   ☐ Outros documentos, indicar quais:

Quadro 5: Assinatura

As declarações prestadas correspondem à verdade e não omitem qualquer informação relevante.

_____ | | | | | | | |
         Local   Dia   Mês   Ano

_____
Assinatura do declarante reconhecida presencialmente

Quadro 6: Pagamento

Custo: 175€
Junta:
1. ☐ Cheque nº | | | | | | | | | | | | | | no valor de | | | | |€
   do Banco _____ emitido à ordem da Conservatória dos Registos Centrais.
2. ☐ Vale Postal nº _____ no valor de 175€

AS FALSAS DECLARAÇÕES SÃO PUNIDAS NOS TERMOS DA LEI

Os dados pessoais recolhidos destinam-se a organizar e manter actualizada a informação respeitante à nacionalidade, estado civil e capacidade dos cidadãos, sendo o seu tratamento da responsabilidade do Director-Geral dos Registos e do Notariado. O acesso à informação é facultado ao próprio, que tem direito à actualização e correcção dos dados.

INSTRUÇÕES DE PREENCHIMENTO DO IMPRESSO MODELO 4

(art.4º da LN)

⇨ O impresso deve ser preenchido em língua portuguesa, sem emendas ou rasuras, com letras maiúsculas de imprensa e escrevendo apenas uma letra em cada rectângulo, deixando um em branco entre cada palavra.

⇨ O impresso deve ser assinado pelo interessado ou por procurador com poderes especiais para o acto.

⇨ No preenchimento o declarante deve assinalar a opção pretendida com um ☒ .

⇨ Caso o espaço destinado a cada campo não seja suficiente para o preenchimento de toda a informação, deverá utilizar um novo impresso, do mesmo modelo, preenchendo, apenas, no campo respectivo, os elementos em falta. Neste caso, devem ser anexados os dois impressos.

⇨ Este impresso está disponível no sítio: http://www.dgrn.mj.pt/rcentr/aquis3.asp onde pode obter outros esclarecimentos adicionais.

Quadro 1

1. O nome deve ser aquele que usa de acordo com o documento de identificação ou o registo de nascimento.
2. Sexo: F - feminino ; M - masculino.
3. Documento de identificação: passaporte, título ou autorização de residência ou outro documento de identificação equivalente, emitido pela autoridade competente de um dos países da União Europeia, de que o interessado seja titular.
4. Data em que o documento de identificação foi emitido.
5. Autoridade que emitiu o documento de identificação.
6. A indicação do telefone e do e-mail é facultativa.
7. Nome completo do pai e da mãe.
8. Se residiu anteriormente noutro país ou países estrangeiros, deve indicar as respectivas localidades e países.
9. A profissão que exerce actualmente.

Quadro 2

1. Pode juntar documentos que provem essa ligação efectiva.
2. Indicar o número e o ano do registo de perda da nacionalidade portuguesa que, em princípio, se encontra mencionado no averbamento que consta no registo de nascimento.

2. Aquisição – Por Efeito da Vontade – 4.º 117

3. Se não apresenta a certidão do seu registo de nascimento, deve preencher este campo, se for do seu conhecimento, para que os Serviços possam obter a certidão.
4. Deve assinalar caso pretenda que o certificado do registo criminal português seja obtido oficiosamente pelos Serviços.

Quadro 3

1. A indicação do telefone e do e-mail é facultativa.
2. O impresso deve ser assinado pelo próprio ou por procurador deste com poderes especiais para o acto. Quando o impresso não for assinado pelo interessado, o declarante deve indicar que intervém na qualidade de procurador.

Quadro 4

1. Se apresentar certidão do seu registo de nascimento, esta deve ser de cópia integral e, se possível, emitida por fotocópia. Caso não junte a certidão do seu registo de nascimento, deve ter preenchido o campo 3 do quadro 2, se for do seu conhecimento, para que os Serviços possam obter a certidão.
2. Documento comprovativo da nacionalidade estrangeira do interessado, acompanhado de tradução, se escrito em língua estrangeira. Pode ser apresentada cópia certificada do passaporte.
3. Este documento só deve ser junto nos casos em que a capacidade do interessado não seja comprovada pela certidão do seu registo de nascimento.
4. Deve juntar os certificados do registo criminal emitidos pelos Serviços competentes do país da naturalidade e da nacionalidade, bem como dos países onde tenha tido e tenha residência após os 16 anos, acompanhados de tradução, se escritos em língua estrangeira (documentos obrigatórios, excepto se for simultaneamente requerida a dispensa da sua apresentação). O interessado está dispensado de apresentar o certificado do registo criminal português, que é oficiosamente obtido pelos Serviços, devendo ter assinalado o campo 4 do quadro 2.
5. A apresentação deste documento só tem lugar se tiver assinalado a opção "Sim" no quadro 2.
6. A apresentação deste documento só tem lugar se tiver assinalado a opção "Sim" no quadro 2.
7. Se existir intervenção de procurador a junção da procuração é obrigatória.

Quadro 5:

1. O reconhecimento presencial da assinatura é feito:
   - perante funcionário do serviço com competência para receber o impresso;
   - em Cartório Notarial ou Conservatórias do registo português;
   - em Consulado de Portugal no estrangeiro;
   - por Advogado ou Solicitador, ou
   - pelas câmaras de comércio e indústria, reconhecidas nos termos do Decreto-Lei n.º 244/92, de 29 de Outubro.

   Se o procurador for advogado ou solicitador é suficiente, para a confirmação da assinatura, a indicação da respectiva cédula profissional.

Quadro 6:

1. O cheque deverá ser pagável em Portugal. Se optar por enviar cheque pagável no estrangeiro, deve ter em conta que a cobrança desse cheque envolve despesas bancárias que são encargo do interessado, devendo o correspondente valor ser incluído no montante do cheque a enviar à Conservatória dos Registos Centrais.
2. No vale postal deve sempre mencionar-se o nome do interessado e o fim a que se destina.

O pedido é indeferido:

a) Se não constar do impresso de modelo aprovado pelo Director-Geral dos Registos e do Notariado (disponível nas extensões da Conservatória dos Registos Centrais, nas Conservatórias do Registo Civil, nos Consulados e no sítio www.dgrn.mj.pt);
b) Se forem omitidas menções ou formalidades previstas no impresso;
c) Se não for acompanhado dos documentos necessários para comprovar os factos que constituem o fundamento do pedido.

Se o pedido vier a ser indeferido liminarmente a declaração não produz efeitos, **não havendo lugar ao reembolso de qualquer quantia.**

APRESENTAÇÃO DO PEDIDO

O impresso, acompanhado dos documentos necessários, pode ser:

Enviado por correio para:	Entregue na Extensão da Conservatória dos Registos Centrais sita no:
Conservatória dos Registos Centrais **Mod. 4** Rua Rodrigo da Fonseca, 200 1099-003 Lisboa	Centro Nacional de Apoio ao Imigrante (CNAI) Rua Álvaro Coutinho, 14 1150-025 Lisboa

PELA ADOPÇÃO

5.º/29.º

2.4 *Aquisição com base na adopção plena*

A) *O estrangeiro adoptado plenamente por nacional português, após a entrada em vigor da LN n.º 37/81, de 3 de Outubro, adquire a nacionalidade portuguesa por mero efeito da lei.*
Se se verificar qualquer uma das circunstâncias que são fundamento de oposição à aquisição da nacionalidade é feita participação ao Ministério Público.

A1) Se o adoptado nasceu no estrangeiro.
A2) Se o adoptado nasceu em Portugal.

B) *Se a adopção plena tiver sido decretada antes da entrada em vigor da LN, o adoptado pode adquirir a nacionalidade portuguesa se manifestar a vontade nesse sentido, através de declaração a prestar nos termos e com as formalidades previstas nos artigos 5.º e 29.º da LN e 16.º, 17.º e 66.º e seguintes do RN e desde que não se verifique qualquer das circunstâncias que são fundamento de oposição à aquisição da nacionalidade.*

A quem se aplica

A) O estrangeiro adoptado plenamente por nacional português, por decisão transitada em julgado, após a entrada em vigor da LN, adquire a nacionalidade portuguesa. Neste caso a aquisição da nacionalidade decorre de mero efeito da lei e não está sujeita a registo próprio – artigo 16.º do RN.

Se a adopção tiver sido decretada por tribunal estrangeiro, só pode ser invocada para efeitos de aquisição da nacionalidade depois de ser revista e confirmada por Tribunal português, desde que lhe sejam reconhecidos no ordenamento jurídico em que foi proferida efeitos equiparados aos da adopção plena no direito português, excepto se se tratar de decisão proferida em país com o qual tenha sido celebrado Acordo que dispense a revisão e confirmação da sentença.

B) O estrangeiro adoptado plenamente por nacional português, por decisão transitada em julgado antes da entrada em vigor da LN n.º 37/81 de 3 de Outubro, pode adquirir a nacionalidade portuguesa se o declarar.

Serviços receptores do pedido

– A1) A Conservatória dos Registos Centrais;
– A2) A Conservatória do Registo Civil onde está arquivado o registo do nascimento do adoptado ou outra da sua escolha;
– A e B) Serviços consulares portugueses.
– B) Conservatória do Registo Civil à escolha

Documentos necessários

– A1 e B) **Certidão da decisão** que decretou a adopção. Se a decisão tiver sido proferida por tribunal estrangeiro, deve ser previamente revista e confirmada por tribunal português, excepto se se tratar de decisão proferida em país com o qual tenha sido celebrado Acordo que dispense a revisão e confirmação da sentença.

O tribunal português que decretou a adopção ou que procedeu à revisão e confirmação da decisão estrangeira, envia, oficiosamente, uma certidão da decisão à Conservatória competente, detentora do registo de nascimento do adoptado para efeito de registo por averbamento à margem do assento;

Notas:

– Só a adopção plena pode ser valorada para o efeito de aquisição da nacionalidade e para este mesmo efeito, não é igualmente valorado o estabelecimento da filiação (biológica ou adoptiva) na maioridade.

Não conferindo a adopção restrita o vínculo de filiação com o ou os adoptantes, e no caso de haver conversão da referida adopção em adopção plena, quando o adoptado é já maior de acordo com a sua lei pessoal, ao não ser estabelecida a filiação durante a menoridade, não reúne os requisitos para que lhe seja atribuída a nacionalidade portuguesa pela adopção.

– As decisões que decretem a a adopção de crianças, proferidas num Estado contratante da Convenção de Haia de 29 de Maio de 1993, relativa à Protecção das Crianças e à Cooperação em Matéria de Adopção Internacional, são reconhecidas em Portugal, independentemente de revisão e confirmação, desde que o órgão competente para o registo não considere que a decisão ofende princípios fundamentais da ordem pública do Estado português. Neste caso, abstém-se de lavrar o registo e comunica o facto ao Ministério Público.

Assim, a decisão de adopção é averbada ao assento de nascimento que conste do registo civil português. Se não constar, por ser criança estrangeira, adoptada por nacional português, e por esse facto adquirir a nacionalidade portuguesa, deve ser lavrado o assento de nascimento pela Conservatória dos Registos Centrais, sendo averbada a adopção. Vide artigos 5.º da LN e 50.º do RN.

– A2) **Certidão da decisão** que decretou a adopção, para fins de averbamento ao assento de nascimento do adoptado. O tribunal português que decretou a adopção envia, oficiosamente, uma certidão da decisão à Conservatória competente

Notas:

– Nos termos do artigo 5.º da LN, a conservatória do registo civil detentora do assento de nascimento do estrangeiro, cuja adopção plena foi decretada, ao receber a sentença judicial para averbamento e, considerando existir algum fundamento de oposição à aquisição da nacionalidade portuguesa, como, a inexistência de ligação efectiva à comunidade nacional, a condenação, com trânsito em julgado da sentença, pela *prática de crime punível com pena de prisão de máximo igual ou superior a 3 anos, segundo a lei portuguesa ou o exercício de funções públicas sem carácter predominantemente técnico ou a prestação de serviço militar não obrigatório a Estado estrangeiro, tem a obrigação legal de participar os factos, que tenha conhecimento, ao Ministério Público.*

Devem, pois, os adoptantes pronunciar-se sobre os fundamentos de oposição, atrás referidos, relativamente ao adoptado e apresentar certificados do registo criminal, emitidos pelos serviços competentes do país da naturalidade, e da nacionalidade, bem como dos países onde tenha tido e tenha residência; documentos que comprovem a natureza das funções públicas ou do serviço militar prestados a Estado estrangeiro, sendo caso disso e, ainda, certificado do registo criminal português sem prejuízo da dispensa da sua apresentação, nos termos do n.º 7 do artigo 37.º do RN.

A oposição é deduzida pelo Ministério Público no prazo de um ano a contar da data do facto de que dependa a aquisição da nacionalidade, em processo contencioso da nacionalidade, a instaurar, sendo aplicável, o Estatuto dos Tribunais Administrativos e Fiscais, o Código de Processo nos Tribunais Administrativos e demais legislação complementar.

Sobre esta nota deve ter-se em conta os artigos 9.º e 10.º da LN e 57.º do RN.

– A e B) **Certidão do registo de nascimento** do adoptante português;

– A1 e B) **Certidão de registo de nascimento** do adoptado;

– A e B) Se o adoptado for maior de 16 anos, **certificado do registo criminal** emitido pelas autoridades portuguesas, pelas competentes autoridades do país da nacionalidade e da naturalidade, bem como dos países onde tenha residido após os 16 anos – artigo 9.º da LN e artigo 22.º n.º 1 alínea b) do RN.

<u>Nota:</u>

• *Consultar o artigo **2.º** – **Documentos necessários** – **certificados do registo criminal** – **<u>notas:</u>***

– A e B) **Documento** comprovativo da natureza das funções públicas ou do serviço militar não obrigatório, prestados a Estado estrangeiro, sendo caso disso.

Nota:
– *A apresentação é obrigatória só para quem tiver estado nestas circunstâncias.*

– B) **Declaração aquisitiva** apresentada ou elaborada na conservatória ou no consulado e com as formalidades previstas nos artigos 31.º, 32.º, 33.º e 60.º do RN;

– **Prova documental** ou qualquer outra legalmente admissível de que o interessado tem ligação efectiva à comunidade nacional – artigo 9.º da LN e artigos 57.º, n.º 1 e 37.º, n.º 1 do RN.

Notas:
- *Consultar **2.6** – Nota: 10. Art.º 9.º.*
– *Entre outras provas podem ser apresentadas, nomeadamente, fotocópias certificadas do boletim individual de saúde, (registo de vacinação), cartão de utente dos serviços de saúde, autorização de residência, entre outros, bem como documento comprovativo da nacionalidade estrangeira do mesmo, nomeadamente, certificado de nacionalidade, passaporte ou autorização de residência.*
– *As certidões de nascimento devem ser de cópia integral e se possível, emitidas por fotocópia. As certidões, documentos e certificados de registo criminal, se forem escritos em língua estrangeira, deverão ser legalizados, pelo consulado português local e traduzidos.*
– *A certidão e o certificado do registo criminal portugueses podem ser obtidos oficiosamente.*

Emolumentos

A) Gratuito
B) € 175,00

Notas:

– Artigo 18.º **Emolumentos do registo civil e de nacionalidade** – 2.2.1 – *Procedimento de aquisição da nacionalidade ... por adopção ... referentes a maior, incluindo o auto de redução a escrito das declarações verbais prestadas para esse efeito, o respectivo registo e documentos oficiosamente obtidos – (euro) 175.*

– Artigo 18.º **Emolumentos do registo civil e de nacionalidade** – *2.4 do RERN – Em caso de indeferimento liminar, os emolumentos previstos nos números anteriores são devidos na sua totalidade.*

Prova

A aquisição da nacionalidade portuguesa por adopção prova-se pelo assento de nascimento, artigo 21.º, n.º 1, por remissão do artigo 22.º, n.º 2, ambos da LN.

Notas:

– Artigo 22.º **Prova da aquisição e da perda da nacionalidade** – *n.º 2 da LN – À prova da aquisição da nacionalidade por adopção é aplicável o n.º 1 do artigo anterior [artigo 21.º].*

– Artigo 21.º **Prova da nacionalidade originária** – *n.º 1 da LN – A nacionalidade portuguesa originária dos indivíduos abrangidos pelas alíneas a), b) e f) do n.º 1 do artigo 1.º prova-se pelo assento de nascimento.*

Formulários e Impressos

– O RN prevê no n.º 1 do artigo 32.º, que, tratando-se de aquisição da nacionalidade portuguesa, as declarações podem ser prestadas em extensões da Conservatória dos Registos Centrais junto de outras pessoas colectivas públicas, em termos a fixar por protocolo a celebrar entre essas entidades e o Instituto dos Registos e do Notariado I. P., em conservatórias do registo civil e em serviços consulares portugueses, sendo aí reduzidas a auto, e enviadas para a Conservatória dos Registos Centrais, se possível por via electrónica, nas condições que vierem a ser fixadas por portaria do Ministro da Justiça.

– Tratando-se de aquisição da nacionalidade portuguesa, as declarações para fins de aquisição, podem constar de impresso de modelo aprovado por despacho do presidente do IRN, I. P.

Notas:

• *Consultar 1.º C* – **Formulários e Impressos** – *Notas:*
– *O impresso de modelo aprovado está disponível na seguinte página Web:*
   http://www.irn.mj.pt/sections/irn/a_registral/servicos-externos-docs/impressos/nacionalidade/declaracao-para7628/downloadFile/file/Mod._29_ci.pdf?nocache=1199888348.23

• *Consultar 2.º* – **Formulários e Impressos** – *Notas:*

Conservatória dos Registos Centrais

Data de Recepção na C.R.Centrais:

DECLARAÇÃO PARA AQUISIÇÃO DA NACIONALIDADE PORTUGUESA

> Estrangeiro adoptado plenamente por nacional português, por decisão transitada em julgado antes da entrada em vigor da Lei da Nacionalidade nº 37/81, de 3/10 - (art. 29º)

Antes de preencher, leia atentamente as instruções

Quadro 1: Identificação do interessado

1. Nome completo

2. Sexo: ☐ F ☐ M   Data de nascimento: ___/___/___ (Dia/Mês/Ano)   Estado civil: _____

3. Doc. de Identificação nº _____   4. Data de emissão: ___/___/___ (Dia/Mês/Ano)

5. Emitido por _____

   Residente em _____

   Cod. Postal _____-_____

   País: _____   6. Tel: _____

   e-mail: _____

   Naturalidade _____

   País: _____

   Nacionalidade _____

7. Filiação
   Pai: _____

   Mãe: _____

8. Localidades e Países onde residiu anteriormente:

9. Profissão: _____

Quadro 2: Declarações:
Declara pretender adquirir a nacionalidade portuguesa, nos termos do art. 29º da Lei da Nacionalidade, e que seja lavrado o respectivo registo, por ter sido adoptado plenamente por nacional português.

Para o efeito, pronuncia-se sobre os seguintes factos:

1. Tem ligação efectiva à comunidade portuguesa?   ☐ Sim ☐ Não

   Foi condenado, por sentença transitada em julgado, pela prática de crime punível com pena de prisão de máximo igual ou superior a 3 anos, segundo a lei portuguesa?   ☐ Sim ☐ Não

   Exerceu funções públicas sem carácter predominantemente técnico a Estado estrangeiro?   ☐ Sim ☐ Não

   Prestou serviço militar não obrigatório a Estado estrangeiro?   ☐ Sim ☐ Não

2. Se não apresenta a certidão do registo de nascimento do adoptante de nacionalidade portuguesa, indique relativamente ao mesmo:

   Nome: _____

   Data de Nascimento: ___/___/___ (Dia/Mês/Ano)

   Naturalidade: _____

   Filiação:
   Pai: _____
   Mãe: _____

3. Assento nº _____   do Ano de _____

   ☐ Conservatória do Registo Civil _____
   ☐ Conservatória dos Registos Centrais

4. ☐ Pretende que o certificado do registo criminal português seja obtido pela Conservatória dos Registos Centrais.

Mod. 29

Quadro 3: Preencher apenas quando o impresso não seja assinado pelo interessado

Nome do declarante:

Residente em:

Cod. Postal

País Tel.

1. e-mail:

2. Intervém na qualidade de:

Quadro 4: Relação de documentos juntos

1. ☐ Certidão do registo de nascimento do interessado.
2. ☐ Certidão de nascimento do adoptante de nacionalidade portuguesa.
3. ☐ Certidão da decisão que decretou a adopção.
4. ☐ Certificado(s) do registo criminal estrangeiro, emitido(s) nos seguintes países:

5. ☐ Documento comprovativo da natureza das funções públicas.
6. ☐ Documento comprovativo de que prestou serviço militar não obrigatório a Estado estrangeiro.
7. ☐ Procuração.
   ☐ Outros documentos, indicar quais:

Quadro 5: Assinatura

As declarações prestadas correspondem à verdade e não omitem qualquer informação relevante.

_____ | | | | | | | | |
         Local   Dia   Mês   Ano

1. _____
   Assinatura do declarante reconhecida presencialmente

Quadro 6: Pagamento

Custo: 175€
Junta:
1. ☐ Cheque nº | | | | | | | | | | | | | | | | | | no valor de | | | | |€
   do Banco _____ emitido à ordem da Conservatória dos Registos Centrais.
2. ☐ Vale Postal nº _____ no valor de 175 €

AS FALSAS DECLARAÇÕES SÃO PUNIDAS NOS TERMOS DA LEI

Os dados pessoais recolhidos destinam-se a organizar e manter actualizada a informação respeitante à nacionalidade, estado civil e capacidade dos cidadãos, sendo o seu tratamento da responsabilidade do Director-Geral dos Registos e do Notariado. O acesso à informação é facultado ao próprio, que tem direito à actualização e correcção dos dados.

Mod. 29

INSTRUÇÕES DE PREENCHIMENTO DO IMPRESSO MODELO 29
(art.29º da LN)

⇨ O impresso deve ser preenchido em língua portuguesa, sem emendas ou rasuras, com letras maiúsculas de imprensa e escrevendo apenas uma letra em cada rectângulo, deixando um em branco entre cada palavra.

⇨ O impresso deve ser assinado pelo próprio ou por procurador com poderes especiais para o acto.

⇨ No preenchimento o declarante deve assinalar a opção pretendida com um ☒ .

⇨ Caso o espaço destinado a cada campo não seja suficiente para o preenchimento de toda a informação, deverá utilizar um novo impresso, do mesmo modelo, preenchendo, apenas, no campo respectivo, os elementos em falta. Neste caso, devem ser anexados os dois impressos.

⇨ Este impresso está disponível no sítio: http://www.dgrn.mj.pt/rcentr/aquis5.asp onde pode obter outros esclarecimentos adicionais.

Quadro 1

1. O nome deve ser aquele que usa de acordo com o documento de identificação ou o registo de nascimento estrangeiro.
2. Sexo: F - feminino ; M - masculino.
3. Documento de identificação: passaporte, título ou autorização de residência ou outro documento de identificação equivalente, emitido pela autoridade competente de um dos países da União Europeia, de que o interessado seja titular.
4. Data em que o documento de identificação foi emitido.
5. Autoridade que emitiu o documento de identificação.
6. A indicação do telefone e do e-mail é facultativa.
7. Filiação: deve indicar-se o nome completo do pai e da mãe.
8. Se residiu anteriormente noutro país ou países estrangeiros, deve indicar as respectivas localidades e países.
9. A profissão que exerce actualmente.

Quadro 2

1. Pode juntar documentos que provem essa ligação efectiva.
2. Pode juntar certidão do registo de nascimento do adoptante de nacionalidade portuguesa, de cópia integral e, se possível, emitida por fotocópia. Caso não junte a certidão do registo de nascimento do adoptante deve preencher o campo 2 do quadro 2.
3. Deve preencher este campo, se for do seu conhecimento, para que a certidão do registo de nascimento do adoptante seja obtida pelos Serviços.
4. Deve assinalar caso pretenda que o certificado do registo criminal português seja obtido oficiosamente pelos Serviços.

Quadro 3

1. A indicação do telefone e do e-mail é facultativa.
2. O impresso deve ser assinado pelo próprio ou por procurador deste com poderes especiais para o acto. Quando o impresso não for assinado pelo interessado, o declarante deve indicar a qualidade em que intervém: procurador do registando ou outra qualidade.

Quadro 4

1. Certidão do registo de nascimento do interessado de que conste a filiação biológica. Esta certidão deve ser, em princípio, de cópia integral e emitida por fotocópia. Deve, também, ser devidamente legalizada e acompanhada de tradução, se escrita em língua estrangeira.
2. Certidão do registo de nascimento do adoptante português, de cópia integral e, se possível, emitida por fotocópia. Esta certidão do registo de nascimento pode ser oficiosamente obtida pelos Serviços se preencheu o campo 2 do quadro 2.
3. Certidão da decisão que decretou a adopção. Se a decisão tiver sido proferida por Tribunal estrangeiro, deve ser previamente revista e confirmada por Tribunal

português, excepto se se tratar de decisão proferida em país com o qual tenha sido celebrada Convenção ou Acordo que dispense a revisão e confirmação da sentença.

4. Deve juntar os certificados do registo criminal emitidos pelos Serviços competentes do país da naturalidade e da nacionalidade, bem como dos países onde tenha tido e tenha residência após os 16 anos, acompanhados de tradução, se escritos em língua estrangeira (documentos obrigatórios, excepto se for simultaneamente requerida a dispensa da sua apresentação). O interessado está dispensado de apresentar o certificado de registo criminal português, que é oficiosamente obtido pelos Serviços, devendo ter assinalado o campo 4 do quadro 2.

5. A apresentação deste documento só tem lugar se tiver assinalado a opção "Sim" do quadro 2.

6. A apresentação deste documento só tem lugar se tiver assinalado a opção "Sim" do quadro 2.

7. Se existir intervenção de procurador a junção da procuração é obrigatória.

Quadro 5:

1. O reconhecimento presencial da assinatura pode ser feito:
   - perante funcionário do serviço com competência para receber o impresso;
   - em Cartório Notarial ou Conservatórias do registo português;
   - em Consulado de Portugal no estrangeiro;
   - por Advogado ou Solicitador, ou
   - pelas câmaras de comércio e indústria, reconhecidas nos termos do Decreto-Lei n.º 244/92, de 29 de Outubro.

   Se o procurador for advogado ou solicitador é suficiente, para a confirmação da assinatura, a indicação da respectiva cédula profissional.

Quadro 6:

1. O cheque deverá ser pagável em Portugal. Se optar por enviar cheque pagável no estrangeiro, deve ter em conta que a cobrança desse cheque envolve despesas bancárias que são encargo do interessado, devendo o correspondente valor ser incluído no montante do cheque a enviar à Conservatória dos Registos Centrais.

2. No vale postal deve sempre mencionar-se o nome do interessado e o fim a que se destina.

O pedido é indeferido:
   a) Se não constar do impresso de modelo aprovado pelo Director-Geral dos Registos e do Notariado (disponível nas extensões da Conservatória dos Registos Centrais, nas Conservatórias do Registo Civil, nos Consulados e no sítio www.dgrn.mj.pt);
   b) Se forem omitidas menções ou formalidades previstas no impresso;
   c) Se não for acompanhado dos documentos necessários para comprovar os factos que constituem o fundamento do pedido.

Se o pedido vier a ser indeferido liminarmente a declaração não produz efeitos, **não havendo lugar ao reembolso de qualquer quantia.**

APRESENTAÇÃO DO PEDIDO

O impresso, acompanhado dos documentos necessários, pode ser:

Enviado por correio para: Conservatória dos Registos Centrais **Mod. 29** Rua Rodrigo da Fonseca, 200 1099-003 Lisboa	Entregue na Extensão da Conservatória dos Registos Centrais sita no: Centro Nacional de Apoio ao Imigrante (CNAI) Rua Álvaro Coutinho, 14 1150-025 Lisboa

Declaração para aquisição da nacionalidade por adoptados plenamente, por decisão transitada em julgado antes da entrada em vigor da LN n.º 37/81 de 3 de Outubro

Conservatória a)

Data:
Lugar:
Nome completo do Conservador *b)* e respectiva qualidade:

Interessado

Nome completo:
Sexo:
Data do nascimento:
Estado:
Documento de identificação:
Naturalidade:
Nacionalidade:
Filiação:
Residência actual:
Países onde tenha residido anteriormente: *c)*
Profissão: *d)*

Assento de nascimento e)

Número:
Ano:
Conservatória:

Representantes legais f) ou Procurador

Nome completo:
Residência:

Verificação da identidade do declarante

Menção da forma: *g)*

Declaração

Factos declarados:

– Tem ligação efectiva à comunidade nacional. *h)*
– Não foi condenado, com trânsito em julgado da sentença, pela prática de crime punível com pena de prisão de máximo igual ou superior a 3 anos, segundo a lei portuguesa.
– Não exerceu funções públicas sem carácter predominantemente técnico, nem prestou serviço militar não obrigatório a Estado estrangeiro.

Fim da declaração:
Pedido do respectivo registo:

Pretende adquirir a nacionalidade portuguesa, nos termos do artigo 29.º, da Lei da Nacionalidade n.º 37/81 de 3 de Outubro, por ter sido adoptado plenamente por nacional português, antes da entrada em vigor da referida Lei e que seja lavrado o respectivo registo.

Documentos

– Certidão da decisão que decretou a adopção.
– Certidão do registo de nascimento do adoptante, que é nacional português. *i)*
– Certidão de registo de nascimento do adoptado. *j)*
– Certificado(s) do registo criminal português e estrangeiro(s), este(s) emitido(s) pelo(s) país(es) onde o interessado tenha tido residência(s) após os 16 anos. *l)*
– Documento comprovativo da natureza das funções públicas ou do serviço militar não obrigatório, prestados a Estado estrangeiro. *m)*
– Procuração. *n)*
– Outros documentos. *o)*

Assinaturas

Declarante: *p)*
Conservador: *q)*

Notas:

a) Indicar qual a Conservatória ou Consulado.

b) Oficial ou agente consular.

c) Indicar localidades e países, se residiu anteriormente noutro país ou países estrangeiros, desde que seja maior de 16 anos.

d) A profissão só é de mencionar se se tratar de maior de 16 anos.

e) Se lavrado no registo civil português.

f) Caso o interessado seja incapaz.

g) Pelo conhecimento pessoal do funcionário perante quem são prestadas as declarações. Pela exibição do bilhete de identidade, título ou autorização de residência, passaporte ou documento de identificação equivalente do declarante. Supletivamente, pela abonação de 2 testemunhas idóneas, que podem ser parentes ou afins das partes ou do funcionário. Na abonação testemunhal, as testemunhas oferecidas devem exibir bilhete de identidade, título ou autorização de residência, passaporte ou documento de identificação equivalente e ser identificadas no auto, que assinam depois do declarante e antes do funcionário. Artigo 34.º do RN.

h) Apontar os factos.

i) Se não apresentar esta certidão, deverá ser indicada a naturalidade e a filiação do adoptante, a fim de ser obtida, oficiosamente, pela Conservatória dos Registos Centrais.

j) Caso conste do registo civil português, e se não apresentar esta certidão, deverá ser indicado o n.º do assento, o ano e qual a Conservatória que o lavrou a fim de ser obtida, oficiosamente, pela Conservatória dos Registos Centrais.

l) Se não apresentar o certificado do registo criminal português, deverá declarar que pretende que seja obtido, oficiosamente, pela Conservatória dos Registos Centrais.

m) Este documento só é de apresentação obrigatória para quem tiver estado nessas circunstâncias.

n) Se houver intervenção de procurador.

o) Indicar quais.

p) Se souber e puder assinar, artigo 33.º, n.º 1, alínea h) do RN. Se não souber ou não puder, deve mencionar-se esse facto. Quando a declaração for prestada por advogado ou solicitador é suficiente, para a confirmação da assinatura, a indicação do número da respectiva cédula profissional, artigo 35.º, n.º 2 do RN.

q) Oficial dos registos ou agente consular.

OUTRAS AQUISIÇÕES

30.º/31.º

2.5 A) *Aquisição por mulher casada com estrangeiro*

B) **Aquisição por quem, tendo tido a nacionalidade portuguesa, a perdeu por ter adquirido voluntariamente uma nacionalidade estrangeira**

A) A aquisição da nacionalidade pela mulher que a perdeu por ter adquirido uma nacionalidade estrangeira com fundamento no casamento com estrangeiro, em data anterior à da entrada em vigor da LN, desencadeia-se pela manifestação de vontade da interessada, a prestar nos termos e com as formalidades previstas nos artigos 30.º da LN e 42.º e 47.º a 51.º do RN, não se aplicando qualquer das circunstâncias que são fundamento de oposição à aquisição da nacionalidade, dos artigos 9.º e 10.º da LN.

B1) A aquisição da nacionalidade por aquele que, tendo tido a nacionalidade portuguesa, a perdeu por ter adquirido, voluntariamente, uma nacionalidade estrangeira, nos termos da Lei n.º 2098, de 29 de Julho de 1959, e legislação precedente, quando tenha sido lavrado o registo definitivo da perda da nacionalidade, desencadeia-se mediante declaração do interessado, a prestar nos termos e com as formalidades previstas nos artigos 31.º da LN e 42.º e 47.º a 51.º do RN, não se aplicando qualquer das circunstâncias que são fundamento de oposição à aquisição da nacionalidade, dos artigos 9.º e 10.º da LN.

B2) Quando não tenha sido lavrado o registo definitivo da perda da nacionalidade, o interessado adquire a nacionalidade, excepto se declarar que não quer adquirir a nacionalidade portuguesa.

A quem se aplica

A) Mulher que, tendo sido portuguesa, perdeu esta nacionalidade por ter adquirido uma nacionalidade estrangeira por efeito do casamento com nacional estrangeiro, celebrado em data anterior à da entrada em vigor da LN n.º 37/81, de 3 de Outubro.

Nota:

– Sem prejuízo da validade das relações jurídicas anteriormente estabelecidas com base em outra nacionalidade, a aquisição da nacionalidade portuguesa com base no n.º 1 do artigo 30.º da LN, produz efeitos desde a data do casamento, nos termos previstos no n.º 2 do mesmo artigo.

B1) Quem, tendo sido português, perdeu a nacionalidade portuguesa, por ter adquirido, voluntariamente, uma nacionalidade estrangeira, antes da entrada em vigor da Lei da Nacionalidade n.º 37/81, de 3 de Outubro, ou seja, ao abrigo da Lei 2098, de 29 de Julho de 1959, e legislação precedente, e tenha o registo definitivo da perda da nacionalidade lavrado na Conservatória dos Registos Centrais, desde que declare que quer ser português.

Nota:

– Sem prejuízo da validade das relações jurídicas anteriormente estabelecidas com base em outra nacionalidade, a aquisição da nacionalidade portuguesa com base no n.º 1 do artigo 31.º da LN, produz efeitos desde a data da aquisição da nacionalidade estrangeira, nos termos do n.º 3 do mesmo artigo.

Serviços receptores do pedido

– Extensões da Conservatória dos Registos Centrais;

– Conservatória do Registo Civil à escolha;
– Serviços consulares portugueses.

Documentos necessários

– A e B) **Declaração aquisitiva** apresentada ou elaborada na conservatória ou no consulado e com as formalidades previstas nos artigos 30.º da LN e 31.º, 32.º e 33.º do RN;
Na declaração deve identificar-se o registo de perda, se lavrado na Conservatória dos Registos Centrais;

– B) **Certidão do assento de nascimento** do interessado, lavrado no registo civil português – artigo 37.º, n.º 1 do RN.

– A) No caso de não estar lavrado na Conservatória dos Registos Centrais, o registo da perda da nacionalidade, deve juntar os seguintes documentos:

– **Documento** comprovativo da aquisição da nacionalidade estrangeira da interessada, de que conste a data e o fundamento da aquisição da nacionalidade – artigo 65.º, n.º 2 do RN;

– **Certidão do assento de nascimento** da interessada, lavrado no registo civil português, com o casamento averbado – artigo 65.º, n.º 2 do RN.

Notas:
– O documento, se for escrito em língua estrangeira, deverá ser traduzido e legalizado, pelo consulado português local.
– As certidões de nascimento portuguesas devem ser de cópia integral e, se possível, emitidas por fotocópia, podendo ser obtidas oficiosamente.

Emolumentos

A) e **B)**: Gratuito

Notas:

– *Artigo 10.º* **Actos gratuitos** *– n.º 1, alínea i) Declaração para aquisição da nacionalidade, nos termos dos artigos 30.º e 31.º da Lei n.º 37/81, de 3 de Outubro.*

– *Artigo 10.º* **Actos gratuitos** *– n.º 1, alínea j) Registo da declaração para aquisição da nacionalidade, nos termos dos artigos referidos na alínea anterior [i], e registos oficiosos lavrados nos termos do artigo 33.º da Lei n.º 37/81, de 3 de Outubro, bem como os procedimentos e documentos necessários para uns e outros.*

Prova

A aquisição e a perda da nacionalidade portuguesa provam-se pelos respectivos registos ou pelos consequentes averbamentos exarados à margem do assento de nascimento, artigo 22.º, n.º 1 da LN.

Nota:

– *Artigo 22.º* **Prova da aquisição e da perda da nacionalidade** *– n.º 1 da LN – A aquisição e a perda da nacionalidade provam-se pelos respectivos registos ou pelos consequentes averbamentos exarados à margem do assento de nascimento.*

Formulários e Impressos

– O RN prevê no n.º 1 do artigo 32.º, que, tratando-se de aquisição da nacionalidade portuguesa, as declarações podem ser prestadas em extensões da Conservatória dos Registos Centrais junto de outras pessoas colectivas públicas, em termos a fixar por protocolo a celebrar entre essas entidades e o Instituto dos Registos e do Notariado I. P., em conservatórias do registo civil e em serviços consulares portugueses, sendo aí reduzidas a auto, e enviadas para a Conservatória dos Registos Centrais, se possível por via electrónica, nas condições que vierem a ser fixadas por portaria do Ministro da Justiça.

– Tratando-se de aquisição da nacionalidade portuguesa, as declarações para fins de aquisição, podem constar de impresso de modelo aprovado por despacho do presidente do IRN, I. P.

Notas:

- **Consultar 1.º C** – **Formulários e Impressos** – *Notas:*
– Os impressos de modelos aprovados estão disponíveis nas seguintes páginas Web:
  http://www.irn.mj.pt/sections/irn/a_registral/servicos-externos-docs/impressos/nacionalidade/declaracao-para2004/downloadFile/file/Mod._30_ci.pdf?nocache=1199888453.87
  http://www.irn.mj.pt/sections/irn/a_registral/servicos-externos-docs/impressos/nacionalidade/declaracao-para5683/downloadFile/file/Mod._31_ci.pdf?nocache=1199888590.84

- *Consultar 2.º* – **Formulários e Impressos** – *Notas:*

Conservatória dos Registos Centrais

Data de Recepção na C.R.Centrais:

DECLARAÇÃO PARA AQUISIÇÃO DA NACIONALIDADE PORTUGUESA

> Mulher que perdeu a nacionalidade portuguesa por ter adquirido uma nacionalidade estrangeira, por efeito do casamento com estrangeiro (art. 30º da Lei da Nacionalidade nº 37/81, 3/10)

Antes de preencher, leia atentamente as instruções

Quadro 1: Identificação da interessada

1. **Nome completo**

   Data de nascimento: __ __ / __ __ / __ __ __ __ (Dia / Mês / Ano)   Estado civil: _____

2. Doc. de Identificação nº _____   3. Data de emissão: __ __ / __ __ / __ __ __ __ (Dia / Mês / Ano)

4. Emitido por _____

   Residente em _____

   Cod. Postal ____ - ___   5. Tel: _____

   País _____

5. e-mail: _____

   Naturalidade
   Freguesia: _____
   Concelho: _____
   País: _____
   Nacionalidade _____

6. Filiação
   Pai: _____

   Mãe: _____

Quadro 2: Declarações:
Declara pretender adquirir a nacionalidade portuguesa, nos termos do art. 30º da Lei da Nacionalidade, que perdeu por efeito do casamento com nacional estrangeiro, e que seja lavrado o respectivo registo.

1. ☐ O registo da perda da nacionalidade encontra-se lavrado na Conservatória dos Registos Centrais:
   Assento nº _____ do Ano de ____

2. Se não apresenta a certidão do registo de nascimento, indique:
   Assento nº _____ do Ano de ____
   ☐ __ __ Conservatória do Registo Civil _____
   ☐ Conservatória dos Registos Centrais

Mod. 30

2. Aquisição – Outras Aquisições – 30.º/31.º

Quadro 3: Preencher apenas quando o impresso não seja assinado pelo interessado

Nome do declarante:

Residente em:

Cod. Postal

País   Tel.

e-mail:

Intervém na qualidade de:

Quadro 4: Relação de documentos juntos

1. ☐ Documento comprovativo da nacionalidade estrangeira da interessada de que conste a data e o fundamento da aquisição da nacionalidade, acompanhado de tradução, se escrito em língua estrangeira.

2. ☐ Certidão do registo de nascimento.

3. ☐ Procuração.

☐ Outros documentos, indicar quais:

Quadro 5: Assinatura

As declarações prestadas correspondem à verdade e não omitem qualquer informação relevante.

Local   Dia   Mês   Ano

Assinatura da declarante reconhecida presencialmente

Quadro 6: Pagamento

Custo: Gratuito

AS FALSAS DECLARAÇÕES SÃO PUNIDAS NOS TERMOS DA LEI

Os dados pessoais recolhidos destinam-se a organizar e manter actualizada a informação respeitante à nacionalidade, estado civil e capacidade dos cidadãos, sendo o seu tratamento da responsabilidade do Director-Geral dos Registos e do Notariado. O acesso à informação é facultado ao próprio, que tem direito à actualização e correcção dos dados.

Mod. 30

INSTRUÇÕES DE PREENCHIMENTO DO IMPRESSO MODELO 30

(art.30º da LN)

⇨ O impresso deve ser preenchido em língua portuguesa, sem emendas ou rasuras, com letras maiúsculas de imprensa e escrevendo apenas uma letra em cada rectângulo, deixando um em branco entre cada palavra.

⇨ O impresso deve ser assinado pelo próprio ou por procurador com poderes especiais para o acto.

⇨ No preenchimento o declarante deve assinalar a opção pretendida com um ☒.

⇨ Caso o espaço destinado a cada campo não seja suficiente para o preenchimento de toda a informação, deverá utilizar um novo impresso, do mesmo modelo, preenchendo, apenas, no campo respectivo, os elementos em falta. Neste caso, devem ser anexados os dois impressos.

⇨ Este impresso está disponível no sítio: http://www.dgrn.mj.pt/rcentr/aquis7.asp onde pode obter outros esclarecimentos adicionais.

Quadro 1

1. O nome deve ser aquele que usa de acordo com o documento de identificação ou o registo de nascimento.
2. Documento de identificação: passaporte, título ou autorização de residência ou outro documento de identificação equivalente, emitido pela autoridade competente de um dos países da União Europeia, de que a interessada seja titular.
3. Data em que o documento de identificação foi emitido.
4. Autoridade que emitiu o documento de identificação.
5. A indicação do telefone e do e-mail é facultativa.
6. Filiação: deve indicar-se o nome completo do pai e da mãe.

Quadro 2

1. Se o registo da perda da nacionalidade tiver sido lavrado na Conservatória dos Registos Centrais, deve indicar o número e o ano desse registo, que em princípio, se encontra mencionado no averbamento que consta no registo de nascimento.

2. Caso o registo da perda da nacionalidade se não encontre lavrado na Conservatória dos Registos Centrais e não sendo apresentada a certidão do seu registo de nascimento, deve indicar a conservatória do registo civil português onde o mesmo se encontra arquivado e o respectivo número e ano, se for do seu conhecimento, para que os Serviços possam obter a certidão.

Quadro 3

1. A indicação do telefone e do e-mail é facultativa.
2. O impresso deve ser assinado pela própria ou por procurador desta com poderes especiais para o acto.
   Quando o impresso não for assinado pela interessada, o declarante deve indicar a qualidade em que intervém: procurador ou outra qualidade.

Quadro 4

1. O documento comprovativo da nacionalidade estrangeira da interessada de que conste a data e o fundamento da aquisição da nacionalidade, acompanhado de tradução, se escrito em língua estrangeira, só é apresentado caso não tenha sido lavrado registo da perda da nacionalidade na Conservatória dos Registos Centrais.

2. Se apresentar certidão do seu registo de nascimento, esta deve ser de cópia integral e, se possível, emitida por fotocópia, com o casamento averbado. Caso não junte a certidão do seu registo de nascimento, deve ter preenchido o campo 2 do quadro 2, se for do seu conhecimento, para que os Serviços possam obter a certidão.

3. Se existir intervenção de procurador a junção da procuração é obrigatória.

Quadro 5:

1. O reconhecimento presencial da assinatura pode ser feito:
   - perante funcionário do serviço com competência para receber o impresso;
   - em Cartório Notarial ou Conservatórias do registo português;
   - em Consulado de Portugal no estrangeiro;
   - por Advogado ou Solicitador, ou
   - pelas câmaras de comércio e indústria, reconhecidas nos termos do Decreto-Lei n.º 244/92, de 29 de Outubro.

   Se o procurador for advogado ou solicitador é suficiente, para a confirmação da assinatura, a indicação da respectiva cédula profissional.

O pedido é indeferido:
   a) Se não constar do impresso de modelo aprovado pelo Director-Geral dos Registos e do Notariado (disponível nas extensões da Conservatória dos Registos Centrais, nas Conservatórias do Registo Civil, nos Consulados e no sítio www.dgrn.mj.pt);
   b) Se forem omitidas menções ou formalidades previstas no impresso;
   c) Se não for acompanhado dos documentos necessários para comprovar os factos que constituem o fundamento do pedido.

APRESENTAÇÃO DO PEDIDO

O impresso, acompanhado dos documentos necessários, pode ser:

Enviado por correio para:	Entregue na Extensão da Conservatória dos Registos Centrais sita no:
Conservatória dos Registos Centrais **Mod. 30** Rua Rodrigo da Fonseca, 200 1099-003 Lisboa	Centro Nacional de Apoio ao Imigrante (CNAI) Rua Álvaro Coutinho, 14 1150-025 Lisboa

Conservatória dos Registos Centrais

Data de Recepção na C.R.Centrais:

DECLARAÇÃO PARA AQUISIÇÃO DA NACIONALIDADE PORTUGUESA

> Estrangeiro que perdeu a nacionalidade portuguesa, por ter adquirido voluntariamente outra nacionalidade, tendo sido lavrado o registo definitivo da perda da nacionalidade portuguesa
> (art. 31º da Lei da Nacionalidade nº 37/81, 3/10)

Antes de preencher, leia atentamente as instruções

Quadro 1: Identificação do interessado

1. Nome completo

2. Sexo: ☐ F ☐ M   Data de nascimento: __ __ / __ __ / __ __ __ __ (Dia Mês Ano)   Estado civil:

3. Doc. de Identificação nº   4. Data de emissão: __ __ / __ __ / __ __ __ __ (Dia Mês Ano)

5. Emitido por

Residente em

Cod. Postal ____ - ____

País: 6. Tel.

6. e-mail:

Naturalidade
Freguesia:

Concelho:

País:

Nacionalidade

7. Filiação
Pai:

Mãe:

Quadro 2: Declarações: Declara pretender adquirir a nacionalidade portuguesa, nos termos do art. 31º da Lei da Nacionalidade, que perdeu por ter adquirido voluntariamente uma nacionalidade estrangeira, e que seja lavrado o respectivo registo.

1. ☐ O registo da perda da nacionalidade encontra-se lavrado na Conservatória dos Registos Centrais:
Assento nº _____ do Ano de ____

2. Se não apresenta a certidão do registo de nascimento, indique:
Assento nº _____ do Ano de ____

☐ ____ Conservatória do Registo Civil _____

☐ Conservatória dos Registos Centrais

Pretende manter a composição do nome indicado no campo 1 do Quadro 1?   ☐ Sim   ☐ Não

Se indicou Não, declare qual o nome pretendido

Mod. 31

Quadro 3: Preencher apenas quando o impresso não seja assinado pelo interessado

Nome do declarante:

Residente em:

Cod. Postal

País | Tel.

1 e-mail:

2 Intervém na qualidade de:

Quadro 4: Relação de documentos juntos

1 ☐ Certidão do registo de nascimento.
2 ☐ Procuração.
☐ Outros documentos, indicar quais:

Quadro 5: Assinatura

As declarações prestadas correspondem à verdade e não omitem qualquer informação relevante.

Local | Dia Mês Ano

Assinatura do declarante reconhecida presencialmente

Quadro 6: Pagamento

Custo: Gratuito

AS FALSAS DECLARAÇÕES SÃO PUNIDAS NOS TERMOS DA LEI

Os dados pessoais recolhidos destinam-se a organizar e manter actualizada a informação respeitante à nacionalidade, estado civil e capacidade dos cidadãos, sendo o seu tratamento da responsabilidade do Director-Geral dos Registos e do Notariado. O acesso à informações é facultado ao próprio, que tem direito à actualização e correcção dos dados.

Mod. 31

INSTRUÇÕES DE PREENCHIMENTO DO IMPRESSO MODELO 31

(art.31º da LN)

⇨ O impresso deve ser preenchido em língua portuguesa, sem emendas ou rasuras, com letras maiúsculas de imprensa e escrevendo apenas uma letra em cada rectângulo, deixando um em branco entre cada palavra.

⇨ O impresso deve ser assinado pelo próprio ou por procurador com poderes especiais para o acto.

⇨ No preenchimento o declarante deve assinalar a opção pretendida com um ☒ .

⇨ Caso o espaço destinado a cada campo não seja suficiente para o preenchimento de toda a informação, deverá utilizar um novo impresso, do mesmo modelo, preenchendo, apenas, no campo respectivo, os elementos em falta. Neste caso, devem ser anexados os dois impressos.

⇨ Este impresso está disponível no sítio: http://www.dgrn.mj.pt/rcentr/aquis6.asp onde pode obter outros esclarecimentos adicionais.

Quadro 1

1. O nome deve ser aquele que usa de acordo com o documento de identificação ou o registo de nascimento.
2. Sexo: F – feminino; M – masculino.
3. Documento de identificação: passaporte, título ou autorização de residência ou outro documento de identificação equivalente, emitido pela autoridade competente de um dos países da União Europeia, de que o interessado seja titular.
4. Data em que o documento de identificação foi emitido.
5. Autoridade que emitiu o documento de identificação.
6. A indicação do telefone e do e-mail é facultativa.
7. Filiação: deve indicar-se o nome completo do pai e da mãe.

Quadro 2

1. Deve indicar o número e o ano do registo da perda da nacionalidade, que em princípio, se encontra mencionado no averbamento que consta no registo de nascimento.

2. Não sendo apresentada a certidão do seu registo de nascimento, deve indicar a conservatória do registo civil português onde o mesmo se encontra arquivado e o respectivo número e ano, se for do seu conhecimento, para que os Serviços possam obter a certidão.

Quadro 3

1. A indicação do telefone e do e-mail é facultativa.
2. O impresso deve ser assinado pelo próprio ou por procurador deste com poderes especiais para o acto.
    Quando o impresso não for assinado pelo interessado, o declarante deve indicar a qualidade em que intervém: procurador ou outra qualidade.

Quadro 4

1. Se apresentar certidão do seu registo de nascimento, esta deve ser de cópia integral e, se possível, emitida por fotocópia. Caso não junte a certidão do seu registo de nascimento, deve ter preenchido o campo 2 do quadro 2, se for do seu conhecimento, para que os Serviços possam obter a certidão.
2. Se existir intervenção de procurador a junção da procuração é obrigatória.

Quadro 5:

1. O reconhecimento presencial da assinatura pode ser feito:
    - perante funcionário do serviço com competência para receber o impresso;
    - em Cartório Notarial ou Conservatórias do registo português;
    - em Consulado de Portugal no estrangeiro;
    - por Advogado ou Solicitador, ou

2. Aquisição – Outras Aquisições

Mod.31

- pelas câmaras de comércio e indústria, reconhecidas nos termos do Decreto-Lei n.º 244/92, de 29 de Outubro.

Se o procurador for advogado ou solicitador é suficiente, para a confirmação da assinatura, a indicação da respectiva cédula profissional.

O pedido é indeferido:
a) Se não constar do impresso de modelo aprovado pelo Director-Geral dos Registos e do Notariado (disponível nas extensões da Conservatória dos Registos Centrais, nas Conservatórias do Registo Civil, nos Consulados e no sitio www.dgrn.mj.pt);
b) Se forem omitidas menções ou formalidades previstas no impresso;

APRESENTAÇÃO DO PEDIDO

O impresso, acompanhado dos documentos necessários, pode ser:

Enviado por correio para:	Entregue na Extensão da Conservatória dos Registos Centrais sita no:
Conservatória dos Registos Centrais **Mod. 31** Rua Rodrigo da Fonseca, 200 1099-003 Lisboa	Centro Nacional de Apoio ao Imigrante (CNAI) Rua Álvaro Coutinho, 14 1150-025 Lisboa

2.6 Fundamentos de oposição à aquisição da nacionalidade por efeito da vontade ou da adopção

O Estado Português pode opor-se a que um estrangeiro adquira a nacionalidade portuguesa com fundamento no casamento ou na união de facto e na filiação, natural ou adoptiva (artigos 2.º, 3.º, 4.º, 5.º e 29.º da LN), quando se verifique alguma das **circunstâncias de indesejabilidade** previstas no artigo 9.º da LN, que a seguir se indicam:

– A inexistência de ligação efectiva à comunidade nacional.

– A condenação, com trânsito em julgado da sentença, pela prática de crime punível com pena de prisão de máximo igual ou superior a 3 anos, segundo a lei portuguesa.

– O exercício de funções públicas sem carácter predominante técnico ou a prestação de serviço militar não obrigatório a Estado estrangeiro.

Nota:

A jurisprudência tem-se orientado no sentido de que apenas são relevantes as funções que, pela sua natureza, envolvam uma relação de confiança política, susceptível de fundamentar sérias dúvidas de que o estrangeiro candidato à aquisição da nacionalidade assumirá plenamente os seus deveres para com o Estado Português.

Sempre que se verifiquem as circunstâncias susceptíveis de constituir fundamento de oposição, a acção de oposição à aquisição da nacionalidade é deduzida pelo Ministério Publico, no prazo de um ano a contar da data do facto de que dependa a aquisição da nacionalidade, em processo a instaurar nos termos do artigo 26.º da LN, junto dos competentes tribunais administrativos e fiscais – artigo 10.º da LN e artigo 56.º n.º 1 do RN.

Notas:

– Com as alterações introduzidas à Lei da Nacionalidade, pela Lei Orgânica n.º 2/2006, de 17 de Abril, entendeu-se que o legislador inverteu o ónus da prova, sendo apenas necessário aos interessados na aquisição da nacionalidade portuguesa, pronunciarem-se sobre os fundamentos de oposição, estando desonerados de juntarem a prova dos factos alegados.

Porém, a jurisprudência não tem tido um entendimento uniforme quanto à inversão do ónus da prova. Aguarda-se que o Tribunal Administrativo e Fiscal de Lisboa fixe jurisprudência.

Assim, os interessados devem juntar prova, nomeadamente documental, sobre a existência de ligação efectiva à comunidade nacional, que traduzam um sentimento de pertença e de integração. Os aspectos mais relevantes são: a residência em território português, saber falar a língua portuguesa, a integração social, aspectos culturais, sociais, familiares, económico-profissionais, de amizade e outros.

A prova junta é apreciada e valorada pela Conservatória dos Registos Centrais, a fim de ser efectuada ou não a participação ao Ministério Público, que poderá deduzir oposição à aquisição da nacionalidade portuguesa, em processo contencioso da nacionalidade.

Prova documental mais relevante:

– Cartão/título/autorização de residência;
– Declarações de IRS;
– Comprovativo do pagamento da Taxa Social Única para a Segurança Social;
– Certidões ou boletins de nascimento dos filhos;
– Escrituras de aquisição de imóveis;
– Comprovativos de frequência de cursos de Português, ou outros;
– Cartão de utente dos Serviços de Saúde;
– Cartão de contribuinte;
– Facturas/recibos de electricidade, água, comunicações etc.;
– Passaporte onde constem visto e/ou carimbos de entrada em Portugal;
– Contratos de trabalho.

Prova documental mais relevante, relativamente a menores:

– Cartão/título/autorização de residência;
– Comprovativo da frequência/aproveitamento escolar em Portugal (não simples matricula);
– Comprovativo do aproveitamento escolar a Língua Portuguesa;
– Boletim de vacinas;
– Cartão de utente dos Serviços de Saúde;
– Passaporte onde constem visto e/ou carimbos de entrada em Portugal;
– Cédula de inscrição consular;
– Documentos com os quais viajou para Portugal.

POR NATURALIZAÇÃO

6.º

2.7 É concedida a nacionalidade portuguesa por naturalização

A quem se aplica

n.º 1) A estrangeiros maiores ou emancipados, face à lei portuguesa, que residam legalmente no território português, há pelo menos 6 anos, n.º 1 do artigo 6.º da LN e artigo 19.º do RN;

n.º 2) A menores, *face à lei portuguesa, nascidos no território português, filhos de estrangeiros, se no momento do pedido, um dos progenitores aqui resida legalmente, há pelo menos 5 anos ou o menor aqui tenha concluído o 1.º ciclo do ensino básico, n.º 2 do artigo 6.º da LN e artigo 20.º do RN;*

n.º 3) A indivíduos maiores ou emancipados, face à lei portuguesa, que tenham tido a nacionalidade portuguesa e que, tendo-a perdido, nunca tenham adquirido outra nacionalidade, n.º 3 do artigo 6.º da LN e artigo 21.º do RN;

n.º 4) A indivíduos maiores ou emancipados, face à lei portuguesa, nascidos no estrangeiro com, pelo menos, um ascendente no 2.º grau da linha recta de nacionalidade portuguesa e que não tenha perdido esta nacionalidade, n.º 4 do artigo 6.º da LN e artigo 22.º do RN;

2.8 Pode ser concedida a nacionalidade portuguesa por naturalização

A quem se aplica

n.º 5) A indivíduos maiores ou emancipados, face à lei portuguesa, nascidos no território português, filhos de estrangeiros, que aqui tenham permanecido habitualmente nos 10 anos imediatamente anteriores ao pedido, n.º 5 do artigo 6.º da LN e artigo 23.º do RN;

n.º 6) A indivíduos maiores ou emancipados, face à lei portuguesa, que, não sendo apátridas, tenham tido a nacionalidade portuguesa, aos que forem havidos como descendentes de portugueses, aos membros de comunidades de ascendência portuguesa e aos estrangeiros que tenham prestado ou sejam chamados a prestar serviços relevantes ao Estado português ou à comunidade nacional, n.º 6 do artigo 6.º da LN e artigo 24.º do RN.

Nota:

A lei aplicável ao estabelecimento da filiação, nos casos em que a aquisição da nacionalidade portuguesa por naturalização, tenha por pressuposto o estabelecimento da filiação do progenitor português, é a que for designada pela norma de conflitos de direito internacional privado, prevista no artigo 56.º do Código Civil

A referida norma remete para a lei pessoal do progenitor à data do estabelecimento da relação.

Assim, sendo o progenitor estrangeiro, a lei aplicável é a sua lei pessoal, caso a mesma se considere competente.

Requisitos comuns

– Não tenham sido condenados, com trânsito em julgado da sentença, pela prática de crime punível com pena de prisão de máximo igual ou superior a três anos, segundo a lei portuguesa.

Requisitos comuns aos n.º 1, n.º 2, n.º 4, n.º 5)

– Conheçam suficientemente a língua portuguesa.

Serviços receptores do pedido

- Extensões da Conservatória dos Registos Centrais;
- Conservatórias do Registo Civil;
- Serviços Consulares portugueses.

Nota:

• **Delegação de competências para conceder a nacionalidade portuguesa, por naturalização, aos estrangeiros que satisfaçam os requisitos previstos nos n.ºˢ 1 a 4 do artigo 6.º da LN, em determinados conservadores – Despacho n.º 25 813/2007 do IRN, I. P. de 02 de Novembro de 2007 e com produção de efeitos a partir de 1 de Maio de 2007,** publicado no *Diário da República, 2.ª série – N.º 218 – 13 de Novembro de 2007* – **Páginas 32 849 e 32 850**

1 – Ao abrigo do disposto nos n.ºˢ 2 do artigo 35.º do Código do Procedimento Administrativo, e 2 do artigo 9.º da Lei n.º 2/2004, de 15 de Janeiro, alterada pela Lei n.º 51/2005, de 30 de Agosto, e no despacho n.º 18 242/2007, do Secretário de Estado da Justiça, publicado no *Diário da República,* 2.ª série, n.º 157, de 16 de Agosto de 2007, delego e subdelego, sem prejuízo da faculdade de avocação e superintendência:

1.1 – ...
1.1.1 – ...
1.1.2 – ...
1.2 – ...
1.2.1 – ...
1.2.2 – ...
1.3 – ...

1.4 – A competência para conceder a nacionalidade portuguesa, por naturalização, aos estrangeiros que satisfaçam os requisitos previstos nos n.ºˢ 1 a 4 do artigo 6.º da Lei n.º 37/81, de 3 de Outubro (Lei da Nacionalidade), na redacção introduzida pela Lei Orgânica n.º 2/2006, de 17 de Abril, nos seguintes conservadores:

i) Licenciada Odete de Almeida Pereira da Fonseca Jacinto, conservadora da Conservatória dos Registos Centrais;

ii) Licenciada Maria Inácia Ramalho Gonçalves Pires, conservadora-adjunta da Conservatória dos Registos Centrais;

iii) Licenciada Maria do Rosário Sumares, conservadora-adjunta da Conservatória dos Registos Centrais;

iv) Licenciada Maria Regina Rodrigues Fontaínhas, conservadora--adjunta da Conservatória dos Registos Centrais;

v) Licenciado António Manuel Alves Correia Cardoso, conservador auxiliar da Conservatória dos Registos Centrais;

vi) Licenciado José Miguel Fernandes Campos Garcia, conservador auxiliar da Conservatória dos Registos Centrais;

vii) Licenciada Maria Cecília Rocha Coelho, conservadora auxiliar da Conservatória dos Registos Centrais;

viii) Licenciada Isabel Rute de Albuquerque Matos Quintão de Freitas Leal, conservadora auxiliar da Conservatória dos Registos Centrais;

ix) Licenciada Maria de Lurdes Barata Pires de Mendes Serrano, conservadora da 3.ª Conservatória do Registo Civil de Lisboa;

x) Licenciada Laura Maria Martins Vaz Ramires Vieira da Silva, conservadora da 4.ª Conservatória do Registo Civil de Lisboa;

xi) Licenciada Maria Margarida Morais Bastos Gil de Oliveira, conservadora da 8.ª Conservatória do Registo Civil de Lisboa;

xii) Licenciada Maria Filomena Fialho Rocha Pereira, conservadora da Conservatória do Registo Civil de Amadora;

xiii) Licenciado Álvaro Manuel Paiva Pereira Sampaio, conservador da Conservatória do Registo Civil de Vila Nova de Famalicão;

xiv) Licenciada Isabel Maria Rocha de Almeida Carlos, conservadora da Conservatória do Registo Civil de Oliveira do Bairro;

xv) Licenciada Ana Júlia Santiago Ferreira Cruz, conservadora da Conservatória do Registo Civil de Évora;

xvi) Licenciada Isabel Cristina Campos Coelho, conservadora da Conservatória do Registo Civil de Odemira;

xvii) Licenciada Olga Cristina Ramos Oliveira, conservadora da Conservatória do Registo Civil de Loulé;

xviii) Licenciada Maria Odete Patrício Aguiar Fernandes, conservadora da Conservatória do Registo Civil de Almada;

xix) Licenciada Idalina Reis Maximiano Marques Almeida, conservadora da Conservatória do Registo Civil de Vila Verde;

xx) Licenciado Luís Filipe Pereira Pinto Azevedo, conservador do Arquivo Central do Porto;

xxi) Licenciada Maria Otília Costa Nunes, conservadora da Conservatória do Registo Civil de Torres Vedras;

xxii) Licenciada Isabel Maria da Silva Salvado Sanches, conservadora da Conservatória do Registo Civil de Aveiro.

2 – Sempre que ocorra uma situação de impedimento ou ausência dos subdelegados referidos nas alíneas *ix*) a *xxii*) do n.º 1.4, e estes não devam ser substituídos por conservadores, adjuntos de conservador ou notários afectos à conservatória, avoco automática e imediatamente a competência para conceder a nacionalidade nos termos ali previstos enquanto se mantiver a situação de substituição.

3 – Ratifico todos os actos praticados pelos vice-presidentes e pela licenciada Odete de Almeida Pereira da Fonseca Jacinto no âmbito das competências atrás referidas, bem como, quanto a esta última, os actos praticados até ao dia 28 de Setembro de 2007, inclusive, em matéria de alteração de nome, nos termos dos artigos 104.º, 278.º e seguintes do Código do Registo Civil, na redacção anterior ao Decreto-Lei n.º 324/2007, de 28 de Setembro.

4 – ...

5 – Na minha ausência ou impedimento designo como meus substitutos, pela seguinte ordem:
 i) O vice-presidente José Ascenso Nunes da Maia;
 ii) A vice-presidente Maria Celeste Borges da Conceição Ramos; e
 iii) O vice-presidente João Pedro Monteiro Rodrigues.

6 – O presente despacho produz efeitos a partir de 1 de Maio de 2007.

2 de Novembro de 2007. – O Presidente, *António Figueiredo.*

Documentos necessários

– **Requerimento** dirigido ao Ministro da Justiça, efectuado pelo interessado, por si ou por procurador bastante, sendo capaz, ou pelos seus representantes legais, sendo incapaz, redigido em língua portuguesa e, além do fundamento do pedido e de outras circunstâncias que o interessado considere relevantes, deverá conter os elementos estipulados no n.º 4 do artigo 18.º do RN;

Notas:

– Caso venha a verificar-se que o requerente tenha nascido em território ultramarino português (ex-colónias) tornado independente, deverá ser esclarecido, mencionando-se no requerimento para aquisição da nacionalidade por naturalização, se perdeu ou não a nacionalidade portuguesa nos termos do artigo 4.° do Decreto-Lei n.° 308-A/75, de 24 de Junho, por não se encontrar abrangido pelo disposto nos artigos 1.° ou 2.° do citado diploma e se requereu ao Ministério da Administração Interna a conservação ou concessão da nacionalidade portuguesa, ao abrigo do disposto no artigo 5.° do referido decreto-lei.

– Em processo de inscrição de nascimento, considerando a data de nascimento e a naturalidade do registando, se ao mesmo forem aplicáveis as disposições constantes do Decreto-Lei n.° 308-A/75, de 24 de Junho e do Decreto-Lei n.° 249/77, de 14 de Junho, não há lugar à cobrança de emolumentos.

– No requerimento, deve o interessado informar qual é a sua profissão, especificando qual a natureza da mesma, não sendo suficiente, indicar "empregado por conta de outrem" ou "trabalhador por conta própria".

– Quando é necessário esclarecer-se eventuais divergências, relativamente ao <u>nome</u> do interessado, nos documentos apresentados, como por exemplo, a divergência entre o nome constante do documento de identificação (passaporte) e dos restantes documentos (nomeadamente, a certidão de nascimento), deve aquele prestar os devidos esclarecimentos ou deve ser elaborado auto de declarações complementares, se houver intervenção de conservatória intermediária, quanto à composição correcta do seu nome.

– No caso dos <u>cidadãos ucranianos</u>, o nome completo é o que consta da certidão de nascimento, mas posteriormente ao registo, os cidadãos são identificados pelo primeiro e último elemento do nome.

Assim, o único nome que deverá ser considerado em todos os processos legais é o constante do passaporte, o qual é considerado pelas autoridades desse país, como o único documento de identificação legalmente válido. Os nomes do meio são apenas patronímicos, não constando dos passaportes internacionais, sendo, apenas, de uso interno na Ucrânia.

– Tendo em conta que os registos de alteração de nacionalidade (aquisições) só produzem efeitos a partir da data do registo dos actos ou factos de que dependem, nos termos do artigo 12.° do RN, quando se *verifica a <u>morte do interessado</u> após a data do pedido e antes da feitura do registo, este não será efectuado, uma vez que os seus efeitos não se poderão projectar numa personalidade jurídica que já cessou, de acordo com o estipulado no artigo 68.º do Código Civil. Nestas circunstâncias o processo é arquivado.*

– O Governo concede a nacionalidade portuguesa, por naturalização, aos estrangeiros que sejam maiores ou emancipados (ou menores nos termos do artigo 20.º do RN), à face da lei portuguesa, nos termos do artigo 9.º da LN. Pelo que, é a lei portuguesa a aplicável para definir a <u>maioridade</u> do interessado, nas diversas hipóteses de concessão da nacionalidade por naturalização.

– **Certidão do registo de nascimento** do interessado;

Notas:

– Caso exista divergência entre o nome completo indicado pelo interessado no requerimento dirigido ao Ministro da Justiça e a sua certidão do registo de nascimento, deve ser esclarecido em auto a razão da divergência. No caso de a divergência resultar do facto de o interessado ter alterado o nome por efeito do casamento, o auto deve ser instruído com certidão de casamento, devidamente traduzida.

– As certidões a apresentar devem ser de inteiro teor do assento estrangeiro do registo de nascimento, emitidas por fotocópia dos próprios assentos, devidamente legalizadas (preferencialmente pelo Consulado de Carreira, a fim de tornar mais célere o andamento do processo), nos termos do disposto no artigo 540.º do Código de Processo Civil e artigo 37.º, n.º 8 do Regulamento da Nacionalidade (Decreto-Lei n.º 237--A/2006, de 14 de Dezembro).

– Se a certidão de nascimento do interessado registando, apresentada, for referente a um registo reformado, a Conservatória dos Registos Centrais solicita que seja apresentada certidão do registo de nascimento primitivo (que baseou o registo reformado), por fotocópia do assento, devidamente legalizada nos termos indicados na nota anterior.

Na impossibilidade do interessado apresentar a certidão do registo de nascimento primitivo, o processo fica pendente das diligências a solicitar pela Conservatória dos Registos Centrais através do Consulado de Portugal no país de origem do documento, no sentido de ser remetida a certidão em causa.

– **Certificados do registo criminal** emitidos pelos serviços competentes portugueses, do país da naturalidade e da nacionalidade, bem como dos países onde tenha tido e tenha residência – (verificar em cada caso concreto, quais os países que devem emitir os certificados para instruir o pedido de aquisição da nacionalidade por naturalização – artigos 19.º n.º 2 alínea d), 20.º n.º 2 alínea c), 21.º n.º 2 alínea c), 22.º n.º 2 alínea d), 23.º n.º 2 alínea c), 24.º n.º 2 alínea b), do RN;

Notas:

• *Consultar o artigo 2.º – Documentos necessários – certificados do registo criminal – notas:*
– Caso conste da declaração do pedido do certificado do registo criminal, emitido pelo país da naturalidade ou da nacionalidade, a morada estrangeira do interessado, deve ser esclarecido em auto, o motivo pelo qual foi aquela declarada.

– n.º 1, n.º 2, n.º 4, n.º 5) **Documento comprovativo de que conhece suficientemente a língua portuguesa**, nos termos do disposto no artigo 25.º do RN;

Notas:
– Quando se trate de menores até 1 ano de idade, aceita-se a prova do conhecimento da língua portuguesa que os interessados juntem, nos termos do artigo 25.º n.º 4 do RN, adaptada à sua capacidade para adquirir ou demonstrar conhecimentos da língua portuguesa. Se nada for apresentado, o processo prossegue os seus termos, sem que seja solicitada a produção de prova.
– Os menores até ao 1.º ciclo, necessitam de apresentar um documento passado por ama, creche ou infantário, entre outros, o qual ateste que os mesmos conhecem a língua portuguesa, em função da sua idade, caso tenham frequentado algum destes estabelecimentos.
– Os interessados que frequentem o 1.º ano do 1.º ciclo da escolaridade obrigatória, necessitam, apenas, de apresentar declaração escolar de frequência;
– Os interessados que frequentem o 2.º ano do 1.º ciclo, necessitam de apresentar certificado de conclusão com aproveitamento do 1.º ano e

declaração escolar de frequência do 2.º ano. No 3.º e 4.º ano, aplicam-se as mesmas regras.

– A prova pode, ainda, ser feita pela seguinte forma:

Auto de inquirição de 2 testemunhas idóneas, a lavrar em Conservatória do Registo Civil à escolha, que conheçam suficientemente o menor e que atestem, que em função da sua idade exprime-se e conhece a língua portuguesa, artigo 392.º e seguintes do Código Civil. Aplicável a menores de idade inferior a 10 anos.

– O documento comprovativo de que o requerente conhece suficientemente a língua portuguesa, deve ser apresentado, nos termos do artigo 25.º do RN, inclusivamente, pelos interessados dos Países de Língua Oficial Portuguesa (PALOP). A LN e o RN não excluem esses interessados de fazerem o teste diagnóstico.

– Tratando-se de pessoa que não saiba ler ou escrever, (ou que seja surdo-mudo ou mudo, cego ou deficiente mental, e, ainda, em qualquer dos casos, analfabeto), que não tenha obtido grau de ensino, a prova do conhecimento da língua portuguesa deve ser adequada à sua capacidade para adquirir ou demonstrar conhecimentos da mesma língua, sendo os Centros de Reconhecimento, Validação e Certificação de Competências (CRVCC), as entidades competentes para a sua verificação.

Caso o interessado seja nacional de algum País de Língua Oficial Portuguesa (PALOP), deve frequentar, previamente, aulas de alfabetização. Se o interessado é nacional de qualquer outro país, deve frequentar aulas de português para estrangeiros.

Os CRVCC funcionam na dependência do Ministério da Educação. Sempre que haja dificuldades na inscrição, a situação é colocada a este Ministério, devendo, para o efeito, o interessado comunicar, previamente, à Conservatória dos Registos Centrais, através do e-mail **crc.conservador@dgrn.mj.pt**

Na comunicação, deve o interessado indicar a sua identificação completa, a morada e o telefone.

– A Portaria n.º 1403-A/2006 de 15 de Dezembro, veio regulamentar diversos aspectos relativos à nova forma de aferição do conhecimento da língua portuguesa. Procede à aprovação dos modelos dos testes de diagnóstico e fixa o valor da taxa devida pela realização desses testes.

A prova pode ser feita por uma das seguintes formas:

a) Certificado de habilitação emitido por estabelecimento de ensino oficial ou de ensino particular ou cooperativo reconhecido nos termos legais;

b) Certificado de aprovação em teste de diagnóstico realizado em qualquer dos estabelecimentos de ensino previstos na alínea anterior, cujos modelos são aprovados por portaria conjunta dos Ministros da Justiça e da Educação;
c) Certificado de aprovação no teste de diagnóstico previsto na alínea anterior emitido pelos serviços consulares portugueses, quando o interessado resida no estrangeiro;
d) Certificado em língua portuguesa como língua estrangeira, emitido mediante a realização de teste em centro de avaliação de português, como língua estrangeira, reconhecido pelo Ministério da Educação mediante protocolo.

– Tratando-se de pessoa que tenha frequentado estabelecimento de ensino oficial ou de ensino particular ou cooperativo reconhecido nos termos legais em País de Língua Oficial Portuguesa (PALOP), a prova do conhecimento da língua portuguesa pode ser feita por certificado de habilitação, que comprove a conclusão de qualquer ano de escolaridade com aproveitamento, emitido por esse estabelecimento de ensino. Havendo dúvida sobre a suficiência do certificado apresentado para prova do conhecimento da língua portuguesa, a Conservatória dos Registos Centrais pode solicitar às autoridades competentes do Ministério da Educação que se pronunciem, sob pena de, não sendo considerado suficiente, não poder valer como prova do conhecimento, nos termos do artigo 25.º, n.ºˢ 5 e 6 do RN.

Para mais esclarecimentos sobre o conhecimento da língua portuguesa, consultar a página Web:
www.provadalinguaportuguesa.gov.pt

Prova de conhecimento da Língua Portuguesa através de certificado de habilitações. Informação de 16 de Abril de 2007 – Ministério da Educação – Gabinete da Ministra

Estabelece o Regulamento da Nacionalidade (Decreto-Lei n.º 237--A/2006, de 14 de Dezembro) no seu artigo 25.º que é prova de conhecimento suficiente da língua portuguesa a apresentação de certificado de habilitação por um estabelecimento de ensino oficial ou de ensino particular e cooperativo reconhecido nos termos legais.

A emissão de certificados de habilitação por parte dos estabelecimentos de ensino é normalmente feita no final de cada um dos níveis de ensino (básico e secundário), não sendo usual a emissão de "certificado de habilitação" antes do final da escolaridade obrigatória.

No entanto, os estabelecimentos de ensino emitem um conjunto diversificado de certificados que comprovam a conclusão de ciclos de ensino ou anos de escolaridade e que, não se denominando certificados de habilitação, certificam as habilitações para, por exemplo, processos de transferência de estabelecimento de ensino em Portugal ou para um país estrangeiro.

Ora, para efeitos de prova do conhecimento da língua portuguesa para efeito de atribuição da nacionalidade, deve ser considerada a conclusão, com aproveitamento, de qualquer ano de escolaridade, até porque, mesmo que o conhecimento da língua não seja suficiente aquando da inscrição num estabelecimento de ensino, as actividades previstas no Despacho Normativo n.º 7/2006, de 6 de Fevereiro, garantem que o aluno atinge o nível exigido.

Ou seja, qualquer certificado emitido por um estabelecimento de ensino oficial ou de ensino particular e cooperativo reconhecido nos termos legais que comprove a conclusão de qualquer ano de escolaridade com aproveitamento, deve ser considerado prova suficiente de conhecimento da língua portuguesa.

Nos casos em que o aluno frequente o 1.º ano de escolaridade as escolas devem atestar essa frequência, bem como o conhecimento suficiente da língua portuguesa por parte do aluno em causa através de uma declaração.

Deve esta informação ser divulgada junto das Direcções Regionais de Educação, da Direcção Geral de Inovação e Desenvolvimento Curricular e do Gabinete de Sua Excelência o Ministro da Justiça.

À consideração superior,
Assessora, *Mariana Vieira da Silva*

Esta informação mereceu o despacho de concordância de Sua Excelência a Ministra da Educação de 27 de Abril de 2007.

– **n.º 1) Documento emitido pelo SEF**, comprovativo de que reside legalmente no território português há pelo menos *seis anos*, ao abrigo de qualquer dos títulos, vistos ou autorizações previstos no regime de entrada, permanência, saída e afastamento de estrangeiros e no regime do direito de asilo ou ao abrigo de regimes especiais resultantes de tratados ou convenções de que Portugal seja Parte, designadamente no âmbito da União Europeia e da Comunidade dos Países de Língua Portuguesa – artigo 19.º n.º 2 alínea b) do RN;

– **n.º 2) Documento emitido pelo SEF**, comprovativo de que um dos progenitores reside legalmente no território português há pelo menos *cinco anos*, ao abrigo de qualquer dos títulos, vistos ou autorizações previstos no regime de entrada, permanência, saída e afastamento de estrangeiros e no regime do direito de asilo ou ao abrigo de regimes especiais resultantes de tratados ou convenções de que Portugal seja Parte, designadamente no âmbito da União Europeia e da Comunidade dos Países de Língua Portuguesa ou **Documento comprovativo de que o menor aqui concluiu o primeiro ciclo do ensino básico** – artigo 20.º n.º 2 alínea d) do RN.

Nota:
– O menor pode ter feito até ao 3.º ano no estrangeiro, pois, relevante mesmo é que conclua em território português o 1.º ciclo do ensino básico.

– **n.º 3) Documentos** emitidos pelas autoridades dos países com os quais tenha conexões relevantes, designadamente do país de origem, dos países onde tenha tido ou tenha residência e do país da nacionalidade dos progenitores, **comprovativos de que nunca adquiriu outra nacionalidade** – artigo 21.º n.º 2 alínea b) do RN. No requerimento são indicadas as circunstâncias que determinaram a perda da nacionalidade portuguesa – artigo 21.º n.º 2 alínea b) do RN;

– **n.º 4) Certidões dos registos de nascimento** do ascendente do segundo grau da linha recta de nacionalidade portuguesa e do progenitor que dele for descendente – artigo 22.º n.º 2 alínea b) do RN;

– **n.º 5) Documentos comprovativos** de que, nos 10 anos imediatamente anteriores ao pedido, permaneceu habitualmente no território português, designadamente documentos que comprovem os descontos efectuados para a segurança social e para a administração fiscal, a frequência escolar, as condições de alojamento ou documento de viagem válido e reconhecido – artigo 23.º n.º 2 alínea d) do RN;

Nota:

Exemplos de documentos:

– Autorização de residência;
– Bilhete de identidade de estrangeiro (então emitido pela DSIC);
– Certidões comprovativas da frequência escolar;
– Declarações camarárias de atribuição de fogos donde conste a respectiva data, a composição do agregado familiar e informação de que a situação se mantém actualmente;
– Contratos de arrendamento;
– Recibos de renda de casa, água, electricidade, telefone, etc;
– Descontos para a segurança social;
– Descontos para a administração fiscal;
– Contratos de trabalho;
– Declarações de instituições a que se tenha recorrido ou frequentado com regularidade;

Não serão de aceitar, por si só, para o efeito as declarações emitidas pelas Juntas de Freguesia, na medida em que se baseiam em declarações dos próprios interessados e a prova testemunhal.

Para contagem dos dez anos imediatamente anteriores ao pedido deve ter-se em consideração o mês de entrada do requerimento no serviço, contando dez anos para trás, não devendo haver interrupções entre períodos comprovados de permanência.

– **n.º 6) Certidões dos correspondentes registos de nascimento** e, na sua falta, outros meios que o Ministro da Justiça considere adequados, para prova de ser havido como descendente de portugueses ou de ser membro de comunidades de ascendência portuguesa e **documento** emitido pelo departamento competente, em função da natureza daqueles serviços, comprovativo das circunstâncias relacionadas com o facto de o requerente ter prestado ou ser chamado a prestar serviços relevantes ao Estado Português ou à comunidade nacional artigo 24.º n.º 4 e 5 do RN;

Notas:
– *As certidões de nascimento devem ser de cópia integral e se possível, emitidas por fotocópia. As certidões, documentos e certificados de registo criminal, se forem escritos em língua estrangeira, deverão ser legalizados, pelo consulado português local e traduzidos.*
– *A certidão e o certificado do registo criminal portugueses podem ser obtidos oficiosamente.*

Emolumentos

n.º 2) € 120,00
n.º 1, n.º 3, n.º 4, n.º 5, n.º 6) € 175,00

Notas:
– *Artigo 18.º* **Emolumentos do registo civil e de nacionalidade** – *2.2.2 – Procedimento de aquisição da nacionalidade ... por naturalização referentes a incapaz, incluindo o auto de redução a escrito das declarações verbais prestadas para esse efeito, o respectivo registo e documentos oficiosamente obtidos – (euro) 120.*
– *Artigo 18.º* **Emolumentos do registo civil e de nacionalidade** – *2.2.1 – Procedimento de aquisição da nacionalidade ... por naturalização referentes a maior, incluindo o auto de redução a escrito das declarações verbais prestadas para esse efeito, o respectivo registo e documentos oficiosamente obtidos – (euro) 175.*
– *Artigo 18.º* **Emolumentos do registo civil e de nacionalidade** – *2.4 do RERN – Em caso de indeferimento liminar, os emolumentos previstos nos números anteriores são devidos na sua totalidade.*
– *Por cada procedimento de aquisição da nacionalidade por naturalização, bem como pelo auto de redução a escrito das declarações verbais prestadas para esse efeito, pelo respectivo registo e documentos oficiosamente obtidos são cobrados os emolumentos previstos no Regulamento Emolumentar dos Registos e Notariado, nos termos do artigo 44.º, n.º 1 do RN.*

– O requerimento dirigido ao Ministro da Justiça, efectuado pelo interessado, deve ser enviado aos Serviços receptores do pedido competentes, acompanhado do pagamento do emolumento respectivo. No caso de envio do pedido sem o pagamento do emolumento, o requerente é notificado para no prazo de 8 dias, efectuar, sob pena de execução, o pagamento da conta do emolumento em falta, nos termos do artigo 133.º do Regulamento dos Serviços dos Registos e do Notariado, aprovado pelo Decreto-Regulamentar n.º 55/80, de 08 de Outubro, acrescido da despesa do correio, no montante de € 3,00, relativa à notificação. Decorrido o prazo estabelecido sem que a conta seja voluntariamente paga, é emitido certificado da mesma, no valor de € 50,00, nos termos do artigo 27.º, n.º 5, do Regulamento Emolumentar dos Registos e do notariado, na redacção do Decreto-Lei n.º 111/2005 de 8 de Julho, acrescido do emolumento em falta e da referida despesa de correio, a computar para o valor final a executar.

Prova

A aquisição da nacionalidade prova-se pelos respectivos registos ou pelos consequentes averbamentos exarados à margem do assento de nascimento – artigo 22.º n.º 1 da LN.

Nota:

*– Artigo 22.º **Prova da aquisição e da perda da nacionalidade** – n.º 1 da LN – A aquisição e a perda da nacionalidade provam-se pelos respectivos registos ou pelos consequentes averbamentos exarados à margem do assento de nascimento.*

Formulários e Impressos

– O RN prevê no n.º 1 do artigo 32.º, que, tratando-se de aquisição da nacionalidade portuguesa, as declarações podem ser prestadas em extensões da Conservatória dos Registos Centrais junto de outras pessoas colectivas públicas, em termos a fixar por protocolo a celebrar entre essas entidades e o Instituto dos Registos e do Notariado I. P., em conservatórias do registo civil e em serviços consulares portugueses, sendo aí reduzidas a auto, e enviadas para a Conservatória dos Registos Centrais, se possível por via electrónica, nas condições que vierem a ser fixadas por portaria do Ministro da Justiça.

– Tratando-se de aquisição da nacionalidade portuguesa por naturalização, as declarações para fins de aquisição, podem constar de impresso de modelo divulgado no site do IRN, I. P., sendo até aconselhável o seu preenchimento, por questões de uniformização e facilidade de análise dos pedidos por parte dos serviços da Conservatória dos Registos Centrais.

Notas:

• *Consultar 1.º C* – **Formulários e Impressos** – *Notas:*

– *Os impressos de modelos divulgados estão disponíveis nas seguintes páginas Web:*

http://www.irn.mj.pt/sections/irn/a_registral/registos-centrais/docs-da-nacionalidade/modelo-de-requerimento-23152/downloadFile/file/ReqNatart6-1.pdf?nocache=1200048419.0

http://www.irn.mj.pt/sections/irn/a_registral/registos-centrais/docs-da-nacionalidade/modelo-de-requerimento-2/downloadFile/file/ReqNatart6-2.pdf?nocache=1199890103.73

http://www.irn.mj.pt/sections/irn/a_registral/registos-centrais/docs-da-nacionalidade/modelo-de-requerimento-28980/downloadFile/file/ReqNatart6-4.pdf?nocache=1199890362.04

http://www.irn.mj.pt/sections/irn/a_registral/registos-centrais/docs-da-nacionalidade/modelo-de-requerimento-26154/downloadFile/file/ReqNatart6-5.pdf?nocache=1199890545.44

http://www.irn.mj.pt/sections/irn/a_registral/registos-centrais/docs-da-nacionalidade/modelo-de-requerimento-22132/downloadFile/file/ReqNatart6-6.pdf?nocache=1199890728.09

• *Consultar 2.º* – **Formulários e Impressos** – *Notas:*

Requerimento para aquisição da nacionalidade por naturalização

Conservatória

Data:
Lugar:
Nome completo do Conservador e respectiva qualidade:

Interessado

Nome completo:
Sexo:
Data do nascimento:
Estado:
Naturalidade:
Nacionalidade:
Filiação:
Profissão:
Residência actual:
Países onde tenha residido anteriormente:

Assento de nascimento

Número:
Ano:
Conservatória:

Representantes legais ou Procurador

Nome completo:
Residência:

Verificação da identidade do declarante

Menção da forma:

Pedido

Requer ao Senhor Ministro da Justiça que lhe conceda a nacionalidade portuguesa, por naturalização, nos termos do artigo 6.º, da Lei n.º 37/81 de 3 de Outubro, na redacção da Lei Orgânica n.º 2/2006, de 17 de Abril, e que se lavre o respectivo registo de aquisição da nacionalidade portuguesa.

Declaração

Factos declarados:

artigo 6.º, n.º 1
   Nasceu no estrangeiro
   a) É de maioridade ou emancipado à face da lei portuguesa;
   b) Reside legalmente em território português há pelo menos 6 anos;
   c) Conhece suficientemente a língua portuguesa;
   d) Não foi condenado, com trânsito em julgado da sentença, pela prática de crime punível com pena de prisão de máximo igual ou superior a 3 anos, segundo a lei portuguesa.

artigo 6.º, n.º 2
   a) É menor, nasceu em território português e é filho de estrangeiros;
   b) Conhece suficientemente a língua portuguesa;
   c) Não foi condenado, com trânsito em julgado da sentença, pela prática de crime punível com pena de prisão de máximo igual ou superior a 3 anos, segundo a lei portuguesa.
   d) Um dos progenitores reside aqui legalmente há pelo menos 5 anos;
   e) Concluiu aqui o 1.º ciclo do ensino básico.

artigo 6.º, n.º 3
   a) Teve a nacionalidade portuguesa e perdeu-a, nunca tendo adquirido outra nacionalidade;
   b) É de maioridade ou emancipado à face da lei portuguesa;
   c) Não foi condenado, com trânsito em julgado da sentença, pela prática de crime punível com pena de prisão de máximo igual ou superior a 3 anos, segundo a lei portuguesa.

artigo 6.º, n.º 4
   a) Nasceu no estrangeiro com, pelo menos, um ascendente do 2.º grau da linha recta da nacionalidade portuguesa e que não perdeu esta nacionalidade;
   b) É de maioridade ou emancipado à face da lei portuguesa;
   c) Conhece suficientemente a língua portuguesa;
   d) Não foi condenado, com trânsito em julgado da sentença, pela prática de crime punível com pena de prisão de máximo igual ou superior a 3 anos, segundo a lei portuguesa.

artigo 6.º, n.º 5
   a) Nasceu em território português, é filho de estrangeiros e permaneceu aqui habitualmente nos 10 anos imediatamente anteriores ao pedido;
   b) É de maioridade ou emancipado à face da lei portuguesa;
   c) Conhece suficientemente a língua portuguesa;
   d) Não foi condenado, com trânsito em julgado da sentença, pela prática de crime punível com pena de prisão de máximo igual ou superior a 3 anos, segundo a lei portuguesa.

artigo 6.º, n.º 6
   d) Não é apátrida e teve a nacionalidade portuguesa / é havido como descendente de portugueses / é membro de comunidades de ascendência portuguesa / é estrangeiro que prestou ou foi chamado a prestar serviços relevantes ao Estado português ou à comunidade nacional;
   e) É de maioridade ou emancipado à face da lei portuguesa;
   f) Não foi condenado, com trânsito em julgado da sentença, pela prática de crime punível com pena de prisão de máximo igual ou superior a 3 anos, segundo a lei portuguesa.

Fundamento:
Outras circunstâncias relevantes:

Documento de identificação (título ou autorização de residência, passaporte ou documento de identificação equivalente do Interessado ou do Procurador)

Número:
Data:
Entidade emitente:

Documentos

– Certidão do registo de nascimento do interessado;
– Certificados do registo criminal;
– **n.º 1, n.º 2, n.º 4, n.º 5**) Documento comprovativo de que conhece suficientemente a língua portuguesa;
– **n.º 1**) Documento emitido pelo SEF, comprovativo de que reside legalmente no território português há pelo menos seis anos;
– **n.º 2**) Documento emitido pelo SEF, comprovativo de que um dos progenitores reside legalmente no território português há pelo menos cinco anos, ou Documento comprovativo de que o menor aqui concluiu o primeiro ciclo do ensino básico;
– **n.º 3**) Documentos comprovativos de que nunca adquiriu outra nacionalidade;
– **n.º 4**) Certidões dos registos de nascimento do ascendente do segundo grau da linha recta de nacionalidade portuguesa e do progenitor que dele for descendente;
– **n.º 5**) Documentos comprovativos de que, nos 10 anos imediatamente anteriores ao pedido, permaneceu habitualmente no território português;
– **n.º 6**) Certidões dos correspondentes registos de nascimento e documento comprovativo das circunstâncias relacionadas com o facto de o requerente ter prestado ou ser chamado a prestar serviços relevantes ao Estado Português ou à comunidade nacional;
– Procuração.
– Outros documentos.

Assinaturas

(Reconhecidas presencialmente. Se o procurador for advogado ou solicitador, é suficiente, a indicação do número da cédula profissional)

> Reconheço a assinatura supra de ..., feita na minha presença pelo próprio, pessoa cuja identidade verifiquei pelo título de residência

n.º P000000000, emitido em 00/00/0000, pelo Serviço de Estrangeiros e Fronteiras, Delegação de ....
Emolumento: gratuito. Art.º 8.º n.º 3 do Decreto-Lei n.º 322-A/2001 de 14 de Dezembro. Diário n.º_____
Conservatória do Registo Civil de ..., em 20-02-2008
O Conservador,

a) Esclarece que o seu nome completo é o que consta da sua certidão de nascimento, ou seja, **F G H**, *mas posteriormente ao registo, os cidadãos são identificados pelo primeiro e último elemento do nome, razão pela qual o interessado aparece identificado nos documentos que apresenta com o nome de* **F H**.

ARTIGO 6º, nº 1

Senhor Ministro da Justiça,
Excelência,

(Nome completo) _____

_____ .

nascido aos ____ de _____ de _____ , com o estado civil de _____ ,

_____ natural de _____

de nacionalidade _____ , filho de _____

_____ e de _____

_____ com a profissão de _____

_____ , residente em _____

_____ .

portador do* _____ nº _____ , emitido por _____

_____ , em ___/___/_____ , vem requerer a Vossa Excelência se digne conceder-lhe a nacionalidade portuguesa por naturalização, nos termos do artigo 6º, nº 1 da Lei nº 37/81, de 3 de Outubro, na redacção da Lei Orgânica nº 2/2006, de 17 de Abril, por ter residência legal no território português há pelo menos seis anos.

Para o efeito declara que é maior, à face da lei portuguesa, conhece suficientemente a língua portuguesa e que nunca foi condenado, com trânsito em julgado da sentença, pela prática de crime punível com pena de prisão de máximo igual ou superior a três anos, segundo a mesma lei.

Declara, ainda, que:

☐ residiu anteriormente no estrangeiro, nos seguintes países _____

_____

☐ nunca residiu noutro país estrangeiro, além de _____ , país onde nasceu.

Mais declara que (caso pretenda pode indicar outras circunstâncias que considere relevantes) _____
_____
_____
_____
_____

Nos termos do n° 2 do art°19° do Regulamento da Nacionalidade Portuguesa, aprovado pelo Decreto-Lei n°. 237-A/06, 14 de Dezembro, junta os seguintes documentos: (Assinalar com **X** as opções pretendidas)

☐ certidão do registo de nascimento;

☐ documento emitido pelo Serviço de Estrangeiros e Fronteiras, comprovativo de que reside legalmente no território português há pelo menos seis anos; **

☐ documento comprovativo de que conhece suficientemente a língua portuguesa (caso tenha obtido aprovação no teste de diagnóstico do conhecimento da língua portuguesa, basta indicar: n.º de inscrição no teste_____);

☐ certificado do registo criminal português; ou **

☐ pretende que o certificado do registo criminal português seja obtido oficiosamente pela Conservatória dos Registos Centrais;

☐ certificado do registo criminal emitido em_____, país da sua naturalidade;

☐ certificado do registo criminal emitido em_____, país da sua nacionalidade;

☐ certificado(s) do registo criminal emitido(s) em_____
_____, país(es) onde residiu;

☐ outros documentos (indicar quais)

Pede deferimento.

_____. ____ de _____ de _____

(Local) (Data)

(Assinatura)

(A assinatura deve ser reconhecida presencialmente (alínea d) do n.º 4 do art.º 18.º do Regulamento da Nacionalidade Portuguesa, aprovado pelo Decreto-Lei n.º 237-A/06), excepto se for feita na presença de funcionário de um dos serviços ou posto de atendimento com competência para receber o requerimento. Se o procurador for advogado ou solicitador, é suficiente, para a confirmação da assinatura, a indicação do número da respectiva cédula profissional.)

Notas:

* Indicar qual o documento de identificação (título ou autorização de residência, passaporte ou outro documento de identificação equivalente), bem como o número, data de emissão e entidade que o emitiu.

** O interessado encontra-se dispensado de apresentar este documento nos termos do nº. 7.º do artº. 37º do Regulamento da Nacionalidade Portuguesa.

ARTIGO 6º, nº 2

Senhor Ministro da Justiça,
Excelência,

(Nome completo do menor) _____

_____

nascido aos ____ de _____ de _____, com o estado civil de ____ _____ natural da freguesia de _____, concelho de _____ de nacionalidade _____, filho de _____ _____ e de _____ _____ _____ com a profissão de * _____.
residente em _____
_____
portador do ** _____ nº _____, emitido por _____ _____, em ___/___/___, vem requerer a Vossa Excelência se digne conceder-lhe a nacionalidade portuguesa por naturalização, nos termos do artigo 6º, nº 2 da Lei nº. 37/81, de 3 de Outubro, na redacção da Lei Orgânica nº 2/2006, de 17 de Abril.

Fundamenta o seu pedido no facto de se verificar um dos seguintes requisitos:
(Assinalar com **X** a opção pretendida)

☐ o pai ou a ☐ mãe residir em Portugal há pelo menos 5 anos, nos termos da al.a) do citado nº 2 do artº 6 ;

<u>Ou</u>

☐ por ter concluído em Portugal, o 1º Ciclo do Ensino Básico, nos termos da al.b) do citado nº 2 do artº 6º.

Representação:
(Assinalar com **X** a opção pretendida)

☐ **Representado por seus pais**:

(Nome completo do pai): _____
_____

de nacionalidade _____, residente em _____

_____
portador do ** _____ nº _____, emitido por _____
_____, em ____ / ____ / ____ .

(Nome completo da mãe): _____

_____
de nacionalidade _____, residente em _____

_____
portador do ** _____ nº _____, emitido por _____
_____, em ____ / ____ / ____ .

☐ **Representado por Tutor:**

(Nome completo do tutor): _____

_____residente em _____

_____
portador do ** _____ nº _____, emitido por _____
_____, em ____ / ____ / ____ .

☐ **Intervém como procurador** do pai:

(Nome completo do procurador): _____

_____
residente em _____
portador do ** _____ nº _____, emitido por _____
_____, em ____ / ____ / ____ .

☐ **Intervém como procurador** da mãe:

(Nome completo do procurador): _____

_____
residente em _____
portador do ** _____ nº _____, emitido por _____
_____, em ____ / ____ / ____ .

Para o efeito declaram que o interessado é menor, à face da lei portuguesa, que conhece suficientemente a língua portuguesa e que nunca foi condenado, com trânsito em julgado da sentença, pela prática de crime punível com pena de prisão de máximo igual ou superior a três anos, segundo a mesma lei ***.

Declaram, ainda, que o menor:

☐ residiu anteriormente no estrangeiro, nos seguintes países_____
_____:

☐ nunca residiu noutro país, além de Portugal, onde nasceu.

Mais declaram que o menor (caso pretendam podem indicar outras circunstâncias que considerem relevantes) _____
_____
_____
_____
_____

Nos termos do nº 2 do artº 20º do Regulamento da Nacionalidade Portuguesa, aprovado pelo Decreto-Lei nº. 237-A/06, 14 de Dezembro, juntam os seguintes documentos:

(Assinalar com **X** as opções pretendidas)

☐ certidão do registo de nascimento ****:
     Assento de nascimento n.º_____ do ano de_____ da Conservatória do Registo Civil de _____.

☐ documento comprovativo de que conhece suficientemente a língua portuguesa (caso tenha obtido aprovação no teste de diagnóstico do conhecimento da língua portuguesa, basta indicar: n.º de inscrição no teste_____):

☐ certificado do registo criminal português, ou *:

☐ pretende que o certificado do registo criminal português seja obtido oficiosamente pela Conservatória dos Registos Centrais*****:

☐ certificado do registo criminal emitido em _____, país da sua nacionalidade *:

☐ certificado(s) do registo criminal emitido(s) em _____, _____ país(es) onde residiu anteriormente * ;

☐ certificado do registo criminal emitido em _____, país estrangeiro onde reside *;

☐ documento comprovativo de que concluiu em Portugal o 1º Ciclo do Ensino Básico;

☐ documento emitido pelo SEF comprovativo da residência legal de um dos progenitores em Portugal, há pelo menos 5 anos *****;

☐ Procuração (se houver intervenção de procurador);

☐ Outros documentos (indicar quais): _____
_____
_____

Pedem deferimento,

_____, ____ de _____ de _____
(Local) (Data)

_____
(Assinatura(s))

_____
(Assinatura(s))

(As assinaturas devem ser reconhecidas presencialmente (alínea d) do nº 4 do artº 18º do Regulamento da Nacionalidade Portuguesa, aprovado pelo Decreto-Lei nº 237-A/06), excepto se forem feitas na presença de funcionário de um dos serviços ou posto de atendimento com competência para receber o requerimento. Se o procurador for advogado ou solicitador, é suficiente, para a confirmação da assinatura, a indicação do número da respectiva cédula profissional).

Notas:

* Caso se trate de maior de 16 anos.

** Indicar qual o documento de identificação (título ou autorização de residência, passaporte ou outro documento de identificação equivalente), bem como o número, data de emissão e entidade que o emitiu.

*** A declaração relativa à prática de crime só é necessária caso se trate de maior de 16 anos.

**** O interessado está dispensado de apresentar esta certidão nos termos do nº. 4 do artº. 37º do Regulamento da Nacionalidade Portuguesa, devendo informar qual a Conservatória onde se encontra arquivado o seu assento de nascimento, bem como o respectivo número e ano, caso estes elementos sejam do seu conhecimento.

***** O interessado encontra-se dispensado de apresentar este documento nos termos do nº. 7 º do artº. 37º do Regulamento da Nacionalidade Portuguesa.

ARTIGO 6º, nº 3

Senhor Ministro da Justiça,
Excelência,

(Nome completo) _____
_____,
nascido aos ____ de _____ de _____, com o estado civil de _____
natural de _____ de
nacionalidade _____, filho de _____
_____ e de _____
_____ com a profissão de _____
_____, residente em _____
_____,
portador do* _____ nº _____, emitido por _____
_____, em ___ / ___ / ___, vem requerer a Vossa Excelência se digne conceder-lhe a nacionalidade portuguesa por naturalização, nos termos do artigo 6º, nº 3 da Lei nº 37/81, de 3 de Outubro, na redacção da Lei Orgânica nº 2/2006, de 17 de Abril, por ter tido a nacionalidade portuguesa e que, tendo-a perdido, nunca adquiriu outra nacionalidade.

Para o efeito declara que é maior, à face da lei portuguesa e que nunca foi condenado, com trânsito em julgado da sentença, pela prática de crime punível com pena de prisão de máximo igual ou superior a três anos, segundo a mesma lei.

Declara, ainda, que:

☐ as circunstâncias que determinaram a perda da nacionalidade portuguesa foram _____
_____

☐ residiu anteriormente no estrangeiro, nos seguintes países _____
_____

☐ nunca residiu noutro país estrangeiro, além de _____, país onde nasceu.

Mais declara que (caso pretenda pode indicar outras circunstâncias que considere relevantes)_____

_____

_____

_____

Nos termos do nº 2 do artº 22º do Regulamento da Nacionalidade Portuguesa, aprovado pelo Decreto-Lei nº. 237-A/06, 14 de Dezembro, junta os seguintes documentos:
(Assinalar com **X** as opções pretendidas)

☐ certidão do registo de nascimento;
☐ documentos comprovativos de que nunca adquiriu outra nacionalidade;
☐ certificado do registo criminal português; ou **
☐ pretende que o certificado do registo criminal português seja obtido oficiosamente pela Conservatória dos Registos Centrais;
☐ certificado do registo criminal emitido em_____, país da sua naturalidade;
☐ certificado do registo criminal emitido em_____, país da sua nacionalidade;
☐ certificado(s) do registo criminal emitido(s) em_____, país(es) onde residiu;
☐ certificado do registo criminal emitido em_____, país estrangeiro onde reside;
☐ outros documentos (indicar quais)_____

Pede deferimento,

_____, _____ de _____ de_____
(Local) (Data)

_____
(Assinatura)

(A assinatura deve ser reconhecida presencialmente (alínea d) do n° 4 do art°. 18° do Regulamento da Nacionalidade Portuguesa, aprovado pelo Decreto-Lei n°. 237-A/06), excepto se for feita na presença de funcionário de um dos serviços ou posto de atendimento com competência para receber o requerimento. Se o procurador for advogado ou solicitador, é suficiente para a confirmação da assinatura, a indicação do número da respectiva cédula profissional.)

Notas:

* Indicar qual o documento de identificação (título ou autorização de residência, passaporte ou outro documento de identificação equivalente), bem como o número, data de emissão e entidade que o emitiu.

** O interessado encontra-se dispensado de apresentar este documento nos termos da alínea a) do nº. 7 º do artº. 37º do Regulamento da Nacionalidade Portuguesa.

ARTIGO 6º, nº 4

                                    Senhor Ministro da Justiça,

                                    Excelência,

(Nome completo) _____

_____ .

nascido aos ____ de _____ de _____, com o estado civil de _____ natural de _____ de nacionalidade _____, filho de _____

_____ e de

_____ com a profissão de _____

_____, residente em _____

_____ .

portador do* _____ nº _____, emitido por _____

_____, em ___ / ___ / ___, vem requerer a Vossa Excelência se digne conceder-lhe a nacionalidade portuguesa por naturalização, nos termos do artigo 6º, nº 4 da Lei nº 37/81, de 3 de Outubro, na redacção da Lei Orgânica nº 2/2006, de 17 de Abril, por ter um ascendente do segundo grau da linha recta de nacionalidade portuguesa, que não perdeu esta nacionalidade.

Para o efeito declara que é maior, à face da lei portuguesa, conhece suficientemente a língua portuguesa e que nunca foi condenado, com trânsito em julgado da sentença, pela prática de crime punível com pena de prisão de máximo igual ou superior a três anos, segundo a mesma lei.

Declara, ainda, que:

☐ residiu anteriormente no estrangeiro, nos seguintes países _____

_____

☐ nunca residiu noutro país estrangeiro, além de _____, país onde nasceu.

Mais declara que (caso pretenda pode indicar outras circunstâncias que considere relevantes) _____

_____
_____
_____
_____
_____

Nos termos do n° 2 do art° 22° do Regulamento da Nacionalidade Portuguesa, aprovado pelo Decreto-Lei n°. 237-A/06, 14 de Dezembro, junta os seguintes documentos:

(Assinalar com **X** as opções pretendidas)

☐ certidão do registo de nascimento;

☐ certidão do registo de nascimento do ascendente do segundo grau da linha recta de nacionalidade portuguesa** ; ou

    Nome completo do mesmo (avô/avó) _____

Local do nascimento: freguesia de _____, concelho de _____
Data do nascimento _____
Assento de nascimento n° _____ do ano de _____ da _____ Conservatória do Registo Civil de _____

☐ certidão do registo de nascimento do progenitor (mãe/pai) que é descendente do nacional português;

☐ documento comprovativo de que conhece suficientemente a língua portuguesa (caso tenha obtido aprovação no teste de diagnóstico do conhecimento da língua portuguesa, basta indicar: n.° de inscrição no teste _____);

☐ certificado do registo criminal português: ou ***

☐ pretende que o certificado do registo criminal português seja obtido oficiosamente pela Conservatória dos Registos Centrais;

☐ certificado do registo criminal emitido em _____, país da sua naturalidade;

☐ certificado do registo criminal emitido em _____, país da sua nacionalidade;

☐ certificado(s) do registo criminal emitido(s) em _____, _____ país(es) onde residiu;

☐ certificado do registo criminal emitido em _____, _____ país estrangeiro onde reside;

☐ outros documentos (indicar quais) _____
_____
_____

Pede deferimento,

_____, _____ de _____ de _____
(Local) (Data)

_____
(Assinatura)

(A assinatura deve ser reconhecida presencialmente (alínea d) do n° 4 do art°. 18° do Regulamento da Nacionalidade Portuguesa, aprovado pelo Decreto-Lei n°. 237-A/06), excepto se for feita na presença de funcionário de um dos serviços ou posto de atendimento com competência para receber o requerimento. Se o procurador for advogado ou solicitador, é suficiente para a confirmação da assinatura, a indicação do número da respectiva cédula profissional.)

Notas:

* Indicar qual o documento de identificação (título ou autorização de residência, passaporte ou outro documento de identificação equivalente), bem como o número, data de emissão e entidade que o emitiu.

** O interessado está dispensado de apresentar esta certidão, nos termos do nº 4 do artº 37º do Regulamento da Nacionalidade Portuguesa, desde que indique os elementos que permitam identificar o assento, designadamente o nome completo do ascendente do 2º grau da linha recta de nacionalidade portuguesa, o local de nascimento do mesmo e a respectiva data de nascimento e, se for do seu conhecimento, a conservatória do registo civil português onde se encontra arquivado o assento de nascimento, bem como o respectivo número e ano.

*** O interessado encontra-se dispensado de apresentar este documento nos termos da alínea a) do nº. 7º do artº. 37º do Regulamento da Nacionalidade Portuguesa.

ARTIGO 6º, nº 5

Senhor Ministro da Justiça,

Excelência,

(Nome completo)_____

nascido aos ____ de _____ de _____, com o estado civil de _____
natural da freguesia de _____,concelho de _____
_____, de nacionalidade _____,filho de
_____
_____ e de _____
_____ com a profissão de _____
_____, residente em _____
_____
portador do * _____ nº _____, emitido por _____
_____, em ___/___/___, vem requerer a Vossa Excelência se digne conceder-lhe a nacionalidade portuguesa por naturalização, nos termos do artigo 6º, nº 5 da Lei nº 37/81, de 3 de Outubro, na redacção da Lei Orgânica nº 2/2006, de 17 de Abril, uma vez que, sendo filho de estrangeiros, permaneceu habitualmente no território português, nos últimos 10 anos.

Para o efeito declara que é maior, à face da lei portuguesa, que conhece suficientemente a língua portuguesa e que nunca foi condenado, com trânsito em julgado da sentença, pela prática de crime punível com pena de prisão de máximo igual ou superior a três anos, segundo a mesma lei.

Declara, ainda, que:

☐ residiu anteriormente no estrangeiro, nos seguintes países_____
_____

☐ nunca residiu noutro país, além de Portugal, onde nasceu.

Mais declara que (caso pretenda pode indicar outras circunstâncias que considere relevantes) _____

_____
_____
_____
_____

Nos termos do nº 2 do artº 23º do Regulamento da Nacionalidade Portuguesa, aprovado pelo Decreto-Lei nº. 237-A/06, 14 de Dezembro, junta os seguintes documentos:

(Assinalar com **X** as opções pretendidas)

☐ certidão do registo de nascimento **;

Assento de nascimento nº_____ do ano de _____, da ____ Conservatória do Registo Civil de _____

☐ documento comprovativo de que conhece suficientemente a língua portuguesa (caso tenha obtido aprovação no teste de diagnóstico do conhecimento da língua portuguesa, basta indicar: n.º de inscrição no teste_____):

☐ certificado do registo criminal português, ou *** ;

☐ pretende que o certificado do registo criminal português seja obtido oficiosamente pela Conservatória dos Registos Centrais;

☐ certificado do registo criminal emitido em _____, país da sua nacionalidade;

☐ certificado(s) do registo criminal emitido(s) em _____, país(es) onde residiu anteriormente;

☐ documentos comprovativos da permanência habitual no território português nos dez anos que precedem o pedido.

☐ outros documentos (indicar quais) _____
_____
_____

Pede deferimento,

_____, ____ de _____ de _____
    (Local)   (data)

_____
(Assinatura)

(A assinatura deve ser reconhecida presencialmente (alínea d) do n° 4 do art° 18° do Regulamento da Nacionalidade Portuguesa, aprovado pelo Decreto-Lei n° 237-A/06), excepto se for feita na presença de funcionário de um dos serviços ou posto de atendimento com competência para receber o requerimento. Se o procurador for advogado ou solicitador, é suficiente para a confirmação da assinatura, a indicação do número da respectiva cédula profissional).

Notas:

* Indicar qual o documento de identificação (título ou autorização de residência, passaporte ou outro documento de identificação equivalente), bem como o número, data de emissão e entidade que o emitiu.

* * O interessado está dispensado de apresentar esta certidão nos termos do nº. 4 do artº. 37º do Regulamento da Nacionalidade Portuguesa, devendo informar qual a Conservatória onde se encontra arquivado o seu assento de nascimento, bem como o respectivo número e ano, caso estes elementos sejam do seu conhecimento.

*** O interessado encontra-se dispensado de apresentar este certificado nos termos da alínea a) do nº. 7 º do artº. 37º do Regulamento da Nacionalidade Portuguesa.

ARTIGO 6º, nº 6

Senhor Ministro da Justiça,

Excelência,

(Nome completo) _____
_____.

nascido aos ____ de _____ de _____, com o estado civil de _____
_____ natural de _____
de nacionalidade _____, filho de _____
_____ e de _____
_____ com a profissão de _____
_____, residente em _____
_____.

portador do* _____ nº _____, emitido por _____
_____, em ___/___/_____, vem requerer a Vossa Excelência se digne conceder-lhe a nacionalidade portuguesa por naturalização, nos termos do artigo 6º, nº. 6 da Lei nº. 37/81, de 3 de Outubro, na redacção da Lei Orgânica nº. 2/2006, de 17 de Abril, porquanto:

(Assinalar com **X** a opção pretendida):

☐ não sendo apátrida, já teve anteriormente a nacionalidade portuguesa, que perdeu por (indicar fundamento) _____
_____
_____

☐ é descendente de portugueses;

☐ é membro de comunidade de ascendência portuguesa;

☐ sendo estrangeiro, prestou serviços relevantes ao Estado Português ou à comunidade portuguesa.

Para o efeito declara que é maior, à face da lei portuguesa e que nunca foi condenado, com trânsito em julgado da sentença, pela prática de crime punível com pena de prisão de máximo igual ou superior a três anos, segundo a mesma lei.

Declara, ainda, que:

☐ residiu anteriormente no estrangeiro, nos seguintes países_____

_____

☐ nunca residiu noutro país estrangeiro, além de _____, onde nasceu.

Mais declara que (caso pretenda pode indicar outras circunstâncias que considere relevantes) _____

_____

_____

_____

_____

Nos termos do nº 2 do artº 24º do Regulamento da Nacionalidade Portuguesa, aprovado pelo Decreto-Lei nº 237-A/06, 14 de Dezembro, junta os seguintes documentos:
(Assinalar com X as opções pretendidas)

☐ certidão do registo de nascimento;

☐ certificado do registo criminal português, ou **

☐ pretende que o certificado do registo criminal português seja obtido oficiosamente pela Conservatória dos Registos Centrais;

☐ certificado do registo criminal emitido em _____, país da sua naturalidade;

☐ certificado do registo criminal emitido em _____, país da sua nacionalidade;

☐ certificado(s) do registo criminal emitido(s) em _____

_____, país(es) onde residiu;

☐ certificado do registo criminal emitido em _____,

_____ país estrangeiro onde reside;

☐ certidões dos assentos de nascimento ou outros documentos comprovativos de que é descendente de português ou que pertence a comunidade de ascendência portuguesa;

☐ documento comprovativo de que prestou serviços relevantes ao Estado Português ou à comunidade nacional, emitido pelo_____, por ser o departamento competente, em função da natureza daqueles serviços.

Pede deferimento.

_____, _____ de _____ de_____
(Local)   (Data)

_____
(Assinatura)

(A assinatura deve ser reconhecida presencialmente (alínea d) do nº 4 do artº 18º do Regulamento da Nacionalidade Portuguesa, aprovado pelo Decreto-Lei nº 237-A/06), excepto se for feita na presença de funcionário de um dos serviços ou posto de atendimento com competência para receber o requerimento. Se o procurador for advogado ou solicitador, é suficiente para a confirmação da assinatura, a indicação do número da respectiva cédula profissional).

Notas:

* Indicar qual o documento de identificação (título ou autorização de residência, passaporte ou outro documento de identificação equivalente), bem como o número, data de emissão e entidade que o emitiu.

** O interessado encontra-se dispensado de apresentar este certificado nos termos da alínea a) do n° 7 ° do art° 37° do Regulamento da Nacionalidade Portuguesa.

3. PERDA

8.º

3.1 *Perda da nacionalidade*

Perdem a nacionalidade portuguesa os que, sendo nacionais de outro Estado, declarem que não querem ser portugueses – artigo 8.º da LN.

A quem se aplica

Os que sendo nacionais de outro Estado, declarem que não querem ser portugueses.

Serviços receptores do pedido

– Extensões da Conservatória dos Registos Centrais;
– Conservatórias do Registo Civil;
– Serviços Consulares portugueses.

Documentos necessários

– **Declaração** manifestando a vontade de perder a nacionalidade, nos termos e com as formalidades previstas no artigo 8.º da LN, 30.º e 37.º do RN;

– **Documento** comprovativo da nacionalidade estrangeira do interessado, de que conste a data e o fundamento da aquisição dessa nacionalidade (para saber se eventualmente houve perda automática da nacionalidade nos termos da Lei n.º 2098, de 29 de Julho de 1959 ou do Código Civil de 1867);

– **Certidão do assento de nascimento** do interessado, lavrado no registo civil português – artigo 37.º do RN.

Notas:

– *O documento, se for escrito em língua estrangeira, deverá ser traduzido e legalizado, pelo consulado português local.*

– *A certidão de nascimento portuguesa deve ser de cópia integral e, se possível, emitida por fotocópia, podendo ser obtida oficiosamente.*

Emolumentos

€ 120,00

Notas:

– *Artigo 18.º **Emolumentos do registo civil e de nacionalidade** – 2.3.1 do RERN – Procedimento de perda da nacionalidade, incluindo a redução a escrito da declaração verbal prestada para esse efeito, o respectivo registo e documentos oficiosamente obtidos – (euro) 120.*

– *Artigo 18.º **Emolumentos do registo civil e de nacionalidade** – 2.4 do RERN – Em caso de indeferimento liminar, os emolumentos previstos nos números anteriores são devidos na sua totalidade.*

Prova

A prova da perda da nacionalidade faz-se pelo consequente averbamento exarado à margem do assento de nascimento, artigo 22.º, n.º 1 da LN.

Nota:

– *Artigo 22.º **Prova da perda da nacionalidade** – n.º 1 – A perda da nacionalidade prova-se pelo respectivo registo ou pelo consequente averbamento exarado à margem do assento de nascimento.*

Formulários e Impressos

– O RN prevê no n.º 1 do artigo 32.º, que, tratando-se de perda da nacionalidade portuguesa, as declarações podem ser prestadas em extensões da Conservatória dos Registos Centrais junto de outras pessoas colectivas públicas, em termos a fixar por protocolo a celebrar entre essas entidades e o Instituto dos Registos e do Notariado I. P., em conservatórias do registo civil e em serviços consulares portugueses, sendo aí reduzidas a auto, e enviadas para a Conservatória dos Registos Centrais, se possível por via electrónica, nas condições que vierem a ser fixadas por portaria do Ministro da Justiça.

– Tratando-se de perda da nacionalidade portuguesa, as declarações para fins de aquisição, podem constar de impresso de modelo aprovado por despacho do presidente do IRN, I. P.

Notas:
  • *Consultar 1.º C* – **Formulários e Impressos** – *Notas:*
  – *O impresso de modelo aprovado está disponível na seguinte página Web:*
    http://www.irn.mj.pt/sections/irn/a_registral/registos-centrais/docs-da-nacionalidade/perda-da-nacionalidade/downloadFile/file/Mod._8_ci.pdf?nocache=1200308244.48
  – *As declarações para fins de perda da nacionalidade, nos termos do disposto no n.º 2 do artigo 32.º do Regulamento da Nacionalidade Portuguesa, aprovado pelo Decreto-Lei n.º 237-A/2006, de 14 de Dezembro, <u>que constem de impresso de modelo aprovado</u>, são remetidas à Conservatória dos Registos Centrais, por correio <u>pelos interessados</u> (e não por intermédio das Conservatórias de Registo Civil e Serviços Consulares) ou entregues nas respectivas delegações sitas no CNAI, em Lisboa ou no Arquivo Central do Porto, em Portugal.*
  • *Consultar 2.º* – **Formulários e Impressos** – *Notas:*

Requerimento para perda da nacionalidade portuguesa

Conservatória

Data:
Lugar:
Nome completo do Conservador e respectiva qualidade:

Interessado

Nome completo:
Sexo:
Data do nascimento:
Estado:
Naturalidade:
Nacionalidade:
Filiação:
Profissão:
Residência actual:
Países onde tenha residido anteriormente:

Assento de nascimento

Número:
Ano:
Conservatória:

Representantes legais ou Procurador

Nome completo:
Residência:

Verificação da identidade do declarante

Menção da forma:

Declaração

Factos declarados:

Fim da declaração: Pretende perder a nacionalidade portuguesa, nos termos do artigo 8.º da Lei da Nacionalidade.

O nome com que é identificado segundo a lei estrangeira:

Pedido do respectivo registo:

Pedido

Requer que seja lavrado o respectivo registo de perda.

Documentos

– Certidão do registo de nascimento do interessado.
– Documento comprovativo da nacionalidade estrangeira do interessado.
– Procuração.
– Outros documentos.

Assinaturas

Declarante:
Conservador:

Conservatória dos Registos Centrais

Data de Recepção na C.R.Centrais:

DECLARAÇÃO PARA PERDA DA NACIONALIDADE PORTUGUESA

Nacional português que, sendo nacional de outro Estado, pretenda perder a nacionalidade portuguesa (art. 8º da Lei da Nacionalidade nº 37/81, 3/10)

Antes de preencher, leia atentamente as instruções

Quadro 1: Identificação do interessado

1. Nome completo

2. Sexo: ☐ F ☐ M   Data de nascimento: ☐☐ / ☐☐ / ☐☐☐☐ (Dia Mês Ano)   Estado civil:

3. Doc. de Identificação nº   4. Data de emissão: ☐☐ / ☐☐ / ☐☐☐☐ (Dia Mês Ano)

5. Emitido por

Residente em

Cod. Postal: ☐☐☐☐ - ☐☐☐

País: 6. Tel.

6. e-mail:

Naturalidade

Freguesia:

Concelho:

País:

7. Filiação

Pai:

Mãe:

Quadro 2: Declarações: Declara que pretende perder a nacionalidade portuguesa, nos termos do art. 8º da Lei da Nacionalidade, e que seja lavrado o respectivo registo de perda.

1. Nome com que é identificado segundo a lei estrangeira:

2. Se não apresenta a certidão do registo de nascimento, indique:
Assento nº ☐☐☐☐☐☐   do Ano de ☐☐☐☐

☐ ☐☐ Conservatória do Registo Civil

☐ Conservatória dos Registos Centrais

Mod. 8

Quadro 3: Preencher apenas quando o impresso não seja assinado pelo interessado

Nome do declarante:

Residente em:

Cod. Postal

País   Tel.

e-mail:

Intervém na qualidade de:

Quadro 4: Relação de documentos juntos

☐ Documento comprovativo da nacionalidade estrangeira.

☐ Certidão do registo de nascimento do interessado.

☐ Procuração.

☐ Outros documentos, indicar quais:

Quadro 5: Assinatura

As declarações prestadas correspondem à verdade e não omitem qualquer informação relevante.

_____ | | | | | | | |
Local   Dia   Mês   Ano

_____
Assinatura do declarante reconhecida presencialmente

Quadro 6: Pagamento

Custo: 120€
Junta:
☐ Cheque nº | | | | | | | | | | | | | | | | no valor de | | | | €

do Banco _____ emitido à ordem da Conservatória dos Registos Centrais.

☐ Vale Postal nº _____ no valor de 120€

AS FALSAS DECLARAÇÕES SÃO PUNIDAS NOS TERMOS DA LEI

Os dados pessoais recolhidos destinam-se a organizar e manter actualizada a informação respeitante à nacionalidade, estado civil e capacidade dos cidadãos, sendo o seu tratamento da responsabilidade do Director-Geral dos Registos e do Notariado. O acesso à informação é facultado ao próprio, que tem direito à actualização e correcção dos dados.

Mod. 8

INSTRUÇÕES DE PREENCHIMENTO DO IMPRESSO MODELO 8

(art.8º da LN)

⇨ O impresso deve ser preenchido em língua portuguesa, sem emendas ou rasuras, com letras maiúsculas de imprensa e escrevendo apenas uma letra em cada rectângulo, deixando um em branco entre cada palavra.

⇨ O impresso deve ser assinado pelo próprio ou por procurador com poderes especiais para o acto.

⇨ No preenchimento o declarante deve assinalar a opção pretendida com um ☒ .

⇨ Caso o espaço destinado a cada campo não seja suficiente para o preenchimento de toda a informação, deverá utilizar um novo impresso, do mesmo modelo, preenchendo, apenas, no campo respectivo, os elementos em falta. Neste caso, devem ser anexados os dois impressos.

⇨ Este impresso está disponível no sítio: http://www.dgrn.mj.pt/rcentr/perdanac.asp onde pode obter outros esclarecimentos adicionais.

Quadro 1

1. O nome deve ser aquele que consta no registo de nascimento português.
2. Sexo: F - feminino; M - masculino.
3. Documento de identificação: bilhete de identidade ou passaporte.
4. Data em que o documento de identificação foi emitido.
5. Autoridade que emitiu o documento de identificação.
6. A indicação do telefone e do e-mail é facultativa.
7. Filiação: deve indicar-se o nome completo do pai e da mãe.

Quadro 2

1. Preencher, apenas, se, de acordo com a lei do país de que é nacional, for identificado com nome diverso daquele que consta do seu registo de nascimento português.

2. Pode juntar a certidão do registo de nascimento, de cópia integral e, se possível, emitida por fotocópia.

   Caso não junte a certidão de nascimento, a mesma pode ser obtida pelos Serviços, devendo indicar a conservatória do registo civil português onde o registo se encontra arquivado e o respectivo número e ano, se for do seu conhecimento.

Quadro 3

1. A indicação do telefone e do e-mail é facultativa.
2. O impresso deve ser assinado pelo interessado, sendo maior ou por procurador deste com poderes especiais para o acto. Se o interessado for menor ou incapaz deve ser assinado pelos seus representantes legais ou por procurador destes com poderes especiais para o acto.

   Quando o impresso não for assinado pelo interessado, o declarante deve indicar a qualidade em que intervém: procurador; representante legal; procurador da mãe; procurador do pai ou outra qualidade.

Quadro 4

1. Documento comprovativo da nacionalidade estrangeira de que conste a data e o fundamento da aquisição dessa nacionalidade, acompanhado de tradução, se escrito em língua estrangeira
2. Assinalar este campo se juntou certidão. Caso não apresente esta certidão deverá ter preenchido os elementos referidos no campo 2 do quadro 2, para que os Serviços possam obter a certidão.
3. Se existir intervenção de procurador a junção da procuração é obrigatória.

Quadro 5:

1. O reconhecimento presencial da assinatura pode ser feito:
   - perante funcionário do serviço com competência para receber o impresso;
   - em Cartório Notarial ou conservatórias do registo português;
   - em Consulado de Portugal no estrangeiro;
   - por Advogado ou Solicitador, ou

- pelas câmaras de comércio e indústria, reconhecidas nos termos do Decreto-Lei n.º 244/92, de 29 de Outubro.

Se o procurador for advogado ou solicitador é suficiente, para a confirmação da assinatura, a indicação da respectiva cédula profissional.

Quadro 6:

1. O cheque deverá ser pagável em Portugal. Se optar por enviar cheque pagável no estrangeiro, deve ter em conta que a cobrança desse cheque envolve despesas bancárias que são encargo do interessado, devendo o correspondente valor ser incluído no montante do cheque a enviar à Conservatória dos Registos Centrais.
2. No vale postal deve sempre mencionar-se o nome do interessado e o fim a que se destina.

O pedido é indeferido:

a) Se não constar do impresso de modelo aprovado pelo Director-Geral dos Registos e do Notariado (disponível nas extensões da Conservatória dos Registos Centrais, nas Conservatórias do Registo Civil, nos Consulados e no sítio www.dgrn.mj.pt);
b) Se forem omitidas menções ou formalidades previstas no impresso;
c) Se não for acompanhado dos documentos necessários para comprovar os factos que constituem o fundamento do pedido.

Se o pedido vier a ser indeferido liminarmente a declaração não produz efeitos, **não havendo lugar ao reembolso de qualquer quantia.**

APRESENTAÇÃO DO PEDIDO

O impresso, acompanhado dos documentos necessários, pode ser:

Enviado por correio para:	Entregue na Extensão da Conservatória dos Registos Centrais sita no:
Conservatória dos Registos Centrais **Mod. 8** Rua Rodrigo da Fonseca, 200 1099-003 Lisboa	Centro Nacional de Apoio ao Imigrante (CNAI) Rua Álvaro Coutinho, 14 1150-025 Lisboa

3.2 Outras perdas

Quem nos termos da Lei n.º 2098, de 29 de Julho de 1959, e legislação precedente, perdeu a nacionalidade portuguesa, por efeito da aquisição voluntária de nacionalidade estrangeira, adquire a nacionalidade portuguesa, por mero efeito da lei, desde que não tenha sido lavrado o registo definitivo da perda da nacionalidade, na Conservatória dos Registos Centrais, excepto se declarar que não quer adquirir a nacionalidade portuguesa

A quem se aplica

Aqueles que não pretendam adquirir a nacionalidade por efeito da lei, devem declarar que não querem adquirir a nacionalidade portuguesa.

Perdeu a nacionalidade portuguesa a mulher que, tendo casado com estrangeiro, adquiriu, por efeito do casamento, nacionalidade estrangeira do marido – Base XVIII, alínea c) da Lei n.º 2098, de 29 de Julho de 1959 e artigo 22.º, n.º 4 do Código Civil de 1867.

Nestes casos o registo da perda da nacionalidade é lavrado oficiosamente na sequência da transcrição do casamento.

4. DOCUMENTOS

4.1 *Procurações*

Procuração é o acto pelo qual alguém atribui a outrem, voluntariamente, poderes representativos, nos termos do artigo 262.º n.º 1, do Código Civil.

O procurador age em nome e no interesse do representado, ingressando na esfera jurídica deste os efeitos dos actos praticados por aquele, desde que caibam dentro dos limites dos poderes que lhe foram conferidos.

Os poderes conferidos pela procuração são os relativos aos actos que o representante fica habilitado a praticar em nome do representado.

Além disso, a concessão de poderes para a prática de determinado acto abrange todos os demais actos necessários à sua celebração e execução, tal como assinar documentos e fazer requerimentos.

No caso da outorga de poderes para fins de nacionalidade, não podem ser de carácter genérico, sendo imperativo que os poderes especiais sejam certos e determinados.

Salvo disposição legal em contrário, a procuração revestirá a forma exigida para o negócio que o procurador deva realizar – cfr. n.º 2 do artigo 262.º do Código Civil.

No entanto, as procurações que exijam intervenção notarial podem ser lavradas por instrumento público, por documento particular escrito e assinado pelo representado com reconhecimento presencial da letra e assinatura ou por documento autenticado (documento particular que é confirmado pelas partes perante o notário por meio de termo de autenticação com os elementos constantes do artigo 151.º do CN) – cfr. n.º 1 do art.º 116.º do mesmo código.

A lei ao falar em instrumento público, admite que a procuração seja lavrada não só por instrumento avulso – como é o caso normal – mas também que seja consignada em escritura, juntamente com outro acto sujeito por força da lei a esta forma mais solene, como acontece por vezes.

Se, v. g., marido e mulher quiserem passar procuração em documento particular com reconhecimento presencial de letra e assinatura, é evidente que cada um dos cônjuges tem de redigir e assinar a sua.

4.2 Substabelecimentos

O procurador pode fazer-se substituir por outrem, substabelecendo os poderes que lhe foram conferidos, desde que a faculdade de substituição resulte do conteúdo da procuração ou seja autorizada, de forma expressa ou tácita, pelo representado – cfr. art.º 264.º do Código Civil.

Salvo declaração em contrário, os substabelecimentos devem entender-se como feitos com reserva de iguais poderes, ou seja, em princípio, a substituição não envolve exclusão do primitivo procurador; para haver exclusão, é preciso declarar que o substabelecimento se faz sem reserva.

Os substabelecimentos revestem a forma exigida para as procurações – cfr. n.º 3 do citado art.º 116.º do CN.

ARTIGO 262.º do Código Civil

Procuração

1. Diz-se procuração o acto pelo qual alguém atribui a outrem, voluntariamente, poderes representativos.
2. Salvo disposição legal em contrário, a procuração revestirá a forma exigida para o negócio que o procurador deva realizar.

Notas:

– O n.º 1 deste artigo 262.º do Código Civil define procuração, a qual constitui um acto unilateral, incluindo sempre poderes representativos.

– O n.º 2 contém uma regra que, em face dos princípios expressos no artigo 127.º do Código do Notariado, será seguramente de aplicação pouco frequente quanto a actos em que deva haver intervenção notarial. É, no entanto, uma regra geral de aplicação certa nos casos em que se exija para o acto apenas a forma escrita. Quando assim seja, a procuração deve, igualmente, ser passada por escrito. Em relação a actos para os quais se não exija sequer a forma escrita valerá a procuração verbal.

ARTIGO 43.º do Código do Registo Civil

Representação por procurador

1. A parte pode fazer-se representar por procurador com poderes especiais para o acto.
2. A procuração pode ser outorgada por documento escrito e assinado pelo representado, com reconhecimento presencial da assinatura, por documento autenticado ou por instrumento público.
3 – Se a procuração tiver sido passada a advogado ou solicitador, é suficiente documento escrito e assinado pelo representado.

Notas:
– Só a parte, como é definida no artigo 39.º, pode fazer-se representar por procurador, ficando excluídas da possibilidade dessa representação as testemunhas.
– São proibidas as procurações (substabelecimentos) conjuntas, excepto quando se trate de marido e mulher.
– As procurações com poderes especiais para fins de atribuição, aquisição da nacionalidade por efeito da vontade, por adopção ou por naturalização e perda da nacionalidade obedecem à forma prevista no Código do Registo Civil, salvo se for passada a advogado ou solicitador, artigo 31.º n.º 2 do RN. Por isso, podem ser aceites para o indicado fim procurações passadas a advogado ou solicitador, sem intervenção notarial, nos termos do Decreto-Lei n.º 267/92, de 28.11. Se for passada a sociedade de advogados é necessário declaração do procurador de que pertence a esta.
– As procurações têm de fazer menção específica de que conferem poderes especiais para registar como portugueses.
– No acto de inscrição de nascimento de indivíduo nascido do casamento dos pais, qualquer destes pode fazer-se representar pelo outro, mediante procuração lavrada por documento particular, assinado pelo representado, com a indicação feita pelo signatário do número, data e entidade emitente do respectivo bilhete de identidade ou documento equivalente, artigo 31.º n.º 3 do RN.
– No assento de nascimento em que a mãe é a declarante e intervém também com procuração do pai do registando, deve mencionar-se como

declarantes "A mãe" e "O pai", referindo-se, em menções especiais, que "o pai foi representado pela mãe do registando". A procuração é inserida no SIRIC como documento externo, não sendo digitalizada.

– Sendo a inscrição do nascimento, simultaneamente, um acto de registo civil e um acto de atribuição da nacionalidade, e sendo a atribuição, a aquisição e a perda da nacionalidade portuguesa um "acto de particular importância" (cfr. n.º 1 in fine do art.º 1902.º do Cód. Civ.), as declarações respectivas têm de ser prestadas pelas pessoas a quem respeitam, por si, ou por procurador bastante, sendo capazes, ou pelos seus representantes legais, sendo incapazes, como resulta do disposto nos artigos 8.º, n.º 1, al. b) e 31.º, n.º 1 do RN. O exposto não prejudica, evidentemente, o disposto no artigo 1906.º ou os casos previstos no artigo 1909.º, ambos do Código Civil – P.º 173 RC 90 STE.

– Os cônsules portugueses, titulares de postos de carreira e os encarregados das secções consulares e os cônsules-adjuntos por aqueles expressamente autorizados têm competência para lavrar ou legalizar procurações outorgadas por portugueses que se encontrem no estrangeiro, ou outorgadas por estrangeiros, desde que, neste caso, as mesmas se destinem a produzir efeitos em Portugal (art.º 56.º, n.º 1 do Regulamento Consular).

– P.º RC 5/00 DSJ, in BRN n.º 4/00: "... III – A declaração de nascimento, para efeitos de atribuição da nacionalidade portuguesa, é um acto de registo, pelo que a procuração conferida pela parte, ou partes, deve obedecer ao formalismo previsto no Cód. Reg. Civil. ... – IV – Na situação a que se reporta a conclusão antecedente, a procuração deve ser outorgada por instrumento público, ou por documento escrito e assinado pelo representado, com reconhecimento presencial da letra e da assinatura (actualmente designado, reconhecimento simples respeitante à letra e assinatura) – art.º 43.º, n.º 2 do Cód. referido e art.º 153.º n.ºˢ 1, 2, 4 e 5 do Cód. Not.. ".

– A procuração outorgada em país estrangeiro de acordo com as formalidades do ordenamento jurídico respectivo é de aceitar, mesmo que não satisfaça os requisitos de forma da lei portuguesa – cfr. art.º 36.º do Cód. Civ. (Albino Matos, in "Dicionário do Notariado", Fasc.º 25, Janeiro de 1985, n.º 786).

– Sobre procurações e reconhecimentos notariais consultar os art.ºs 116.º, 153.º e 155.º do Código do Notariado.

– *Tratando-se a declaração de nascimento para efeitos de atribuição de nacionalidade portuguesa, a procuração conferida pelas partes, deve obedecer aos formalismos previstos no Código do Registo Civil, conforme melhor se especifica no parecer proferido no processo RC 5/ 2000 DSJ, publicado no BRN n.º 4/2000.*

➤ **Declaração de nascimento para efeitos de atribuição da nacionalidade. Acto de registo. Partes. Representação por procurador. Documento de identificação para os fins do artigo 7.º, n.º 2 do Regulamento da Nacionalidade. Parecer proferido no processo RC 5/2000 DSJ – BRN 4/2000 da DGRN**

I – São partes, em relação a cada registo, o declarante e as pessoas a quem o facto directamente respeita, ou de cujo consentimento dependa a plena eficácia deste – artigo 39.º do Código do Registo Civil.

II – As partes, no que aos actos de registo respeita, podem fazer-se representar por procurador com poderes especiais para o acto – artigo 43.º, n.º 1, do Código mencionado.

III – A declaração de nascimento, para efeitos de atribuição da nacionalidade portuguesa, é um acto de registo pelo que a procuração conferida pela parte, ou partes, deve obedecer ao formalismo previsto no Código do Registo Civil – artigo 1.º, alínea b) da Lei n.º 37/81, de 3 de Outubro, artigo 6.º, n.º 1, alínea b) do Decreto-Lei n.º 322/82, de 12 de Agosto, com as alterações introduzidas pelo Decreto-Lei n.º 37/97, de 31 de Janeiro e artigo 43.º do Código do Registo Civil.

IV – Na situação a que se reporta a conclusão antecedente, a procuração deve ser outorgada por instrumento público ou por documento escrito e assinado pelo representado, com reconhecimento presencial da letra e da assinatura (actualmente designado, reconhecimento simples respeitante à letra e assinatura) – artigo 43.º, n.º 2 do Código referido e artigo 153.º, n.ºs 1, 2, 4 e 5 do Código do Notariado.

V – A fotocópia não autenticada do bilhete de identidade não constitui documento de identificação bastante para os fins do artigo 7.º, n.º 2 do Decreto-Lei n.º 322/82, de 12 de Agosto, com as alterações introduzidas pelo Decreto-Lei n.º 37/97, de 31 de Janeiro.

ARTIGO 3.º do Código do Imposto de Selo

Encargo do imposto

1 – O imposto constitui encargo das entidades com interesse económico nas realidades referidas no artigo 1.º

2 – Em caso de interesse económico comum a várias entidades, o encargo do imposto é repartido proporcionalmente por todas elas.

3 – Para efeitos do n.º 1, considera-se que o interesse económico pertence:

...

m) Nas procurações e substabelecimentos, ao procurado e ao substabelecido;

ARTIGO 4.º

Territorialidade

1 – Sem prejuízo das disposições do presente Código e da Tabela Geral em sentido diferente, o imposto do selo recai sobre todos os factos referidos no artigo 1.º ocorridos em território nacional.

2 – Ficam, ainda, sujeitos a imposto:

a) Os documentos, actos ou contratos emitidos ou celebrados fora do território nacional, nos mesmos termos em que o seriam se no território nacional fossem emitidos ou celebrados, caso em Portugal sejam apresentados para quaisquer efeitos legais;

...

ARTIGO 13.º

Nascimento da obrigação tributária

Para efeitos das obrigações previstas no presente capítulo, a obrigação tributária considera-se constituída:

...

n) Em caso de actos, contratos, documentos, títulos, livros, papéis e outros factos previstos na Tabela anexa ao presente Código em que não intervenham a qualquer título pessoas colectivas ou pessoas singulares no exercício de actividade de comércio, indústria ou prestação de serviços, quando forem apresentados perante qualquer entidade pública.

ARTIGO 14.º

Liquidação e pagamento

A liquidação e o pagamento do imposto competem às seguintes entidades:
 a) Notários, conservadores dos registos civil, comercial, predial e de bens móveis e outras entidades públicas, incluindo os estabelecimentos e organismos do Estado, relativamente aos actos, contratos e outros factos em que sejam intervenientes, quando, nos termos da alínea n) do artigo anterior, os contratos ou documentos lhes sejam apresentados para qualquer efeito legal; ...

ARTIGO 16.º

Forma de pagamento

O imposto do selo é sempre pago por meio de guia.

ARTIGO 17.º

Prazo e local do pagamento

1 – O imposto é entregue pelas entidades a quem incumba essa obrigação nos serviços locais ou qualquer outro local autorizado nos termos da lei até ao final do mês seguinte àquele em que a obrigação tributária se tenha constituído.

2 – Nos documentos, títulos e livros sujeitos a imposto são mencionados o valor do imposto e a data da liquidação.

...

Notas:

– As procurações com poderes especiais para fins de atribuição, aquisição por mero efeito da vontade, por adopção ou por naturalização e perda da nacionalidade portuguesa, pagam imposto de selo, de acordo com o artigo 4.º, n.º 2, al. a), do Código do Imposto de Selo, aprovado pela Lei n.º 150/99, de 11 de Setembro e Tabela Geral anexa. As taxas previstas na Tabela Geral do Imposto do Selo – Anexo III, para as procurações com os poderes especiais supra referidos, são as seguintes:
– 15.4.1.2 – Procuração com quaisquer outros poderes – € 5,00;
– 15.4.2 – Substabelecimento – € 2,00;
– 15.7 – Renúncia a procuração e revogação de procuração – € 8,00;
Quando a procuração tiver sido expedida ou passada em serviço consular português, o imposto de selo deve ser directamente cobrado por estes serviços. Caso o imposto não se mostre liquidado, como é o caso de procuração outorgada no estrangeiro, ou se encontre indevidamente selado, a conservatória intermediária onde aquela for apresentada para produzir efeitos legais, fará a liquidação ou procederá à sua correcção, mencionando na mesma o valor do imposto e a data da liquidação – cfr. artigos 14.º a) e 13.º n) e 17.º n.º 2 do Código do Imposto do Selo. (cfr. BRN n.º 5/01 e 5/03)

➤ **Código do Imposto de Selo – questões suscitadas pela sua aplicação. Procurações. Actuação de conservatória enquanto intermediária. Parecer proferido no processo n.º DIV 114/1999 DSJ – BRN 5/2001 da DGRN**

I – Os agentes consulares portugueses desempenham, excepcionalmente, funções notariais devendo os actos praticados no uso dessa competência obedecer ao preceituado no Código do Notariado, na parte que lhes for aplicável – artigos 3.º, n.ºˢ 1, alínea a), 3 do Código do Notariado, 55.º e 57.º do Regulamento Consular.

II – Para além dos emolumentos consulares devem aqueles órgãos especiais da função notarial cobrar dos interessados o imposto do selo – artigos 81.º, alínea a) da Tabela de Emolumentos Consulares e 13.º, alínea a) do Código do Imposto do Selo.

III – Apenas estão sujeitas a imposto do selo as procurações que tenham intervenção notarial como resulta do título "Notariado e actos notariais" constante do n.º 15 da Tabela Geral anexa ao Código do Imposto do Selo.

IV – Resulta das conclusões II) e III) que o imposto do selo devido pelas procurações lavradas nos postos consulares deverá ser cobrado por aqueles serviços directamente.

V – Estão sujeitos ao referido imposto os documentos, actos ou contratos emitidos ou celebrados fora do território nacional, nos mesmos termos em que o seriam se no território nacional fossem emitidos ou celebrados, caso em Portugal sejam apresentados para quaisquer efeitos legais – artigo 4.º, n.º 2, alínea a) do Código do Imposto do Selo.

VI – Os requerimentos e documentos para os actos de registo ou para a instrução dos respectivos processos podem ser apresentados directamente na conservatória competente ou por intermédio de qualquer outra conservatória – artigo 13.º, n.º 1 do Código do Registo Civil.

VII – As conservatórias do registo civil ainda que actuando na qualidade de intermediárias deverão fazê-lo por forma a que os requerimentos e documentos referidos na conclusão antecedente não enfermem de deficiências de ordem substancial ou formal.

VIII – Sendo apresentada, numa conservatória intermediária, uma procuração outorgada no estrangeiro ou em posto consular em que o imposto do selo não se mostre liquidado ou que se encontre indevidamente selada, cabe àquela liquidar o mencionado imposto ou proceder à correcção da liquidação – artigos 13.º, alínea d) e 14.º, alínea a) do Código do Imposto do Selo.

Conclusões extraídas do parecer sobre o qual recaiu despacho de concordância do Exm.º Director-Geral de 07 de Maio de 2001.

➤ **Código do Imposto de Selo. Questões suscitadas pela sua aplicação. Registo Civil. Informações – BRN 3/2004, pág. 8 da DGRN**

Por a incidência na actividade registral civil das regras de tributação previstas no Código do Imposto do Selo bem como na Tabela a ele anexa ter suscitado dúvidas aos conservadores do registo civil que urgia esclarecer e por se tratar de matéria da competência da Direcção Geral dos Impostos foram suscitadas, desde Maio de 2000, junto da referida Direcção Geral, um conjunto de questões que sumariamente se enunciam:

1. Os assentos de casamento, civil, católico, ou por transcrição de certidão estrangeira, e os autos de convenção antenupcial, estão sujeitos ao imposto do selo previsto no n.º 8, da Tabela Geral [art.º 1.º, n.º 1, e art. 4.º, n.º 2, al. a), do Código do Imposto do Selo (C.I.S.)].

2. Nos assentos de casamento e nos autos de convenção antenupcial o imposto do selo é encargo dos nubentes, cabendo a liquidação e pagamento do imposto às conservatórias onde o assento ou o auto for lavrado (art. 23.º, n.º 1, do C.I.S.).

3. Sobre os acordos relativos à prestação de alimentos ao cônjuge que deles careça e ao destino da casa de morada de família, bem como ao exercício do poder paternal relativamente aos filhos menores, incide o selo do n.º 8, da Tabela Geral anexa ao Código do Imposto do Selo.

4. Nos acordos referidos na alínea anterior o imposto do selo é encargo dos cônjuges e, quando sejam elaborados apenas pelos interessados, a sua liquidação e pagamento compete à conservatória escolhida para a instauração do processo de divórcio (art.º 5.º, al. n) e 23.º, n.º 1, do C.I.S.).

5. Sendo os acordos efectuados por intermédio de advogado ou de solicitador, a liquidação e pagamento do imposto compete a essas entidades que, para o efeito, devem mencionar nos documentos o valor e a data da liquidação (art.º 23.º, n.º 4, do C.I.S.).

6. Nos assentos de casamento não é mencionado o valor do imposto, entendendo-se a data do assento como a data da sua liquidação.

7. Nos autos de convenção antenupcial e nos acordos elaborados nos termos referidos em 4, deve a conservatória mencionar o valor do imposto e a data da liquidação (art. 23.º, n.º 4, do C.I.S.).

8. A menção ou averbamento, em assento de casamento, de convenção antenupcial ou de alteração de regime de bens celebrada no estrangeiro está sujeita à incidência da verba 8 da Tabela Geral do Imposto do Selo.

9. O artigo 3.º do Decreto-Lei n.º 249/77, de 14 de Junho, diploma que regula a forma de ingresso no registo civil dos actos de registo civil anteriormente lavrados nas ex-colónias, estabelece que o registo, actos, documentos e processos a ele respeitantes são isentos de emolumentos e selo pelo que este imposto não deve incidir sobre os assentos de casamento lavrados por transcrição de casamentos civis ou paroquiais com eficácia civil lavrados naqueles territórios.

10. Idêntico entendimento se perfilha quanto às transcrições dos registos de casamento lavrados por agentes diplomáticos e consulares

portugueses, no estrangeiro e até ao dia 1 de Janeiro de 1968, nos termos do artigo 302.º do Código do Registo Civil posto que o acto de transcrição não corresponde a escrito ex-novo de um contrato.

11. Os agentes consulares portugueses enquanto órgãos especiais da função notarial devem cobrar dos interessados, para além dos emolumentos consulares, o imposto do selo (artigos 88.º, al. a) da Tabela de Emolumentos Consulares e 5.º al. a) do C.I.S.).

12. O imposto do selo devido pelas procurações lavradas nos postos consulares deverá ser cobrado por aqueles serviços directamente estando, ainda, sujeitos ao referido imposto os documentos, actos ou contratos emitidos ou celebrados fora do território nacional, nos mesmos termos em que o seriam se no território nacional fossem emitidos ou celebrados, caso em Portugal sejam apresentados para quaisquer efeitos legais (artigo 4.º, n.º 2, al. a) do C.I.S.).

13. Sendo apresentada, numa conservatória de registo civil, uma procuração outorgada no estrangeiro ou em posto consular em que o imposto do selo não se mostre liquidado ou que se encontre indevidamente selada, cabe àquela liquidar o mencionado imposto ou proceder à correcção da liquidação (artigos 5.º, al. d) e 23.º, n.º 1 do C.I.S.).

Face ao equacionar das questões pronunciou-se a Direcção Geral dos Impostos em parecer, datado de 22 de Dezembro de 2003, que mereceu despacho de concordância, do respectivo Director-Geral, de 17 de Janeiro de 2004, acompanhado da indicação de dever ser transmitido à Direcção-Geral dos Registos e do Notariado.

Assim, para conhecimento de todos os conservadores do registo civil, publica-se integralmente, em anexo, o referido parecer.

➤ **Imposto de selo – reflexos na actividade registral e notarial dos novos Código e Tabela Geral do Imposto de Selo aprovados pelo art.º 1.º da Lei n.º 150/99, de 11 de Setembro – Parecer 538** – Anexo BRN 3/2004 – Ministério das Finanças – Direcção-Geral Dos Impostos – Direcção de Serviços Jurídicos e do Contencioso

14 – Concluindo:
a) Os assentos de casamento civil ou católico são meros actos registrais exteriores à celebração do casamento que constitui uma cerimónia solene e não a assinatura pelos nubentes de qualquer

documento escrito susceptível de ser selado nos termos da verba 8 da Tabela Geral do Imposto de Selo.
b) Também não está sujeita a imposto de selo a transcrição em Portugal, de acordo com a legislação do registo civil aplicável, dos casamentos celebrados no estrangeiro ou nas antigas colónias portuguesas.
c) As convenções antenupciais estão sujeitas ao imposto de selo dos art.os 8 e 15 da Tabela Geral, conforme sejam respectivamente celebradas por documento particular a apresentar junto do conservador do registo civil ou por escritura pública.
d) Estão sujeitos a imposto de selo os acordos entre os cônjuges que regulem as relações familiares e patrimoniais até ao divórcio, independentemente de constarem ou não do mesmo documento dos acordos que regulam os reflexos nessas relações da declaração de divórcio.
e) A liquidação e cobrança do imposto de selo cabem às conservatórias do registo civil junto de quem os referidos documentos sejam apresentados para quaisquer efeitos legais, excepto quando anteriormente à entrega nas referidas conservatórias do registo civil os documentos em causa sejam assinados, como mandatários ou a qualquer outro título, por advogados ou solicitadores.
f) Os serviços consulares estão legalmente incumbidos da liquidação e cobrança do imposto de selo das procurações que lhes sejam solicitadas que se destinem a produzir efeitos em Portugal.
g) Os conservadores do registo civil estão sujeitos a obrigações em matéria de imposto de selo idênticas às das demais entidades públicas legalmente encarregues de proceder à sua liquidação e cobrança.

Lisboa, 22 de Dezembro de 2003. O jurista, *António de Barros Lima Guerreiro*

MINUTA DE PROCURAÇÃO

F _____ *a)*, no estado de _____ *b)*, natural de _____, com residência habitual em _____, de nacionalidade _____, portador do passaporte *c)* n.º _____, emitido em *d)* __/__/____, por *e)* _____, constitui seu procurador, o Senhor _____ *f)*, portador do bilhete de identidade *g)* n.º _____ emitido em *d)* __/__/____, por *e)* _____, com residência habitual em _____, a quem confere poderes especiais para, na Conservatória dos Registos Centrais, ao abrigo do artigo *h)* _____, da Lei n.º 37/81, de 3 de Outubro, requerer a nacionalidade portuguesa, por *i)* _____, promovendo, se necessário, a inscrição do respectivo nascimento, praticando e assinando tudo o que seja necessário ao indicado fim, podendo, substabelecer os poderes que lhe foram conferidos

Em *j)* _____, aos *l)* _____, de *m)* _____ de *n)* _____
(Assinatura)

Notas:

– *A procuração pode ser outorgada por documento escrito e assinado pelo representado, com reconhecimento presencial da assinatura, por documento autenticado ou por instrumento público, salvo se for passada a advogado ou solicitador, em que é suficiente documento escrito e assinado pelo representado.*

a) Nome completo do mandante.
b) Casado/solteiro/divorciado/viúvo.
c) Ou outro documento de identificação equivalente.
d) Data de emissão.
e) Entidade emissora.
f) Nome completo do procurador.
g) Ou outro documento de identificação equivalente.
h) Indicar o fundamento legal.
i) Atribuição, aquisição ou naturalização.
j) Local.
l) Dia.
m) Mês.
n) Ano.

Minutas

– As declarações para fins de nacionalidade, podem ser assinadas por procurador, desde que seja junta procuração. As minutas estão divulgadas no site do IRN, I. P..

Notas:

- *Consultar 1.º C* – **Formulários e Impressos** – *Notas:*

  – *Minutas de procurações divulgadas na página Web do IRN, I. P.:*

  O estrangeiro menor ou incapaz, cuja mãe ou pai tenha adquirido a nacionalidade portuguesa, depois do seu nascimento, pode também adquirir a nacionalidade portuguesa se declarar, por intermédio dos seus representantes legais, que quer ser português, desde que não se verifique qualquer das circunstâncias que são fundamento de oposição à aquisição da nacionalidade

  http://www.irn.mj.pt/sections/irn/a_registral/registos-centrais/ docs-da-nacionalidade/modelo-de-procuracao-art/downloadFile/ file/procura_art2.pdf?nocache=1199959127.84

  Aos filhos de mãe portuguesa ou de pai português, nascidos no estrangeiro que inscrevam o seu nascimento no registo civil português ou declarem que querem ser portugueses

  http://www.irn.mj.pt/sections/irn/a_registral/registos-centrais/ docs-da-nacionalidade/procuracao-para/downloadFile/file/ Procura_atrib_pinscri.pdf?nocache=1200303704.79

  O estrangeiro casado há mais de três anos com nacional português ou que viva em união de facto há mais de três anos com nacional português pode adquirir a nacionalidade portuguesa se declarar, na constância do casamento ou da união de facto, que quer ser português, desde que não se verifique qualquer das circunstâncias que são fundamento de oposição à aquisição da nacionalidade

  http://www.irn.mj.pt/sections/irn/a_registral/registos-centrais/ docs-da-nacionalidade/modelo-de-procuracao-2-19010/ downloadFile/file/procura3.pdf?nocache=1200046071.6

  O estrangeiro que, tendo sido português, perdeu a nacionalidade enquanto menor ou incapaz, por efeito de declaração de quem o representava, pode voltar a adquirir a nacionalidade portuguesa se o declarar, quando capaz, desde que não se verifique qualquer das circunstâncias que são fundamento de oposição à aquisição da nacionalidade

  http://www.irn.mj.pt/sections/irn/a_registral/registos-centrais/ docs-da-nacionalidade/modelo-de-procuracao/downloadFile/file/ procura4.pdf?nocache=1199891370.52

  Os estrangeiros maiores ou emancipados à face da lei portuguesa, que residam legalmente no território português, há pelo menos seis anos, podem, desde que reunidos os demais requisitos legais, adquirir a nacionalidade portuguesa por naturalização, mediante requerimento dirigido ao Ministro da Justiça

http://www.irn.mj.pt/sections/irn/a_registral/registos-centrais/ docs-da-nacionalidade/modelo-de-procuracao8776/ downloadFile/file/procura6m.pdf?nocache=1199891582.88

Os menores, à face da lei portuguesa, nascidos em território português, filhos de estrangeiros, podem adquirir a nacionalidade portuguesa por naturalização, desde que reunidos os demais requisitos legais, mediante requerimento dirigido ao Ministro da Justiça

http://www.irn.mj.pt/sections/irn/a_registral/registos-centrais/ docs-da-nacionalidade/modelo-de-procuracao-2-13170/ downloadFile/file/procura6n2.pdf?nocache=1200049931.53

Os indivíduos que tenham tido a nacionalidade portuguesa e que, tendo-a perdido, nunca tenham adquirido outra nacionalidade, podem, desde que reunidos os demais requisitos legais, adquirir a nacionalidade portuguesa por naturalização, mediante requerimento dirigido ao Ministro da Justiça

http://www.irn.mj.pt/sections/irn/a_registral/registos-centrais/ docs-da-nacionalidade/modelo-de-procuracao-2-14090/ downloadFile/file/procura6m.pdf?nocache=1200052694.35

O estrangeiro adoptado plenamente por nacional português, por decisão transitada em julgado antes da entrada em vigor da Lei da Nacionalidade n.º 37/81, de 3 de Outubro, pode adquirir a nacionalidade portuguesa se o declarar e desde que não se verifique qualquer das circunstâncias que são fundamento de oposição à aquisição da nacionalidade

http://www.irn.mj.pt/sections/irn/a_registral/registos-centrais/ docs-da-nacionalidade/modelo-de-procuracao-2-1/downloadFile/ file/procura29.pdf?nocache=1199892355.13

A mulher que perdeu a nacionalidade portuguesa por ter adquirido uma nacionalidade estrangeira, com fundamento no casamento com estrangeiro, nos termos da Lei n.º 2098, de 29 de Julho de 1959, e legislação precedente, pode readquirir a nacionalidade portuguesa mediante declaração

http://www.irn.mj.pt/sections/irn/a_registral/registos-centrais/ docs-da-nacionalidade/modelo-de-procuracao-2-11343/ downloadFile/file/procura30.pdf?nocache=1199892539.96

Aquele que, tendo tido a nacionalidade portuguesa, a perdeu por ter adquirido voluntariamente uma nacionalidade estrangeira, nos termos da Lei n.º 2098, de 29 de Julho de 1959, e legislação precedente, adquire a nacionalidade portuguesa mediante declaração, quando tenha sido lavrado o registo definitivo da perda da nacionalidade

http://www.irn.mj.pt/sections/irn/a_registral/registos-centrais/docs-da-nacionalidade/modelo-de-procuracao-2-14402/downloadFile/file/procura31.pdf?nocache=1199892685.67

4.3 *Legalização*

ARTIGO 37.º do Regulamento da Nacionalidade

Instrução das declarações e requerimentos

...

8. Sem prejuízo do que se encontre estabelecido em convenções internacionais e leis especiais, as certidões de actos de registo civil emitidas no estrangeiro são legalizadas nos termos previstos no Código de Processo Civil.

9. Em caso de dúvida sobre a autenticidade do conteúdo de documentos emitidos no estrangeiro, pode ser solicitada às autoridades emitentes a confirmação da sua autenticidade, sendo os encargos daí resultantes suportados pelos interessados.

ARTIGO 540.º do Código de Processo Civil

Legalização dos documentos passados em país estrangeiro

1. Os documentos autênticos passados em país estrangeiro, na conformidade da lei desse país, consideram-se legalizados desde que a assinatura do funcionário público esteja reconhecida por agente diplomático ou consular português no Estado respectivo e a assinatura deste agente esteja autenticada com o selo branco consular respectivo.

2. Se os documentos particulares lavrados fora de Portugal estiverem legalizados por funcionário público estrangeiro, a legalização carece de valor enquanto se não obtiverem os reconhecimentos exigidos no número anterior.

Notas:

– As certidões de nascimento do registo civil estrangeiro, devem ser devidamente legalizadas, nos termos do artigo n.º 37, n.º 8 do Decreto-Lei n.º 237-A/2006, de 14 de Dezembro e do artigo n.º 540 do Código de Processo Civil – reconhecimento da assinatura do funcionário público que a subscreve, nessa qualidade, por agente diplomático ou consular português, junto do Consulado de Carreira competente.

– Os documentos autênticos passados em país estrangeiro, na conformidade da lei desse país, consideram-se legalizados desde que a assinatura do funcionário público esteja reconhecida por agente diplomático ou consular português no Estado respectivo e a assinatura deste agente esteja autenticada com o selo branco consular respectivo, artigo 540.º n.º 1, do Código de Processo Civil.

– Se os documentos particulares lavrados fora de Portugal estiverem legalizados por funcionário público estrangeiro, a legalização carece de valor enquanto se não obtiverem os reconhecimentos exigidos no número anterior, artigo 540.º n.º 2, do Código de Processo Civil.

– A legalização não é hoje requisito da autenticidade do documento passado em país estrangeiro, pois só se torna necessária quando se levantarem fundadas dúvidas sobre essa autenticidade. Porém, as certidões de actos de registo civil emitidas no estrangeiro, para fins de nacionalidade, são legalizadas nos termos previstos no Código de Processo Civil, de acordo com o artigo 37.º do Regulamento da Nacionalidade.

– Não obsta a demonstração da autenticidade do documento o facto de o mesmo ter sido elaborado num país com o qual Portugal não mantinha, à data da sua emissão, relações diplomáticas ou consulares, o que impede o funcionamento da regra do art.º 540.º do Cód. Proc. Civil, pois o que interessa, é que não haja dúvidas sobre a autenticidade do documento.

ARTIGO 49.º do Código do Registo Civil

Documentos passados em país estrangeiro

1 – Os documentos passados em país estrangeiro, em conformidade com a lei local, podem servir de base a actos de registo ou instruir pro-

cessos independentemente de prévia legalização, desde que não haja dúvidas fundadas acerca da sua autenticidade.

2 – Em caso de dúvida sobre a autenticidade do conteúdo de documentos emitidos no estrangeiro, pode ser solicitada às autoridades emitentes a confirmação da sua autenticidade, sendo os encargos suportados pelos interessados.

3 – A promoção oficiosa das diligências exigidas pela confirmação prevista no número anterior constitui fundamento de sustação da feitura do registo ou da prossecução do procedimento a instruir com o documento cuja autenticidade se pretende confirmar.

4 – Se, em virtude das diligências referidas no número anterior, for verificada a falta de autenticidade do documento emitido, o conservador deve recusar a atribuição de qualquer valor probatório ao mesmo.

5 – Se, em virtude das diligências referidas no n.º 3, se concluir pelo carácter defeituoso ou incorrecto do documento emitido, o conservador aprecia livremente em que medida o seu valor probatório é afectado pelo defeito ou incorrecção verificada.

6 – A recusa pelo conservador de atribuição de valor probatório ao documento e a atribuição de valor probatório parcial ao mesmo são notificadas ao interessado no registo ou procedimento, para efeitos do disposto no n.º 2 do artigo 292.º

7 – Sendo interposto o recurso a que se refere o n.º 2 do artigo 292.º, a falta de valor probatório, total ou parcial, do documento emitido em país estrangeiro pode ser suprida com base nas declarações ou meios de prova complementares apresentados em sede de recurso.

8 – Os documentos referidos no n.º 1, quando escritos em língua estrangeira, devem ser acompanhados de tradução feita ou certificada nos termos previstos na lei.

Nota:

– Manteve-se a regra de que os documentos passados no estrangeiro servem para instruir actos notariais, independentemente de prévia legalização, segundo o princípio "locus regit actum".

– Levantando-se dúvidas sobre a autenticidade do documento, pode ser exigida a sua legalização.

– As escrituras públicas exaradas em país estrangeiro na conformidade das leis desse país produzem efeitos em Portugal, independentemente de confirmação.

– Em caso de documento de validade suspeita deve solicitar-se à representação diplomática respectiva informação sobre a autenticidade e validade do documento para servir no país de origem para o fim visado.

– À legalização dos documentos emanados do estrangeiro aplica-se o disposto na Circular de 20.10.1969. Sobre esta matéria conferir também o BRN n.ºs 2/96, 11/97 e 2/99.

– As dúvidas que porventura se suscitem a respeito da autenticidade dos documentos, só podem conduzir à exigência da legalização destes, se forem "fundadas". Sê-lo-ão, v.g., se as assinaturas do documento não se acharem minimamente autenticadas, seja por reconhecimento, seja ao menos por aposição de selos brancos ou carimbos no documento.

– Quanto à Convenção de Haia de 05.10.1961 relativa à supressão da exigência da legalização dos actos públicos estrangeiros consultar o BRN n.ºs 9/02, 11/02 e 5/03.

– Acerca da eficácia no exterior dos certificados relativos a acto de registo civil emitido pelas autoridades romenas, consultar o BRN n.º 2/98.

ARTIGO 44.º do Código do Notariado

Documentos passados no estrangeiro

1. Os documentos passados no estrangeiro, em conformidade com a lei local, são admitidos para instruir actos notariais, independente de prévia legalização.

2. Se houver fundadas dúvidas acerca da autenticidade do documento apresentado, pode ser exigida a sua legalização, nos termos lei processual.

3. O documento escrito em língua estrangeira deve ser acompanhado da tradução correspondente ...

Nota:

– Nos termos do n.º 3 do artigo 44.º do Código do Notariado, a tradução pode ser feita por notário português, pelo consulado português no país onde o documento foi passado, pelo consulado desse país em Portugal ou ainda por tradutor idóneo que, sob juramento ou compromisso de honra, afirme, perante o notário, ser fiel a tradução. Este juramento ou compromisso de honra por parte do tradutor idóneo pode também ser feito, face a este artigo, perante o conservador.

ARTIGO 365.º do Código Civil

Documentos passados em país estrangeiro

1. Os documentos autênticos ou particulares passados em país estrangeiro na conformidade da respectiva lei, fazem prova como o fariam os documentos da mesma natureza exarados em Portugal.
2. Se o documento não estiver legalizado, nos termos da lei processual, e houver fundadas dúvidas acerca da sua autenticidade ou autenticidade do reconhecimento, pode ser exigida a sua legalização.

ARTIGO 5.º do Decreto-Lei n.º 237/2001 de 30.08

Reconhecimentos com menções especiais

1. As câmaras de comércio e indústria, reconhecidas nos termos do Decreto-Lei n.º 244/92, de 29 de Outubro, os advogados e os solicitadores podem fazer reconhecimentos com menções especiais, por semelhança nos termos previstos no Código do Notariado.
2. Podem ainda as entidades referidas no número anterior certificar, ou fazer e certificar, traduções de documentos.
3. É aplicável com as necessárias adaptações, o disposto no artigo 2.º do Decreto-Lei n.º 28/2000, de 13 de Março.

ARTIGO 6.º

Força provatória

Os reconhecimentos e as traduções efectuados pelas entidades previstas no artigo anterior conferem ao documento a mesma força probatória que teria se tais actos tivessem sido realizados com intervenção notarial.

Decreto n.º 135/82 de 20 de Dezembro

4.4 *Apostilha*

- **Convenção Relativa à Dispensa de Legalização para Certas Certidões de Registo Civil e Documentos**

O Governo decreta, nos termos da alínea c) do artigo 200.º da Constituição, o seguinte:
Artigo único. É aprovada para ratificação a Convenção Relativa à Dispensa de Legalização para Certas Certidões de Registo Civil e Documentos, assinada em Atenas em 15 de Setembro de 1977, cujo texto original, em francês, com a respectiva tradução, em português, acompanham o presente decreto.
Visto e aprovado em Conselho de Ministros de 28 de Outubro de 1982. – Francisco José Pereira Pinto Balsemão.
Assinado em 25 de Novembro de 1982.
Publique-se.
O Presidente da República, ANTÓNIO RAMALHO EANES.

CONVENÇÃO RELATIVA À DISPENSA DE LEGALIZAÇÃO PARA CERTAS CERTIDÕES DE REGISTO CIVIL E DOCUMENTOS, ASSINADA EM ATENAS EM 15 DE SETEMBRO DE 1977.

Os Estados signatários da presente Convenção, membros da Comissão Internacional do Estado Civil, desejosos de dispensar entre os Estados partes desta Convenção certos actos ou documentos de legalização ou qualquer formalidade equivalente, acordaram nas seguintes disposições:

Artigo 1.º

A legalização, no sentido da presente Convenção, apenas abrange a formalidade destinada a atestar a veracidade da assinatura aposta sobre uma certidão de registo civil ou documento, a qualidade em que interveio o signatário da certidão de registo civil ou do documento e, se for caso disso, a autenticidade do selo ou carimbo que constam da certidão de registo civil ou do documento.

Artigo 2.º

Cada Estado contratante aceita, sem legalização ou formalidade equivalente, desde que datados e assinados e, se for caso disso, autenticados com o selo ou carimbo da autoridade do Estado contratante que os emitiu:
1) As certidões de registo civil e documentos relativos ao estado civil, à capacidade ou à situação familiar das pessoas físicas, à sua nacionalidade, ao seu domicílio ou residência, seja qual for o fim a que se destinam;
2) Quaisquer outras certidões de registo civil e documentos apresentados para efeitos de celebração de casamento ou para a feitura de um acto de registo civil.

Artigo 3.º

Sempre que uma certidão de registo civil ou documento referido no artigo 2.º não tenham sido transmitidos por via diplomática ou qualquer outra via oficial, a autoridade à qual sejam apresentados pode, em caso de dúvida grave sobre a veracidade da assinatura, a autenticidade do selo ou carimbo ou ainda sobre a qualidade do signatário, pedir a sua verificação à autoridade que o emitiu.

Artigo 4.º

O pedido de verificação pode ser feito por meio de uma fórmula plurilingue cujo modelo se encontra anexado à presente Convenção. Esta fórmula é enviada, em duplicado, directamente à autoridade que emitiu o acto ou o documento a verificar e acompanhada do mesmo.

Artigo 5.º

Cada verificação é efectuada gratuitamente e a resposta é devolvida com a certidão de registo civil ou documento, o mais rapidamente possível, quer directamente, quer por via diplomática.

Artigo 6.º

A presente Convenção será ratificada, aceite ou aprovada e os instrumentos de ratificação, de aceitação ou de aprovação serão depositados junto do Conselho Federal Suíço.

Artigo 7.º

A presente Convenção entrará em vigor no primeiro dia do terceiro mês a seguir ao do depósito do segundo instrumento de ratificação, aceitação ou aprovação.

Relativamente ao Estado signatário que a tiver ratificado, aceitado ou aprovado, após a sua entrada em vigor, a Convenção produzirá efeitos a partir do primeiro dia do terceiro mês a seguir ao do depósito por este Estado do instrumento de ratificação, aceitação ou aprovação.

Artigo 8.º

Qualquer Estado membro da Comissão Internacional do Estado Civil que não tenha assinado a presente Convenção e qualquer Estado membro do Conselho da Europa poderá aderir à presente Convenção após a sua entrada em vigor. O instrumento de adesão será depositado junto do Conselho Federal Suíço. A Convenção produzirá efeitos para o Estado aderente no primeiro dia do terceiro mês a seguir ao do depósito do instrumento de adesão.

Artigo 9.º

Não será admitida qualquer reserva à presente Convenção.

Artigo 10.º

Qualquer Estado no momento da assinatura, da ratificação, da aceitação, da aprovação ou da adesão ou em qualquer momento posterior poderá declarar que a presente Convenção se alargará ao conjunto dos territórios cujas relações internacionais são por ele asseguradas ou a um ou vários de entre eles.

Esta declaração será notificada ao Conselho Federal Suíço e esse alargamento produzirá efeitos no momento da entrada em vigor da Convenção para o dito Estado ou, posteriormente, a partir do primeiro dia do terceiro mês a seguir ao da recepção da notificação.

Qualquer declaração de alargamento poderá ser retirada por meio de notificação dirigida ao Conselho Federal Suíço e a Convenção deixará de se aplicar no território designado a partir do primeiro dia do terceiro mês a seguir ao da recepção da dita notificação.

Artigo 11.º

A presente Convenção permanecerá em vigor sem prazo limitado.

Qualquer Estado parte na presente Convenção terá, todavia, a faculdade de a denunciar em qualquer momento após o decurso do prazo de 1 ano a partir da data da entrada em vigor da Convenção em relação a esse Estado. A denúncia será notificada ao Conselho Federal Suíço e tomará efeito no primeiro dia do sexto mês a seguir à recepção desta notificação. A Convenção manter-se-á em vigor entre os outros Estados.

Artigo 12.º

O Conselho Federal Suíço notificará os Estados membros da Comissão Internacional do Estado Civil e qualquer outro Estado que haja aderido à presente Convenção:
   a) Do depósito de todo o instrumento de ratificação, aceitação, aprovação ou adesão;
   b) De toda a data de entrada em vigor da Convenção;
   c) De toda a declaração relativa ao alargamento territorial da Convenção ou à sua retirada e da data em que ela produzir efeitos;
   d) De toda a denúncia da Convenção e da data em que ela produzirá efeitos.

O Conselho Federal Suíço dará conhecimento ao Secretário-Geral da Comissão Internacional do Estado Civil da notificação feita ao abrigo do parágrafo I.

Após a entrada em vigor da presente Convenção, será enviada, pelo Conselho Federal Suíço, ao Secretário-Geral das Nações Unidas uma cópia devidamente certificada, para fins de registo e publicação, de acordo com o artigo 102.º da Carta das Nações Unidas.

Em fé do que os abaixo assinados, devidamente autorizados para o efeito, assinaram a presente Convenção.

Feita em Atenas a 15 de Setembro de 1977, num único exemplar, em língua francesa, que será depositado nos arquivos do Conselho Federal Suíço e do qual será enviada, por via diplomática, cópia devidamente certificada a cada um dos Estados membros da Comissão Internacional do Estado Civil e aos Estados aderentes. Uma cópia devidamente certificada será igualmente enviada ao Secretário-Geral.

Notas:

– A apostilha é uma formalidade, apenas emitida sobre documentos públicos (ou em folha ligada a estes), lavrados no território de um Estado que faz parte da Convenção Relativa à Supressão da Exigência da Legalização dos Actos Públicos Estrangeiros, concluída em Haia a 5 de Outubro de 1961, pela autoridade competente do Estado donde o documento é originário, e que devam ser apresentados no território de outro Estado também contratante da Convenção, que certifica a autenticidade daqueles, reconhecendo a assinatura do signatário que proferiu o acto (ou seja, da pessoa que emitiu o documento público), a qualidade em que o mesmo o emitiu (ou seja, certifica a actividade pública desempenhada, por exemplo: conservador do registo civil, conservador do registo predial, notário, advogado, etc.) e, se for caso disso, a autenticidade do selo ou carimbo que constam do acto.

– Neste âmbito encontram-se incluídos, por exemplo, os documentos emitidos pelos seguintes serviços públicos:

◊ *Conservatórias do Registo Civil (assentos de nascimento, assentos de casamento, assentos de óbito, etc.);*
◊ *Conservatórias do Registo Predial;*
◊ *Conservatórias do Registo Comercial;*
◊ *Cartórios Notariais (escrituras);*

◊ *Juntas de Freguesia (prova de vida, prova de residência);*
◊ *Escolas Básicas Públicas;*
◊ *Escolas Secundárias Públicas;*
◊ *Universidades e Institutos Públicos (diplomas);*
◊ *Ministérios;*
◊ *Tribunais (divórcios, acordos de poder paternal, etc.).*

– *A apostilha pode também ser aplicada a documentos emitidos pelas Escolas Básicas e Secundárias Privadas (Externatos) e pelas Universidades Privadas, desde que sejam observadas as formalidades seguintes:*

◊ *Os documentos emitidos pelas Escolas Básicas e Secundárias Privadas (Externatos) devem ser autenticados pelo Departamento do Ensino Básico e Secundário, sito na Avenida 24 de Julho, n.º 140 em Lisboa, antes de serem apresentados para a aposição da apostilha nos serviços de atendimento ao público competentes;*

◊ *Os documentos emitidos pelas Universidades Privadas (Lusíada, Católica, etc.) devem ser autenticados pelo Departamento do Ensino Superior, sito na Avenida Duque de Ávila, n.º 137, em Lisboa antes de serem apresentados para a aposição da apostilha nos serviços de atendimento ao público competentes.*

– *A apostilha não pode ser aplicada, conforme resulta do artigo 1.º da Convenção, aos seguintes documentos:*

◊ *Documentos elaborados pelos agentes diplomáticos ou consulares;*
◊ *Documentos administrativos relacionados directamente com uma operação comercial ou aduaneira.*

– *Como procedimento prévio à apresentação do documento para a emissão da apostilha, convém verificar se o documento que vai ser apresentado:*

◊ *Se trata, de facto de um documento público, sendo assim considerado, os documentos mencionados nas alíneas a), b), c) e d) do artigo 1.º da Convenção.*
◊ *Se encontra autenticado pela entidade pública emitente;*
◊ *Se encontra autenticado por advogado ou por solicitador, nos termos dos artigos 5.º e 6.º do DL n.º 237/2001, de 30.08., e n.º 3 do artigo 1.º do DL n.º 28/2000, de 13.03., e nesse caso deve ser junta fotocópia simples da respectiva cédula profissional.*

– *O sistema implementado pela Convenção em causa reconduz-se, em suma, a um processo de validação internacional de documentos públicos bastante mais simples e célere do que o sistema geral de legalização de actos públicos estrangeiros.*

– Portugal é parte na Convenção Relativa à Supressão da Exigência da Legalização dos Actos Públicos Estrangeiros, concluída em Haia a 05.10.1961, aprovada para ratificação pelo Decreto-Lei n.º 48 450, publicado no Diário do Governo, 1.ª Série, n.º 148, de 24 de Junho de 1968 e ratificada em 06 de Dezembro de 1968, conforme o Aviso publicado no Diário do Governo, 1.ª série, n.º 50, de 28 de Fevereiro de 1969.

– A Convenção entrou em vigor para a República Portuguesa em 04 de Fevereiro de 1969, de acordo com o Aviso, indicado na nota anterior.

– O Governo Português designou Sua Excelência o Procurador--Geral da República (Distrito de Lisboa) e os Procuradores da República junto das Relações (restantes distritos judiciais) como autoridades competentes para emitir a apostilha prevista no artigo 3.º da Convenção Relativa à Supressão da Exigência da Legalização de Actos Públicos Estrangeiros, concluída em Haia em 5 de Outubro de 1961, conforme aviso publicado no Diário do Governo, 1.ª série, n.º 78, de 02 de Abril de 1969.

– Incumbe à Secção de Expediente Geral e Arquivo da Unidade de Administração de Processos executar o serviço de apostilhas, nos termos da alínea i) do n.º 1 do artigo 9.º e alínea f) do artigo 13.º do DL n.º 333/99, de 20.08, da Lei Orgânica dos Serviços de Apoio da Procuradoria--Geral da República.

– A Procuradoria-Geral da República dispõe de serviços de atendimento ao público no âmbito da emissão de apostilhas nos seguintes locais:
 ◊ *Procuradoria-Geral da República*
 Rua da Escola Politécnica, n.º 140
 1269 – 269 Lisboa
 Tel: 213 921 900/99 – Fax: 213 975 255
 Horário: 9:30 – 12:00 e 14:00 – 17:00

Serviços da Procuradoria-Geral da República junto dos Tribunais da Relação:
 ◊ *Tribunal da Relação de Coimbra*
 Palácio da Justiça – Rua da Sofia
 3004 – 501 Coimbra
 Tel: 239 852 950 – Fax: 239 883 985

◊ *Tribunal da Relação de Évora*
Largo das Alterações, n.º 1
7004 – 501 Évora
Tel: 266 758 800/9 – Fax: 266 701 529

◊ *Tribunal da Relação do Porto*
Campo Mártires da Pátria
4049 – 012 Porto
Tel: 222 008 531 – Fax: 222 000 715

◊ *Serviços da Procuradoria da República junto do Tribunal Judicial – Madeira*
Rua Marquês do Funchal
9004 – 548 Funchal
Tel: 291 213 442 – Fax: 291 233 015

◊ *Serviços da Procuradoria da República junto do Círculo Judicial – Açores*
Rua Conselheiro Luís Bettencourt
9500 – 058 Ponta Delgada
Tel: 296 209 460 – Fax: 296 283 494

– *Os países que recebem documentos com apostilha são apenas os que aderiram à Convenção Relativa à Supressão da Exigência da Legalização dos Actos Públicos Estrangeiros, concluída em Haia a 5 de Outubro de 1961.*

A lista de países, regularmente actualizada no site da Conferência de Haia, e que aderiram à Convenção é, actualmente, a seguinte:

ESTADOS	ADERENTES
África do Sul	Ilhas Marshall
Albânia	Ilhas Niue
Alemanha	Irlanda
Andorra	Islândia
Antígua e Barbuda	Israel
Antilhas Holandesas: Curação	Itália
Argentina	Japão
Arménia	Lesoto
Austrália	Letónia
Áustria	Libéria
Azerbeijão	Liechtenstein
Bahamas	Lituânia
Barbados	Luxemburgo
Bélgica	Malawi
Belize	Malta
Bielorrúsia	Maurícia
Bósnia-Herzegovina	México
Botswana	Moldávia
Brunei-Darussalam	Mónaco
Bulgária	Namíbia
China (Hong-Kong)	Noruega
China (Macau)	Nova Zelândia
Chipre	Países Baixos
Colômbia	Panamá
Coreia do Sul	Paraguai
Croácia	Polónia
Dinamarca	Reino Unido
Dominique	República Checa

ESTADOS	ADERENTES
El Salvador	Roménia
Equador	S. Marino
Eslováquia	Samoa
Eslovéma	Santa Lúcia
Espanha	São Cristovão e Nevis
Estados Unidos da América	São Vicente e Grenadines
Estónia	Sérvia e Montenegro
Ex-República Juguslava da Macedónia	Seychelles
Federação Russa	St. Kitts e Nevis
Fidji	Suazilândia
Finlândia	Suécia
França	Suiça
Geórgia	Suriname
Granada	Tonga
Grécia	Trindade e Tobago
Herzegovina	Turquia
Honduras	Ucrânia
Hungria	Uzbequistão
Ilhas Cook	Venezuela

4.5 Tradução

ARTIGO 49.º do Código do Registo Civil

Documentos passados em país estrangeiro

1. Os documentos passados em país estrangeiro em conformidade com a lei local ...
2. – 7. ...
8. Os documentos referidos no n.º 1, quando escritos em língua estrangeira, devem ser acompanhados de tradução feita ou certificada nos termos previstos na lei.

ARTIGO 44.º do Código do Notariado

Documentos passados no estrangeiro

1. ...
2. ...
3. O documento escrito em língua estrangeira deve ser acompanhado da tradução correspondente, a qual pode ser feita por notário português, pelo consulado português no país onde o documento foi passado, pelo consulado desse pais em Portugal ou, ainda, por tradutor idóneo que, sob juramento ou compromisso de honra, afirme, perante notário, ser fiel a tradução.

Notas:

– Nos termos do n.º 2 do artigo 49.º do Código do Registo Civil e do n.º 3 do artigo 44.º do Código do Notariado, o documento escrito em

língua estrangeira deve ser acompanhado da tradução correspondente, a qual pode ser feita por notário português, pelo consulado português no país onde o documento foi passado, pelo consulado desse país em Portugal ou ainda por tradutor idóneo que, sob juramento ou compromisso de honra, afirme, perante o notário [português], ser fiel a tradução. Este juramento ou compromisso de honra por parte do tradutor idóneo pode também ser feito, face ao artigo referido do Código do Registo Civil, perante o conservador.

– A tradução dos documentos escritos em língua estrangeira é imperativa e terá lugar mesmo quando o conservador domine o idioma em que os mesmos estão redigidos.

– As traduções feitas ou certificadas por conservador, servem apenas para instruir os actos ou processos a realizar na Conservatória.

– Deve ser aceite a tradução feita por tradutor ajuramentado, cuja assinatura foi reconhecida em consulado português.

– Como em França há o "tradutor ajuramentado" (em Portugal não), basta o carimbo do tradutor e a apostilha a confirmar a sua identidade (mesmo que seja apostilha estrangeira), devendo a assinatura ser reconhecida por semelhança pelo consulado português local.

– Certos países não utilizam selo branco. Este não é de exigir, desde que o documento venha devidamente carimbado e assinado pelas autoridades estrangeiras.

– Deve ser aceite a tradução certificada por um funcionário da Embaixada e autenticada com o respectivo selo oficial, por considerar-se feita nos termos da lei notarial.

– São de aceitar as traduções por intérprete público de português, na Venezuela – Regesta – Julho/83, pág. 65.

– Não pode intervir como tradutor aquele a quem o documento traduzido respeita, o nubente ou cônjuge, parente ou afim na linha recta ou até ao 2.º grau da linha colateral, BRN 6/03.

MINUTA DE CERTIFICADO DE TRADUÇÃO

F_____ *a)*, conservador do Registo Civil de _____ *b)* – **CERTIFICO**, que na data de hoje, perante mim, compareceu: "**F** _____ *c)*" no estado de _____ *d)*, natural de _____, com residência habitual em _____, de nacionalidade _____, pessoa cuja identidade verifiquei pelo *e)* n.º _____, emitido em *f)* __/__/____, por *g)* _____, o qual me declarou sob compromisso de honra, que a tradução para a língua "**Portuguesa**" anexa, foi por si feita e é tradução correcta e fiel do documento apresentado, escrito em língua: "**F**_____ *h)*" assumindo pela mesma, completa e inteira responsabilidade. O presente certificado, a tradução e o documento vão devidamente autenticados com o selo branco desta Conservatória, rubricados e assinados pelo tradutor e por mim, Conservador.

Em *i)* _____, aos *j)* _____, de *l)* _____ de *m)* _____

O Tradutor,
O Conservador,
(Assinaturas)

Notas:

a) *Nome completo do conservador.*
b) *Indicar qual a Conservatória.*
c) *Nome completo do tradutor.*
d) *Casado/solteiro/divorciado/viúvo.*
e) *Passaporte, título de residência ou outro documento de identificação equivalente.*
f) *Data de emissão.*
g) *Entidade emissora.*
h) *Indicar a língua estrangeira na qual o documento está escrito.*
j) *Local.*
l) *Dia.*
m) *Mês.*
n) *Ano.*

Emolumentos

€ 17,50
€ 15,00

<u>Notas:</u>

– *Artigo 27.º* **Emolumentos comuns** – *7.1 do RERN – Pelo certificado de exactidão da tradução de cada documento realizada por tradutor ajuramentado – (euro) 17,50.*
– *Artigo 27.º* **Emolumentos comuns** – *7.2 – Pela tradução de documentos, por cada página – (euro) 15,00.*

ARTIGO 5.º do Decreto-Lei n.º 237/2001 de 30.08

Reconhecimentos com menções especiais

1. ...
2. Podem ainda as entidades referidas no número anterior certificar, ou fazer e certificar, traduções de documentos.
3. É aplicável com as necessárias adaptações, o disposto no artigo 2.º do Decreto-Lei n.º 28/2000, de 13 de Março.

ARTIGO 6.º

Força provatória

Os reconhecimentos e as traduções efectuados pelas entidades previstas no artigo anterior conferem ao documento a mesma força probatória que teria se tais actos tivessem sido realizados com intervenção notarial.

Decreto n.º 135/82 de 20 de Dezembro

5. EMBAIXADAS E CONSULADOS

Afeganistão
>32, Avenue Raphaël
>75116 PARIS
>**Tel:** +33 1 45 25 05 29
>**Fax:** +33 1 45 24 60 68
>**e-mail:** ambafghane@wanadoo.fr
>**site:** www.ambafghane-paris.com

África do Sul
>Av. Luís Bívar, n.º 10
>1269-124 LISBOA
>**Tel:** 213 192 200
>**Fax:** 213 192 211
>**e-mail:** embsa@embaixada-africadosul.pt
>**site:** www.embaixada-africadosul.pt

Albânia
>57, Avenue Marceau
>75116 PARIS
>**Tel:** + 33 1 47 23 31 00
>**Fax:** + 33 1 47 23 59 85
>**e-mail:** ambassade.albanie@wanadoo.fr
>**site:** www.amb-albanie-paris.com

Alemanha
>Campo dos Mártires da Pátria, n.º 38
>1169-043 LISBOA
>**Tel:** 218 810 210
>**Fax:** 218 853 846
>**e-mail:** info@lissabon.diplo.de
>**site:** http://www.lissabon.diplo.de

Andorra

    Embaixador Antoni Calvó Armengol
    Rua do Possolo, n.º 76-2.º
    1350-251 – LISBOA
    Tel: 21 3913740
    Fax: 21 3913749

Angola

    Av. da República, n.º 68
    1069-213 LISBOA
    Tel: 217 961 830 – 217 967 041/43
    Fax: 217 971 238
    e-mail: embaixadadeangola@mail.telepac.pt
    site: www.embaixadadeangola.org
    http://www.consuladogeral-angola.pt/

Consulado Geral

    Rua Alexandre Herculano, n.º 352 – 5.º, Salas 52, 54
    4000-053 PORTO
    Tel: 222 058 827
    Fax: 22 2058902

Antígua e Barbuda

    15 Thayer Street
    London W1U 3JT
    Tel: + 44 20 74 86 70 73
    Fax: + 44 20 74 86 99 70

Arábia Saudita

    Av. do Restelo, n.º 42
    1400-315 LISBOA
    Tel: 213 041 750 – 213 010 568
    Fax: 213 014 209
    e-mail: saudiembassy@netcabo.pt

Argélia

Rua Duarte Pacheco Pereira, n.º 58, Restelo
1400-140 LISBOA
Tel: 213 041 520
Fax: 213 010 393
e-mail: embaixada-argelia@clix.pt
site: www.emb-argelia.pt

Argentina

Av. João Crisóstomo, n.º 8 R/C Esq.
1000-178 LISBOA
Tel: 217 977 311 – 217 959 223
Fax: 217 959 225 – 217 974 702
e-mail: embargpi@mail.telepac.pt

Austrália

Av. da Liberdade, n.º 200 – 2.º
1250-147 LISBOA
Tel: 213 101 500
Fax: 213 101 555
e-mail: austemb.lisbon@dfat.gov.au
site: www.portugal.embassy.gov.au

Áustria

Av. Infante Santo, n.º 43 – 4.º
1399-046 LISBOA
Tel: 21 394 39 00 / 1 / 2
Fax: 213 958 224
e-mail: lissabon-ob@bmeia.gv.at

Arménia

Government House, 2
Republic Square
375010 YEREVAN

Republic of Armenia
Tel: +374 1 54 40 41 Ext. 244
Fax: +374 1 54 39 25

Bangladesh

39, Rue Erlanger
75016 PARIS
Tel: +33 1 46 51 90 33 / +33 1 46 51 98 30
Fax: +33 1 46 51 90 35

Barbados

Avenue Franklin Roosevelt, 100
B-1050 BRUSSELS
Tel: +32 2 732 17 37 / 732 18 67
Fax: +32 2 732 32 66
e-mail: brussels@foreign.gov.bb
site: www.foreign.gov.bb

Bélgica

Praça Marquês de Pombal, n.º 14 – 6.º
1269-024 LISBOA
Tel: 213 170 510
Fax: 213 561 556
e-mail: lisbon@diplobel.be
site: www.diplomatie.be/lisbon

Bielorússia

38, Bd. Suchet
75016 PARIS
Tel: +33 1 44 14 69 79
Fax: +33 1 44 14 69 70
e-mail: france@belembassy.org
site: www.france.belembassy.org

Benim

87, Avenue Victor Hugo
75116 PARIS
Tel: +33 1 45 00 98 82
Fax: +33 1 45 01 82 02
site: www.ambassade-benin.org

Bolívia

12, Avenue du President Kennedy
75016 PARIS
Tel: +33 1 42 24 93 44
Fax: +33 1 45 25 86 23
e-mail: embolivia.paris@wanadoo.fr

Bósnia Herzegovina

Bezuidenhoutseweg, 223
2594 AL Den Haag
Tel: + 31 70 358 85 05
Fax: +31 70 358 43 67
e-mail: ejerkic@euronet.nl

Brasil

Quinta das Mil Flores
Estrada das Laranjeiras, n.º 144
1649-021 LISBOA
Tel: 217 248 510
Fax: 217 287 623
e-mail: geral@embaixadadobrasil.pt
site: www.embaixadadobrasil.pt

Consulado Geral
Praça Luís de Camões, n.º 22 – 1.º andar
1200-243 LISBOA
Tel: 213 220 100
Fax: 213 473 926
e-mail: consbras.lisboa@netcabo.pt
site: www.consulado-brasil.pt/

Brunei

    7 Rue de Presbourg
    75116 PARIS
    Tel: +33 1 53 64 67 60
    Fax: +33 1 53 64 67 83
    e-mail: ambassade.brunei@wanadoo.fr

Bulgária

    Rua do Sacramento à Lapa, n.º 31
    1200-792 LISBOA
    Tel: 213 976 364 / 67
    Fax: 213 979 272
    e-mail: ebul@mail.telepac.pt

Burkina Faso

    159, Boulevard Haussmann
    75008 PARIS
    Tel: +33 1 43 59 90 63
    Fax: +33 1 42 56 50 07
    site: www.ambaburkinafrance.org
    e-mail: amba-burkina.faso@wanadoo.fr

Burundi

    24, Rue Raynouard
    75016 PARIS
    Tel: +33 1 45 20 60 61
    Fax: +33 1 45 20 02 54

Cabo Verde

    Av. do Restelo, n.º 33
    1449-025 LISBOA
    Tel: 213 041 440
    Fax: 213 041 466
    site: www.embcv.pt
    e-mail: info@embcv.pt

Camarões

Rue d'Auteil, 73
75016 PARIS
Tel: +33 1 47 43 98 33
Fax: +33 1 45 68 30 34

Cambodja

4, Rue Adolphe-Yvon
75115 PARIS
Tel: (0033) 1 45 03 47 20
Fax: (0033) 1 45 03 47 40
e-mail: ambcambodgeparis@mangoosta.fr

Canadá

Avenida da Liberdade, n.º 196/200, 3.º andar
1269-121 LISBOA
Tel: 21 444 33 01
Fax: 21 444 39 12
e-mail: lisbon@dfait-maeci.gc.ca
site: www.dfait-maeci.gc.ca

Republica Centro Africana

30, Rue des Perchamps
75016 PARIS
Tel: +33 1 42 24 42 56
Fax: +33 1 42 88 98 95

Chade

65, Rue des Belles Feuilles
75116 PARIS
Tel: +33 1 45 53 36 75
Fax: +33 1 45 53 16 09
e-mail: ambatchad_paris@libertusurf.fr

República Checa

Rua Pêro de Alenquer, n.º 14
1400-294 LISBOA
Tel: 213 010 487
Fax: 213 010 629
e-mail: lisbon@ambassy.mzv.cz
site: www.mfa.cz/lisbon

Chile

Av. Miguel Bombarda, n.º 5 – 1.º
1000-207 LISBOA
Tel: 213 148 054
Fax: 213 150 909
e-mail: embachile@net.novis.pt
site: www.emb-chile.pt

República Popular da China

Rua do Pau de Bandeira, n.ºs 11-13
1200-756 LISBOA
Tel: 213 928 440
Fax: 213 928 431
site: http://pt.chineseembassy.org/pot/
e-mail: chinaemb_pt@mail.mfa.gov.cn

Chipre

Av. da Liberdade, n.º 229 – 1.º
1250-142 LISBOA
Tel: 213 194 180
Fax: 213 194 189
e-mail: chipre@netcabo.pt
site:www.mfa.gov.cy/embassy_lisbon

Colômbia

Palácio Sotto Mayor
Av. Fontes Pereira de Melo, n.º 16 – 6.º
1050-021 LISBOA
Tel: 213 188 480
Fax: 213 188 499
e-mail: elisboa@minrelext.gov.co

República do Congo

37, bis Rue Paul-Valéry
75116 PARIS
Tel: +33 1 45 00 60 57
Fax: +33 1 40 67 17 33

República Democrática do Congo

Av. Fontes Pereira de Melo, n.º 31 – 7.º
1050-117 LISBOA
Tel: 213 522 895
e-mail: ambalisbonne@minaffecirde.cd

República da Coreia

Av. Miguel Bombarda, n.º 36 – 7.º
1051-802 LISBOA
Tel: 217 937 200
Fax: 217 977 176
e-mail: embpt@mofat.go.kk

República Popular Democrática da Coreia

Viale dell Esperanto, n.º 26
00144 ROME
Tel: (00 39) 06 54 22 07 49
Fax: (0039) 06 54 21 00 90

Costa do Marfim

102, Avenue Raymond Poincaré
75116 PARIS
Tel: +33 1 53 64 62 62
Fax: +33 1 45 00 47 97

Costa Rica

1, 14 Lancaster Gate
LONDON W2 3LH
Tel: +44 20 7 706 88 44
Fax: +44 20 7 706 86 55

Consulado Honorário
Casa Escondida
Alto do Rodízio
2710-333 Colares SINTRA
Tel: 219 282 718
Fax: 219 291 834

Croácia

Rua D. Lourenço de Almeida, 24
1440-126 LISBOA
Tel: 213 021 033
Fax: 213 021 251
e-mail: croemblis@sapo.pt

Cuba

Rua Pero da Covilhã, n.º 14
1400-297 LISBOA
Tel: 21 304 18 60 /4
Fax: 21 301 18 95
e-mail: embaixada.cuba@netcabo.pt

Dinamarca

Rua Castilho, n.º 14-C-3.º
1269-077 LISBOA
Tel: 213 512 960
Fax: 213 554 615
e-mail: lisamb@um.dk
site: www.amblissabon.um.dk

Djibouti

26, rue Emile Menier
75116 PARIS
Tel: + 33 1 47 27 49 22
Fax: + 33 1 45 53 50 53
site: www.ambdjibouti.org

República Dominicana

Av. das Forças Armadas, n.º 133
Quinta das Mil Flores
Bloco B Escritório 3
1600-081 LISBOA
Tel: 21 724 70 30
Fax: 21 724 70 39
e-mail: embajadom@mail.telepac.pt

Egipto

Av. D. Vasco da Gama, n.º 8
1400-128 LISBOA
Tel: 213 018 301
Fax: 213 017 909
e-mail: egyptianembassyportugal@net.novis.pt

El Salvador

12, rue Galilée
75116 PARIS
Tel: +33 1 47 20 42 02
Fax: +33 1 40 70 01 95

Equador

> Flat 3b, 3 Hans Crescent
> LONDON SW1X OLS
> **Tel:** +44 20 7 584 80 84
> **Fax:** +44 20 7 823 97 01
> **e-mail:** embajada.ecuador@btclick.com

Eritreia

> 15-17, Av. de Wolvendael
> 1180 BRUSSELS
> **Tel:** +32 2 374 44 34 / +32 2 374 45 00
> **Fax:** +32 2 372 07 30
> **e-mail:** eri_emba_brus@hotmail.com

República da Eslováquia

> Av. Fontes Pereira de Melo, n.º 19, 7.º Dt.º
> 1050-116 LISBOA
> **Tel:** 213 583 300
> **Fax:** 213 583 309
> **e-mail:** emslovak@mail.telepac.pt

Eslovénia

> Av. da Liberdade, n.º 49 – 6.º E
> 1250-139 LISBOA
> **Tel:** 213 423 301
> **Fax:** 213 423 305
> **e-mail:** vli@mzz-dkp.gov.si
> **site:** www.gov.si/mzz-dkp/veleposlanistva/eng/lisbon

Espanha

> Rua do Salitre, n.º 1
> 1269-052 LISBOA
> **Tel:** 213 472 381/2/3 ou 213 478 621/2
> **Fax:** 213 472 384
> **e-mail:** embesppt@correo.mae.es
> **site:** http://www.embaixadaespanha.com

Consulado Geral – PORTO
Rua D. João IV, n.º 341 – 4000-302 PORTO
Tel. 225 363 915 Fax 225 101 914
e-mail: cgespporto@correo.mae.es

Estados Unidos da América

Av. das Forças Armadas
1600-081 LISBOA
Tel: 217 273 300
site: www.american-embassy.pt

Estónia

R. Filipe Folque, 10 J – 2.º Esq.
1050-113 LISBOA
Tel: 213 194 150
Fax: 213 194 155
e-mail: embest@embest.pt
site: www.embest.pt

Etiópia

35, Rue de Moillebeau
Case Postal 338
1211 GENEVA 19
Tel: 00 41 22 919 70 10 / 00 41 22 919 70 16
Fax: 00 41 22 919 70 29
e-mail: mission.ethipia@ties.itu.int
site: www.ethiopianmission.ch

Fiji

92-94, Square Plasky
1030 BRUSSELS
Tel: +32 2 736 90 50
Fax: + 32 2 736 14 58
e-mail: info@fijiembassy.be
site: www.fijiembassy.be

Filipinas

    4 Hameau de Boulainvilliers
    75016 PARIS
    Tel: +33 1 44 14 57 00
    e-mail: ambaphilparis@wanadoo.fr

Finlândia

    Rua do Possolo, n.º 76, 1.º
    1350-251 LISBOA
    Tel: 213 933 040
    Fax: 213 904 758
    e-mail: sanomat.lis@formin.fi
    site: www.finlandia.org.pt

França

    Rua de Santos-o-Velho, n.º 5
    1249-079 LISBOA
    Tel: 213 939 100
    Fax: 213 939 151
    e-mail: ambafrance@hotmail.com
    site: www.ambafrance-pt.org

    Consulado Geral – Porto
    Rua Eugénio de Castro, n.º 352 – 2.º Esq. (Foco)
    4100-225 PORTO
    Tel. 226 094 805 / 6 Fax 226 064 205
    e-mail: ambafrance@hotmail.com
    site: www.ambafrance-pt.org

Gabão

    26 bis, Avenue Raphäel
    75016 PARIS
    Tel: 0033 172700150
    Fax: 0033 172810589

Gâmbia

117, Rue Saint Lazare
75008 PARIS
Tel: 00 33 1 42 94 09 30
Fax: 00 33 1 42 94 11 91
e-mail: ambgambia_france@hotmail.com

Gana

8, Villa Said
75116 PARIS
Tel: 0033 1 45 00 09 50
Fax: 0033 1 45 00 81 95

Grécia

Rua Alto do Duque, n.º 13
1449-026 LISBOA
Tel: 213 031 260-5
Fax: 213 011 205
e-mail: gremb.lis@mfa.gr

Grenada

Rue de Laeken 123, 1er
1000 BRUSSELS
Tel: +32 2 223 73 03
Fax: +32 2 223 73 07

Guatemala

73, Rue de Courcelles
75008 PARIS
Tel: +33 1 42 27 78 63
Fax: +33 1 42 54 02 06
e-mail: embaguatefrancia@wanadoo.fr

República da Guiné

51, Rue de la Faisenderie
75016 PARIS
Tel: +33 1 47 04 81 48
Fax: +33 1 47 04 57 65
e-mail: ambagui.parislaposte.net

Guiné-Bissau

Rua de Alcolena, n.º 17 A
1400-004 LISBOA
Tel: 213 009 081

Guiné Equatorial

29, Boulevard de Courcelles
75008 PARIS
Tel: +33 1 56 88 54 54
Fax: +33 1 56 88 10 75

Honduras

8, Rue Crevaux
75116 PARIS
Tel: +33 1 47 55 86 45
Fax: +33 1 47 55 86 48 / +33 1 47 55 91 48
e-mail: ambassade.honduras@noos.fr

Hungria

Calçada de Santo Amaro, n.º 85
1349-042 LISBOA
Tel: 213 630 395
Fax: 213 632 314
e-mail: huemblis@mail.telepac.pt
site: www.mfa.gov.hu/emb/lisbon

Iémen

25, Rue Georges Bizet
75116 PARIS
Tel: +33 1 53 23 87 87
Fax: +33 1 47 23 69 41

Índia

Rua Pêro da Covilhã, n.º 16
1400-297 LISBOA
Tel: 213 041 090
Fax: 213 016 576
e-mail: main@indembassy-lisbon.org
site: www.indembassy-lisbon.org

Indonésia

Rua Miguel Lupi, n.º 12 – 1.º
1249-080 LISBOA
Tel: 213 932 070
Fax: 213 932 079
e-mail: info@embaixada-indonesia.pt
site: www.embaixada-indonesia.pt

Irão

Rua do Alto do Duque, n.º 49
1400-009 LISBOA
Tel: 213 010 871 / 010 706 / 017 197 / 011 560
Fax: 213 010 777
e-mail: 2191@mfa.gov.ir ou iranembassy@emb-irao.pt
site: www.emb-irao.pt

Iraque

Rua do Arriaga, n.º 9
1200-608 LISBOA
Tel: 21 393 33 10 /17
Fax: 21 397 70 52
e-mail: lisemb@iraqmofa.net

Irlanda

Rua da Imprensa à Estrela, n.º 1 – 4.º
1200-684 LISBOA
Tel: 213 929 440
Fax: 213 977 363
e-mail: lisbon@dfa.ie

Islândia

8, Avenue Kléber
75116 PARIS
Tel: +33 1 44 17 32 85
Tel: +33 1 40 67 99 96
e-mail: icemb.paris.@utn.stjr.is
site: www.iceland.org/fr

Israel

Rua António Enes, n.º 16 – 4.º
1050-025 LISBOA
Tel: 213 553 640
Fax: 213 553 658
e-mail: israelemb@lisboa.mfa.gov.il
site: lisbon.mfa.gov.il

Itália

Largo Conde de Pombeiro, n.º 6
1150-100 LISBOA
Tel: 213 515 320
Fax: 213 154 926
e-mail: archivio.lisbona@esteri.it
site: www.amblisbona.esteri.it

Jamaica

1-2 Prince Consort Road
GB – LONDON SW7 2BZ
Tel: +44 207 823 99 11
Fax: +44 207 589 51 54
e-mail: jamhigh@jhcuk.com
site: www.jhcuk.com

Japão

Avenida da Liberdade, n.º 245 – 6.º
1269-033 LISBOA
Tel: 213 110 560
Fax: 213 534 802
e-mail: bunka@ip.pt
site: www.pt.emb-japan.go.jp

Jordânia

80, Boulevard Maurice Barres
92200 NEULLY-SUR-SEINE
Tel: +33 1 55 62 00 00
Fax: +33 1 55 62 00 06

Koweit

Km. 4,300 Av. Imam Malik
SOUISSI-RABAT
Tel: +212 376 3 11 11
Fax: +212 37 75 35 91

Laos

74, Av. Raymond Poincaré
75116 PARIS
Tel: +33 1 45 53 02 98
Fax: +33 1 47 27 57 89
e-mail: ambalaoparis@wanadoo.fr

Lesoto

> 7 Chesham Place
> Belgravia, LONDON SW1 8HN
> **Tel:** + 44 20 7 235 56 86
> **Fax:** + 44 20 7 235 50 23
> **e-mail:** lhc@lesotholondon.org.uk
> / lepersee@lesotho.fsnet.co.uk
> **site:** www.lesotholondon.org.uk

Letónia

> Travessa da Palmeira, n.º 31A
> 1200-315 LISBOA
> **Tel:** 21 340 71 70
> **Fax:** 21 346 90 45
> **E-mail:** embassy.portugal@mfa.gov.lv

Líbano

> Via di Porta Angelica, 15
> 00193 ROMA
> **Tel:** +39 06 683 35 21 / +39 06 683 35 12
> **Fax:** +39 06 683 35 07
> **e-mail:** amb.libano@tin.it

Libéria

> 12, Place du Géneral Catroux
> 75017 PARIS
> **Tel:** 00 33 1 47 63 58 55
> **Fax:** 00 33 1 42 12 76 14

Líbia

> Av. das Descobertas, n.º 24
> 1400-092 LISBOA
> **Tel:** 213 016 301
> **Fax:** 213 012 378
> **e-mail:** bureau.popular.libia@clix.pt

Lituânia

Av. 5 de Outubro, n.º 81 – 1.º Esq.
1050-050 LISBOA
Tel: 217 990 110
Fax: 217 996 363
e-mail: emb.lituania@mail.telepac.pt

Luxemburgo

Rua das Janelas Verdes, n.º 43
1200-690 LISBOA
Tel: 213 931 940
Fax: 213 901 410
e-mail: lisbonne.amb@mae.etat.lu

Antiga República Jugoslava da Macedónia

5, Rue de la Faisanderie
75116 PARIS
Tel: +33 1 45 77 10 50
Fax: +33 1 45 77 14 84
e-mail: amb.mk@wanadoo.fr

Malásia

2 bis, Rue Bénouville
75116 PARIS
Tel: +33 1 45 53 11 85
Fax: +33 1 47 27 34 60
e-mail: mwparis@wanadoo.fr

Malawi

20, Rue Euler
75008 PARIS
Tel: + 33 1 40 70 18 46
Fax: + 33 1 47 23 62 48
e-mail: malawi.embassy@libertysurf.fr

Mali

89, Rue du Cherche-Midi
75006 PARIS
Tel: +33 1 45 48 58 43
Fax: +33 1 45 48 55 34
B.P.-75263 PARIS CEDEX 06
e-mail: paris@ambamali.fr, secretariat@ambamali.fr

Malta

Av. da Liberdade, n.º 49 – 5.º Esq.º
1250-139 LISBOA
Tel: 213 405 470
Fax: 213 405 479
e-mail: maltaembassy.lisboa@mail.telepac.pt

Palazzo Parisio
Marchand's Street
VALLETTA
Malta
Tel: +356 21 242 191
Fax: +356 21 235 032

Marrocos

Rua Alto do Duque, n.º 21
1400-099 LISBOA
Tel: 213 020 842
Fax: 213 020 935
e-mail: sifmar@marrocos.pt
site: www.emb-marrocos.pt

Maurícias

127, Rue de Tocqueville
75017 PARIS
Tel: +33 1 42 27 30 19
Fax: +33 1 40 53 02 91
e-mail: ambassade.maurice@online.fr

Mauritânia

5, Rue de Montévidéo
75116 PARIS
Tel: +33 1 45 04 88 54
Fax: +33 1 40 72 82 96
e-mail: ambassade.mauritanie@wanadoo.fr

México

Estrada de Monsanto, n.º 78
1500 – 462 LISBOA
Tel: 217 621 290
Fax: 217 620 045
e-mail: embamex.port@mail.telepac.pt
site: www.sre.gob.mx/portugal

Moçambique

Av. de Berna, n.º 7
1050-036 LISBOA
Tel: 217 961 672
Fax: 217 932 720
e-mail: embamoc.portugal@minec.gov.mz

República da Moldávia

Rua Gonçalo Velho Cabral, n.º 31, 31 A
1400-188 LISBOA
Tel: 21 300 90 60
Fax: 21 300 90 67
e-mail: moldembportugal@sapo.pt

Rua Bernardo Lima, n.º 35 – 3.º C
1150 – 075 LISBOA
Tel: 213 162 184 / 213 162 185
Fax: 213 162 186
e-mail: Consulado.Moldavia@Amadomonteiro.pt

Mongólia

5, Av. Robert Schuman
92100 Boulogne-Billancourt
PARIS
Tel: +33 1 46 05 23 18
Fax: +33 1 46 05 30 16
e-mail: info@ambassademongolie.fr
site: www.ambassademongolie.fr

Namíbia

80, Avenue Foch
17 Square de l'Av. Foch
75016 PARIS
Tel: +33 1 44 17 32 65
Fax: +33 1 44 17 32 73
e-mail: namparis@club-internet.fr

Nepal

45 bis, Rue des Acacias
75017 PARIS
Tel: +33 1 46 22 48 67
Fax: +33 1 42 27 08 65
e-mail: paris@nepalembassy.org

Níger

154, Rue de Longchamp
75116 PARIS
Tel: +33 1 45 04 80 60
Fax: +33 1 45 04 79 73

Nigéria

Av. D. Vasco da Gama, n.º 3
1400-127 LISBOA
Tel: 213 016 190 / 91
Fax: 213 018 152
e-mail: nigeriaemblisbon@portugalmail.pt

Noruega

Av. D. Vasco da Gama, n.º 1
1400-127 LISBOA
Tel: 213 015 344
Fax: 213 016 158
e-mail: emb.lisbon@mfa.no
site: www.noruega.org.pt

Nova Zelândia

Via Zara, 28
00198 ROMA
Tel: +39 06 441 71 71
Fax: +39 06 440 29 84
e-mail: nzemb.rom@flashnet.it

Sultanato de Omã

50, Avenue d'Iena
75116 PARIS
Tel: +33 1 47 23 01 63
Fax: +33 1 47 23 77 10 / +33 1 47 23 02 25

Ordem Soberana Militar de Malta

Rua Duques de Bragança, n.º 10
1200-169 LISBOA
Tel: 213 420 398
Fax: 213 420 225
e-mail: embordsomalta@hotmail.com

Países Baixos

Avenida Infante Santo, n.º 43 – 5.º
1399-011 LISBOA
Tel: 213 914 900
Fax: 213 966 436
e-mail: nlgovlis@netcabo.pt
site: www.emb-paisesbaixos.pt

Delegação-Geral da Palestina

>Rua Pêro de Alenquer, n.º 25, Restelo
>1400-293 LISBOA
>**Tel:** 213 011 940
>**Fax:** 213 621 095
>**e-mail:** palestine-emb@yahoo.co.uk

Panamá

>Av. Helene Keller, n.º 15 – Lote C, 4.º Esq.
>1400 – 197 LISBOA
>**Tel:** 213 642 899 / 213 644 576 / 77
>**Fax:** 213 644 589
>**e-mail:** panemblisboa@netc.pt

Paquistão

>Rua António Saldanha, n.º 46
>1400-021 LISBOA
>**Tel:** 213 009 070
>**Fax:** 213 013 514
>**e-mail:** parep.lisbon.1@mail.telepac.pt

Paraguai

>Campo Grande, n.º 4 – 7.º Dt.º
>1700-092 LISBOA
>**Tel:** 217 965 907
>**Fax:** 217 965 905
>**e-mail:** embaparlisboa@mail.telepac.pt

Perú

>Rua Castilho, n.º 50 – 4.º Dt.º
>1250-071 LISBOA
>**Tel:** 213 827 470
>**Fax:** 213 827 479
>**e-mail:** info@embaixadaperu.pt

Polónia

Avenida das Descobertas, n.º 2
1400-092 LISBOA
Tel: 213 041 410 / 213 012 350 / 213 014 200
Fax: 213 041 429
e-mail: emb.polonia@mail.telepac.pt
site: www.emb-polonia.pt

Quatar

4, Av. Tarik Ibn Ziad
Rabat – MAROC
P. O. Box 1220
Tel: +212 37 76 56 81 / +212 37 76 89 86
Fax: +212 37 76 57 74
e-mail: Amb-qatarabat@iam.net.ma

Quénia

3, Rue Freycinet
75116 PARIS
Tel: +33 1 56 62 25 25
Fax: +33 1 47 20 44 41
e-mail: paris@amb-kenya.fr
site: www.kenyaembassyparis.org

Reino Unido

Rua São Bernardo, n.º 33
1249-082 LISBOA
Tel: 213 924 000
Fax: 213 924 021
e-mail: ppa@fco.gov.uk
site: www.uk-embassy.pt

Consulado – Porto
Av. da Boavista, n.º 3072
4100-120 PORTO
Tel. 226 184 789 Fax 226 100 438
e-mail: ppa@lisbon.mail.fco.gov.uk
site: www.uk-embassy.pt

Roménia

Rua de São Caetano, n.º 5
1200-828 LISBOA
Tel: 213 960 866
Fax: 213 960 984
e-mail: ambrom@mail.telepac.pt
site: www.embaixada-romenia.pt

Ruanda

12, Rue Jadin
75017 PARIS
Tel: +33 1 42 27 36 31
Fax: +33 1 42 27 74 69
e-mail: info@ambarwanda.fr
site: www.ambarwanda.fr

Federação da Rússia

Rua Visconde de Santarém, n.º 59
1000-286 LISBOA
Tel: 218 462 423
Fax: 218 463 008
e-mail: np71fn@mail.telepac.pt
site: www.portugal.mid.ru

Santa Sé

Avenida Luís Bívar, n.º 18
1069-147 LISBOA
Tel: 213 171 130
Fax: 213 171 149
e-mail: nunciatura@netcabo.pt

São Marino

Via Zanone, 3
47897 FIORENTINO R.S.M.
Tel: +37 8 87 83 27
Fax: +37 8 87 83 27

S. Tomé e Príncipe

Av. Gago Coutinho, n.º 26 R/C
1000-017 LISBOA
Tel: 218 461 917
Fax: 218 461 895
e-mail: embstp@mail.telepac.pt

Senegal

14, Avenue Robert Schuman
75007 PARIS
Tel: 01 47 05 39 45
Fax: 01 45 56 04 30

Serra Leoa

41 Eagle Street
Holborn
LONDON
WC1R 4TL
Tel: +44 20 7 404 0140
Fax: +44 20 7 430 9862
e-mail: info@slhc-uk.org.uk
site: www.slhc-uk.org.uk

Seychelles

51, Av. Mozart
75016 PARIS
Tel: +33 1 42 30 57 47
Fax: +33 1 42 30 57 40
e-mail: ambsey@aol.com

Sérvia e Montenegro

Avenida das Descobertas, n.º 12
1400-092 LISBOA
Tel: 213 015 311
Fax: 213 015 313
e-mail: yuemba@netcabo.pt

Singapura

12, Square de l'Avenue Foch
75116 PARIS
Tel: +33 1 45 00 33 61
Fax: +33 1 45 00 61 79/58 75
e-mail: singemb_par@sgmfa.gov.sg
site: www.mfa.gov.sg/paris/

Sri Lanka

27, Rue Jules Lejeune
1050 BRUSSELS
Tel: + 32 2 344 53 94
Fax: + 32 2 344 67 37
e-mail: sri.lanka@skynet.be

Suazilândia

20 Buckingham Gate
LONDON SW1E 6LB
Tel: +44 20 7 630 66 11
Fax: +44 20 7 630 65 64
e-mail: swaziland@swaziland.btinternet.com
site: www.swaziland.org.uk

Sudão

11, Rue Alfred Dehodencq
75016 PARIS
Tel: + 33 1 42 25 55 71
Fax: + 33 1 45 63 66 73
e-mail: Ambassade-du-soudan@wanadoo.fr
site: www.ambassade-du-soudan.org

Suécia

Rua Miguel Lupi, n.º 12, 2.º
1249-077 LISBOA
Tel: 21 394 22 60
Fax: 21 394 22 61
e-mail: ambassaden.lissabon@foreign.ministry.se
e-mail: emb.suecia.lis@mail.telepac.pt
site: www.swedenabroad.com/lisbon

Suíça

Travessa do Jardim, n.º 17
1350-185 LISBOA
Tel: 213 944 090
Fax: 213 955 945
e-mail: vertretung@lis.rep.admin.ch
site: www.eda.admin.ch/lisbon

Tailândia

Rua de Alcolena, n.º 12 – 12A
1400-005 LISBOA
Tel: 213 014 848
Fax: 213 018 181
e-mail: thai.lisail@mail.telepac.pt

Tânzania

13, Avenue Raymond Poincaré
75116 PARIS
Tel: +33 1 53 70 63 66
Fax: +33 1 47 55 05 46
e-mail: ambtanzanie@wanadoo.fr
site: www.amb-tanzanie.fr

Timor-Leste

Av. Infante Santo, n.º 17 – 6.º Esq.
1350-175 LISBOA
Tel: 213 933 730
Fax: 213 933 739
e-mail: embaixada.rdtl@mail.telepac.pt

Tunísia

Rua Rodrigo Rebelo, n.º 16
1400-318 LISBOA
Tel: 21 301 03 30
Fax: 21 301 68 17
e-mail: at.lisbonne@netcabo.pt

Turquia

Av. das Descobertas, n.º 22
1400-092 LISBOA
Tel: 213 003 110
Fax: 213 017 934
e-mail: info-turk@mail.telepac.pt

Ucrânia

Av. das Descobertas, n.º 18
1400-092 LISBOA
Tel: 21 301 00 43 / 21 301 00 47
Fax: 21 301 00 59
e-mail: lisboa@embaixada-da-ucrania.pt
site: www.embaixada-da-ucrania.pt

Uganda

317, Av. Tervuren
1150 BRUXELAS
Tel: +32 2 762 58 25
Fax: +32 2 763 04 38
e-mail: ugembrus@brutele.be
site: www.mofa.go.ug

União de Myanmar

Via della Camilluccia, 551
00135 ROMA
Tel: +39 06 36 30 40 56
Fax: +39 06 36 29 85 66
e-mail: meroma@tiscali.it

Uruguai

Rua Sampaio Pina, n.º 16 – 2.º
1070-249 LISBOA
Tel: 213 889 265
Fax: 213 889 245
e-mail: urulusi.@sapo.pt

República Bolivariana da Venezuela

Avenida Duque de Loulé, n.º 47 – 4.º
1050-086 LISBOA
Tel: 213 573 803
Fax: 213 527 421
e-mail: embavenez@mail.telepac.pt

República Socialista do Vietname

62, Rue Boileau
75016 PARIS
Tel: 0033 1 44 14 64 10
Fax: 0033 1 45 24 39 48
e-mail: pchi@imaginet.fr

Zâmbia

Via Ennio Quirino Visconti, 8
00193, ROMA
Tel: 0039 – 063 600 69 03 / 600 25 90 / 608 88 24
Fax: 0039 – 069 761 30 35
e-mail: zamrome@rdn.it

Zimbabwe

12, Rue Lord Byron
75008 PARIS
Tel: +33 1 56 88 16 00
Fax: +33 1 56 88 16 09
e-mail: zimparisweb@wanadoo.fr
site: www.ambassade-zimbabwe.com

LEGISLAÇÃO

Lei Orgânica n.º 2/2006
de 17 de Abril

**Quarta alteração à Lei n.º 37/81, de 3 de Outubro
(Lei da Nacionalidade)**

A Assembleia da República decreta, nos termos da alínea c) do artigo 161.º da Constituição, a lei orgânica seguinte:

Artigo 1.º
Alteração à Lei n.º 37/81, de 3 de Outubro

Os artigos 1.º, 3.º, 6.º, 7.º, 9.º, 10.º, 19.º, 21.º, 26.º, 32.º, 37.º e 38.º da Lei n.º 37/81, de 3 de Outubro, alterada pela Lei n.º 25/94, de 19 de Agosto, pelo Decreto-Lei n.º 322-A/2001, de 14 de Dezembro, na redacção dada pelo Decreto-Lei n.º 194/2003, de 23 de Agosto, e pela Lei Orgânica n.º 1/2004, de 15 de Janeiro, passam a ter a seguinte redacção:

«Artigo 1.º
[...]

1 – São portugueses de origem:
  a) Os filhos de mãe portuguesa ou de pai português nascidos no território português;
  b) Os filhos de mãe portuguesa ou de pai português nascidos no estrangeiro se o progenitor português aí se encontrar ao serviço do Estado Português;
  c) Os filhos de mãe portuguesa ou de pai português nascidos no estrangeiro se tiverem o seu nascimento inscrito no registo civil português ou se declararem que querem ser portugueses;
  d) Os indivíduos nascidos no território português, filhos de estrangeiros, se pelo menos um dos progenitores também aqui tiver

nascido e aqui tiver residência, independentemente de título, ao tempo do nascimento;
e) Os indivíduos nascidos no território português, filhos de estrangeiros que não se encontrem ao serviço do respectivo Estado, se declararem que querem ser portugueses e desde que, no momento do nascimento, um dos progenitores aqui resida legalmente há pelo menos cinco anos;
f) Os indivíduos nascidos no território português e que não possuam outra nacionalidade.

2 – Presumem-se nascidos no território português, salvo prova em contrário, os recém-nascidos que aqui tenham sido expostos.

Artigo 3.º
Aquisição em caso de casamento ou união de facto

1 – ...
2 – ...
3 – O estrangeiro que, à data da declaração, viva em união de facto há mais de três anos com nacional português pode adquirir a nacionalidade portuguesa, após acção de reconhecimento dessa situação a interpor no tribunal cível.

Artigo 6.º
[...]

1 – O Governo concede a nacionalidade portuguesa, por naturalização, aos estrangeiros que satisfaçam cumulativamente os seguintes requisitos:
a) Serem maiores ou emancipados à face da lei portuguesa;
b) Residirem legalmente no território português há pelo menos seis anos;
c) Conhecerem suficientemente a língua portuguesa;
d) Não terem sido condenados, com trânsito em julgado da sentença, pela prática de crime punível com pena de prisão de máximo igual ou superior a 3 anos, segundo a lei portuguesa.

2 – O Governo concede a nacionalidade, por naturalização, aos menores, nascidos no território português, filhos de estrangeiros, desde que preencham os requisitos das alíneas c) e d) do número anterior e desde que, no momento do pedido, se verifique uma das seguintes condições:

a) Um dos progenitores aqui resida legalmente há pelo menos cinco anos;
b) O menor aqui tenha concluído o 1.º ciclo do ensino básico.

3 – O Governo concede a naturalização, com dispensa dos requisitos previstos nas alíneas b) e c) do n.º 1, aos indivíduos que tenham tido a nacionalidade portuguesa e que, tendo-a perdido, nunca tenham adquirido outra nacionalidade.

4 – O Governo concede a naturalização, com dispensa do requisito previsto na alínea b) do n.º 1, aos indivíduos nascidos no estrangeiro com, pelo menos, um ascendente do 2.º grau da linha recta da nacionalidade portuguesa e que não tenha perdido esta nacionalidade.

5 – O Governo pode conceder a nacionalidade, por naturalização, com dispensa do requisito estabelecido na alínea b) do n.º 1, a indivíduos nascidos no território português, filhos de estrangeiros, que aqui tenham permanecido habitualmente nos 10 anos imediatamente anteriores ao pedido.

6 – O Governo pode conceder a naturalização, com dispensa dos requisitos previstos nas alíneas b) e
c) do n.º 1, aos indivíduos que, não sendo apátridas, tenham tido a nacionalidade portuguesa, aos que forem havidos como descendentes de portugueses, aos membros de comunidades de ascendência portuguesa e aos estrangeiros que tenham prestado ou sejam chamados a prestar serviços relevantes ao Estado Português ou à comunidade nacional.

Artigo 7.º
[...]

1 – A naturalização é concedida, a requerimento do interessado, por decisão do Ministro da Justiça.

2 – O processo de naturalização e os documentos destinados à sua instrução não estão sujeitos às disposições do Código do Imposto do Selo.

Artigo 9.º
[...]

Constituem fundamento de oposição à aquisição da nacionalidade portuguesa:
a) A inexistência de ligação efectiva à comunidade nacional;

b) A condenação, com trânsito em julgado da sentença, pela prática de crime punível com pena de prisão de máximo igual ou superior a 3 anos, segundo a lei portuguesa;
c) O exercício de funções públicas sem carácter predominantemente técnico ou a prestação de serviço militar não obrigatório a Estado estrangeiro.

ARTIGO 10.º
[...]

1 – A oposição é deduzida pelo Ministério Público no prazo de um ano a contar da data do facto de que dependa a aquisição da nacionalidade, em processo a instaurar nos termos do artigo 26.º
2 – ...

ARTIGO 19.º
Registo da nacionalidade

O registo do acto que importe atribuição, aquisição ou perda da nacionalidade é lavrado por assento ou por averbamento.

ARTIGO 21.º
[...]

1 – A nacionalidade portuguesa originária dos indivíduos abrangidos pelas alíneas a), b) e f) do n.º 1 do artigo 1.º prova-se pelo assento de nascimento.

2 – É havido como nacional português o indivíduo de cujo assento de nascimento não conste menção da nacionalidade estrangeira dos progenitores ou do seu desconhecimento.

3 – A nacionalidade originária dos indivíduos abrangidos pela alínea c) do n.º 1 do artigo 1.º prova-se, consoante os casos, pelas menções constantes do assento de nascimento lavrado por inscrição no registo civil português ou pelo registo da declaração de que depende a atribuição.

4 – A nacionalidade originária dos indivíduos abrangidos pela alínea d) do n.º 1 do artigo 1.º prova-se pelo assento de nascimento onde conste a menção da naturalidade portuguesa de um dos progenitores e a da sua residência no território nacional.

5 – A nacionalidade portuguesa originária de indivíduos abrangidos pela alínea e) do n.º 1 do artigo 1.º prova-se pelo registo da declaração de que depende a atribuição.

Artigo 26.º
Legislação aplicável

Ao contencioso da nacionalidade são aplicáveis, nos termos gerais, o Estatuto dos Tribunais Administrativos e Fiscais, o Código de Processo nos Tribunais Administrativos e demais legislação complementar.

Artigo 32.º
[...]

É da competência do Tribunal Central Administrativo Sul a decisão sobre a perda ou manutenção da nacionalidade portuguesa nos casos de naturalização directa ou indirectamente imposta por Estado estrangeiro a residentes no seu território.

Artigo 37.º
[...]

1 – Nos assentos de nascimentos ocorridos no território português, após a entrada em vigor da presente lei, de filhos apenas de não portugueses deve mencionar-se, como elemento de identidade do registando, a nacionalidade estrangeira dos progenitores ou o seu desconhecimento, excepto se algum dos progenitores tiver nascido no território português e aqui tiver residência.
2 – ...

Artigo 38.º
[...]

1 – ...
2 – ...
3 – Quando for estabelecida a filiação, posteriormente ao registo de nascimento, de estrangeiro nascido no território nacional, da decisão judicial ou do acto que a tiver estabelecido, bem como da sua comunicação para averbamento ao registo de nascimento, deve constar a menção

da naturalidade do progenitor estrangeiro, nascido no território português, bem como a sua residência ao tempo do nascimento.»

ARTIGO 2.º
Aditamento à Lei n.º 37/81, de 3 de Outubro

São aditados à Lei n.º 37/81, de 3 de Outubro, o artigo 13.º, a inserir no capítulo VI, e o artigo 15.º, com a seguinte redacção:

«ARTIGO 13.º
Suspensão de procedimentos

1 – O procedimento de aquisição da nacionalidade portuguesa por efeito da vontade, por adopção ou por naturalização suspende-se durante o decurso do prazo de cinco anos a contar da data do trânsito em julgado de sentença que condene o interessado por crime previsto na lei portuguesa e em pena ou penas que, isolada ou cumulativamente, ultrapassem 1 ano de prisão.

2 – Com a suspensão prevista no número anterior, suspende-se também a contagem do prazo previsto no n.º 1 do artigo 10.º

3 – São nulos os actos praticados em violação do disposto no n.º 1.

ARTIGO 15.º
Residência legal

1 – Para os efeitos do disposto nos artigos precedentes, entende-se que residem legalmente no território português os indivíduos que aqui se encontram, com a sua situação regularizada perante as autoridades portuguesas, ao abrigo de qualquer dos títulos, vistos ou autorizações previstos no regime de entrada, permanência, saída e afastamento de estrangeiros e no regime do direito de asilo.

2 – O disposto no número anterior não prejudica os regimes especiais de residência legal resultantes de tratados ou convenções de que Portugal seja Parte, designadamente no âmbito da União Europeia e da Comunidade dos Países de Língua Portuguesa.»

ARTIGO 3.º
Regulamentação

O Governo procede às necessárias alterações do Regulamento da Nacionalidade Portuguesa, aprovado pelo Decreto-Lei n.º 322/82, de 12 de Agosto, alterado pelos Decretos-Leis n.ᵒˢ 117/93, de 13 de Abril, 253/94, de 20 de Outubro, e 37/97, de 31 de Janeiro, e parcialmente revogado pela Lei n.º 33/99, de 18 de Maio, no prazo de 90 dias a contar da publicação da presente lei.

Artigo 4.º
Taxas

Sem prejuízo dos emolumentos previstos na lei, as taxas devidas pelos actos e procedimentos relativos à atribuição, aquisição e perda da nacionalidade são aprovados por portaria conjunta do Ministro de Estado e das Finanças e do ministro que tutela os serviços competentes para o procedimento.

Artigo 5.º
Processos pendentes

O disposto na presente lei é aplicável aos processos pendentes à data da sua entrada em vigor, com excepção do disposto no artigo 7.º da Lei n.º 37/81, de 3 de Outubro, com a redacção que lhe é conferida pela presente lei.

Artigo 6.º
Âmbito de aplicação

1 – As alterações introduzidas pela presente lei em matéria de aquisição originária da nacionalidade aplicam-se também aos indivíduos nascidos no território português em data anterior à sua entrada em vigor.

2 – Para efeitos do número anterior, considera-se território português o definido no n.º 1 do artigo 5.º da Constituição da República Portuguesa.

Artigo 7.º
Norma revogatória

São revogados o n.º 2 do artigo 18.º e os artigos 36.º e 39.º da Lei n.º 37/81, de 3 de Outubro.

Artigo 8.º
Republicação

A Lei n.º 37/81, de 3 de Outubro, com as alterações introduzidas pela presente lei, é republicada em anexo.

Artigo 9.º
Entrada em vigor

A presente lei entra em vigor na data de início de vigência do diploma referido no artigo 3.º

Aprovada em 16 de Fevereiro de 2006.
O Presidente da Assembleia da República, *Jaime Gama.*
Promulgada em 30 de Março de 2006.
Publique-se.
O Presidente da República, Aníbal Cavaco Silva. Referendada em 30 de Março de 2006.
O Primeiro-Ministro, *José Sócrates Carvalho Pinto de Sousa.*

LEI DA NACIONALIDADE

ANEXO
Republicação da Lei n.º 37/81, de 3 de Outubro

Título I
Atribuição, aquisição e perda da nacionalidade

Capítulo I
Atribuição da nacionalidade

Artigo 1.º
Nacionalidade originária

1 – São portugueses de origem:
a) Os filhos de mãe portuguesa ou de pai português nascidos no território português;
b) Os filhos de mãe portuguesa ou de pai português nascidos no estrangeiro se o progenitor português aí se encontrar ao serviço do Estado Português;
c) Os filhos de mãe portuguesa ou de pai português nascidos no estrangeiro se tiverem o seu nascimento inscrito no registo civil português ou se declararem que querem ser portugueses;
d) Os indivíduos nascidos no território português, filhos de estrangeiros, se pelo menos um dos progenitores também aqui tiver nascido e aqui tiver residência, independentemente de título, ao tempo do nascimento;
e) Os indivíduos nascidos no território português, filhos de estrangeiros que não se encontrem ao serviço do respectivo Estado,

se declararem que querem ser portugueses e desde que, no momento do nascimento, um dos progenitores aqui resida legalmente há pelo menos cinco anos;
f) Os indivíduos nascidos no território português e que não possuam outra nacionalidade.

2 – Presumem-se nascidos no território português, salvo prova em contrário, os recém-nascidos que aqui tenham sido expostos.

Capítulo II
Aquisição da nacionalidade

Secção I
Aquisição da nacionalidade por efeito da vontade

Artigo 2.º
Aquisição por filhos menores ou incapazes

Os filhos menores ou incapazes de pai ou mãe que adquira a nacionalidade portuguesa podem também adquiri-la, mediante declaração.

Artigo 3.º
Aquisição em caso de casamento ou união de facto

1 – O estrangeiro casado há mais de três anos com nacional português pode adquirir a nacionalidade portuguesa mediante declaração feita na constância do matrimónio.

2 – A declaração de nulidade ou anulação do casamento não prejudica a nacionalidade adquirida pelo cônjuge que o contraiu de boa fé.

3 – O estrangeiro que, à data da declaração, viva em união de facto há mais de três anos com nacional português pode adquirir a nacionalidade portuguesa, após acção de reconhecimento dessa situação a interpor no tribunal cível.

Artigo 4.º
Declaração após aquisição de capacidade

Os que hajam perdido a nacionalidade portuguesa por efeito de declaração prestada durante a sua incapacidade podem adquiri-la, quando capazes, mediante declaração.

Secção II
Aquisição da nacionalidade pela adopção

Artigo 5.º
Aquisição por adopção plena

O adoptado plenamente por nacional português adquire a nacionalidade portuguesa.

Secção III
Aquisição da nacionalidade por naturalização

Artigo 6.º
Requisitos

1 – O Governo concede a nacionalidade portuguesa, por naturalização, aos estrangeiros que satisfaçam cumulativamente os seguintes requisitos:
   a) Serem maiores ou emancipados à face da lei portuguesa;
   b) Residirem legalmente no território português há pelo menos seis anos;
   c) Conhecerem suficientemente a língua portuguesa;
   d) Não terem sido condenados, com trânsito em julgado da sentença, pela prática de crime punível com pena de prisão de máximo igual ou superior a 3 anos, segundo a lei portuguesa.

2 – O Governo concede a nacionalidade, por naturalização, aos menores, nascidos no território português, filhos de estrangeiros, desde que preencham os requisitos das alíneas c) e d) do número anterior e desde que, no momento do pedido, se verifique uma das seguintes condições:
   a) Um dos progenitores aqui resida legalmente há pelo menos cinco anos;
   b) O menor aqui tenha concluído o 1.º ciclo do ensino básico.

3 – O Governo concede a naturalização, com dispensa dos requisitos previstos nas alíneas b) e c) do n.º 1, aos indivíduos que tenham tido a nacionalidade portuguesa e que, tendo-a perdido, nunca tenham adquirido outra nacionalidade.

4 – O Governo concede a naturalização, com dispensa do requisito previsto na alínea b) do n.º 1, aos indivíduos nascidos no estrangeiro

com, pelo menos, um ascendente do 2.º grau da linha recta da nacionalidade portuguesa e que não tenha perdido esta nacionalidade.

5 – O Governo pode conceder a nacionalidade, por naturalização, com dispensa do requisito estabelecido na alínea b) do n.º 1, a indivíduos nascidos no território português, filhos de estrangeiros, que aqui tenham permanecido habitualmente nos 10 anos imediatamente anteriores ao pedido.

6 – O Governo pode conceder a naturalização, com dispensa dos requisitos previstos nas alíneas b) e c) do n.º 1, aos indivíduos que, não sendo apátridas, tenham tido a nacionalidade portuguesa, aos que forem havidos como descendentes de portugueses, aos membros de comunidades de ascendência portuguesa e aos estrangeiros que tenham prestado ou sejam chamados a prestar serviços relevantes ao Estado Português ou à comunidade nacional.

Artigo 7.º
Processo

1 – A naturalização é concedida, a requerimento do interessado, por decisão do Ministro da Justiça.

2 – O processo de naturalização e os documentos destinados à sua instrução não estão sujeitos às disposições do Código do Imposto do Selo.

Capítulo III
Perda da nacionalidade

Artigo 8.º
Declaração relativa à perda da nacionalidade

Perdem a nacionalidade portuguesa os que, sendo nacionais de outro Estado, declarem que não querem ser portugueses.

Capítulo IV
Oposição à aquisição da nacionalidade por efeito da vontade ou da adopção

Artigo 9.º
Fundamentos

Constituem fundamento de oposição à aquisição da nacionalidade portuguesa:
a) A inexistência de ligação efectiva à comunidade nacional;
b) A condenação, com trânsito em julgado da sentença, pela prática de crime punível com pena de prisão de máximo igual ou superior a 3 anos, segundo a lei portuguesa;
c) O exercício de funções públicas sem carácter predominantemente técnico ou a prestação de serviço militar não obrigatório a Estado estrangeiro.

Artigo 10.º
Processo

1 – A oposição é deduzida pelo Ministério Público no prazo de um ano a contar da data do facto de que dependa a aquisição da nacionalidade, em processo a instaurar nos termos do artigo 26.º

2 – É obrigatória para todas as autoridades a participação ao Ministério Público dos factos a que se refere o artigo anterior.

Capítulo V
Efeitos da atribuição, aquisição e perda da nacionalidade

Artigo 11.º
Efeitos da atribuição

A atribuição da nacionalidade portuguesa produz efeitos desde o nascimento, sem prejuízo da validade das relações jurídicas anteriormente estabelecidas com base em outra nacionalidade.

ARTIGO 12.º
Efeitos das alterações de nacionalidade

Os efeitos das alterações de nacionalidade só se produzem a partir da data do registo dos actos ou factos de que dependem.

CAPÍTULO VI
Disposições gerais

ARTIGO 13.º
Suspensão de procedimentos

1 – O procedimento de aquisição da nacionalidade portuguesa por efeito da vontade, por adopção ou por naturalização suspende-se durante o decurso do prazo de cinco anos a contar da data do trânsito em julgado de sentença que condene o interessado por crime previsto na lei portuguesa e em pena ou penas que, isolada ou cumulativamente, ultrapassem 1 ano de prisão.

2 – Com a suspensão prevista no número anterior, suspende-se também a contagem do prazo previsto no n.º 1 do artigo 10.º

3 – São nulos os actos praticados em violação do disposto no n.º 1.

ARTIGO 14.º
Efeitos do estabelecimento da filiação

Só a filiação estabelecida durante a menoridade produz efeitos relativamente à nacionalidade.

ARTIGO 15.º
Residência legal

1 – Para os efeitos do disposto nos artigos precedentes, entende-se que residem legalmente no território português os indivíduos que aqui se encontram, com a sua situação regularizada perante as autoridades portuguesas, ao abrigo de qualquer dos títulos, vistos ou autorizações previstos no regime de entrada, permanência, saída e afastamento de estrangeiros e no regime do direito de asilo.

2 – O disposto no número anterior não prejudica os regimes especiais de residência legal resultantes de tratados ou convenções de que Portugal seja Parte, designadamente no âmbito da União Europeia e da Comunidade dos Países de Língua Portuguesa.

Título II
Registo, prova e contencioso da nacionalidade

Capítulo I
Registo central da nacionalidade

Artigo 16.º
Registo central da nacionalidade

As declarações de que dependem a atribuição, a aquisição ou a perda da nacionalidade portuguesa devem constar do registo central da nacionalidade, a cargo da Conservatória dos Registos Centrais.

Artigo 17.º
Declarações perante os agentes diplomáticos ou consulares

As declarações de nacionalidade podem ser prestadas perante os agentes diplomáticos ou consulares portugueses e, neste caso, são registadas oficiosamente em face dos necessários documentos comprovativos, a enviar para o efeito à Conservatória dos Registos Centrais.

Artigo 18.º
Actos sujeitos a registo obrigatório

1 – É obrigatório o registo:
a) Das declarações para atribuição da nacionalidade;
b) Das declarações para aquisição ou perda da nacionalidade;
c) Da naturalização de estrangeiros.
2 – (Revogado.)

Artigo 19.º
Registo da nacionalidade

O registo do acto que importe atribuição, aquisição ou perda da nacionalidade é lavrado por assento ou por averbamento.

Artigo 20.º
Registos gratuitos

(Revogado.)

Capítulo II
Prova da nacionalidade

Artigo 21.º
Prova da nacionalidade originária

1 – A nacionalidade portuguesa originária dos indivíduos abrangidos pelas alíneas a), b) e f) do n.º 1 do artigo 1.º prova-se pelo assento de nascimento.

2 – É havido como nacional português o indivíduo de cujo assento de nascimento não conste menção da nacionalidade estrangeira dos progenitores ou do seu desconhecimento.

3 – A nacionalidade originária dos indivíduos abrangidos pela alínea c) do n.º 1 do artigo 1.º prova-se, consoante os casos, pelas menções constantes do assento de nascimento lavrado por inscrição no registo civil português ou pelo registo da declaração de que depende a atribuição.

4 – A nacionalidade originária dos indivíduos abrangidos pela alínea d) do n.º 1 do artigo 1.º prova-se pelo assento de nascimento onde conste a menção da naturalidade portuguesa de um dos progenitores e a da sua residência no território nacional.

5 – A nacionalidade portuguesa originária de indivíduos abrangidos pela alínea e) do n.º 1 do artigo 1.º prova-se pelo registo da declaração de que depende a atribuição.

Artigo 22.º
Prova da aquisição e da perda da nacionalidade

1 – A aquisição e a perda da nacionalidade provam-se pelos respectivos registos ou pelos consequentes averbamentos exarados à margem do assento de nascimento.

2 – À prova da aquisição da nacionalidade por adopção é aplicável o n.º 1 do artigo anterior.

Artigo 23.º
Pareceres do conservador dos Registos Centrais

Ao conservador dos Registos Centrais compete emitir parecer sobre quaisquer questões de nacionalidade, designadamente sobre as que lhe devem ser submetidas pelos agentes consulares em caso de dúvida sobre a nacionalidade portuguesa do impetrante de matrícula ou inscrição consular.

Artigo 24.º
Certificados de nacionalidade

1 – Independentemente da existência do registo, podem ser passados pelo conservador dos Registos Centrais, a requerimento do interessado, certificados de nacionalidade portuguesa.

2 – A força probatória do certificado pode ser ilidida por qualquer meio sempre que não exista registo da nacionalidade do respectivo titular.

Capítulo III
Contencioso da nacionalidade

Artigo 25.º
Legitimidade

Têm legitimidade para interpor recurso de quaisquer actos relativos à atribuição, aquisição ou perda da nacionalidade portuguesa os interessados directos e o Ministério Público.

Artigo 26.º
Legislação aplicável

Ao contencioso da nacionalidade são aplicáveis, nos termos gerais, o Estatuto dos Tribunais Administrativos e Fiscais, o Código de Processo nos Tribunais Administrativos e demais legislação complementar.

Título III
Conflitos de leis sobre a nacionalidade

Artigo 27.º
Conflitos de nacionalidades portuguesa e estrangeira

Se alguém tiver duas ou mais nacionalidades e uma delas for portuguesa, só esta releva face à lei portuguesa.

Artigo 28.º
Conflitos de nacionalidades estrangeiras

Nos conflitos positivos de duas ou mais nacionalidades estrangeiras releva apenas a nacionalidade do Estado em cujo território o plurinacional tenha a sua residência habitual ou, na falta desta, a do Estado com o qual mantenha uma vinculação mais estreita.

Título IV
Disposições transitórias e finais

Artigo 29.º
Aquisição da nacionalidade por adoptados

Os adoptados plenamente por nacional português, antes da entrada em vigor da presente lei, podem adquirir a nacionalidade portuguesa mediante declaração.

Artigo 30.º
Aquisição da nacionalidade por mulher casada com estrangeiro

1 – A mulher que, nos termos da Lei n.º 2098, de 29 de Julho de 1959, e legislação precedente, tenha perdido a nacionalidade portuguesa

por efeito do casamento pode readquiri-la mediante declaração, não sendo, neste caso, aplicável o disposto nos artigos 9.º e 10.º

2 – Sem prejuízo da validade das relações jurídicas anteriormente estabelecidas com base em outra nacionalidade, a aquisição da nacionalidade portuguesa nos termos previstos no número anterior produz efeitos desde a data do casamento.

Artigo 31.º
Aquisição voluntária anterior de nacionalidade estrangeira

1 – Quem, nos termos da Lei n.º 2098, de 29 de Julho de 1959, e legislação precedente, perdeu a nacionalidade portuguesa por efeito da aquisição voluntária de nacionalidade estrangeira adquire-a:
  a) Desde que não tenha sido lavrado o registo definitivo da perda da nacionalidade, excepto se declarar que não quer adquirir a nacionalidade portuguesa;
  b) Mediante declaração, quando tenha sido lavrado o registo definitivo da perda da nacionalidade.

2 – Nos casos referidos no número anterior não se aplica o disposto nos artigos 9.º e 10.º

3 – Sem prejuízo da validade das relações jurídicas anteriormente estabelecidas com base em outra nacionalidade, a aquisição da nacionalidade portuguesa nos termos previstos no n.º 1 produz efeitos desde a data da aquisição da nacionalidade estrangeira.

Artigo 32.º
Naturalização imposta por Estado estrangeiro

É da competência do Tribunal Central Administrativo Sul a decisão sobre a perda ou manutenção da nacionalidade portuguesa nos casos de naturalização directa ou indirectamente imposta por Estado estrangeiro a residentes no seu território.

Artigo 33.º
Registo das alterações de nacionalidade

O registo das alterações de nacionalidade por efeito de casamento ou por aquisição voluntária de nacionalidade estrangeira em conformidade com a lei anterior é lavrado oficiosamente ou a requerimento dos interessados, sendo obrigatório para fins de identificação.

Artigo 34.º
Actos cujo registo não era obrigatório pela lei anterior

1 – A aquisição e a perda da nacionalidade que resultem de actos cujo registo não era obrigatório no domínio da lei anterior continuam a provar-se pelo registo ou pelos documentos comprovativos dos actos de que dependem.

2 – Para fins de identificação, a prova destes actos é feita pelo respectivo registo ou consequentes averbamentos ao assento de nascimento.

Artigo 35.º
Produção de efeitos dos actos anteriormente não sujeitos a registo

1 – Os efeitos das alterações de nacionalidade dependentes de actos ou factos não obrigatoriamente sujeitos a registo no domínio da lei anterior são havidos como produzidos desde a data da verificação dos actos ou factos que as determinaram.

2 – Exceptua-se do disposto no número anterior a perda da nacionalidade fundada na aquisição voluntária de nacionalidade estrangeira, a qual continua a só produzir efeitos para com terceiros, no domínio das relações de direito privado, desde que seja levada ao registo e a partir da data em que este se realize.

Artigo 36.º
Processos pendentes

(Revogado.)

Artigo 37.º
Assentos de nascimento de filhos apenas de não portugueses

1 – Nos assentos de nascimentos ocorridos no território português, após a entrada em vigor da presente lei, de filhos apenas de não portugueses deve mencionar-se, como elemento de identidade do registando, a nacionalidade estrangeira dos progenitores ou o seu desconhecimento, excepto se algum dos progenitores tiver nascido no território português e aqui tiver residência.

2 – Sempre que possível, os declarantes devem apresentar documento comprovativo da menção que deva ser feita nos termos do número ante-

rior, em ordem a demonstrar que nenhum dos progenitores é de nacionalidade portuguesa.

ARTIGO 38.º
Assentos de nascimento de progenitores ou adoptantes portugueses posteriormente ao registo de nascimento de estrangeiro

1 – Quando for estabelecida filiação posteriormente ao registo do nascimento de estrangeiro nascido no território português ou sob administração portuguesa ou for decretada a sua adopção, da decisão judicial ou acto que as tiver estabelecido ou decretado e da sua comunicação para averbamento ao assento de nascimento constará a menção da nacionalidade dos progenitores ou adoptantes portugueses.

2 – A menção a que se refere o número anterior constará igualmente, como elemento de identificação do registado, do averbamento de estabelecimento de filiação ou de adopção a exarar à margem do assento de nascimento.

3 – Quando for estabelecida a filiação, posteriormente ao registo de nascimento, de estrangeiro nascido no território nacional, da decisão judicial ou do acto que a tiver estabelecido, bem como da sua comunicação para averbamento ao registo de nascimento, deve constar a menção da naturalidade do progenitor estrangeiro, nascido no território português, bem como a sua residência ao tempo do nascimento.

ARTIGO 39.º
Regulamentação transitória

(Revogado.)

ARTIGO 40.º
Disposição revogatória

É revogada a Lei n.º 2098, de 29 de Julho de 1959.

Decreto-Lei n.º 237-A/2006
de 14 de Dezembro

Pela Lei Orgânica n.º 2/2006, de 17 de Abril, foram introduzidas alterações à Lei n.º 37/81, de 3 de Outubro (Lei da Nacionalidade), que modificaram substancialmente os regimes da atribuição e da aquisição da nacionalidade portuguesa.

De entre essas alterações destaca-se, pela relevância que assume, o reforço do princípio do ius soli, o que constitui a concretização do objectivo, assumido no Programa do Governo, do reconhecimento de um estatuto de cidadania a quem tem fortes laços com Portugal.

Com efeito, as modificações demográficas, ocorridas nos últimos anos, determinaram que muitos descendentes de imigrantes, embora sendo estrangeiros, nunca tenham conhecido outro país, além de Portugal, onde nasceram.

Neste contexto, e revertendo como um importante factor de combate à exclusão social, pela nova lei é atribuída a nacionalidade portuguesa de origem aos nascidos no território português, filhos de estrangeiros, se pelo menos um dos progenitores também aqui tiver nascido e aqui tiver residência, independentemente de título, ao tempo do nascimento do filho, bem como aos nascidos no território português, filhos de estrangeiros que se não encontrem ao serviço do respectivo Estado, se declararem que querem ser portugueses, desde que, no momento do nascimento, um dos progenitores aqui resida legalmente há, pelo menos, cinco anos.

Por sua vez, no domínio da aquisição da nacionalidade foi consagrado um direito subjectivo à naturalização por parte dos menores nascidos no território português, filhos de estrangeiros, se, no momento do pedido, um dos progenitores aqui residir legalmente há cinco anos ou se o menor aqui tiver concluído o primeiro ciclo do ensino básico.

A limitação da discricionariedade, através do reconhecimento, em diversas situações, de um direito subjectivo à naturalização, constitui, aliás, outra importante inovação, introduzida pela referida Lei Orgânica n.º 2/2006, de 17 de Abril.

Acresce que, de um modo geral, foram simultaneamente diminuídas exigências, tendo sido introduzido, para efeitos de atribuição ou de aquisição da nacionalidade, um novo conceito de residência legal no território português, cuja prova pode ser efectuada através de qualquer título válido, e não apenas mediante autorização de residência.

Tais alterações determinariam, por si só, a necessidade de aprovar um novo Regulamento da Nacionalidade Portuguesa, adaptado aos princípios e normas que enformam a Lei da Nacionalidade recentemente revista.

Todavia, o objectivo do presente decreto-lei não se circunscreveu à regulamentação da nova lei.

Assim, aproveitou-se para simplificar procedimentos relativos aos pedidos de nacionalidade e ao respectivo registo e para eliminar actos inúteis, adoptando um conjunto de medidas que tornam mais fácil para os cidadãos o exercício dos seus direitos.

No domínio da simplificação de procedimentos, salienta-se que os autos de declarações para fins de atribuição, aquisição e perda da nacionalidade, lavrados nas conservatórias do registo civil ou nos serviços consulares portugueses, se tornam agora facultativos, sendo criados meios alternativos para que os interessados possam remeter as suas declarações directamente para a Conservatória dos Registos Centrais.

Trata-se, sem dúvida, de uma medida de grande impacte ao nível da facilitação da vida quotidiana de muitos cidadãos, neles se incluindo os emigrantes portugueses e as respectivas famílias, que passam a dispor da possibilidade de requerer actos de nacionalidade sem ter de se deslocar a Portugal ou a um posto consular.

Além disso, prevê-se a criação de extensões da Conservatória dos Registos Centrais, disponibilizando-se, assim, novos balcões de atendimento, com competência para a instrução dos pedidos de nacionalidade. Consagra-se, ainda, a possibilidade de serem designadas entidades públicas, associações ou outras entidades privadas para prestar informações sobre o tratamento e a instrução dos pedidos de atribuição, aquisição e perda da nacionalidade e encaminhar as respectivas declarações e requerimentos para a Conservatória dos Registos Centrais.

No que se reporta à eliminação de actos inúteis, refere-se que os registos de nacionalidade, tradicionalmente lavrados por assento, são, na maior parte dos casos, transformados em registos por mero averbamento e, bem assim, é eliminada a publicação no Diário da República do despacho de concessão da nacionalidade portuguesa, por naturalização.

Salienta-se, ainda, o facto de os interessados estarem genericamente dispensados de apresentar certidões de actos de registo civil nacional, que devam instruir os pedidos de atribuição, aquisição e perda da nacionalidade, bem como de apresentar outros documentos, designadamente o certificado do registo criminal português e documentos comprovativos da residência legal no território português, os quais se referem a informação de que a administração já dispõe e que passam a ser oficiosamente obtidos.

Por outro lado, atribuem-se novas competências aos ajudantes e escriturários da Conservatória dos Registos Centrais promovendo, deste modo, a desconcentração de competências, o que permite uma capacidade de resposta acrescida.

Adoptam-se, ainda, várias disposições destinadas a permitir que os pedidos de atribuição, aquisição e perda da nacionalidade possam, no futuro, ser efectuados por via electrónica.

Por último, uma vez que, em matéria do contencioso da nacionalidade, a competência foi transferida para os tribunais administrativos e fiscais, são também introduzidas novas regras quanto à tramitação dos processos e quanto à impugnação das decisões do conservador dos Registos Centrais.

Foram promovidas as diligências necessárias à audição do Conselho Superior da Magistratura, do Conselho Superior do Ministério Público, da Ordem dos Advogados, da Câmara dos Solicitadores e do Conselho dos Oficiais de Justiça.

Foram ouvidos o Conselho Superior dos Tribunais Administrativos e Fiscais, a Associação Nacional de Municípios Portugueses e a Comissão Nacional de Protecção de Dados.

Assim:

Nos termos da alínea a) do n.º 1 do artigo 198.º da Constituição, o Governo decreta o seguinte:

Artigo 1.º
Objecto

O presente decreto-lei aprova o Regulamento da Nacionalidade Portuguesa, que consta do anexo ao presente decreto-lei, que dele faz parte integrante, e altera o artigo 8.º do Decreto-Lei n.º 322-A/2001, de 14 de

Dezembro, e os artigos 10.º, 18.º e 19.º do Regulamento Emolumentar dos Registos e Notariado, aprovado pelo mesmo decreto-lei, com as alterações introduzidas pelo Decreto-Lei n.º 315/2002, de 27 de Dezembro, pela Lei n.º 32-B/2002, de 30 de Dezembro, e pelos Decretos-Leis n.ᵒˢ 194/2003, de 23 de Agosto, 53/2004, de 18 de Março, 199/2004, de 18 de Agosto, 111/2005, de 8 de Julho, 178-A/2005, de 28 de Outubro, 76-A/2006, de 29 de Março, 85/2006, de 23 de Maio, e 125/2006, de 29 de Junho.

Artigo 2.º
Alteração ao Decreto-Lei n.º 322-A/2001, de 14 de Dezembro

1 – O artigo 8.º do Decreto-Lei n.º 322-A/2001, de 14 de Dezembro, passa a ter a seguinte redacção:

«Artigo 8.º
[...]

1 – ...
2 – ...
3 – É gratuito o reconhecimento presencial de assinatura efectuado em declarações ou requerimentos para fins de atribuição, aquisição ou perda da nacionalidade portuguesa.»

2 – Os artigos 10.º, 18.º e 19.º do Regulamento Emolumentar dos Registos e Notariado, aprovado pelo Decreto-Lei n.º 322-A/2001, de 14 de Dezembro, passam a ter a seguinte redacção:

«Artigo 10.º
[...]

1 – São gratuitos os seguintes actos e processos:
a) ...
b) ...
c) ...
d) ...
e) ...
f) ...
g) ...
h) ...
i) ...

j) Registo da declaração para aquisição da nacionalidade, nos termos dos artigos referidos na alínea anterior, e registos oficiosos lavrados nos termos do artigo 33.º da Lei n.º 37/81, de 3 de Outubro, bem como os procedimentos e documentos necessários para uns e outros;
l) ...
m) ...
n) ...
o) ...
p) ...
q) ...
r) ...
s) ...
t) Certidões, fotocópias e comunicações que decorram do cumprimento de obrigações previstas no Código do Registo Civil e no Regulamento da Nacionalidade Portuguesa e que não devam entrar em regra de custas, incluindo a emissão do boletim original de nascimento, casamento, óbito ou morte fetal;
u) ...
v) ...
x) ...
z) ...
aa) ...
ab) ...
2 – ...
3 – ...
a) ...
b) ...
4 – ...

Artigo 18.º
[...]

1 – ...
2 – ...
3 – Nacionalidade:

3.1 – Atribuição:

3.1.1 – Por cada procedimento de inscrição de nascimento ocorrido no estrangeiro ou de atribuição da nacionalidade portuguesa referentes a maior, bem como pelos autos de redução a escrito das declarações verbais prestadas para esse efeito, pelos respectivos registos e documentos oficiosamente obtidos – (euro) 175.

3.2 – Aquisição:

3.2.1 – Por cada procedimento de aquisição da nacionalidade por efeito da vontade, por adopção ou por naturalização referentes a maior, bem como pelo auto de redução a escrito das declarações verbais prestadas para esse efeito, pelo respectivo registo e documentos oficiosamente obtidos – (euro) 175.

3.2.2 – Por cada procedimento de aquisição da nacionalidade por efeito da vontade ou por naturalização referentes a incapaz, bem como pelo auto de redução a escrito das declarações verbais prestadas para esse efeito, pelo respectivo registo e documentos oficiosamente obtidos – (euro) 120.

3.3 – Perda:

3.3.1 – Por cada procedimento de perda da nacionalidade, bem como pela redução a escrito da declaração verbal prestada para esse efeito, pelo respectivo registo e documentos oficiosamente obtidos – (euro) 120.

3.4 – Em caso de indeferimento liminar, os emolumentos previstos nos números anteriores são devidos na sua totalidade.

4 – ...
5 – ...
6 – ...
7 – ...
8 – ...
9 – ...
10 – ...
11 – ...
12 – ...

Artigo 19.º
Destino da receita emolumentar

1 – A receita emolumentar da Conservatória dos Registos Centrais respeitante à prática dos actos previstos no artigo anterior, ainda que requeridos ou solicitados noutros serviços de registo, reverte para a Direcção-Geral dos Registos e do Notariado.

2 – Em cada procedimento de aquisição da nacionalidade em que o Serviço de Estrangeiros e Fronteiras preste informações, dos emolumentos cobrados pertencem ao Serviço de Estrangeiros e Fronteiras (euro) 20, revertendo o restante para a Direcção-Geral dos Registos e do Notariado.»

Artigo 3.º
Norma revogatória

São revogados:
a) O Decreto-Lei n.º 322/82, de 12 de Agosto, com as alterações introduzidas pelos Decretos-Leis n.ᵒˢ 117/93, de 13 de Abril, 253/94, de 20 de Outubro, e 37/97, de 31 de Janeiro, e parcialmente revogado pela Lei n.º 33/99, de 18 de Maio;
b) O Decreto-Lei n.º 135/2005, de 17 de Agosto, sem prejuízo da sua aplicação aos processos pendentes no Ministério da Administração Interna.

Artigo 4.º
Entrada em vigor

1 – O presente decreto-lei entra em vigor no dia 15 de Dezembro de 2006 e aplica-se aos processos pendentes, salvo no que respeita ao disposto no artigo 2.º e às normas relativas à competência para a decisão dos pedidos de aquisição da nacionalidade portuguesa por naturalização, bem como ao regime relativo à sua tramitação, constantes do anexo ao presente decreto-lei, que dele faz parte integrante.

2 – Ao registo de aquisição da nacionalidade por naturalização, que venha a ser concedida em processo pendente à data de entrada em vigor do presente decreto-lei, aplica-se o disposto no Regulamento Emolumentar dos Registos e Notariado, na redacção anterior à introduzida pelo presente diploma.

Visto e aprovado em Conselho de Ministros de 13 de Setembro de 2006. – *José Sócrates Carvalho Pinto de Sousa – António Luís Santos Costa – Luís Filipe Marques Amado – Manuel Pedro Cunha da Silva Pereira – Alberto Bernardes Costa – Maria de Lurdes Reis Rodrigues.*

Promulgado em 12 de Dezembro de 2006.
Publique-se.

O Presidente da República, ANÍBAL CAVACO SILVA.
Referendado em 13 de Dezembro de 2006.
O Primeiro-Ministro, *José Sócrates Carvalho Pinto de Sousa.*

REGULAMENTO DA NACIONALIDADE PORTUGUESA

ANEXO

Título I
Da nacionalidade portuguesa

Capítulo I
Atribuição, aquisição e perda da nacionalidade

Artigo 1.º
Atribuição, aquisição e perda da nacionalidade

1 – A nacionalidade portuguesa pode ter como fundamento a atribuição, por efeito da lei ou da vontade, ou a aquisição, por efeito da vontade, da adopção plena ou da naturalização.

2 – A perda da nacionalidade portuguesa só pode ocorrer por efeito de declaração de vontade.

Secção I
Atribuição da nacionalidade

Subsecção I
Disposições comuns

Artigo 2.º
Nacionalidade originária

A atribuição da nacionalidade portuguesa pode resultar de mero efeito da lei ou de declaração de vontade e, sem prejuízo da validade das relações jurídicas anteriormente estabelecidas com base em outra nacionalidade, produz efeitos desde o nascimento.

SUBSECÇÃO II
Nacionalidade originária por efeito da lei

ARTIGO 3.º
Atribuição da nacionalidade por efeito da lei

São portugueses de origem:
a) Os indivíduos nascidos no território português, filhos de mãe portuguesa ou de pai português, bem como os nascidos no território português, filhos de estrangeiros, se um dos progenitores aqui tiver nascido e aqui tiver residência, ao tempo do nascimento do filho, independentemente de título, sempre que do assento de nascimento não conste menção que contrarie essas circunstâncias;
b) Os indivíduos nascidos no estrangeiro de cujo assento de nascimento conste a menção de que a mãe ou o pai se encontrava ao serviço do Estado Português, à data do nascimento;
c) Os indivíduos nascidos no território português de cujo assento de nascimento conste a menção especial de que não possuem outra nacionalidade.

ARTIGO 4.º
Menções especiais dos assentos de nascimentos ocorridos no território português

1 – Nos assentos de nascimentos ocorridos no território português, de filhos apenas de não portugueses, deve mencionar-se, como elemento de identificação do interessado, a nacionalidade estrangeira dos progenitores ou o seu desconhecimento, excepto se algum dos progenitores aqui tiver nascido e aqui tiver residência, ao tempo do nascimento do filho, independentemente de título.

2 – Os declarantes devem, sempre que possível, apresentar documento comprovativo da nacionalidade dos progenitores, excepto nos casos em que não haja dúvidas sobre a nacionalidade portuguesa de, pelo menos, um deles.

3 – Quando ambos os progenitores forem estrangeiros, mas um deles aqui tiver nascido e aqui tiver residência, independentemente de

título, ao tempo do nascimento do filho, a naturalidade desse progenitor é comprovada mediante certidão do respectivo registo de nascimento, devendo ser apresentado documento comprovativo da sua residência no território português.

4 – O documento previsto na parte final do número anterior pode ser dispensado, desde que sejam invocados factos que justifiquem a impossibilidade da sua apresentação.

Artigo 5.º
Estabelecimento da filiação de estrangeiros nascidos no território português

1 – O acto ou processo destinado a estabelecer a filiação de estrangeiro, nascido no território português, é instruído, consoante o caso e sem prejuízo da dispensa de apresentação de documentos pelo interessado nos termos do artigo 37.º:

    a) Com documento comprovativo da nacionalidade portuguesa do progenitor;

    b) Com certidão do registo de nascimento do progenitor estrangeiro nascido no território português e com documento comprovativo da respectiva residência neste território, ao tempo do nascimento do filho.

2 – O documento previsto na parte final da alínea b) do número anterior pode ser dispensado, desde que sejam invocados factos que justifiquem a impossibilidade da sua apresentação.

3 – Da decisão judicial ou do acto em que a filiação for estabelecida, bem como da sua comunicação para averbamento ao assento de nascimento, deve constar a menção da nacionalidade do progenitor português ou a menção da naturalidade do progenitor estrangeiro, nascido no território português, e da respectiva residência neste território, ao tempo do nascimento do filho.

4 – As menções referidas no número anterior devem constar, igualmente, como elemento de identificação do interessado, do averbamento de estabelecimento da filiação, a lavrar na sequência do respectivo assento de nascimento.

ARTIGO 6.º
Apatridia

1 – Nos assentos de nascimentos ocorridos no território português de indivíduos que provem não possuir outra nacionalidade é especialmente mencionada esta circunstância, como elemento de identificação do interessado, mediante averbamento autorizado nos termos do número seguinte.

2 – Coligida a prova de apatridia, o conservador ou o oficial dos registos remete-a, com informação sobre o seu mérito e acompanhada de certidão do assento de nascimento respectivo, ao conservador dos Registos Centrais, que autoriza ou indefere o averbamento, podendo determinar as diligências prévias complementares que julgue necessárias.

ARTIGO 7.º
Progenitor ao serviço do Estado Português

1 – Nos assentos de nascimentos ocorridos no estrangeiro de filhos de mãe portuguesa ou de pai português que ao tempo se encontrassem ao serviço do Estado Português é feita menção especial desta circunstância como elemento de identificação do interessado.

2 – O declarante deve apresentar documento comprovativo da circunstância referida no número anterior, passado pelo departamento a que o progenitor prestava serviço no estrangeiro.

3 – A apresentação do documento referido no número anterior é dispensada sempre que o funcionário tenha conhecimento oficial de que o progenitor se encontrava no estrangeiro ao serviço do Estado Português.

SUBSECÇÃO III
Nacionalidade originária por efeito da vontade

ARTIGO 8.º
**Atribuição da nacionalidade por efeito da vontade
a nascidos no estrangeiro**

1 – Os filhos de mãe portuguesa ou de pai português nascidos no estrangeiro que pretendam que lhes seja atribuída a nacionalidade portuguesa devem manifestar a vontade de serem portugueses por uma das seguintes formas:

a) Declarar que querem ser portugueses;

b) Inscrever o nascimento no registo civil português mediante declaração prestada pelos próprios, sendo capazes, ou pelos seus legais representantes, sendo incapazes.

2 – A declaração ou o pedido de inscrição são instruídos com prova da nacionalidade portuguesa de um dos progenitores.

Artigo 9.º
Inscrição de nascimento

1 – A inscrição de nascimento, nas condições previstas na alínea b) do n.º 1 do artigo anterior, é efectuada nos serviços consulares portugueses ou na Conservatória dos Registos Centrais.

2 – Nos casos em que o interessado, maior de 14 anos, não se identifique com documento bastante e não apresente certidão do assento estrangeiro do seu nascimento, é exigida a intervenção de duas testemunhas e, se possível, deve ser exibido documento que comprove a exactidão da declaração, podendo o conservador ou o oficial dos registos promover as diligências necessárias ao apuramento dos factos alegados.

3 – As declarações necessárias à inscrição de nascimento na Conservatória dos Registos Centrais são prestadas por intermédio dos serviços consulares portugueses e de conservatórias do registo civil, ou em extensões da Conservatória dos Registos Centrais junto de outras pessoas colectivas públicas, em termos a fixar por protocolo a celebrar entre essas entidades e a Direcção-Geral dos Registos e do Notariado.

Artigo 10.º
Atribuição da nacionalidade por efeito da vontade a nascidos no território português

1 – Os indivíduos nascidos no território português, filhos de estrangeiros que não se encontrem ao serviço do respectivo Estado, podem declarar que querem ser portugueses, desde que, à data do nascimento, um dos progenitores aqui resida legalmente há pelo menos cinco anos.

2 – A declaração é instruída com os seguintes documentos, sem prejuízo da dispensa da sua apresentação pelo interessado nos termos do artigo 37.º:

a) Certidão do assento de nascimento do interessado;
b) Documento emitido pelo Serviço de Estrangeiros e Fronteiras, comprovativo de que, há pelo menos cinco anos, à data do

nascimento do filho, um dos progenitores tinha residência legalmente estabelecida no território português, ao abrigo de qualquer dos títulos, vistos ou autorizações previstos no regime de entrada, permanência, saída e afastamento de estrangeiros e no regime do direito de asilo ou ao abrigo de regimes especiais resultantes de tratados ou convenções de que Portugal seja Parte, designadamente no âmbito da União Europeia e da Comunidade dos Países de Língua Portuguesa;

c) Documento emitido pelo Serviço de Estrangeiros e Fronteiras comprovativo de que nenhum dos progenitores se encontrava no território português ao serviço do respectivo Estado estrangeiro.

3 – O Serviço de Estrangeiros e Fronteiras pode emitir os documentos referidos nas alíneas b) e c) do número anterior com base em elementos nele arquivados ou em averiguações realizadas para o efeito.

Artigo 11.º
Composição do nome

1 – Ao nome dos indivíduos a quem seja atribuída a nacionalidade portuguesa são aplicáveis as regras legais em vigor acerca da composição do nome, sem prejuízo do disposto no número seguinte.

2 – Sempre que assim o pretendam, aqueles a quem for atribuída a nacionalidade portuguesa podem manter a composição originária do seu nome.

3 – No caso de atribuição de nacionalidade mediante declaração, o interessado deve indicar a composição que pretende adoptar para o nome, a qual é averbada ao assento de nascimento respectivo, já lavrado ou a lavrar por transcrição, sempre que o nome seja alterado.

4 – Tratando-se de inscrição de nascimento atributiva da nacionalidade ou de assento de nacionalidade, deve mencionar-se no texto o novo nome e averbar-se a forma originária, quando demonstrada.

Secção II
Aquisição da nacionalidade

Subsecção I
Disposições comuns

Artigo 12.º
Fundamento da aquisição da nacionalidade

A aquisição da nacionalidade portuguesa pode ter como fundamento a declaração de vontade do interessado, a adopção plena ou a naturalização e só produz efeitos a partir da data do registo.

Subsecção II
Aquisição da nacionalidade por efeito da vontade

Artigo 13.º
Aquisição por filhos incapazes mediante declaração de vontade

1 – Os filhos incapazes de mãe ou de pai que adquira a nacionalidade portuguesa, se também a quiserem adquirir, devem declarar, por intermédio dos seus representantes legais, que pretendem ser portugueses.

2 – Na declaração é identificado o registo de aquisição da nacionalidade da mãe ou do pai.

Artigo 14.º
Aquisição em caso de casamento ou união de facto mediante declaração de vontade

1 – O estrangeiro casado há mais de três anos com nacional português, se, na constância do matrimónio, quiser adquirir a nacionalidade, deve declará-lo.

2 – O estrangeiro que coabite com nacional português em condições análogas às dos cônjuges há mais de três anos, se quiser adquirir a nacionalidade deve igualmente declará-lo, desde que tenha previamente obtido o reconhecimento judicial da situação de união de facto.

3 – A declaração prevista no n.º 1 é instruída com certidão do assento de casamento e com certidão do assento de nascimento do cônjuge português, sem prejuízo da dispensa da sua apresentação pelo interessado nos termos do artigo 37.º

4 – No caso previsto no n.º 2, a declaração é instruída com certidão da sentença judicial, com certidão do assento de nascimento do nacional português, sem prejuízo da dispensa da sua apresentação pelo interessado nos termos do artigo 37.º, e com declaração deste, prestada há menos de três meses, que confirme a manutenção da união de facto.

5 – A declaração prevista na parte final do número anterior pode ser reduzida a auto perante funcionário de um dos serviços com competência para a recepção do pedido ou constar de documento assinado pelo membro da união de facto que seja nacional português, contendo a indicação do número, data e entidade emitente do respectivo bilhete de identidade.

ARTIGO 15.º
Aquisição mediante declaração de vontade após perda da nacionalidade durante a incapacidade

1 – Os que tiverem perdido a nacionalidade portuguesa por efeito de declaração prestada durante a sua incapacidade e quiserem adquiri-la, quando capazes, devem declará-lo.

2 – Na declaração deve ser identificado o registo de perda da nacionalidade e ser feita prova da capacidade.

SUBSECÇÃO III
Aquisição da nacionalidade por efeito da adopção plena

ARTIGO 16.º
Aquisição por adopção plena

Adquirem a nacionalidade portuguesa, por mero efeito da lei, os adoptados plenamente por nacional português.

ARTIGO 17.º
Prova da nacionalidade portuguesa do adoptante

1 – A petição do processo para adopção plena de um estrangeiro por português é instruída com prova da nacionalidade portuguesa do adoptante, devendo a menção desta nacionalidade constar da decisão ou acto em que a filiação adoptiva vier a ser estabelecida, bem como da comunicação desta para averbamento ao assento de nascimento.

2 – A menção a que se refere o número anterior deve igualmente constar, como elemento de identificação do interessado, do averbamento de adopção, a efectuar na sequência do assento de nascimento.

3 – O disposto nos números anteriores é aplicável, com as necessárias adaptações, à conversão da adopção restrita em adopção plena.

SUBSECÇÃO IV
Aquisição da nacionalidade por efeito da naturalização

ARTIGO 18.º
Aquisição da nacionalidade por naturalização

1 – Aquele que pretenda adquirir a nacionalidade portuguesa por naturalização, pode apresentar o respectivo requerimento, dirigido ao Ministro da Justiça, nos seguintes serviços:
   a) Extensões da Conservatória dos Registos Centrais junto de outras pessoas colectivas públicas, em termos a fixar por protocolo a celebrar entre essas entidades e a Direcção-Geral dos Registos e do Notariado;
   b) Conservatórias do registo civil;
   c) Serviços consulares portugueses.

2 – O requerimento pode, ainda, ser enviado por correio para a Conservatória dos Registos Centrais, ou por via electrónica, nas condições que vierem a ser fixadas por portaria do Ministro da Justiça.

3 – O requerimento para a naturalização é efectuado pelo interessado, por si ou por procurador bastante, sendo capaz, ou pelos seus representantes legais, sendo incapaz.

4 – O requerimento é redigido em língua portuguesa e, além do fundamento do pedido e de outras circunstâncias que o interessado considere relevantes, deve conter os seguintes elementos:
   a) O nome completo, data do nascimento, estado, naturalidade, nacionalidade, filiação, profissão e residência actual, bem como a indicação dos países onde tenha residido anteriormente;
   b) O nome completo e residência dos representantes legais, caso o interessado seja incapaz, ou do procurador;
   c) A menção do número, data e entidade emitente do título ou autorização de residência, passaporte ou documento de identificação equivalente do interessado, bem como do representante legal ou do procurador, se os houver;
   d) A assinatura do requerente, reconhecida presencialmente, salvo se for feita na presença de funcionário de um dos serviços ou posto de atendimento com competência para a recepção do requerimento.

5 – Quando o procurador seja advogado ou solicitador, é suficiente, para a confirmação da assinatura, a indicação do número da respectiva cédula profissional.

Artigo 19.º
Naturalização de estrangeiros residentes no território português

1 – O Governo concede a nacionalidade portuguesa, por naturalização, aos estrangeiros quando satisfaçam os seguintes requisitos:
   a) Sejam maiores ou emancipados à face da lei portuguesa;
   b) Residam legalmente no território português há pelo menos seis anos;
   c) Conheçam suficientemente a língua portuguesa, nos termos do disposto no artigo 25.º;
   d) Não tenham sido condenados, com trânsito em julgado da sentença, pela prática de crime punível com pena de prisão de máximo igual ou superior a três anos, segundo a lei portuguesa.

2 – O requerimento é instruído com os seguintes documentos, sem prejuízo da dispensa da sua apresentação pelo interessado nos termos do artigo 37.º:
   a) Certidão do registo de nascimento;
   b) Documento emitido pelo Serviço de Estrangeiros e Fronteiras, comprovativo de que reside legalmente no território português há pelo menos seis anos, ao abrigo de qualquer dos títulos, vistos ou autorizações previstos no regime de entrada, permanência, saída e afastamento de estrangeiros e no regime do direito de asilo ou ao abrigo de regimes especiais resultantes de tratados ou convenções de que Portugal seja Parte, designadamente no âmbito da União Europeia e da Comunidade dos Países de Língua Portuguesa;
   c) Documento comprovativo de que conhece suficientemente a língua portuguesa, nos termos do disposto no artigo 25.º;
   d) Certificados do registo criminal emitidos pelos serviços competentes portugueses, do país da naturalidade e da nacionalidade, bem como dos países onde tenha tido residência.

Artigo 20.º
Naturalização de menores nascidos no território português

1 – O Governo concede a nacionalidade portuguesa, por naturalização, aos menores, à face da lei portuguesa, nascidos no território português, filhos de estrangeiros, quando satisfaçam os seguintes requisitos:
   a) Conheçam suficientemente a língua portuguesa, nos termos do disposto no artigo 25.º;
   b) Não tenham sido condenados, com trânsito em julgado da sentença, pela prática de crime punível com pena de prisão de máximo igual ou superior a três anos, segundo a lei portuguesa;
   c) No momento do pedido, um dos progenitores resida legalmente no território português há pelo menos cinco anos ou o menor aqui tenha concluído o primeiro ciclo do ensino básico.

2 – O requerimento é instruído com os seguintes documentos, sem prejuízo da dispensa da sua apresentação pelo interessado nos termos do artigo 37.º:
   a) Certidão do registo de nascimento;
   b) Documento comprovativo de que conhece suficientemente a língua portuguesa, nos termos do disposto no artigo 25.º;
   c) Certificados do registo criminal emitidos pelos serviços competentes portugueses, do país da nacionalidade, bem como dos países onde tenha tido e tenha residência;
   d) Documento emitido pelo Serviço de Estrangeiros e Fronteiras, comprovativo de que um dos progenitores reside legalmente no território português há pelo menos cinco anos, ao abrigo de qualquer dos títulos, vistos ou autorizações previstos no regime de entrada, permanência, saída e afastamento de estrangeiros e no regime do direito de asilo ou ao abrigo de regimes especiais resultantes de tratados ou convenções de que Portugal seja Parte, designadamente no âmbito da União Europeia e da Comunidade dos Países de Língua Portuguesa, ou documento comprovativo de que o menor aqui concluiu o primeiro ciclo do ensino básico.

Artigo 21.º
Naturalização de indivíduos que tenham tido a nacionalidade portuguesa

1 – O Governo concede a nacionalidade portuguesa, por naturalização, aos indivíduos que tenham tido a nacionalidade portuguesa e que,

tendo-a perdido, nunca tenham adquirido outra nacionalidade, quando satisfaçam os seguintes requisitos:
   a) Sejam maiores ou emancipados à face da lei portuguesa;
   b) Não tenham sido condenados, com trânsito em julgado da sentença, pela prática de crime punível com pena de prisão de máximo igual ou superior a três anos, segundo a lei portuguesa.

2 – O requerimento é instruído com os seguintes documentos, sem prejuízo da dispensa da sua apresentação pelo interessado nos termos do artigo 37.º:
   a) Certidão do registo de nascimento;
   b) Documentos emitidos pelas autoridades dos países com os quais tenha conexões relevantes, designadamente do país de origem, dos países onde tenha tido ou tenha residência e do país da nacionalidade dos progenitores, comprovativos de que nunca adquiriu outra nacionalidade;
   c) Certificados do registo criminal emitidos pelos serviços competentes portugueses, do país da naturalidade e dos países onde tenha tido e tenha residência.

3 – No requerimento são indicadas as circunstâncias que determinaram a perda da nacionalidade portuguesa.

Artigo 22.º
Naturalização de estrangeiros que sejam descendentes de nacional português

1 – O Governo concede a nacionalidade portuguesa, por naturalização, aos indivíduos nascidos no estrangeiro com, pelo menos, um ascendente do segundo grau da linha recta de nacionalidade portuguesa e que não tenha perdido esta nacionalidade, quando satisfaçam os seguintes requisitos:
   a) Sejam maiores ou emancipados à face da lei portuguesa;
   b) Conheçam suficientemente a língua portuguesa, nos termos do disposto no artigo 25.º;
   c) Não tenham sido condenados, com trânsito em julgado da sentença, pela prática de crime punível com pena de prisão de máximo igual ou superior a três anos, segundo a lei portuguesa.

2 – O requerimento é instruído com os seguintes documentos, sem prejuízo da dispensa da sua apresentação pelo interessado nos termos do artigo 37.º:

a) Certidão do registo de nascimento;
b) Certidões dos registos de nascimento do ascendente do segundo grau da linha recta de nacionalidade portuguesa e do progenitor que dele for descendente;
c) Documento comprovativo de que conhece suficientemente a língua portuguesa, nos termos do disposto no artigo 25.º;
d) Certificados do registo criminal emitidos pelos serviços competentes portugueses, do país da naturalidade e da nacionalidade, bem como dos países onde tenha tido e tenha residência.

Artigo 23.º
Naturalização de estrangeiros nascidos no território português

1 – O Governo pode conceder a nacionalidade portuguesa, por naturalização, a indivíduos nascidos no território português, filhos de estrangeiros, que aqui tenham permanecido habitualmente nos 10 anos imediatamente anteriores ao pedido, quando satisfaçam os seguintes requisitos:
a) Sejam maiores ou emancipados à face da lei portuguesa;
b) Conheçam suficientemente a língua portuguesa, nos termos do disposto no artigo 25.º;
c) Não tenham sido condenados, com trânsito em julgado da sentença, pela prática de crime punível com pena de prisão de máximo igual ou superior a três anos, segundo a lei portuguesa.

2 – O requerimento é instruído com os seguintes documentos, sem prejuízo da dispensa da sua apresentação pelo interessado nos termos do artigo 37.º:
a) Certidão do registo de nascimento;
b) Documento comprovativo de que conhece suficientemente a língua portuguesa, nos termos do disposto no artigo 25.º;
c) Certificados do registo criminal emitidos pelos serviços competentes portugueses, do país da nacionalidade, bem como dos países onde tenha tido residência;
d) Documentos comprovativos de que, nos 10 anos imediatamente anteriores ao pedido, permaneceu habitualmente no território português, designadamente documentos que comprovem os descontos efectuados para a segurança social e para a administração fiscal, a frequência escolar, as condições de alojamento ou documento de viagem válido e reconhecido.

Artigo 24.º
Casos especiais em que pode ser concedida a naturalização

1 – O Governo pode conceder a nacionalidade portuguesa, por naturalização, aos indivíduos que, não sendo apátridas, tenham tido a nacionalidade portuguesa, aos que forem havidos como descendentes de portugueses, aos membros de comunidades de ascendência portuguesa e aos estrangeiros que tenham prestado ou sejam chamados a prestar serviços relevantes ao Estado português ou à comunidade nacional, quando satisfaçam os seguintes requisitos:
   a) Sejam maiores ou emancipados à face da lei portuguesa;
   b) Não tenham sido condenados, com trânsito em julgado da sentença, pela prática de crime punível com pena de prisão de máximo igual ou superior a três anos, segundo a lei portuguesa.

2 – O requerimento é instruído com os seguintes documentos, sem prejuízo da dispensa da sua apresentação pelo interessado nos termos do artigo 37.º:
   a) Certidão do registo de nascimento
   b) Certificados do registo criminal emitidos pelos serviços competentes portugueses, do país da naturalidade e da nacionalidade, bem como dos países onde tenha tido e tenha residência.

3 – Tratando-se de indivíduos que, não sendo apátridas, tenham tido a nacionalidade portuguesa, são indicadas, no requerimento, as circunstâncias que determinaram a perda da nacionalidade.

4 – A prova de ser havido como descendente de portugueses ou de ser membro de comunidades de ascendência portuguesa é feita mediante certidões dos correspondentes registos de nascimento e, na sua falta, pode ser feita por outros meios que o Ministro da Justiça considere adequados.

5 – As circunstâncias relacionadas com o facto de o requerente ter prestado ou ser chamado a prestar serviços relevantes ao Estado Português ou à comunidade nacional são provadas por documento emitido pelo departamento competente, em função da natureza daqueles serviços.

Artigo 25.º
Prova da residência e do conhecimento da língua portuguesa

1 – O Serviço de Estrangeiros e Fronteiras pode emitir o documento comprovativo da residência legal no território português com base nos elementos nele arquivados ou em averiguações realizadas para o efeito.

2 – A prova do conhecimento da língua portuguesa pode ser feita por uma das seguintes formas:
   a) Certificado de habilitação emitido por estabelecimento de ensino oficial ou de ensino particular ou cooperativo reconhecido nos termos legais;
   b) Certificado de aprovação em teste de diagnóstico realizado em qualquer dos estabelecimentos de ensino previstos na alínea anterior, cujos modelos são aprovados por portaria conjunta dos Ministros da Justiça e da Educação;
   c) Certificado de aprovação no teste de diagnóstico previsto na alínea anterior emitido pelos serviços consulares portugueses, quando o interessado resida no estrangeiro;
   d) Certificado em língua portuguesa como língua estrangeira, emitido mediante a realização de teste em centro de avaliação de português, como língua estrangeira, reconhecido pelo Ministério da Educação mediante protocolo.

3 – Pela realização do teste diagnóstico previsto nas alíneas b) e c) do número anterior pode ser exigido o pagamento de uma taxa, nos termos a fixar por portaria conjunta dos Ministros da Justiça e da Educação.

4 – Tratando-se de menor de idade inferior a 10 anos ou de pessoa que não saiba ler ou escrever, a prova do conhecimento da língua portuguesa deve ser adequada à sua capacidade para adquirir ou demonstrar conhecimentos da mesma língua.

5 – Tratando-se de pessoa que tenha frequentado estabelecimento de ensino oficial ou de ensino particular ou cooperativo reconhecido nos termos legais em país de língua oficial portuguesa, a prova do conhecimento da língua portuguesa pode ser feita por certificado de habilitação emitido por esse estabelecimento de ensino.

6 – No caso previsto no número anterior, havendo dúvida sobre a suficiência do certificado apresentado para prova do conhecimento da língua portuguesa, a Conservatória dos Registos Centrais pode solicitar às autoridades competentes do Ministério da Educação que se pronunciem, sob pena de, não sendo considerado suficiente, não poder valer como prova do conhecimento.

ARTIGO 26.º
Dispensa de documentos

Em casos especiais, o Ministro da Justiça pode dispensar, a requerimento fundamentado do interessado, a apresentação de qualquer documento que deva instruir o pedido de naturalização, desde que não existam dúvidas sobre a verificação dos requisitos que esse documento se destinava a comprovar.

ARTIGO 27.º
Tramitação do procedimento de naturalização

1 – Recebido o requerimento deve o processo, no prazo de quarenta e oito horas, ser remetido à Conservatória dos Registos Centrais, podendo ser enviado por via electrónica, nas condições que vierem a ser fixadas por portaria do Ministro da Justiça.

2 – No prazo de 30 dias contados a partir da data da recepção, a Conservatória dos Registos Centrais deve analisar sumariamente o processo e proceder ao indeferimento liminar do requerimento nos seguintes casos:

 a) Quando não contenha os elementos previstos no n.º 4 do artigo 18.º;
 b) Quando não seja acompanhado dos documentos necessários para comprovar os factos que constituem o fundamento do pedido, sem prejuízo do disposto nos n.ºs 4 a 7 do artigo 37.º

3 – Se o conservador ou o oficial dos registos concluir que o requerimento deve ser liminarmente indeferido, notifica o interessado dos fundamentos que conduzem ao indeferimento para que este se pronuncie, no prazo de 20 dias.

4 – Após a recepção da pronúncia do interessado ou o decurso do prazo previsto no número anterior é proferida decisão fundamentada pelo conservador ou por oficial dos registos.

5 – Não ocorrendo indeferimento liminar, a Conservatória dos Registos Centrais solicita, sempre que possível por via electrónica, as informações necessárias à Polícia Judiciária, bem como ao Serviço de Estrangeiros e Fronteiras, que, para o efeito, pode consultar outras entidades, serviços e forças de segurança.

6 – As informações referidas no número anterior devem ser prestadas pela Polícia Judiciária e pelo Serviço de Estrangeiros e Fronteiras no

prazo de 30 dias, excepto se existirem razões que justifiquem a sua prorrogação, por prazo não superior a 90 dias, facto que deve ser comunicado à Conservatória dos Registos Centrais.

7 – As entidades referidas no n.º 5 actualizam a informação prestada, sempre que se verifiquem alterações que devam ser comunicadas à Conservatória dos Registos Centrais.

8 – Caso tenha sido requerida a dispensa de apresentação de qualquer documento, nos termos previstos no artigo 26.º, o processo é submetido a decisão do Ministro da Justiça.

9 – Realizadas as diligências, é emitido parecer, no prazo de 45 dias, sobre a verificação dos pressupostos do pedido, sendo o processo submetido, de imediato, a decisão do Ministro da Justiça, caso o parecer seja favorável à pretensão do interessado.

10 – Se o parecer for no sentido do indeferimento do pedido, o interessado é notificado do seu conteúdo para que, no prazo de 20 dias, se pronuncie, devendo dessa notificação constar a hora e o local onde o processo pode ser consultado.

11 – Decorrido o prazo previsto no número anterior, e após ter sido analisada a eventual resposta do interessado, o processo é submetido a decisão do Ministro da Justiça.

12 – A decisão do Ministro da Justiça que conceda a naturalização é objecto de registo a lavrar oficiosamente na Conservatória dos Registos Centrais.

13 – Se o pedido de naturalização for indeferido, a decisão é notificada ao interessado.

Artigo 28.º
Delegação de competências

O Ministro da Justiça pode delegar no director-geral dos Registos e do Notariado, com faculdade de subdelegação, as competências que lhe são atribuídas no âmbito da aquisição da nacionalidade portuguesa por naturalização, nos termos dos artigos 19.º a 22.º

Secção III
Perda da nacionalidade

Artigo 29.º
Perda da nacionalidade

Perde a nacionalidade portuguesa quem, sendo nacional de outro Estado, declare que não quer ser português.

Artigo 30.º
Declaração de perda da nacionalidade

1 – Quem, sendo nacional de outro Estado, não quiser ser português pode declará-lo.

2 – Subsiste a nacionalidade portuguesa em relação aos que adquirem outra nacionalidade, salvo se declararem o contrário.

3 – A declaração é instruída com documento comprovativo da nacionalidade estrangeira do interessado.

Título II
Disposições procedimentais comuns

Capítulo I
Procedimentos comuns à atribuição, aquisição e perda da nacionalidade

Secção I
Declarações para fins de nacionalidade e postos de atendimento

Artigo 31.º
Declarações para fins de nacionalidade

1 – As declarações para fins de atribuição, aquisição e perda da nacionalidade portuguesa são prestadas pelas pessoas a quem respeitam, por si ou por procurador bastante, sendo capazes, ou pelos seus representantes legais, sendo incapazes.

2 – A procuração com poderes especiais para fins de atribuição, aquisição da nacionalidade por efeito da vontade, por adopção ou por naturalização e perda da nacionalidade obedece à forma prevista no Código do Registo Civil, salvo se for passada a advogado ou solicitador.

3 – No acto de inscrição de nascimento de indivíduo nascido do casamento dos pais, qualquer destes pode fazer-se representar pelo outro, mediante procuração lavrada por documento particular, assinado pelo representado, com a indicação feita pelo signatário do número, data e entidade emitente do respectivo bilhete de identidade ou documento equivalente.

Artigo 32.º
Forma das declarações

1 – As declarações a que se refere o n.º 1 do artigo anterior podem ser prestadas em extensões da Conservatória dos Registos Centrais junto de outras pessoas colectivas públicas, em termos a fixar por protocolo a celebrar entre essas entidades e a Direcção-Geral dos Registos e do Notariado, em conservatórias do registo civil e em serviços consulares portugueses, sendo aí reduzidas a auto, e enviadas para a Conservatória dos Registos Centrais, se possível por via electrónica, nas condições que vierem a ser fixadas por portaria do Ministro da Justiça.

2 – Salvo tratando-se de atribuição de nacionalidade mediante inscrição de nascimento no registo civil português, as declarações referidas no número anterior podem ainda constar de impresso, de modelo a aprovar por despacho do director-geral dos Registos e do Notariado, podendo ser apresentadas nas extensões da Conservatória dos Registos Centrais ou enviadas, por correio, para a mesma Conservatória, ou por via electrónica, nas condições que vierem a ser fixadas por portaria do Ministro da Justiça.

3 – As declarações efectuadas nos termos previstos no número anterior só se consideram prestadas na data da sua recepção na Conservatória dos Registos Centrais, devendo ser objecto de indeferimento liminar, no prazo de 30 dias, nos seguintes casos:
   a) Quando não constem do impresso de modelo aprovado para esse efeito, ou sejam omitidas menções ou formalidades nele previstas;
   b) Quando não sejam acompanhadas dos documentos necessários para comprovar os factos que constituem o fundamento do pedido, sem prejuízo do disposto nos n.ºˢ 4 a 7 do artigo 37.º;
   c) Quando não sejam apresentados os documentos previstos no n.º 3 do artigo 57.º, sendo caso disso.

4 – Se o conservador ou o oficial dos registos concluir que a declaração deve ser liminarmente indeferida notifica o interessado dos fundamentos que conduzem ao indeferimento para que este se pronuncie, no prazo de 20 dias.

5 – Em caso de indeferimento liminar, as declarações não produzem efeitos, sendo proferida decisão fundamentada por conservador ou por oficial dos registos.

6 – Sendo o indeferimento objecto de recurso hierárquico ou de reacção contenciosa, o prazo para a dedução de oposição à aquisição da nacionalidade só começa a contar a partir da data da decisão do referido recurso ou do trânsito em julgado da sentença que se tiver pronunciado sobre esse acto de indeferimento, considerando-o inválido ou inexistente.

Artigo 33.º
Conteúdo dos autos de declarações

1 – Os autos de declarações de nacionalidade que não sejam para inscrição do nascimento devem conter:
   a) A data e o lugar em que são lavrados;
   b) O nome completo do conservador, do oficial dos registos ou do agente consular e a respectiva qualidade;
   c) O nome completo, data do nascimento, estado, naturalidade, nacionalidade, filiação e residência actual do interessado, bem como a indicação dos países onde tenha residido anteriormente e a profissão, quando se trate de declaração para fins de aquisição da nacionalidade;
   d) O número e ano do assento de nascimento do interessado e a indicação da conservatória em que se encontra, quando lavrado no registo civil português;
   e) O nome completo e residência do representante legal, caso o interessado seja incapaz, ou do procurador;
   f) A menção da forma como foi verificada a identidade do declarante;
   g) Os factos declarados, o fim da declaração e o pedido do respectivo registo;
   h) A assinatura do declarante, se souber e puder assinar, e a do conservador, oficial dos registos ou agente consular.

2 – O auto de declarações para inscrição de nascimento contém as menções previstas no Código do Registo Civil.

Artigo 34.º
Verificação da identidade nos autos de declarações

1 – A verificação da identidade do declarante pode ser feita:
a) Pelo conhecimento pessoal do funcionário perante quem são prestadas as declarações;
b) Pela exibição do bilhete de identidade, título ou autorização de residência, passaporte ou documento de identificação equivalente do declarante;
c) Supletivamente, pela abonação de duas testemunhas idóneas.

2 – Se a identidade for verificada nos termos da alínea b) do número anterior, deve mencionar-se no auto o número, data e entidade emitente do documento de identificação.

3 – No caso de abonação testemunhal, as testemunhas oferecidas devem exibir um dos documentos de identificação referidos na alínea b) do n.º 1 e ser identificadas no auto, que assinam depois do declarante e antes do funcionário.

4 – Podem intervir como testemunhas, além das pessoas autorizadas pela lei geral, os parentes ou os afins das partes e do próprio funcionário.

Artigo 35.º
Conteúdo das declarações constantes de impresso de modelo aprovado

1 – As declarações para fins de atribuição, aquisição e perda da nacionalidade portuguesa, prestadas nos termos previstos no n.º 2 do artigo 32.º devem conter obrigatoriamente:
a) Os elementos previstos nas alíneas c), e), e g) do n.º 1 do artigo 33.º;
b) A declaração sobre os factos susceptíveis de fundamentarem a oposição à aquisição da nacionalidade portuguesa;
c) A indicação dos elementos que permitam identificar o registo de nascimento do interessado, bem como os registos que comprovam o fundamento do pedido, designadamente o local de nascimento ou de casamento, a respectiva data e, se for do seu conhecimento, a conservatória do registo civil onde se encontram arquivados, bem como o respectivo número e ano, sempre que seja dispensada a apresentação de certidões desses registos;
d) A relação dos documentos apresentados;

e) A assinatura do declarante, reconhecida presencialmente, salvo se for feita na presença de funcionário de serviço ou posto de atendimento com competência para receber a declaração.

2 – Quando as declarações forem prestadas por advogado ou solicitador é suficiente, para a confirmação da assinatura, a indicação do número da respectiva cédula profissional.

Artigo 36.º
Prova da apatridia

A apatridia prova-se, para os fins do presente decreto-lei, pelos meios estabelecidos em convenção e, na sua falta, por documentos emanados das autoridades dos países com os quais o interessado tenha conexões relevantes, designadamente dos países de origem e da última nacionalidade ou da nacionalidade dos progenitores.

Artigo 37.º
Instrução das declarações e requerimentos

1 – As declarações e os requerimentos para efeitos de nacionalidade são instruídos com os documentos necessários para a prova das circunstâncias de que dependa a atribuição, aquisição ou perda da nacionalidade portuguesa e com os demais documentos necessários para a prática dos correspondentes actos de registo civil obrigatório.

2 – Os documentos apresentados para instruir as declarações e os requerimentos, quando escritos em língua estrangeira, são acompanhados de tradução feita ou certificada, nos termos previstos na lei.

3 – As certidões de actos de registo civil, nacional ou estrangeiro, destinadas a instruir as declarações e os requerimentos são, se possível, de cópia integral e emitidas por fotocópia do assento.

4 – Os interessados estão dispensados de apresentar as certidões de registos que devam instruir as declarações para fins de atribuição, aquisição ou perda da nacionalidade, bem como as certidões de registos referidas no n.º 3 do artigo 4.º, no n.º 1 do artigo 5.º e no n.º 2 do artigo 70.º, desde que indiquem elementos que permitam identificar os assentos, designadamente o local de nascimento ou de casamento, a respectiva data e, se for do seu conhecimento, a conservatória do registo civil português onde se encontram arquivados e o respectivo número e ano, caso em que essas certidões são oficiosamente obtidas.

5 – É dispensada a junção de certidão de registo ou de documento existentes em suporte digital, quando os órgãos do registo civil aos mesmos tiverem acesso, através de sistema informático.

6 – A apresentação de certidões de assentos que devam instruir declarações ou requerimentos para fins de atribuição, aquisição ou perda da nacionalidade é dispensada, se os correspondentes actos de registo se encontrarem arquivados na Conservatória dos Registos Centrais.

7 – Os interessados estão, igualmente, dispensados de apresentar os seguintes documentos, os quais são oficiosamente obtidos junto das entidades competentes, sempre que possível, por via electrónica:

a) Certificado do registo criminal português;
b) Documentos emitidos pelo Serviço de Estrangeiros e Fronteiras, destinados a comprovar a residência legal no território português, bem como a circunstância prevista na alínea c) do n.º 2 do artigo 10.º

8 – Sem prejuízo do que se encontre estabelecido em convenções internacionais e leis especiais, as certidões de actos de registo civil emitidas no estrangeiro são legalizadas nos termos previstos no Código de Processo Civil.

9 – Em caso de dúvida sobre a autenticidade do conteúdo de documentos emitidos no estrangeiro, pode ser solicitada às autoridades emitentes a confirmação da sua autenticidade, sendo os encargos daí resultantes suportados pelos interessados.

Artigo 38.º
Transliteração

1 – Os nomes dos indivíduos a quem seja atribuída a nacionalidade portuguesa ou que a adquiram, quando escritos em caracteres não latinos, são transliterados de acordo com o alfabeto latino.

2 – Na falta de disposição legal ou convenção sobre a matéria, a transliteração a que se refere o número anterior respeita as regras geralmente observadas nas relações internacionais, designadamente as recomendações da Organização Internacional de Normalização (ISO).

Artigo 39.º
Composição do nome em caso de aquisição

1 – Quem pretenda adquirir a nacionalidade portuguesa pode requerer o aportuguesamento dos elementos constitutivos do nome próprio, a

conformação do nome completo com as regras legais portuguesas ou, se já tiver assento de nascimento lavrado no registo civil português com nome diverso daquele que usa, a adopção desse nome.

2 – O aportuguesamento, por tradução ou adaptação, gráfica e fonética, à língua portuguesa dos nomes próprios de origem estrangeira deve obedecer às disposições legais aplicáveis aos nascidos no território português.

3 – Se o aportuguesamento não for possível por tradução, ou a adaptação se mostrar inadequada, o interessado pode optar por um nome próprio português.

4 – Se quem pretender adquirir a nacionalidade portuguesa usar vários nomes completos deve optar por um deles.

5 – Sempre que o nome seja alterado, a nova composição é averbada ao assento de nascimento, se já lavrado ou a lavrar por transcrição e, tratando-se de assento a lavrar por inscrição ou de assento de nacionalidade, menciona-se no texto o novo nome e averba-se a forma originária.

6 – Quando o registo de nacionalidade seja lavrado por averbamento, deve constar deste a nova composição do nome.

Artigo 40.º
Postos de atendimento

1 – Por despacho do director-geral dos Registos e do Notariado podem ser criados postos de atendimento da Conservatória dos Registos Centrais, que constituem extensões da mesma entidade, junto de outras pessoas colectivas públicas.

2 – Por protocolo a celebrar com a Direcção-Geral dos Registos e do Notariado podem ser designadas entidades públicas, associações ou outras entidades privadas exclusivamente para efeitos de prestação de informações sobre o tratamento e a instrução dos pedidos de atribuição, aquisição e perda da nacionalidade e encaminhamento das respectivas declarações ou requerimentos para a Conservatória dos Registos Centrais.

Secção II
Tramitação dos procedimentos

Artigo 41.º
Tramitação e decisão dos pedidos

1 – A Conservatória dos Registos Centrais, no prazo de 30 dias contados a partir da data da recepção das declarações para fins de atribuição, aquisição ou perda da nacionalidade:
  a) Analisa sumariamente o processo e, caso o auto de declarações contenha deficiências ou não se mostre devidamente instruído com os documentos necessários, notifica o interessado para, no prazo de 20 dias, suprir as deficiências existentes, bem como promove as diligências que considere necessárias para proferir a decisão;
  b) Analisa sumariamente as declarações que tenham sido prestadas nos termos previstos no n.º 2 do artigo 32.º e, não sendo caso de indeferimento liminar, procede de acordo com o previsto na alínea anterior.

2 – Concluída a instrução, o conservador profere decisão, no prazo de 60 dias, autorizando a feitura do registo, sendo caso disso.

3 – Se, pela análise do processo, o conservador concluir que vai ser indeferida a feitura do registo, notifica o interessado dos fundamentos que conduzem ao indeferimento do pedido para, no prazo de 30 dias, este dizer o que se lhe oferecer, devendo dessa notificação constar a hora e o local onde o processo pode ser consultado.

4 – Decorrido o prazo previsto no número anterior, e após ter sido analisada a eventual resposta do interessado, o conservador profere decisão fundamentada, autorizando ou indeferindo a feitura do registo.

5 – Nos casos de aquisição da nacionalidade, por efeito da vontade ou por adopção, o disposto nos números anteriores é aplicável, com as necessárias adaptações, por forma a não ser prejudicado o direito de oposição.

6 – Sem prejuízo do disposto nos números anteriores, aos processos de atribuição da nacionalidade, neles se incluindo a inscrição de nascimento no registo civil português, bem como de aquisição da nacionalidade por efeito da vontade ou por adopção e de perda da nacionalidade, é aplicável, com as necessárias adaptações, o disposto no Código do

Registo Civil, excepto no que se refere à contagem dos prazos e sua dilação, caso em que se aplica subsidiariamente o Código do Procedimento Administrativo.

Artigo 42.º
Diligências oficiosas

1 – Sempre que tenha sido requerida a atribuição, aquisição ou perda da nacionalidade, pode o conservador determinar as diligências que considere necessárias para proferir a decisão.

2 – Caso se verifique estar pendente acção de que dependa a validade do facto que serve de fundamento à nacionalidade que se pretende registar, é sustada a feitura do registo, até que seja apresentada certidão da sentença judicial com trânsito em julgado.

3 – Pode, de igual modo, ser sustado o procedimento de atribuição ou aquisição da nacionalidade portuguesa sempre que se suscitem dúvidas fundadas sobre a autenticidade de documentos emitidos no estrangeiro ou se encontrem pendentes diligências oficiosamente promovidas pelo conservador.

4 – O procedimento de aquisição da nacionalidade portuguesa por efeito da vontade, por adopção ou por naturalização suspende-se durante o prazo de cinco anos a contar da data do trânsito em julgado de sentença que condene o interessado por crime previsto na lei portuguesa e em pena ou penas que, isolada ou cumulativamente, ultrapassem um ano de prisão, sendo nulos os actos praticados enquanto a suspensão se mantiver.

5 – Com a suspensão prevista no número anterior, suspende-se também a contagem do prazo para a dedução da oposição à aquisição da nacionalidade.

6 – Exceptua-se do disposto no n.º 4 a aquisição da nacionalidade por parte daqueles que a tenham perdido, no domínio do direito anterior, por efeito do casamento ou da aquisição voluntária de nacionalidade estrangeira.

7 – Ao procedimento de aquisição da nacionalidade portuguesa por efeito da vontade, por adopção ou por naturalização é aplicável o disposto no artigo 31.º do Código do Procedimento Administrativo.

8 – A verificação dos requisitos de que depende a aquisição da nacionalidade portuguesa por efeito da vontade, por adopção ou por naturalização pode ser objecto de diligências para a sua confirmação até ao momento da decisão final.

Artigo 43.º
Comunicações

A Conservatória dos Registos Centrais comunica, sempre que possível por via electrónica:
a) Ao Serviço de Estrangeiros e Fronteiras, as alterações de nacionalidade que registar referentes a indivíduos residentes no território português;
b) Às representações consulares ou a outras autoridades estrangeiras, o registo de alterações de nacionalidade dos respectivos nacionais quando existir acordo ou convenção internacional que o imponha;
c) Aos serviços competentes em matéria de identificação civil e do processo eleitoral, os registos de perda da nacionalidade.

Secção III
Encargos dos actos e certificados de nacionalidade

Artigo 44.º
Emolumentos

1 – Pelos actos relativos à atribuição, aquisição e perda da nacionalidade são cobrados os emolumentos previstos no Regulamento Emolumentar dos Registos e Notariado.
2 – Aos emolumentos previstos no número anterior acrescem as despesas previstas no n.º 9 do artigo 37.º

Artigo 45.º
Certificados de nacionalidade

1 – Os certificados de nacionalidade são passados pela Conservatória dos Registos Centrais a requerimento dos interessados.
2 – Havendo registo de nacionalidade, o certificado é passado com base no respectivo registo.
3 – Se não existir registo de nacionalidade, o certificado é passado com base no assento de nascimento do interessado.
4 – No caso previsto no número anterior, o requerimento é instruído com certidão do registo de nascimento, sendo aplicável o disposto nos n.ºs 4 a 6 do artigo 37.º

5 – Nos certificados é feita expressa referência à natureza do registo em face do qual são passados.

6 – Sempre que o registo de nascimento ou de nacionalidade enferme de irregularidade ou deficiência, ainda não sanada, que possa afectar a prova da nacionalidade, no certificado é mencionada essa circunstância.

CAPÍTULO II
Registo central da nacionalidade

ARTIGO 46.º
Actos sujeitos a registo obrigatório

É obrigatório o registo, na Conservatória dos Registos Centrais, das declarações para atribuição, aquisição e perda da nacionalidade, bem como da naturalização de estrangeiros.

ARTIGO 47.º
Registo da nacionalidade

O registo da nacionalidade pode ser efectuado em livro ou em suporte informático, sendo aplicável, com as necessárias adaptações, o disposto no Código do Registo Civil.

ARTIGO 48.º
Forma de lavrar os registos

1 – Os registos de atribuição, aquisição e perda da nacionalidade são efectuados por averbamento quando o registo de nascimento seja simultaneamente lavrado na Conservatória dos Registos Centrais ou aí se encontre arquivado.

2 – Fora do caso previsto no número anterior, os registos de atribuição, aquisição ou perda da nacionalidade são lavrados por assento.

3 – O disposto nos números anteriores não se aplica à atribuição da nacionalidade mediante inscrição de nascimento no registo civil português ou à aquisição mediante adopção, por efeito da lei.

ARTIGO 49.º
Assentos de nacionalidade

1 – Os assentos de nacionalidade são lavrados por transcrição, sem intervenção dos interessados.

2 – Os registos de nascimento, ainda que atributivos da nacionalidade e os registos de nacionalidade são assinados por conservador ou por oficial dos registos.

ARTIGO 50.º
Transcrição e inscrição do registo de nascimento

1 – Excepto nos casos em que o nascimento do interessado já conste do registo civil português, é transcrita a certidão do seu registo estrangeiro de nascimento, a fim de que, seguidamente, seja efectuado o registo da nacionalidade.

2 – Se aquele que adquirir a nacionalidade não puder obter a certidão a que se refere o número anterior, pode requerer a inscrição do seu nascimento mediante declaração.

3 – Além do registo de nascimento, são obrigatoriamente transcritos no registo civil português todos os actos de estado civil lavrados no estrangeiro e referentes a indivíduos a quem tenha sido atribuída a nacionalidade portuguesa ou que a tenham adquirido.

ARTIGO 51.º
Requisitos dos assentos

O texto dos assentos de nacionalidade contém:
a) Número de ordem, dia, mês e ano em que são lavrados, bem como a designação da conservatória;
b) O nome completo, anterior e posterior à alteração da nacionalidade, quando diversos, data do nascimento, filiação, naturalidade e nacionalidade anterior do interessado, se conhecida;
c) O número e ano do assento de nascimento do interessado e a indicação da conservatória em que se encontra, quando lavrado no registo civil português;
d) O facto registado, o seu fundamento legal e os seus efeitos;
e) A categoria do funcionário que os subscreve e a sua assinatura.

Artigo 52.º
Requisitos dos averbamentos

Quando forem lavrados por averbamento, os registos de nacionalidade contêm:
a) O facto registado, o seu fundamento legal e os seus efeitos;
b) O nome completo anterior ou posterior à alteração da nacionalidade, quando sejam diversos;
c) A categoria do funcionário que os subscreve e a sua assinatura.

Artigo 53.º
Menções dos registos em caso de naturalização

Nos registos de aquisição da nacionalidade, por naturalização, é mencionada a decisão que tenha concedido a nacionalidade e a respectiva data.

Artigo 54.º
Averbamentos ao assento de nascimento

Sempre que sejam lavrados por assento, os registos de nacionalidade são averbados na sequência do assento de nascimento.

Artigo 55.º
Rectificação, declaração de inexistência ou de nulidade e cancelamento dos registos

1 – Aos registos de nacionalidade, ainda que mediante inscrição de nascimento no registo civil português, à sua rectificação, declaração de inexistência ou de nulidade, bem como ao seu cancelamento são subsidiariamente aplicáveis as disposições contidas no Código do Registo Civil.

2 – Quando no âmbito da rectificação, declaração de inexistência ou de nulidade e cancelamento dos registos se suscitem dúvidas quanto à identidade do titular, são competentes os tribunais administrativos e fiscais, sempre que esteja em causa a nacionalidade do interessado.

3 – A decisão do conservador, proferida em processo de justificação, é objecto de reacção contenciosa para os tribunais administrativos e fiscais, nos termos do Código de Processo nos Tribunais Administrativos, sempre que esteja em causa a nacionalidade do interessado.

Título III
Oposição à aquisição da nacionalidade por efeito da vontade ou da adopção e contencioso da nacionalidade

Capítulo I
Oposição à aquisição da nacionalidade

Artigo 56.º
Fundamento, legitimidade e prazo

1 – O Ministério Público promove nos tribunais administrativos e fiscais a acção judicial para efeito de oposição à aquisição da nacionalidade, por efeito da vontade ou por adopção, no prazo de um ano a contar da data do facto de que depende a aquisição da nacionalidade.

2 – Constituem fundamento de oposição à aquisição da nacionalidade portuguesa, por efeito da vontade ou da adopção:
   a) A inexistência de ligação efectiva à comunidade nacional;
   b) A condenação, com trânsito em julgado da sentença, pela prática de crime punível com pena de prisão de máximo igual ou superior a três anos, segundo a lei portuguesa;
   c) O exercício de funções públicas sem carácter predominantemente técnico ou a prestação de serviço militar não obrigatório a Estado estrangeiro.

Artigo 57.º
Declarações e documentos relativos aos factos que constituem fundamento de oposição

1 – Quem requeira a aquisição da nacionalidade portuguesa, por efeito da vontade ou por adopção, deve pronunciar-se sobre a existência de ligação efectiva à comunidade nacional e sobre o disposto nas alíneas b) e c) do n.º 2 do artigo anterior.

2 – Exceptua-se do disposto no número anterior a aquisição da nacionalidade por parte de quem a tenha perdido, no domínio do direito anterior, por efeito do casamento ou da aquisição voluntária de nacionalidade estrangeira.

3 – Para efeitos do disposto no n.º 1, o interessado deve:
   a) Apresentar certificados do registo criminal, emitidos pelos serviços competentes do país da naturalidade e da nacionalidade, bem como dos países onde tenha tido e tenha residência;

b) Apresentar documentos que comprovem a natureza das funções públicas ou do serviço militar prestados a Estado estrangeiro, sendo caso disso.

4 – A declaração é, ainda, instruída com certificado do registo criminal português sem prejuízo da dispensa da sua apresentação pelo interessado nos termos do n.º 7 do artigo 37.º

5 – O conservador ou o oficial dos registos pode, mediante requerimento do interessado, fundamentado na impossibilidade prática de apresentação dos documentos referidos na alínea a) do n.º 3, dispensar a sua junção, desde que não existam indícios da verificação do fundamento de oposição à aquisição da nacionalidade, que esses documentos se destinavam a comprovar.

6 – A Conservatória dos Registos Centrais deve solicitar as informações necessárias às entidades referidas no n.º 5 do artigo 27.º, sendo aplicável o disposto nos n.ºs 6 e 7 do mesmo artigo.

7 – Sempre que o conservador dos Registos Centrais ou qualquer outra entidade tiver conhecimento de factos susceptíveis de fundamentarem a oposição à aquisição da nacionalidade, por efeito da vontade ou por adopção, deve participá-los ao Ministério Público, junto do competente tribunal administrativo e fiscal, remetendo-lhe todos os elementos de que dispuser.

8 – O Ministério Público deve deduzir oposição nos tribunais administrativos e fiscais quando receba a participação prevista no número anterior.

Artigo 58.º
Tramitação

Apresentada a petição pelo Ministério Público, o réu é citado para contestar, não havendo lugar a mais articulados ou alegações escritas.

Artigo 59.º
Decisão

1 – Findos os articulados, é o processo, sem mais, submetido a julgamento, excepto se o juiz ou relator determinar a realização de quaisquer diligências.

2 – Concluindo-se pela procedência da oposição deduzida, ordena-se o cancelamento do registo da nacionalidade, caso tenha sido lavrado.

Artigo 60.º
Meio processual

Em tudo o que não se achar regulado nos artigos anteriores, a oposição segue os termos da acção administrativa especial, prevista no Código de Processo nos Tribunais Administrativos.

Capítulo II
Contencioso da nacionalidade

Artigo 61.º
Legitimidade e prazo

1 – Têm legitimidade para reagir contenciosamente contra os actos e omissões praticadas no âmbito dos procedimentos de atribuição, aquisição ou perda da nacionalidade, sem sujeição a prazo, quem alegue ser titular de um interesse directo e pessoal e o Ministério Público, excepto no que respeita à reacção contenciosa contra o indeferimento liminar.

2 – O indeferimento liminar pode ser objecto de reacção contenciosa para os tribunais administrativos e fiscais, nos termos do Código de Processo nos Tribunais Administrativos.

Artigo 62.º
Meio processual

Sem prejuízo do disposto no artigo anterior, a reacção contenciosa contra quaisquer actos relativos à atribuição, aquisição ou perda da nacionalidade portuguesa segue os termos da acção administrativa especial, regulada no Código de Processo nos Tribunais Administrativos.

Artigo 63.º
Poderes de pronúncia do tribunal

Sempre que o tribunal decida em contrário da nacionalidade que resulte de registo de nascimento ou de nacionalidade deve ordenar o cancelamento ou a rectificação do registo, conforme o caso.

Título IV
Disposições transitórias

Artigo 64.º
Nascimentos ocorridos no domínio da lei anterior

Mantém-se a presunção de que são portugueses os indivíduos nascidos em território português ou sob administração portuguesa antes da entrada em vigor da Lei n.º 37/81, de 3 de Outubro, em conformidade com a legislação anterior, desde que o respectivo registo de nascimento não contenha a menção de qualquer circunstância que, nos termos da lei aplicável, contrarie essa presunção.

Artigo 65.º
Aquisição em caso de perda por efeito do casamento

1 – A mulher que tiver perdido a nacionalidade portuguesa por efeito do casamento, no domínio do direito anterior, e quiser adquiri-la, deve declará-lo.

2 – Se não tiver sido lavrado registo de perda da nacionalidade, a declaração é instruída com documento comprovativo da aquisição da nacionalidade estrangeira e com certidão do assento de nascimento, com o casamento averbado.

Artigo 66.º
Aquisição em caso de adopção no domínio da lei anterior

1 – O estrangeiro que tiver sido adoptado plenamente por nacional português antes da entrada em vigor da Lei n.º 37/81, de 3 de Outubro, e quiser ser português, deve declará-lo.

2 – A declaração é instruída com certidão do assento de nascimento do adoptado, documento legalmente comprovativo da adopção e prova da nacionalidade portuguesa do adoptante.

Artigo 67.º
Aquisição da nacionalidade em caso de registo de perda por aquisição voluntária de nacionalidade estrangeira

Quem, nos termos da Lei n.º 2098, de 29 de Julho de 1959, e legislação precedente, tenha perdido a nacionalidade portuguesa, por efeito de aquisição voluntária de nacionalidade estrangeira, adquire-a mediante declaração, quando tenha sido lavrado registo definitivo da perda.

Artigo 68.º
Aquisição da nacionalidade em caso de naturalização directa ou indirectamente imposta

1 – O português que, no domínio da lei anterior, tiver adquirido outra nacionalidade, mediante naturalização que lhe tenha sido directa ou indirectamente imposta e quiser manter a nacionalidade portuguesa deve requerê-lo ao Tribunal Central Administrativo Sul, em requerimento instruído com os elementos de que dispuser, o qual é apresentado na Conservatória dos Registos Centrais.

2 – Recebido o requerimento, acompanhado dos documentos que lhe respeitem, o conservador solicita informação ao Ministério dos Negócios Estrangeiros.

3 – Obtida a informação a que se refere o número anterior e efectuadas as diligências que se mostrem necessárias, o conservador remete o processo, com o seu parecer, ao Tribunal Central Administrativo Sul.

4 – Na fase judicial é aplicável ao processo, com as adaptações necessárias, o disposto nos artigos 59.º e 60.º

Artigo 69.º
Alteração de nacionalidade por efeito da lei anterior

1 – No caso de ser requerido o registo de alteração de nacionalidade por efeito de casamento ou por aquisição de nacionalidade estrangeira em conformidade com a lei anterior, devem os requerentes instruir o pedido com os documentos necessários ao registo.

2 – Quando o registo for de perda da nacionalidade e oficioso, é lavrado provisoriamente, devendo a Conservatória dos Registos Centrais requisitar os documentos que sejam necessários.

3 – Lavrado o registo provisório, o conservador ou o oficial dos registos promove a notificação do interessado para, no prazo de 30 dias, deduzir oposição.

4 – Não sendo possível a notificação, o prazo para a oposição conta-se a partir da data da última diligência efectuada.

5 – Findo o prazo e não tendo sido deduzida oposição, o registo é convertido em definitivo.

6 – Se tiver sido deduzida oposição ou se a conversão do registo tiver sido efectuada sem prévia notificação e for requerido o cancelamento do registo, com base na inexistência do seu fundamento legal, o conservador remete certidão de todo o processo, acompanhada de parecer, aos tribunais administrativos e fiscais.

7 – Ao processo, na fase judicial, é aplicável, com as necessárias adaptações, o disposto nos artigos 59.º e 60.º

Artigo 70.º
Eliminação da menção da nacionalidade estrangeira dos progenitores

1 – Nos assentos de nascimento de indivíduos nascidos no território português, após a data da entrada em vigor da Lei n.º 37/81, de 3 de Outubro, filhos de estrangeiros, se um dos progenitores aqui tiver nascido e aqui tivesse residência, independentemente de título, ao tempo do nascimento, deve ser eliminada a menção da nacionalidade estrangeira dos progenitores ou do seu desconhecimento, por forma a que daí resulte a nacionalidade portuguesa do interessado, nos termos da última parte da alínea a) do artigo 3.º

2 – Para efeitos do disposto no número anterior, a naturalidade do progenitor nascido no território português é comprovada mediante certidão do respectivo registo de nascimento, devendo ser apresentado documento comprovativo da residência do mesmo, à data do nascimento do filho.

3 – O documento previsto na parte final do número anterior pode ser dispensado, desde que sejam invocados factos que justifiquem a impossibilidade da sua apresentação.

AFERIÇÃO DA LÍNGUA PORTUGUESA

Portaria n.º 1403-A/2006
de 15 de Dezembro

A Lei Orgânica n.º 2/2006, de 17 de Abril, introduziu alterações na Lei n.º 37/81, de 3 de Outubro (Lei da Nacionalidade), que modificaram substancialmente os regimes da atribuição e da aquisição da nacionalidade portuguesa.

O Decreto-Lei n.º 237-A/2006, de 14 de Dezembro, por seu turno, veio, na sequência da referida Lei Orgânica, aprovar o Regulamento da Nacionalidade Portuguesa.

Nos termos do novo regime jurídico, o Governo concede a nacionalidade portuguesa, por naturalização, aos estrangeiros que, entre outros requisitos, demonstrem conhecer suficientemente a língua portuguesa.

Em concretização desta disposição, o artigo 25.º do Regulamento da Nacionalidade Portuguesa adopta uma nova forma de aferir o conhecimento da língua portuguesa para aquisição da nacionalidade, atribuindo, como regra, aos estabelecimentos de ensino a certificação desse conhecimento, designadamente através da realização de testes de diagnóstico de língua portuguesa.

Assim, a aferição do conhecimento da língua portuguesa passa a efectuar-se por meios tecnicamente mais aptos – testes realizados expressamente para esse efeito nos estabelecimentos de ensino – do que os anteriormente previstos, em que essa função era cometida ao notariado ou às secretarias das câmaras municipais da residência do interessado ou, ainda, em Lisboa e no Porto, ao director dos serviços centrais e culturais ou a funcionário por ele designado.

A presente portaria vem, portanto, regulamentar diversos aspectos relativos a esta nova formação de aferição do conhecimento da língua portuguesa. Por um lado, procede à aprovação dos modelos dos testes de diagnóstico, nos termos das alíneas b) e c) do n.º 2 do artigo 25.º do Regulamento da Nacionalidade Portuguesa, por outro, fixa o valor da taxa devida pela realização desses testes, nos termos do disposto no n.º 3 do artigo 25.º do Regulamento referido.

Assim:

Manda o Governo, pelos Ministros da Justiça e da Educação, ao abrigo do disposto nas alíneas b) e c) do n.º 2 e no n.º 3 do artigo 25.º do Regulamento da Nacionalidade Portuguesa, aprovado pelo Decreto-Lei n.º 237-A/2006, de 14 de Dezembro, o seguinte:

Artigo 1.º
Testes de diagnóstico do conhecimento da língua portuguesa

1 – Os testes de diagnóstico previstos nas alíneas b) e c) do n.º 2 do artigo 25.º do Regulamento da Nacionalidade Portuguesa, aprovado pelo Decreto-Lei n.º 237-A/2006, de 14 de Dezembro (adiante designado por Regulamento da Nacionalidade Portuguesa), obedecem aos modelos anexos à presente portaria, que dela fazem parte integrante, sendo que o modelo constante do anexo I é aplicado aos interessados com idades compreendidas entre os 10 e os 14 anos e o modelo constante do anexo II, aos maiores de 14 anos.

2 – Considera-se conhecimento suficiente em língua portuguesa o nível A2 do quadro europeu comum de referência para as línguas.

3 – Os testes de diagnóstico são realizados com periodicidade trimestral, sem prejuízo de ser assegurada a respectiva realização com periodicidade diferente se o número de inscrições assim o justificar.

Artigo 2.º
Inscrição

1 – A inscrição para a realização do teste de diagnóstico pode ser efectuada junto dos estabelecimentos de ensino, das entidades com competência para a recepção dos pedidos de nacionalidade ou directamente pelo interessado.

2 – A inscrição é efectuada através do endereço http://www.provalinguaportuguesa.gov.pt.

3 – A escolha das datas e dos locais pretendidos para a realização do teste está condicionada à existência de vagas, as quais são previamente indicadas no endereço referido no número anterior.

4 – O ministro responsável pela área da educação fixa, por despacho, os locais onde os testes são realizados.

5 – Efectuada a inscrição, é, de imediato, emitido um documento comprovativo da mesma, susceptível de ser impresso, o qual é também enviado para o correio electrónico do interessado, caso o mesmo tenha sido por ele indicado.

6 – O documento previsto no número anterior contém o local e a data da realização do teste, o número de inscrição e um código de validação.

Artigo 3.º
Consulta de processos

O interessado pode consultar o seu processo individual, através do endereço referido no artigo anterior, devendo, para tanto, introduzir o respectivo número de inscrição e o código de validação.

Artigo 4.º
Realização do teste

1 – A realização do teste está dependente da exibição pelo interessado, de um documento de identificação e da indicação do respectivo número de inscrição, bem como da apresentação do recibo de pagamento da taxa prevista no artigo 5.º

2 – Os candidatos entram na sala de realização dos testes até dez minutos antes da hora marcada para o início e mediante chamada.

3 – Sem prejuízo do disposto no número anterior, a realização do teste é garantida até quinze minutos após o início do mesmo.

4 – A vigilância do teste é assegurada por um professor vigilante-coordenador, que pode ser coadjuvado por professores vigilantes em número considerado necessário.

5 – Durante a realização dos testes é vedada aos candidatos toda a comunicação, quer entre si quer com terceiros.

6 – A realização do teste é imediatamente suspensa e o mesmo anulado por indicação do professor vigilante no caso de ser detectada qualquer fraude ou tentativa de fraude por parte do candidato.

7 – Aos candidatos que vejam a sua prova anulada nos termos do número anterior é atribuída a menção Não aprovado.

Artigo 5.º
Taxa pela realização do teste de diagnóstico

1 – A realização do teste de diagnóstico previsto na alínea b) do n.º 2 do artigo 25.º do Regulamento da Nacionalidade Portuguesa está sujeita ao pagamento prévio de uma taxa no valor de (euro) 15.

2 – Pela realização do teste de diagnóstico no estrangeiro é devido o pagamento prévio de uma taxa no valor de (euro) 20.

3 – O pagamento das taxas a que se refere o artigo anterior é efectuado em numerário, no local de realização do teste.

Artigo 6.º
Classificação do teste

1 – Os testes de diagnóstico são cotados na escala percentual de 0 a 100, sendo a classificação final do teste expressa através da menção Aprovado ou Não aprovado.

2 – Todos os candidatos com nota igual ou superior a 50% têm a menção Aprovado.

3 – Todos os candidatos com nota inferior a 50% têm a menção Não aprovado.

Artigo 7.º
Resultados e emissão dos certificados

1 – Os resultados obtidos nos testes de diagnóstico são disponibilizados, no prazo máximo de 15 dias contado da data da realização do teste, em aplicação informática de acesso restrito aos serviços competentes para a recepção e para a instrução dos pedidos de naturalização.

2 – Para efeitos de consulta dos resultados previstos no número anterior, o interessado deve indicar no pedido de naturalização o respectivo número de inscrição no teste de diagnóstico, sendo, neste caso, dispensado da apresentação do certificado de aprovação no mesmo.

3 – Sem prejuízo do disposto nos números anteriores, os resultados são afixados nos locais onde os testes foram realizados.

4 – O Ministério da Educação ou os consulados, consoante os casos, emitem um certificado de aprovação no teste de diagnóstico, quando solicitado pelos interessados no local de realização do mesmo.

Artigo 8.º
Sistema de gestão dos testes de diagnóstico

Compete ao Ministério da Educação, através da Direcção-Geral de Inovação e de Desenvolvimento Curricular e do Gabinete de Estatística e Planeamento da Educação, a gestão quer do sistema de realização dos testes de diagnóstico quer das aplicações informáticas necessárias ao funcionamento do regime previsto na presente portaria.

Artigo 9.º
Entrada em vigor

A presente portaria entra em vigor no dia seguinte ao da sua publicação.

Em 14 de Dezembro de 2006.

O Ministro da Justiça, *Alberto Bernardes Costa.* – A Ministra da Educação, *Maria de Lurdes Reis Rodrigues.*

ANEXO I
**Testes de diagnóstico do conhecimento da língua portuguesa
Modelo para aplicar aos interessados
com idades compreendidas entre os 10 e os 14**

Informações e instruções para os candidatos

A prova é constituída por duas partes (A e B) e tem a duração de 60 minutos.

Parte A – Compreensão da Leitura

Neste grupo, vais responder a questões acerca de cada um dos textos que são apresentados para leitura.

Parte B – Expressão Escrita

Neste grupo, vais escrever um texto, de 50 a 70 palavras.

Deves respeitar ainda as seguintes instruções:

- Responde às questões na folha da prova.
- Responde às questões a caneta ou esferográfica de tinta azul ou preta.
- Não podes usar corrector.
- Na parte A, se precisares de alterar a resposta, risca bem a primeira resposta e assinala com outro X a resposta certa.
- Não é permitida a utilização de dicionários.

Parte A – Compreensão da Leitura

Lê os avisos A-E.

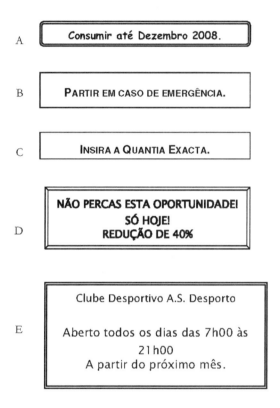

Faz a correspondência entre os avisos e as frases 1-5. Escreve a letra no quadro.

	Letra
1. Em breve, podemos fazer ginástica de manhã até à noite.	
2. Só podemos partir o vidro numa situação de urgência.	
3. Esta máquina não dá troco.	
4. A data é importante.	
5. Amanhã já é mais caro.	

Lê os textos e responde às questões 6-8. Escolhe uma das hipóteses A, B ou C para cada questão. Assinala com um X o quadrado correspondente à resposta certa.

Clube de Férias do Jardim Zoológico

O clube de férias do Jardim Zoológico destina-se a crianças dos 6 aos 14 anos. As crianças podem fazer novos amigos e explorar o mundo animal de uma forma divertida e educativa. O Clube funciona sempre durante as férias.

---

6. Qual é a afirmação verdadeira?

A. O clube de férias do Jardim Zoológico só funciona durante as férias da Páscoa. ☐

B. O clube de férias do Jardim Zoológico só funciona durante as férias do Natal. ☐

C. O clube de férias do Jardim Zoológico funciona sempre durante as férias. ☐

QUIOSQUE – um programa de informação para o público infanto-juvenil. Todos os dias, às 17h30.

Notícias sobre temas como a ciência, o ambiente, a vida animal, o desporto, a História e a cultura dos povos do Mundo.

---

7. Qual é a afirmação verdadeira?

A. O QUIOSQUE é um programa diário. ☐

B. O QUIOSQUE é um programa sobre música. ☐

C. O QUIOSQUE é um programa para pais e filhos. ☐

---

19 de Março
- Dia do Pai -
O Oceanário de Lisboa organiza no fim-de-semana uma série de actividades para ti e para o teu pai.

Programa especial para as noites de 18 e 19 de Março:
"Dormir com os tubarões"
Preço especial de € 50 por pessoa

---

8. Qual é a afirmação verdadeira?

A. Tu e o teu pai podem passar o dia no Oceanário. ☐

B. No dia do pai a entrada no Oceanário é grátis. ☐

C. O Oceanário tem um programa especial para as noites de 18 e 19 de Março. ☐

Lê o texto e responde às questões 9-14. Assinala com um x a resposta certa.

O hipopótamo é um animal que vive, habitualmente, junto dos rios e das lagoas de África. Está quase sempre dentro de água, apenas com a cabeça de fora para respirar. O hipopótamo é um animal enorme: pode pesar mais do que um carro e medir mais do que quatro metros de comprimento.

Como é muito grande, redondo e pesado, o hipopótamo gosta de estar dentro de água, onde se mexe mais depressa e onde é mais fresco.

A pele do hipopótamo é muito sensível e o sol pode causar-lhe queimaduras, por essa razão, ele passa grande parte do dia dentro de água, mas, durante a noite, sai de dentro de água para descansar.

O hipopótamo necessita de uma grande quantidade de comida todos os dias. É capaz de comer entre 200 e 300 kg de vegetais por dia! É mesmo comilão!

in http://www.junior.te.pt/ (adaptado)

9. O hipopótamo é um animal
   a. muito pequeno. ☐
   b. pequeno. ☐
   c. enorme. ☐

10. Os hipopótamos vivem perto
    b. do deserto. ☐
    b. de lugares com água. ☐
    c. das florestas ☐

11. Os hipopótamos são animais
    a. pesados mas pequenos. ☐
    b. leves e compridos. ☐
    c. pesados e muito grandes. ☐

12. Os hipopótamos ficam muito tempo dentro de água porque
    a. fora de água está mais frio. ☐
    b. fora de água não podem andar. ☐
    c. fora de água andam mais devagar. ☐

13. Os hipopótamos
    a. só saem da água para andar de carro. ☐
    b. saem da água durante a noite. ☐
    c. saem da água para descansar ao sol. ☐

14. Os hipopótamos comem
    a. plantas. ☐
    b. carne. ☐
    c. peixe. ☐

Parte B – Expressão Escrita

No domingo, foste à festa de anos de um colega da tua turma.
Escreve uma mensagem para um(a) amigo(a) teu (tua) sobre:
- Onde foi a festa
- Quem foi à festa
- Como foi a festa
- Que presente deste ao João

O teu texto deve ter entre 50 a 70 palavras. Escreve o texto no espaço abaixo.

De:
Para:

ANEXO II
Testes de diagnóstico do conhecimento da língua portuguesa Modelo para aplicar aos interessados com idade superior a 14 anos

Informações e instruções para os candidatos

A prova é constituída por duas partes (A e B) e tem a duração de 60 minutos.

Parte A – Compreensão da Leitura

Neste grupo, vai responder a questões acerca de cada um dos textos que são apresentados para leitura.

Parte B – Expressão Escrita

Neste grupo, vai escrever um texto, de 50 a 70 palavras.

Deve respeitar ainda as seguintes instruções:

- Responda às questões na folha da prova.
- Responda às questões a caneta ou esferográfica de tinta azul ou preta.
- Não pode usar corrector.
- Na parte A, se precisar de alterar a resposta, risque bem a primeira resposta e assinale com outro X a resposta certa.
- Não é permitida a utilização de dicionários.

PARTE A – COMPREENSÃO DA LEITURA

Vai ler 4 textos. Sobre cada texto há duas afirmações que podem ser verdadeiras ou falsas.
Leia os textos e assinale se a afirmação é verdadeira (V) ou falsa (F).

AVISO

Avisam-se os passageiros que, devido às obras de manutenção das linhas, no dia 24 de Novembro, os comboios da linha de Sintra não circulam entre as 9 e as 12 horas. Pedimos desculpa pelo incómodo.

	V	F

1. No dia 24 de Novembro, os comboios da linha de Sintra só circulam de manhã.
2. A empresa pede desculpa por esta situação.

AVISO

As aulas de língua portuguesa das turmas da tarde são transferidas para a parte da manhã durante a próxima semana.

	V	F

3. Todas as aulas da parte da manhã passam para a tarde.
4. Na próxima semana não há aulas de língua portuguesa.

Centro de Saúde de Alvalade
Horários
Marcação de consultas: 8-10h
Consultas: 10-18h

Obs: É obrigatório apresentar o cartão de utente para a marcação de consultas.

	V	F

5. O horário das consultas é igual ao da marcação das consultas.
6. Quem vai marcar uma consulta não tem de apresentar o cartão de utente.

AVISO

Perdi uma mochila preta com livros. A mochila não tem identificação nem objectos de valor. Peço a quem a encontrar o favor de me contactar.

João Nunes
Tm: 961 234 567

7. A mochila está identificada.
8. Quem encontrar a mochila deve telefonar para o número indicado.

Leia os anúncios do quadro A (9-12) e os anúncios do quadro B (A-D).

QUADRO A

9. Procuro um part-time na área de secretariado. Trabalho bem com processadores de texto e falo e escrevo fluentemente inglês e francês.	11. Sou estudante e procuro quarto em casa de família com filhos jovens. Pago até 400,00€. Gostava de usar a cozinha. Gosto de ser independente.
10. Ofereço-me para tomar conta de crianças à hora do jantar. Tive esta actividade na Bélgica durante 2 anos.	12. Somos 2 jovens de Marrocos. Estamos a aprender português e queremos ter aulas privadas.

QUADRO B

A. Arrendamos quarto a jovem num anexo da casa. Oferecemos boas condições. Temos um filho a frequentar a universidade.	C. Procuramos jovem responsável e com experiência para ficar com 2 crianças entre as 19 e as 21h, duas vezes por semana.
B. Dou explicações de português a estudantes estrangeiros. Posso ir a casa.	D. Estamos interessados em contratar um assistente administrativo com bons conhecimentos de línguas.

Faça a correspondência entre anúncios do quadro A e os anúncios do quadro B.

Quadro A	Quadro B
9.	
10.	
11.	
12.	

Leia o texto e responda às questões 13-19. Assinale a resposta certa com um X.

Francisco Lopes tinha apenas 15 anos quando emigrou para França, mas já tinha cinco anos de experiência de trabalho. Em Paris, esperava-o um trabalho nocturno numa pastelaria. Perto da sua casa, havia um restaurante japonês com uma montra que o deixava ver a cozinha. Foi amor à primeira vista. "Passava horas a ver os cozinheiros e apaixonei-me pela cozinha japonesa", recorda Francisco, hoje com 40 anos e dono do Assuka, um restaurante japonês em Lisboa. Quando soube que o "seu" japonês de Paris precisava de alguém para lavar pratos, Francisco agarrou a oportunidade. Como empregado, podia comer refeições preparadas pelos cozinheiros, mas sempre que podia, ia para a cozinha preparar o seu próprio prato. Um dia foi apanhado dentro da cozinha pelo dono do restaurante que lhe perguntou o que estava ele ali a fazer. "Respondi-lhe que estava a cozinhar o meu almoço e ele pediu-me para cozinhar também o dele. Gostou tanto que mandou chamar o chefe da cozinha e disse-lhe que, a partir daquele dia, eu passava a aprender a cozinhar com o chefe. Doze anos depois, saí de lá como chefe de cozinha", recorda Francisco.

In *Dia D, Público* (adaptado)

13. Francisco Lopes foi para França

A. há 15 anos.
B. com 15 anos.
C. há 5 anos.

14. Quando chegou a Paris, foi trabalhar

A. numa padaria.
B. numa pastelaria.
C. num restaurante.

15. Francisco apaixonou-se

A. pela cozinha japonesa.
B. por uma cozinheira russa.
C. por uma cozinheira que via da montra.

16. O Francisco foi apanhado na cozinha

   A. pela mãe.
   B. pela namorada.
   C. pelo dono do restaurante.

A	B	C

17. **O dono do restaurante**

   A. zangou-se com o Francisco.
   B. ajudou o Francisco.
   C. não deu atenção ao Francisco.

A	B	C

PARTE B – EXPRESSÃO ESCRITA

O seu amigo João vai fazer uma festa de anos. Infelizmente, não vai poder ir.
Escreva uma mensagem ao João e explique por que razão não vai à festa. Não se esqueça de dar os parabéns!

A mensagem deve ter uma extensão de cerca de 50-70 palavras.

Decreto-Lei n.º 308-A/1975
de 24 de Junho

Considerando que a Lei n.º 2098, de 29 de Julho de 1959, regula a atribuição, aquisição, perda e reaquisição da nacionalidade portuguesa;

Considerando que o acesso à independência dos territórios ultramarinos sob administração portuguesa, em resultado do processo de descolonização em curso, vem criar, como facto saliente, a aquisição da nova nacionalidade por parte de indivíduos que, até àquela data, tinham a nacionalidade portuguesa;

Considerando que há conveniência em conceder ou possibilitar a manutenção da nacionalidade portuguesa em casos em que uma especial relação de conexão com Portugal ou inequívoca manifestação de vontade nesse sentido tal justifique;

Usando da faculdade conferida pelo artigo 3.º, n.º 1, alínea 3), da Lei Constitucional n.º 6/75, de 26 de Março, o Governo decreta e eu promulgo, para valer como lei, o seguinte:

Artigo 1.º

1. Conservam a nacionalidade os seguintes portugueses domiciliados em território ultramarino tornado independente:
   a) Os nascidos em Portugal continental e nas ilhas adjacentes;
   b) Até à independência do respectivo território, os nascidos em território ultramarino ainda sob administração portuguesa;
   c) Os nacionalizados;
   d) Os nascidos no estrangeiro de pai ou mãe nascidos em Portugal ou nas ilhas adjacentes ou de naturalizados, assim como, até à independência do respectivo território, aqueles cujo pai ou mãe tenham nascido em território ultramarino ainda sob administração portuguesa;

e) Os nascidos no antigo Estado da Índia que declarem querer conservar a nacionalidade portuguesa;
f) A mulher casada com, ou viúva ou divorciada de, português dos referidos nas alíneas anteriores e os filhos menores deste.

2. Os restantes descendentes até ao terceiro grau dos portugueses referidos nas alíneas a), c), d), primeira parte, e e) do número anterior conservam também a nacionalidade portuguesa, salvo se, no prazo de dois anos, a contar da data da independência, declararem por si, sendo maiores ou emancipados, ou pelos seus legais representantes, sendo incapazes, que não querem ser portugueses.

Nota:

– No caso de pedido de transcrição de nascimento com vista à aplicação do disposto no n.º 2 do Artigo 1.º do Decreto-Lei n.º 308-A/75, de 24 de Junho, e atendendo aos inúmeros casos de usurpação de identidade e falsificação de documentos que têm sido detectados na Conservatória dos Registos Centrais, o interessado sendo maior ou emancipado, ou os seus legais representantes, sendo incapaz, devem prestar auto de declarações, perante qualquer Conservatória de Registo Civil, no qual confirmem o grau de parentesco com o registando, bem como os elementos de identificação do mesmo, nomeadamente data e local de nascimento, filiação e avoengas, esclarecendo se têm conhecimento que o mesmo requereu o referido pedido de conservação de nacionalidade face aquele citado normativo legal.

Deve ser, ainda, remetida à Conservatória dos Registos Centrais, fotocópia autenticada do documento de identificação apresentado pelos declarantes.

ARTIGO 2.º

1. Conservam igualmente a nacionalidade portuguesa os seguintes indivíduos:
a) Os nascidos em território ultramarino tornado independente que estivessem domiciliados em Portugal continental ou nas ilhas adjacentes há mais de cinco anos em 25 de Abril de 1974;
b) A mulher e os filhos menores dos indivíduos referidos na alínea anterior.

2. Os indivíduos referidos no número anterior poderão optar, no prazo de dois anos a contar da data da independência, pela nova nacionalidade que lhes venha a ser atribuída.

Artigo 3.º

Para os fins do presente diploma, e salvo prova em contrário, presumem-se nascidos em Portugal continental, nas ilhas adjacentes e nos territórios ultramarinos os indivíduos ali expostos.

Artigo 4.º

Perdem a nacionalidade portuguesa os indivíduos nascidos ou domiciliados em território ultramarino tornado independente que não sejam abrangidos pelas disposições anteriores.

Artigo 5.º

Em casos especiais, devidamente justificados, não abrangidos por este diploma, o Conselho de Ministros, directamente ou por delegação sua, poderá determinar a conservação da nacionalidade portuguesa, ou conceder esta, com dispensa, neste caso, de todos ou alguns dos requisitos exigidos pela base XII da Lei n.º 2098, de 29 de Julho de 1959, a indivíduo ou indivíduos nascidos em território ultramarino que tenha estado sob administração portuguesa e respectivos cônjuges, viúvos ou descendentes.

Artigo 6.º

1. É obrigatório o registo, na Conservatória dos Registos Centrais, das declarações previstas nos artigos 1.º, n.º 2, e 2.º, n.º 2.

2. A declaração de opção prevista no artigo 2.º, n.º 2, será instruída com documento que prove ser o declarante nacional do novo Estado independente.

Artigo 7.º

O pedido de registo de nascimento dos indivíduos que conservam a nacionalidade, nos termos deste diploma, quando necessário, será instruído com prova dos factos de que depende a conservação da nacionalidade.

ARTIGO 8.º

São gratuitos todos os actos, processos e registos resultantes da aplicação deste diploma, bem como os documentos necessários à sua instrução.

ARTIGO 9.º

São aplicáveis, como direito subsidiário, a Lei n.º 2098, de 29 de Julho de 1959, e o Decreto n.º 43090, de 27 de Julho de 1960.

ARTIGO 10.º

As dúvidas que se suscitarem na aplicação deste diploma serão resolvidas por despacho conjunto do Primeiro-Ministro e do Ministro da Justiça.

ARTIGO 11.º

Este diploma entra imediatamente em vigor.

Visto e aprovado em Conselho de Ministros. – *Vasco dos Santos Gonçalves – Álvaro Cunhal – Francisco José Cruz Pereira de Moura – Joaquim Jorge Magalhães Mota – Mário Alberto Nobre Lopes Soares – António de Almeida Santos – António Carlos Magalhães Arnão Metelo – Francisco Salgado Zenha – Ernesto Augusto de Melo Antunes – Jorge Correia Jesuíno.*

Promulgado em 21 de Junho de 1975.

Publique-se.

O Presidente da República, FRANCISCO DA COSTA GOMES.

Decreto-Lei n.º 249/1977
de 14 de Junho

A independência das ex-colónias impõe que se regule a forma de ingresso nos livros do registo civil português dos actos de registo civil anteriormente lavrados nesses territórios.

Para além disso, o considerável aumento do movimento da Conservatória dos Registos Centrais, nomeadamente no que respeita a problemas de nacionalidade, aconselha a simplificação do regime de actualização do respectivo quadro de pessoal.

Assim:

O Governo decreta, nos termos da alínea a) do n.º 1 do artigo 201.º da Constituição, o seguinte:

Artigo 1.º

1. Os actos de registo civil ou de registo paroquial com eficácia civil, respeitantes a cidadãos portugueses, lavrados nas ex-colónias podem ingressar nos livros do registo civil português, oficialmente, nas condições que vierem a ser estabelecidas por despacho do Ministro da Justiça ou a requerimento dos interessados com base no assento original.

2. Nos casos de omissão do assento ou em que não seja viável obter a certidão do assento original com a brevidade normal, podem os interessados recorrer aos meios previstos no Código do Registo Civil para suprimento de omissão de registo.

3. Para os fins do disposto no número anterior, quando for necessário instaurar processo de justificação judicial, não são aplicáveis os n.ºs 1, alínea b), 2, 3 e 4 do artigo 318.º do Código do Registo Civil.

4. No processo de inscrição tardia de nascimento, a certidão de casamento dos pais do registando, quando celebrado nas ex-colónias, pode ser substituída por prova testemunhal.

5. Na inscrição de nascimento, quando não seja viável obter certidão do respectivo assento lavrado nas ex-colónias, a intervenção de um ou de ambos os pais, para o efeito da menção de filiação, pode ser substituída pela apresentação do bilhete de identidade, cédula pessoal ou certidão do registo de casamento do registando, desde que deles conste essa filiação.

Artigo 2.º

Para o ingresso previsto no artigo anterior é exclusivamente competente a Conservatória dos Registos Centrais, salvo quanto aos registos já requeridos.

Artigo 3.º

O registo previsto no artigo 1.º e os actos, documentos e processos a ele respeitantes são isentos de selos e emolumentos.

Artigo 4.º

O disposto nos n.ºs 2 a 5 do artigo 1.º e nos artigos 2.º e 3.º pode ser aplicável a território ainda sob administração portuguesa, mediante despacho do Ministro da Justiça.

Artigo 5.º

São ineficazes os averbamentos de cancelamento exarados nos assentos de registo civil por efeito do seu ingresso no registo civil dos antigos territórios ultramarinos, devendo a ineficácia ser averbada, oficiosamente, pelo funcionário competente.

Artigo 6.º

Na Conservatória dos Registos Centrais é criado mais um lugar de conservador-adjunto e um lugar de telefonista com a categoria da letra S, que fica integrado no quadro de pessoal auxiliar.

Artigo 7.º

Aos conservadores-adjuntos compete coadjuvar o conservador, que, nas suas faltas e impedimentos, é substituído pelo conservador-adjunto que o director-geral dos Registos e do Notariado designar ou, na falta de designação, pelo mais antigo.

Artigo 8.º

O quadro auxiliar da Conservatória dos Registos Centrais pode ser alterado por portaria do Ministro da Justiça, mediante proposta do director-geral dos Registos e do Notariado.

Artigo 9.º

É revogado o n.º 3 do artigo 9.º do Código do Registo Civil.

Mário Soares – Henrique Teixeira Queirós de Barros – Joaquim Jorge de Pinho Campinos – António de Almeida Santos.
Promulgado em 31 de Maio de 1977.
Publique-se.
O Presidente da República, António Ramalho Eanes.

Decreto-Lei n.º 194/2003
de 23 de Agosto

ANEXO
Decreto-Lei n.º 322-A/2001, de 14 de Dezembro, que aprovou o Regulamento Emolumentar dos Registos e Notariado

Artigo 1.º
Aprovação do Regulamento Emolumentar dos Registos e Notariado

É aprovado o Regulamento Emolumentar dos Registos e Notariado, que faz parte integrante do presente decreto-lei.

Artigo 2.º
Norma revogatória

1 – São revogados:
a) O Decreto-Lei n.º 171/91, de 10 de Maio;
b) A Portaria n.º 996/98, de 25 de Novembro, excepto nas disposições relativas aos emolumentos pessoais e respectivas regras de distribuição; c) A Portaria n.º 709/2000, de 4 de Setembro;
d) A Portaria n.º 942/93, de 27 de Setembro;
e) Os artigos 300.º e 301.º do Código do Registo Civil;
f) O artigo 20.º da Lei n.º 37/81, de 3 de Outubro (Lei da Nacionalidade);
g) O n.º 1 do artigo 191.º do Código do Notariado;
h) Os n.os 1 e 2 do artigo 152.º do Código do Registo Predial;
i) O artigo 45.º da Lei n.º 33/99, de 18 de Maio (Lei de Identificação Civil);
j) O n.º 3 do artigo 164.º do Código do Notariado.

2 – São ainda revogadas todas as outras normas que prevejam isenções ou reduções emolumentares relativamente a actos praticados nos serviços dos registos e do notariado, com excepção das previstas no Decreto-Lei n.º 404/90, de 21 de Dezembro.

3 – O disposto no número anterior não abrange as isenções ou reduções emolumentares de que beneficiam os actos inseridos:
   a) No regime das contas poupança-habitação;
   b) No regime da Zona Franca da Madeira e Santa Maria;
   c) Nos processos especiais de recuperação de empresas;
   d) Nas operações de emparcelamento.

4 – Para efeitos do disposto no artigo 4.º do Regulamento Emolumentar aprovado pelo presente diploma, considera-se que as isenções e reduções previstas no número anterior têm carácter estrutural.

Artigo 3.º
Identificação civil

As normas respeitantes à identificação civil são aplicadas independentemente da integração dos serviços de identificação civil no registo civil.

Artigo 4.º
Emolumentos pessoais

Para efeitos do disposto no n.º 1 do artigo 9.º do Regulamento Emolumentar dos Registos e Notariado, são mantidas em vigor as normas sobre emolumentos pessoais, bem como as regras relativas à sua distribuição, constantes das anteriores tabelas emolumentares, aplicáveis com as necessárias adaptações.

Artigo 5.º
Revisão

O Regulamento Emolumentar será sujeito a uma revisão bianual em função das variações da despesa efectiva decorrentes de análises de custos.

Artigo 6.º
(Revogado.)

Artigo 7.º
Isenções e reduções emolumentares

As isenções ou reduções emolumentares que venham a ser criadas após a entrada em vigor do Regulamento Emolumentar deverão ser inseridas no seu artigo 28.º

Artigo 8.º
Actos gratuitos

1 – São gratuitas as certidões, fotocópias, informações e outros documentos de carácter probatório, bem como o acesso e consultas a base de dados, desde que solicitadas pela Direcção-Geral de Contribuições e Impostos, por autoridades judiciais e entidades que prossigam fins de investigação criminal.

2 – É gratuito o acesso às bases de dados registrais e de identificação civil por parte das pessoas colectivas públicas que integrem o sistema estatístico nacional, com a finalidade de recolha de informação estatística. Decreto-Lei n.º 111/2005 de 08 de Julho.

3 – É gratuito o acesso pela Comissão da Liberdade Religiosa à base de dados do registo de pessoas colectivas religiosas, efectuado nos termos previstos no respectivo regime. Decreto-Lei n.º 324/2007 de 28 de Setembro de 2007, com entrada em vigor no dia 29 de Setembro de 2007.

4 – É gratuito o reconhecimento presencial de assinatura efectuado em declarações ou requerimentos para fins de atribuição, aquisição ou perda da nacionalidade portuguesa. Decreto-Lei n.º 237-A/2006 de 14 de Dezembro e Decreto-Lei n.º 324/2007 de 28 de Setembro de 2007, com entrada em vigor no dia 29 de Setembro de 2007.

Artigo 9.º
Aplicação da lei no tempo

1 – O Regulamento Emolumentar aplica-se a todos os actos requeridos após a sua entrada em vigor.

2 – Para efeitos do número anterior, nos casos de pedidos de actos apresentados por intermédio dos notários, nos termos do Decreto-Lei n.º 267/93 de 31 de Julho, é considerado pedido formal do interessado, o apresentado pelo notário no serviço competente.

REGULAMENTO EMOLUMENTAR DOS REGISTOS E NOTARIADO

Capítulo I
Princípios e normas gerais de interpretação

Artigo 1.º
Tributação emolumentar

1 – Os actos praticados nos serviços dos registos e do notariado estão sujeitos a tributação emolumentar, nos termos fixados na tabela anexa, sem prejuízo dos casos de gratuitidade, isenção ou redução previstos no presente diploma.

2 – As isenções e reduções emolumentares estabelecidas na lei não abrangem a participação emolumentar e os emolumentos pessoais devidos aos conservadores, notários e oficiais dos registos e do notariado pela sua intervenção nos actos.

Artigo 2.º
Incidência subjectiva

Estão sujeitos a tributação emolumentar o Estado, as Regiões Autónomas, as autarquias locais, os fundos e serviços autónomos e as entidades que integrem o sector empresarial do Estado, das Regiões Autónomas e das autarquias locais, bem como as pessoas singulares ou colectivas de direito privado, independentemente da forma jurídica de que se revistam.

Artigo 3.º
Proporcionalidade

A tributação emolumentar constitui a retribuição dos actos praticados e é calculada com base no custo efectivo do serviço prestado, tendo em consideração a natureza dos actos e a sua complexidade.

Artigo 4.º
Isenções e reduções emolumentares

As normas que prevêem isenções ou reduções emolumentares vigoram por um período de quatro anos, se não tiverem previsto outro mais curto, salvo quando, tendo em consideração a sua natureza, lhes seja atribuído um carácter estrutural.

Artigo 5.º
Interpretação e integração de lacunas

1 – As disposições tabelares não admitem interpretação extensiva, nem integração analógica.

2 – Em caso de dúvida sobre o emolumento devido, cobrar-se-á sempre o menor.

Artigo 6.º
Publicidade

As tabelas emolumentares devem ser afixadas nos serviços em local visível e acessível à generalidade dos utentes.

Capítulo II

Secção I
Normas gerais de aplicação

Artigo 7.º
Actos com valor representado em moeda sem curso legal

Sempre que o acto seja representado em moeda sem curso legal em Portugal, os emolumentos são calculados segundo o último câmbio oficial publicado à data da feitura do acto.

ARTIGO 8.º
Preparos

Os conservadores e notários podem exigir, a título de preparo, o pagamento antecipado do custo provável dos actos a praticar nos respectivos serviços.

ARTIGO 9.º
Emolumentos pessoais e outros encargos

1 – Para além dos emolumentos devidos pela prática dos actos, os conservadores e notários podem ainda cobrar emolumentos pessoais destinados a remunerar o seu estudo e preparação, em função do grau de complexidade, bem como a realização dos actos fora das instalações do serviço ou fora das horas regulamentares.

2 – Aos encargos previstos no número anterior acresce o reembolso das despesas comprovadamente efectuadas pelos funcionários, imprescindíveis à prática dos actos, com excepção das despesas de correio e de outras a definir por despacho do director-geral dos Registos e do Notariado. Decreto-Lei n.º 8/2007 de 17 de Janeiro.

3 – Os encargos referidos nos números anteriores que sejam eventualmente devidos pela prática de actos previstos neste decreto-lei são pagos pelo Instituto dos Registos e do Notariado (IRN, I. P.).

4 – Sem prejuízo do disposto no n.º 12 do artigo 18.º, no n.º 9.10 do artigo 21.º e no n.º 22 do artigo 22.º, para fazer face ao encargo referido no número anterior, constituem receita da IRN, I. P., todas as quantias cobradas a título de emolumentos pessoais e de despesas imprescindíveis à prática dos actos. Decreto-Lei n.º 324/2007 de 28 de Setembro de 2007, com entrada em vigor no dia 29 de Setembro de 2007.

SECÇÃO II
Actos de registo civil e da nacionalidade

ARTIGO 10.º
Actos gratuitos

1 – São gratuitos os seguintes actos e processos:
a) Assento de nascimento ocorrido em território português ou em unidade de saúde no estrangeiro, ao abrigo de protocolo cele-

brado com o Estado Português; Decreto-Lei n.º 324/2007 de 28 de Setembro de 2007, com entrada em vigor no dia 29 de Setembro de 2007
b) Assento de declaração de maternidade ou de perfilhação;
c) Assento de casamento civil ou católico urgente;
d) Assento de óbito ou depósito do certificado médico de morte fetal;
e) *(Revogada.); Decreto-Lei n.º 324/2007 de 28 de Setembro de 2007, com entrada em vigor no dia 29 de Setembro de 2007*
f) Assento de transcrição de nascimento lavrado no estrangeiro, perante autoridade estrangeira, respeitante a indivíduo a quem seja atribuída a nacionalidade portuguesa ou que a adquira;
g) Declaração atributiva da nacionalidade portuguesa, para inscrição de nascimento ocorrido no estrangeiro, ou declaração para fins de atribuição da referida nacionalidade, bem como os documentos necessários para tais fins, desde que referentes a menor;
h) Assento de nascimento ocorrido no estrangeiro, atributivo da nacionalidade portuguesa, ou registo de atribuição da referida nacionalidade, desde que referentes a menor;
i) Declaração para aquisição da nacionalidade, nos termos dos artigos 30.º e 31.º da Lei n.º 37/81, de 3 de Outubro;
j) *Registo da declaração para aquisição da nacionalidade, nos termos dos artigos referidos na alínea anterior, e registos oficiosos lavrados nos termos do artigo 33.º da Lei n.º 37/81, de 3 de Outubro, bem como os procedimentos e documentos necessários para uns e outros; Decreto-Lei n.º 237-A/2006 de 14 de Dezembro*
l) Assento de transcrição de declaração de maternidade, de perfilhação ou de óbito lavrado no estrangeiro, perante autoridade estrangeira, respeitante a nacional português;
m) Assento de transcrição ou integração de actos de registo lavrados pelos órgãos especiais do registo civil;
n) Registo previsto no n.º 1 do artigo 1.º de Decreto-Lei n.º 249/77, de 14 de Junho, bem como os documentos e processos a ele respeitantes;
o) Assentos de factos obrigatoriamente sujeitos a registo requeridos pelas autoridades judiciais, quando os respectivos encargos não puderem ser cobrados em regra de custas;

p) *Reconstituição de acto ou processo; Decreto-Lei n.º 324/2007 de 28 de Setembro de 2007, com entrada em vigor no dia 29 de Setembro de 2007*
q) Processo de impedimento de casamento;
r) Processo de sanação de anulabilidade do casamento por falta de testemunhas;
s) *Certidões a que se referem o n.º 3 do artigo 189.º, a alínea g) do n.º 1 do artigo 210.º-F, os n.ºs 5 a 7 do artigo 215.º e a alínea e) do n.º 1 do artigo 272.º-B do Código do Registo Civil;*
t) *Certidões, fotocópias e comunicações que decorram do cumprimento de obrigações previstas no Código do Registo Civil, no Regulamento da Nacionalidade Portuguesa e em legislação avulsa aplicável ao registo civil e da nacionalidade e que não devam entrar em regra de custas; Decreto-Lei n.º 324/2007 de 28 de Setembro de 2007, com entrada em vigor no dia 29 de Setembro de 2007*
u) Certidões requeridas para fins de assistência ou beneficência, incluindo a obtenção de pensões do Estado ou das autarquias locais;
v) *(Revogada.); Decreto-Lei n.º 324/2007 de 28 de Setembro de 2007, com entrada em vigor no dia 29 de Setembro de 2007*
x) Certidões requeridas para instrução de processo de adopção;
z) Certidões requeridas pelos tribunais, sinistrados ou seus familiares para instrução de processo emergente de acidente de trabalho;
   aa) Assentos, certidões ou quaisquer outros actos ou documentos que tenham de ser renovados, substituídos ou rectificados, em consequência de os anteriores se mostrarem afectados de vício, irregularidade ou deficiência imputáveis aos serviços;
   ab) Conferência de fotocópias, nos termos do Decreto-Lei n.º 30/2000, de 13 de Março.

2 – São, ainda, gratuitos os actos de registo e os documentos necessários à instrução dos processos de atribuição do estatuto de igualdade luso-brasileiro contido no Tratado de Amizade, Cooperação e Consulta, de 22 de Abril de 2000.

3 – Beneficiam ainda de gratuitidade dos actos de registo civil ou de nacionalidade, dos processos e declarações que lhes respeitem, dos documentos necessários e processos relativos ao suprimento destes, bem

como das certidões requeridas para quaisquer fins, os indivíduos que provem a sua insuficiência económica pelos seguintes meios:
  a) Documento emitido pela competente autoridade administrativa;
  b) Declaração passada por instituição pública de assistência social onde o indivíduo se encontre internado.

4 – Para efeitos do disposto no número anterior, nos actos, processos e procedimentos requeridos por mais de uma pessoa em que apenas um dos requerentes beneficie de gratuitidade, é devido pelo requerente não beneficiário o pagamento de metade do emolumento previsto para o acto ou processo. Decreto-Lei n.º 324/2007 de 28 de Setembro de 2007, com entrada em vigor no dia 29 de Setembro de 2007

SECÇÃO III
Actos notariais

ARTIGO 11.º
Unidade e pluralidade de actos

1 – Quando uma escritura contiver mais de um acto, cobram-se por inteiro os emolumentos devidos por cada um deles.

2 – Há pluralidade de actos sempre que a denominação correspondente a cada um dos negócios jurídicos cumulados for diferente, ou quando os respectivos sujeitos activos e passivos não forem os mesmos.

3 – Não são considerados novos actos:
  a) As intervenções, aquiescências e renúncias de terceiro, necessárias à plenitude dos efeitos jurídicos ou à perfeição do acto a que respeitem;
  b) As garantias entre os mesmos sujeitos;
  c) As garantias a obrigações constituídas por sociedades, agrupamentos complementares de empresas e agrupamentos europeus de interesse económico prestadas pelos sócios e pelos membros dos agrupamentos no mesmo instrumento em que a dívida tenha sido contraída.

4 – Contar-se-ão como um só acto, tributado pelo emolumento de maior valor previsto para os actos cumulados:
  a) A venda e a cessão onerosa entre os mesmos sujeitos;
  b) O arrendamento e o aluguer, bem como o contrato misto de locação e parceria, entre os mesmos sujeitos e pelo mesmo prazo;

c) A dissolução de sociedades e a liquidação ou partilha do respectivo património;
d) A aquiescência recíproca entre os cônjuges ou a aquiescência conjunta do marido e mulher, para actos lavrados ou a lavrar noutro instrumento;
e) A outorga de poderes de representação ou o seu substabelecimento por marido e mulher, contanto que o representante seja o mesmo;
f) As diversas garantias de terceiros a obrigações entre os mesmos sujeitos prestadas no título em que estão constituídas, sem prejuízo do disposto na alínea c) do número anterior;
g) As diversas garantias a obrigações entre os mesmos sujeitos em título posterior àquele em que estas foram constituídas;
h) As partilhas de heranças em que sejam autores marido e mulher;
i) As diversas notificações para efeitos do artigo 99.º do Código do Notariado, quando efectuadas no mesmo local.

5 – O disposto nos números anteriores é igualmente aplicável aos instrumentos avulsos que contenham mais de um acto.

Artigo 12.º
Actos gratuitos

1 – São gratuitos os seguintes actos:
a) Rectificação resultante de erro imputável ao notário ou de inexactidão proveniente de deficiência de título emitido pelos serviços dos registos e notariado;
b) Sanação e revalidação de actos notariais;
c) Conferência de fotocópias, nos termos do Decreto-Lei n.º 30/2000, de 13 de Março.

2 – São igualmente gratuitas as certidões, fotocópias e comunicações que decorram do cumprimento de obrigações legais e que não devam entrar em regra de custas.

SECÇÃO IV
Actos de registo predial

ARTIGO 13.º
Acto único relativo a diversos prédios

São considerados como um acto único, para efeitos emolumentares, as inscrições ou os averbamentos a inscrições lavradas em fichas diversas para o registo do mesmo facto.

ARTIGO 14.º
Actos gratuitos

1 – São gratuitos os seguintes actos de registo:
a) Averbamentos à descrição de alterações toponímicas, matriciais e de outros factos não dependentes da vontade dos interessados, cujo registo seja imposto pela lei;
b) Averbamentos a que se referem os artigos 98.º, n.º 3, e 101.º, n.ᵒˢ 4 e 5, do Código do Registo Predial;
c) Averbamentos a que se referem os artigos 92.º, n.ᵒˢ 6 e 8, e 149.º do Código do Registo Predial;
d) Averbamentos de actualização dos registos por efeito da redenominação automática dos valores monetários;
e) Averbamentos do acto declarativo de utilidade pública, nos casos de expropriação de bens destinados a integrar o domínio público do Estado, quando requeridos por entidades públicas.
2 – São ainda gratuitos os seguintes actos:
a) Rectificação de actos de registo ou documentos, resultante de erro ou inexactidão proveniente de deficiência dos títulos emitidos pelos serviços dos registos e do notariado;
b) Conferência de fotocópias, nos termos do Decreto-Lei n.º 30/2000, de 13 de Março;
c) Certidões, fotocópias e comunicações que decorram do cumprimento de obrigações legais e que não devam entrar em regra de custas.

Secção V
Actos de registo comercial

Artigo 15.º
Actos gratuitos

1 – São gratuitos os seguintes actos:
a) Averbamentos a que se refere o artigo 69.º, n.º 4, do Código do Registo Comercial;
b) *Averbamentos a que se referem o n.º 4 do artigo 65.º e o artigo 112.º do Código do Registo Comercial; Decreto-Lei n.º 76-A/2006 de 29 de Março*
c) Averbamentos de actualização dos registos por efeito da redenominação automática dos valores monetários.
d) *Inscrição de cancelamento da matrícula;*
e) *Averbamento de declaração de perda do direito ao uso de firma ou denominação. Decreto-Lei n.º 76-A/2006 de 29 de Março*
2 – São ainda gratuitos os seguintes actos:
a) Rectificação de actos de registo ou documentos, resultante de erro ou inexactidão proveniente de deficiência dos títulos emitidos pelos serviços dos registos e do notariado;
b) Conferência de fotocópias, nos termos do Decreto-Lei n.º 30/2000, de 13 de Março;
c) Certidões, fotocópias e comunicações que decorram do cumprimento de obrigações legais e que não devam entrar em regra de custas.
d) *As certidões a entregar aos interessados na sequência da conclusão do procedimento previsto no regime especial de constituição imediata de sociedades. Decreto-Lei n.º 111/2005 de 8 de Julho*
e) *As certidões emitidas nos termos do n.º 6 do artigo 75.º do Código do Registo Comercial; Decreto-Lei n.º 76-A/2006 de 29 de Março*
f) *Averbamentos de actualização da sede, de situação de estabelecimento principal e de outras inscrições, quanto à residência ou sede dos sujeitos que nelas figuram, quando a actualização respeite a alterações toponímicas não dependentes da vontade dos interessados;*
g) *Suprimento de deficiências nos actos de registo requeridos por via electrónica. Decreto-Lei n.º 20/2008 de 31 de Janeiro de 2008, com entrada em vigor no dia 01 de Fevereiro de 2008;*

h) *O reconhecimento presencial das assinaturas no contrato de sociedade efectuado no momento do pedido de registo. Decreto--Lei n.º 8/2007 de 17 de Janeiro*

Secção VI
Actos de registo de navios

Artigo 16.º
Actos gratuitos

São gratuitos os seguintes actos:
a) Averbamentos de actualização dos registos por efeito da redenominação automática dos valores monetários;
b) Rectificação de actos de registo ou documentos, resultante de erro ou inexactidão proveniente de deficiência dos títulos emitidos pelos serviços dos registos e do notariado;
c) Conferência de fotocópias, nos termos do Decreto-Lei n.º 30/2000, de 13 de Março;
d) Certidões, fotocópias e comunicações que decorram do cumprimento de obrigações legais e que não devam entrar em regra de custas.

Secção VII
Actos de registo nacional de pessoas colectivas

Artigo 16.º-A
Actos gratuitos

São gratuitos os seguintes actos:
a) Actualização dos registos por efeito da redenominação automática dos valores monetários;
b) Rectificação de actos de registo ou documentos resultante de erro ou inexactidão proveniente de deficiência dos títulos emitidos pelos serviços dos registos e do notariado;
c) Conferência de fotocópias, nos termos do Decreto-Lei n.º 30/ 2000, de 13 de Março;
d) Certidões, fotocópias e comunicações que decorram do cumprimento de obrigações legais e que não devam entrar em regra de custas.

Secção VIII
Actos de registo de automóveis

Artigo 16.º-B
Actos gratuitos

1 – São gratuitos os seguintes actos de registo:
a) Cancelamento de ónus ou encargos por efeito de decisão judicial ou administrativa;
b) *Cancelamento oficioso do registo de propriedade, em virtude de cancelamento da matrícula; Decreto-Lei n.º 20/2008 de 31 de Janeiro de 2008, com entrada em vigor no dia 01 de Fevereiro de 2008*
c) *Averbamentos de actualização das inscrições, quanto à residência ou sede dos sujeitos que nelas figuram, quando a actualização respeite a alterações toponímicas não dependentes da vontade dos interessados. Decreto-Lei n.º 8/2007 de 17 de Janeiro*
2 – São ainda gratuitos os seguintes actos:
a) Rectificação de actos de registo ou documentos resultante de inexactidão proveniente de deficiência dos títulos emitidos pelos serviços dos registos e do notariado;
b) Conferência de fotocópias, nos termos do Decreto-Lei n.º 30/2000, de 13 de Março;
c) Certidões, fotocópias e comunicações que decorram do cumprimento de obrigações legais e que não devam entrar em regra de custas.

Secção IX
Actos de identificação civil

Artigo 17.º
Actos gratuitos

São gratuitos os seguintes actos:
a) A emissão do primeiro bilhete de identidade, desde que o requerente seja menor;
b) A emissão do bilhete de identidade quando o requerente comprove insuficiência económica ou se encontre internado em instituição de assistência ou de beneficência;

c) *(Eliminado.)*
d) Rectificação de actos de registo ou documentos resultante de erro ou inexactidão proveniente de deficiência dos títulos emitidos pelos serviços dos registos e do notariado.

CAPÍTULO III
Tabelamento dos actos

SECÇÃO I
Registo civil e nacionalidade

ARTIGO 18.º
Emolumentos do registo civil e de nacionalidade

... Em euros

1 – Assento de transcrição de qualquer acto lavrado nos termos do n.º 4 do artigo 6.º do Código do Registo Civil 140
2 – Nacionalidade:
2.1 – Atribuição:
2.1.1 – Procedimento de inscrição de nascimento ocorrido no estrangeiro ou de atribuição da nacionalidade portuguesa referentes a maior, incluindo os autos de redução a escrito das declarações verbais prestadas para esse efeito, os respectivos registos e documentos oficiosamente obtidos 175
2.2 – Aquisição:
2.2.1 – Procedimento de aquisição da nacionalidade por efeito da vontade, por adopção ou por naturalização referentes a maior, incluindo o auto de redução a escrito das declarações verbais prestadas para esse efeito, o respectivo registo e documentos oficiosamente obtidos 175
2.2.2 – Procedimento de aquisição da nacionalidade por efeito da vontade ou por naturalização referentes a incapaz, incluindo o auto de redução a escrito das declarações verbais prestadas para esse efeito, o respectivo registo e documentos oficiosamente obtidos 120
2.3 – Perda:
2.3.1 – Procedimento de perda da nacionalidade, incluindo a redução a escrito da declaração verbal prestada para esse efeito, o respectivo registo e documentos oficiosamente obtidos 120

2.4 – Em caso de indeferimento liminar, os emolumentos previstos nos números anteriores são devidos na sua totalidade.

3.1 – Processo e registo de casamento 100

3.2 – Processo e registo de casamento não urgente celebrado, a pedido das partes, fora da conservatória ou nesta, mas fora do horário de funcionamento dos serviços ou em sábado, domingo ou dia feriado com o transporte assegurado pelos interessados ou com acordo estabelecido com os interessados relativamente às despesas de transporte 170

3.3 – Processo e registo de casamento não urgente celebrado, a pedido das partes, fora da conservatória ou nesta, mas fora do horário de funcionamento dos serviços ou em sábado, domingo ou dia feriado com pagamento das despesas de transporte 210

3.4 – Os emolumentos previstos nos números anteriores incluem, consoante os casos:

a) A organização do processo de casamento;
b) O processo de dispensa de impedimentos matrimoniais;
c) A declaração de dispensa de prazo internupcial;
d) A declaração de consentimento para casamento de menores;
e) O processo de suprimento de autorização para casamento de menores;
f) O suprimento da certidão de registo;
g) Os certificados previstos nos artigos 146.º e 163.º do Código do Registo Civil;
h) O assento de casamento ou o assento de transcrição de casamento lavrado no estrangeiro, perante autoridade estrangeira, respeitante a nacional português.

3.5 – Os emolumentos previstos nos n.ºs 3.1 a 3.3 são devidos à conservatória organizadora do processo de casamento ainda que um ou mais dos restantes actos previstos no número anterior sejam promovidos ou efectuados noutras conservatórias.

4 – Convenções antenupciais.. 100

§ 1.º O emolumento previsto neste número inclui, consoante os casos:

a) A declaração de convenção antenupcial ou de revogação de convenção;
b) O registo da convenção antenupcial;
c) O registo da alteração do regime de bens.

§ 2.º O emolumento previsto neste número é devido à conservatória onde a convenção antenupcial é celebrada e registada, ainda que o registo da alteração do regime de bens seja lavrado noutra conservatória.

5 – Processos de justificação judicial e administrativa, quando requeridos pelos interessados 30

6 – Processos especiais e procedimentos perante o conservador:

6.1 – Processos de divórcio e de separação de pessoas e bens por mútuo consentimento 250

§ 1.º O emolumento previsto neste número inclui, consoante os casos:

    a) A organização do processo;
    b) A conversão da separação de pessoas e bens por mútuo consentimento em divórcio;
    c) A homologação do acordo de reconciliação;
    d) A autorização de uso de apelidos do ex-cônjuge, ainda que requerida fora do âmbito do processo de divórcio por mútuo consentimento.

§ 2.º O emolumento previsto neste número é devido à conservatória organizadora do processo de divórcio ou de separação de pessoas e bens, ainda que um ou mais dos restantes actos previstos no parágrafo anterior sejam promovidos noutras conservatórias

§ 3.º Não há lugar à cobrança de emolumentos pessoais nos processos a que respeita este número.

6.2 – Processos de divórcio e de separação de pessoas e bens integrando a partilha do património conjugal que inclua um bem imóvel e um bem móvel ou participação social sujeitos a registo 475

§ 1.º Por cada registo adicional de bem imóvel 40

§ 2.º Por cada registo adicional de bem móvel ou participação social 20

§ 3.º Não há lugar à cobrança de emolumentos pessoais nos processos a que respeita este número.

6.3 – Procedimento de conversão de separação litigiosa de pessoas e bens em divórcio 50

6.4 – Processo de alteração de nome 200

6.5 – Procedimento de privação do direito ao uso de apelidos do outro cônjuge 20

6.6 – Procedimento de autorização de uso de apelidos do ex-cônjuge, em virtude de divórcio litigioso 50

6.7 – Procedimento de atribuição de alimentos a filhos maiores ou emancipados *50*
6.8 – Procedimento de atribuição da casa de morada de família . *70*
6.9 – Procedimento de alteração de acordos *20*
§ 1.º O emolumento previsto neste número inclui, consoante os casos:
a) A alteração da anuidade fixada na atribuição de alimentos a filhos maiores ou emancipados;
b) A alteração da decisão relativa à atribuição da casa de morada de família.
§ 2.º O emolumento previsto neste número é devido à primeira conservatória onde seja promovido um dos procedimentos previstos no parágrafo anterior, ainda que o outro procedimento nele referido venha a ser promovido noutra conservatória.
6.10 – Procedimento simplificado de sucessão hereditária:
6.10.1 – Habilitação de herdeiros *100*
6.10.2 – Habilitação de herdeiros e registo dos bens integrados em herança indivisa ou de transmissão de bens que inclua um bem imóvel e um bem móvel ou participação social sujeitos a registo *250*
§ 1.º Por cada registo adicional de bem imóvel 40
§ 2.º Por cada registo adicional de bem móvel ou participação social 20
6.10.3 – Habilitação de herdeiros e partilha e registo dos bens partilhados que inclua um bem imóvel e um bem móvel ou participação social sujeitos a registo *300*
§ 1.º Por cada registo adicional de bem imóvel 40
§ 2.º Por cada registo adicional de bem móvel ou participação social 20
6.10.4 – Pela desistência de procedimento simplificado de sucessão hereditária *50*
6.10.5 – Não há lugar à cobrança de emolumentos pessoais nos processos a que respeita este número.
7 – Certidões, certificados e fotocópias:
7.1 – Certidões:
7.1.1 – Certidão de registo ou de documentos *16,50*
7.1.2 – Certidão para fins de abono de família ou segurança social e certidão de nascimento para emissão de documento de identificação *8*

§ *único. As certidões referidas neste número devem mencionar o fim a que se destinam, único para que podem ser utilizadas.*
7.1.3 – Certidão negativa de registo... 23
7.2 – Certificado de nacionalidade 34
7.3 – Fotocópia não certificada, por cada página ou fracção . 0,50
8 – Bilhete de identidade, pela sua requisição 3
9 – Consulta de nome que envolva a emissão de parecer onomástico 50
10 – Registo central de escrituras e testamentos:
10.1 – Transcrição de escritura ou testamento outorgado no estrangeiro 43
10.2 – Boletim de informação ou certidão referente à existência de escritura ou testamento 23
11 – Os emolumentos previstos nos n.ºs 1 a 6 e 8 têm valor único, integrando os montantes a que referem os artigos 13.º, n.º 2, 14.º, n.º 1, e 15.º da tabela anexa à Portaria n.º 996/98, de 25 de Novembro, a pagar pelo IRN, I. P., a título de emolumentos pessoais, quando estes sejam devidos.

12 – Para fazer face ao encargo referido no número anterior, constitui receita do IRN, I. P.:

   a) O montante de (euro) 10 a deduzir, por cada acto, aos emolumentos previstos nos n.ºs 1 a 6 e 8;
   b) O montante de (euro) 80 a deduzir ao emolumento pago no caso previsto no n.º 3.2;
   c) O montante de (euro) 130 a deduzir ao emolumento pago no caso previsto no n.º 3.3.

Decreto-Lei n.º 324/2007 de 28 de Setembro de 2007, com entrada em vigor no dia 29 de Setembro de 2007

Artigo 19.º
Destino da receita emolumentar

1 – A receita emolumentar da Conservatória dos Registos Centrais respeitante à prática dos actos previstos no artigo anterior, bem como no artigo 27.º, ainda que requeridos ou solicitados noutros serviços de registo, reverte para o IRN, I. P.

2 – Em cada procedimento de aquisição da nacionalidade em que o Serviço de Estrangeiros e Fronteiras (SEF) preste informações, dos emolumentos cobrados pertencem ao SEF (euro) 20, revertendo o restante para o IRN, I. P. Decreto-Lei n.º 237-A/2006 de 14 de Dezembro e Decreto-Lei n.º 324/2007 de 28 de Setembro de 2007, com entrada em vigor no dia 29 de Setembro de 2007

SECÇÃO II
Notariado

ARTIGO 20.º
Emolumentos do notariado

... Em euros

1 – Escrituras, testamentos e instrumentos avulsos, com excepção dos de protesto de títulos de crédito:
1.1 – Por cada acto titulado em escritura ou instrumento avulso que legalmente a substitua:
1.1.1 – Compra e venda de imóveis, dação em cumprimento e permuta 175
1.1.2 – Doação, proposta de doação e aceitação de doação 175
1.1.3 – Constituição de propriedade horizontal ou alteração do seu título constitutivo 208
1.1.4 – Constituição do direito de superfície e do direito real de habitação periódica, bem como de alteração dos respectivos títulos constitutivos 208
1.1.5 – Locação financeira 130
1.1.6 – Hipoteca ou fiança 122
1.1.7 – Mútuo ou abertura de crédito 142
1.1.8 – Reforço de hipoteca 100
1.1.9 – Quitação de dívida 100
1.1.10 – Habilitação 146
1.1.10.1 – Por cada habilitação a mais titulada na mesma escritura 73
1.1.11 – Partilha 232
1.1.12 – Conferência de bens doados 155
1.1.13 – Divisão 155
1.1.14 – Revogação de testamento 90
1.1.15 – Justificação 155
1.1.16 – Constituição de sociedades comerciais e sociedades civis sob a forma comercial 77
1.1.17 – Aumento do capital social 84

1.1.18 – Reduções de capital para cobertura de prejuízos 85
1.1.19 – Outras alterações ao contrato de sociedade, com ou sem aumento ou redução do capital social 167
1.1.20 – Fusão, cisão ou transformação 167
1.1.21 – Dissolução 77
1.1.22 – Declarativas que apenas reproduzam o pacto social em vigor 150
1.1.23 – Outras 110
1.2 – Aos emolumentos previstos nos n.ᵒˢ 1.1.2 e 1.1.11 acresce (euro) 50 por cada um dos bens descritos, no máximo de (euro) 800.

1.3 – Pelo distrate, resolução ou revogação de actos notariais será devido um emolumento correspondente a 80% do emolumento do respectivo acto, quando outro não estiver expressamente previsto.

1.4 – Por cada testamento público, testamento internacional, instrumento de aprovação ou de abertura de testamento cerrado 150

1.5 – Por quaisquer outros instrumentos avulsos, com excepção dos de protesto de títulos de crédito 37

1.6 – Pelo registo na Conservatória dos Registos Centrais de cada escritura, testamento público, testamento internacional, instrumento de aprovação, de depósito e abertura de testamento cerrado 9

2 – Instrumentos de protesto de títulos de crédito e levantamento dos títulos:

2.1 – Por cada instrumento de protesto de títulos de crédito 9
2.2 – Pelo levantamento de cada título antes de protestado 9

3 – Por cada notificação de titular inscrito efectuada nos termos do artigo 99.º do Código do Notariado 45

4 – *Certidões, certificados, extractos para publicação e informações escritas:*

4.1 – Por cada certidão ou certificado, com excepção do de exactidão de tradução 22

Decreto-Lei n.º 8/2007 de 17 de Janeiro

4.2 – Pela primeira certidão emitida após a celebração de qualquer testamento ou escritura e fornecida, dentro do prazo legal, ao testador ou, nos restantes casos, ao interessado a quem for cobrado o recibo da conta do acto nos termos do artigo 195.º do Código do Notariado, independentemente do número de páginas 5

4.4 – Os emolumentos previstos nos números anteriores são acrescidos em 50% se for requerida urgência para os respectivos actos.

4.5 – Por cada extracto para publicação 23
4.6 – Por cada página ou fracção de fotocópia não certificada ... 0,50
4.7 – Pela informação, dada por escrito, referente a registo lavrado no livro de protestos de títulos de crédito, por cada título 9
6 – Registo de documentos – por cada registo lavrado no livro a que se refere a alínea f) do n.º 1 do artigo 7.º do Código do Notariado ... 29
7 – Actos não realizados:
7.1 – Pelos actos requisitados que não sejam outorgados por motivos imputáveis às partes será devido um emolumento correspondente a 80% do emolumento do respectivo acto.
7.2 – Tratando-se, porém, de escrituras de partilha, doação, proposta de doação ou de aceitação de doação, ao emolumento previsto no número anterior acresce o emolumento previsto no n.º 1.2 reduzido a metade.

SECÇÃO III
Registo predial

ARTIGO 21.º
Emolumentos do registo predial

... Em euros

1 – Descrições e respectivos averbamentos:
1.1 – Pela abertura:
1.1.1 – De descrição genérica 28
1.1.2 – De descrição subordinada 25
1.1.3 – De descrição de fracção temporal 25
1.2 – Por cada averbamento à descrição 25
2 – Inscrições e subinscrições:
2.1 – Por cada inscrição 125
2.2 – Nas inscrições que devam conter convenções ou cláusulas acessórias acresce 25% do emolumento da inscrição.
2.3 – Por cada inscrição de hipoteca 135
2.4 – Por inscrição de direito real de habitação periódica e de autorização de loteamento, bem como de alteração do título constitutivo destes direitos 156
2.5 – Por inscrição de constituição de propriedade horizontal, bem como de alteração do título constitutivo destes direitos 156
2.6 – Por inscrição de penhora, arresto, arrolamento e providências cautelares não especificadas 63

2.7 – Pelo registo de acção 125
2.8 – Pelas subinscrições, designadamente as previstas no n.º 1 do artigo 101.º do Código do Registo Predial 63
2.9 – Pelas inscrições ou subinscrições que abranjam mais de um prédio, acresce aos emolumentos previstos nos números anteriores, por cada prédio a mais (euro) 50, no máximo de (euro) 800.
3 – Averbamentos às inscrições:
3.1 – Averbamento de cancelamento... 72
3.2 – Pelo averbamento de cancelamento que abranja mais de um prédio, acresce ao emolumento previsto no número anterior, por cada prédio a mais, no máximo de (euro) 800 58
3.3 – Averbamento à inscrição não especialmente previsto 48
4 – Pelo processo de justificação 203
5 – Pela instrução e decisão de processo especial de rectificação, tributadas nos termos do artigo 128.º do Código do Registo Predial.... 254
6 – Pela urgência na feitura de cada registo dentro do prazo legal, são acrescidos em 50% os respectivos emolumentos.
7 – Desistência do pedido de registo 20
8 – Recusa de registo 30
9 – Certidões, fotocópias, informações escritas e certificados:
9.1 – Requisição e emissão de certidão negativa:
9.1.1 – Respeitante a um só prédio 33
9.1.2 – Por cada prédio a mais 16
9.2 – Requisição e emissão de certidão ou fotocópia de actos de registo:
9.2.3 – Respeitantes a um só prédio.. 31,50
9.2.4 – Por cada prédio a mais.. 16
9.3 – Requisição e emissão de certidão ou fotocópia de documentos 31,50
Decreto-Lei n.º 76-A/2006 de 29 de Março
9.4 – Pela confirmação do conteúdo da certidão ou fotocópia é devido o emolumento da respectiva emissão, reduzido a metade.
9.5 – Por cada certificado predial relativo a direito real de habitação periódica 12
9.6 – Informação dada por escrito:
9.6.1 – Relativa a um prédio 10
9.6.2 – Por cada prédio a mais 5
9.6.3 – Informação escrita não relativa a prédios 15

9.7 – Fotocópia não certificada, por cada página 0,50

9.8 – O emolumento devido pelas certidões e fotocópias quando cobrado no acto do pedido, é restituído no caso da recusa da sua emissão.

9.9 – *Os emolumentos pessoais eventualmente devidos pela prática de actos previstos nos n.ºs 9.2 e 9.3 são pagos pela Direcção-Geral dos Registos e do Notariado (DGRN). Decreto-Lei n.º 76-A/2006 de 29 de Março*

9.10 – *Para fazer face ao encargo referido no número anterior, constitui receita da DGRN o montante de (euro) 1,50, a deduzir aos emolumentos previstos nos n.ºs 9.2 e 9.3, por cada certidão ou fotocópia emitida. Decreto-Lei n.º 76-A/2006 de 29 de Março*

10 – Pelo suprimento de deficiências previsto no artigo 73.º do Código do Registo Predial 35
Portaria n.º 794-A/2007 de 23 de Julho

SECÇÃO IV
Registo comercial

ARTIGO 22.º
Emolumentos do registo comercial

... Em euros

1 – *Os emolumentos previstos neste artigo têm um valor único, incluindo os montantes relativos aos actos subsequentes de inscrição no ficheiro central de pessoas colectivas e de publicação obrigatória, bem como os montantes a pagar a título de emolumentos pessoais, quando estes sejam devidos. Decreto-Lei n.º 76-A/2006 de 29 de Março*

2 – Inscrições e subinscrições:
2.1 – *Constituição de pessoas colectivas* 400
2.4 – *Alterações ao contrato de sociedade* 200
2.5 – *Fusão ou cisão:*
2.5.1 – *Pelo depósito do projecto de fusão ou cisão* 80
2.5.2 – *Pela inscrição da fusão ou cisão* 170
2.6 – *Dissolução* 200
2.7 – *Nomeação dos órgãos sociais* 150
2.8 – *Registo de acções* 130
2.9 – *Outras inscrições* 200

2.10 – Abrangendo a inscrição mais de um facto, é devido o emolumento mais elevado de entre os previstos para os diversos factos a registar, acrescido de 50% do emolumento correspondente a cada um dos restantes factos.

3 – Registo efectuado por simples depósito, com excepção do registo de prestação de contas 100

Decreto-Lei n.º 8/2007 de 17 de Janeiro

4 – Averbamentos às inscrições:

4.1 – Averbamento de cancelamento 100
4.2 – Averbamento de conversão 50
4.3 – Averbamento à inscrição não especialmente previsto 100

5 – Justificação:

5.1 – Processo de justificação 200
5.2 – Processo simplificado de justificação 150

6 – Pela instrução e decisão de processo especial de rectificação, tributadas nos termos do artigo 89.º do Código do Registo Comercial 254

7 – Procedimento administrativo de dissolução de entidades comerciais:

7.1 – Pela tramitação e decisão do procedimento, incluindo todos os registos 350

7.2 – Se o procedimento for de instauração oficiosa, o emolumento previsto no número anterior é agravado em 50%.

8 – Procedimento administrativo de liquidação de entidades comerciais:

8.1 – Pela tramitação e decisão do procedimento, incluindo todos os registos 350

8.2 – Se o procedimento for de instauração oficiosa, o emolumento previsto no número anterior é agravado em 50%.

9 – Procedimento especial de extinção imediata de entidades comerciais:

Pela decisão do procedimento, incluindo o registo 250

10 – Pela urgência na feitura de cada registo é devido o valor do emolumento correspondente ao acto. Decreto-Lei n.º 76-A/2006 de 29 de Março

11 – Desistência do pedido de registo 20
12 – Recusa de registo 30
13 – Certidões, fotocópias, informações escritas e certificados:

13.1 – Requisição e emissão de certidão negativa 26
13.2 – Requisição e emissão de certidão ou fotocópia de actos de registo 19,50
Decreto-Lei n.º 8/2007 de 17 de Janeiro
13.3 – Pela confirmação do conteúdo da certidão ou fotocópia.... 10
13.4 – Assinatura do serviço previsto no n.º 5 do artigo 75.º do Código do Registo Comercial:
13.4.1 – Assinatura por um ano 19,50
13.4.2 – Assinatura por dois anos 35
13.4.3 – Assinatura por três anos 49
13.4.4 – Assinatura por quatro anos 59
13.5 – Requisição e emissão de certidão ou fotocópia de documentos 19,50
13.6 – Requisição e emissão de certidão ou fotocópia do acto constitutivo e dos estatutos de associação constituída ao abrigo do regime de constituição imediata de associações 10
13.7 – Informação dada por escrito 11
13.8 – Fotocópia não certificada, por cada página 0,50
13.9 – O emolumento devido pelas certidões e fotocópias, quando cobrado no acto do pedido, é restituído no caso da recusa da sua emissão. Lei n.º 40/2007 de 24 de Agosto, com entrada em vigor no dia 31 de Outubro de 2007

14 – Nomeação de auditores e de revisores oficiais de contas, por cada nomeação 120
15 – Pelo suprimento de deficiências previsto no artigo 52.º do Código do Registo Comercial 35
16 – Procedimentos de destituição e de nomeação de liquidatários, requeridos ao abrigo dos n.ºˢ 3 e 4 do artigo 151.º do Código das Sociedades Comerciais 150
17 – Pela emissão dos certificados previstos no artigo 36.º-A do Código do Registo Comercial 250
18 – Procedimento de notificação a que se refere o artigo 36.º-B do Código do Registo Comercial 150
19 – Pela solicitação do registo por depósito junto da conservatória, nos termos do artigo 29.º-A do Código do Registo Comercial 150
20 – Pela oposição da sociedade ao registo por depósito a promover pela conservatória, nos termos do artigo 29.º-A do Código do Registo Comercial 150

21 – Os emolumentos pessoais eventualmente devidos pela prática de actos previstos neste artigo são pagos pela Direcção-Geral dos Registos e do Notariado.

22 – Para fazer face ao encargo referido no número anterior, constitui receita da Direcção-Geral dos Registos e do Notariado (DGRN) o montante de € 20,00 a deduzir, por cada acto, aos emolumentos previstos neste artigo, com excepção dos estabelecidos no n.º 13, em que apenas constitui receita da DGRN o montante de € 1,50, pela emissão de cada certidão ou pela prestação de informação dada por escrito.

23 – O facto de a taxa das publicações obrigatórias se encontrar incluída no valor dos emolumentos previstos neste artigo não prejudica o seu tratamento autónomo, designadamente no que respeita ao facto de constituírem receita da DGRN. Decreto-Lei n.º 76-A/2006 de 29 de Março

24 – Para fazer face ao encargo com a gestão dos sistemas informáticos necessários à sua disponibilização, constitui receita do Instituto das Tecnologias de Informação na Justiça (ITIJ) o montante de (euro) 5, a deduzir, por cada acto de registo requerido por via electrónica, aos emolumentos previstos neste artigo.

25 – O emolumento pago pela assinatura do serviço previsto no n.º 5 do artigo 75.º do Código do Registo Comercial constitui receita da DGRN. Decreto-Lei n.º 8/2007 de 17 de Janeiro

SECÇÃO V
Registo Nacional de Pessoas Colectivas

ARTIGO 23.º
Emolumentos do Registo Nacional de Pessoas Colectivas

... Em euros

1 – Reserva de firma ou denominação 31

2 – Certificados de admissibilidade de firma ou denominação e certificados negativos:

2.1 – Emissão, renovação e segunda via do certificado 56

2.2 – Pela urgência na emissão, renovação e segunda via do certificado são acrescidos em 50% os respectivos emolumentos.

2.3 – Invalidação da emissão, renovação e segunda via do certificado 8

2.4 – Desistência do pedido de emissão, renovação e segunda via do certificado 6
2.5 – Recusa de emissão, renovação e segunda via do certificado . 8
Lei n.º 40/2007 de 24 de Agosto, com entrada em vigor no dia 31 de Outubro de 2007
    3 – Inscrição no ficheiro central de pessoas colectivas 20
    4 – Registo de comunicação de nome comercial 56
    5 – Emissão de cartão de identificação e actualização, substituição ou segunda via do mesmo 14
    6 – Registo de pessoas colectivas religiosas:
    6.1 – Inscrição 56
    6.2 – Averbamento de cancelamento 36
    6.3 – Outros averbamentos à inscrição 24
    6.4 – Desistência do pedido de registo 12,50
    7 – Certidões e cópias de registo informático:
    7.1 – Requisição e emissão de certidão ou cópia de registo informático 10
    7.2 – Emissão de certidão ou cópia de registo informático quando requeridas por pessoas colectivas religiosas 5
    7.3 – Requisição e emissão de certidão ou fotocópia certificada de documentos depositados no Registo Nacional de Pessoas Colectivas Religiosas, além do emolumento previsto no número anterior, acresce, por cada página 1
    7.4 – Fotocópia não certificada dos documentos previstos no número anterior, por cada página 0,50
    7.5 – Informação dada por escrito relativamente a registos e documentos 5,50
    8 – Acesso às bases de dados:
    8.1 – Consulta em linha ao ficheiro central de pessoas colectivas (FCPC) e à base de dados do registo de pessoas colectivas religiosas (RPCR), para cópias totais ou parciais do mesmo ficheiro ou para informação estatística sobre pessoas colectivas:
    8.1.1 – Consulta em linha:
    8.1.1.1 – Pela consulta em linha à base de dados do FCPC – assinatura mensal de (euro) 600, que inclui até 100 acessos úteis;
    8.1.1.2 – Por cada acesso útil efectuado no mês:
    A partir de 101 até 200 4
    A partir de 201 2

8.1.1.3 – A assinatura mensal deve ser feita pelo período mínimo de um ano;

8.1.1.4 – São considerados acessos úteis, para efeitos deste número, os que correspondem aos inputs ou outputs à finalidade para que foi autorizada a consulta.

8.2 – Cópias do FCPC e da base de dados do RPCR:

8.2.1 – Por cada cópia total do ficheiro 10000

8.2.2 – Por cada actualização mensal dos movimentos 600

8.2.3 – Por cada cópia parcial em suporte magnético:

8.2.3.1 – Até 1000 registos 1000

8.2.3.2 – Por cada adicional de 1000 registos ou fracção 500

8.3 – Por cada cópia parcial em suporte de papel (conteúdo integral ou parcial do registo):

8.3.1 – Até 1000 registos 1500

8.3.2 – Por cada adicional de 1000 registos ou fracção 750

8.4 – Informação estatística, por cada informação estatística no Registo Nacional de Pessoas Colectivas:

8.4.1 – A nível nacional 500

8.4.2 – A nível concelhio 150

Secção VI
Registo de navios

Artigo 24.º
Emolumentos do registo de navios

... Em euros

1 – Matrículas:

1.1 – Por cada matrícula de navio 40

2 – Inscrições e subinscrições:

2.1 – Inscrições 112

2.2 – Inscrições de hipoteca, consignação de rendimentos, penhora, arresto, arrolamento, providências cautelares não especificadas e locação financeira 75

2.3 – Por cada inscrição de aquisição anterior à daquela que se apresente a requerer o registo em seu nome 56

2.4 – Por cada inscrição transcrita em consequência de mudança de capitania ou delegação marítima 56

2.5 – Pelos averbamentos previstos no artigo 89.º do Decreto-Lei n.º 42645, de 14 de Novembro de 1959, que assumam a natureza de subinscrições 56

2.6 – Pelas inscrições ou subinscrições que abranjam mais de um navio, acresce aos emolumentos previstos nos números anteriores, por cada navio a mais 28

3 – Averbamentos às inscrições:

3.1 – Averbamento de cancelamento 72

3.2 – Averbamento à inscrição não especialmente previsto 48

4 – Pela urgência na feitura de cada registo dentro do prazo legal, são acrescidos em 50% os respectivos emolumentos.

5 – Desistência do pedido de registo 20

6 – Recusa de registo 30

7 – Certidões, fotocópias, informações escritas e certificados:

7.1 – Requisição e emissão de certidão negativa 26

7.2 – Requisição e emissão de certidão ou fotocópia de actos de registo:

7.2.1 – Respeitante a um só navio 16

7.2.2 – Por cada navio a mais 8

7.3 – Requisição e emissão de certidão ou fotocópia de documentos:

7.3.1 – Até nove páginas 16

7.3.2 – A partir da 10.ª página, por cada página a mais 1

7.4 – Pela confirmação do conteúdo da certidão ou fotocópia é devido emolumento da respectiva emissão reduzido a metade.

7.5 – Informação por escrito:

7.5.1 – Em relação a um navio 11

7.5.2 – Por cada navio a mais, até ao máximo de (euro) 800 .. 11

7.6 – Fotocópia não certificada, por cada página 0,50

7.7 – O emolumento devido pelas certidões e fotocópias, quando cobrado no acto do pedido, é restituído no caso da recusa da sua emissão.

Secção VII
Registo de automóveis

Artigo 25.º
Emolumentos do registo de automóveis

... Em euros

1 – Registos:
1.1 – Pelo registo inicial relativo a veículo com primeira matrícula atribuída nos 60 dias anteriores 50
1.2 – Por cada registo subsequente 60
1.3 – Tratando-se de registo de propriedade adquirida por revenda efectuada por entidade comercial que tenha por actividade principal a compra de veículos para revenda, nos 180 dias posteriores à aquisição da propriedade por tal entidade 20
1.4 – O emolumento previsto no número anterior é devido pela entidade comercial nele referida, sendo devido a esta última, por parte do adquirente da propriedade em virtude da revenda, o valor do emolumento pago pela entidade comercial, pelo registo de propriedade a seu favor, nos termos do n.º 1.2;
1.5 – Tratando-se de registo de alteração de nome, firma, residência ou sede 30
1.6 – Por cada registo relativo a ciclomotor ou motociclo, triciclo ou quadriciclo com cilindrada não superior a 50 cm3:
1.6.1 – Tratando-se de registo inicial relativo a veículo com primeira matrícula atribuída nos 60 dias anteriores 10
1.6.2 – Tratando-se de registo subsequente 20
1.7 – Se o registo contiver a menção de reserva de propriedade, acresce 25 % aos emolumentos previstos nos n.ᵒˢ 1.2, 1.3 e 1.6;
1.8 – Se o registo for requerido fora do prazo, os emolumentos previstos nos números anteriores são agravados em 50%;
1.9 – Se o registo respeitar a diversos veículos, acresce, por cada veículo depois do primeiro, 50% do valor do emolumento previsto para o registo. Decreto-Lei n.º 20/2008 de 31 de Janeiro de 2008, com entrada em vigor no dia 01 de Fevereiro de 2008

2 – Certidões, fotocópias, certificados de matrícula, informações:
2.1 – Por cada fotocópia, certidão ou fotocópia acrescida da certificação de outro facto 17

Decreto-Lei n.º 20/2008 de 31 de Janeiro de 2008, com entrada em vigor no dia 01 de Fevereiro de 2008

2.2 – Pela confirmação do conteúdo de certidão ou fotocópia é devido o emolumento da respectiva emissão, reduzido a metade.

2.3 – Pela emissão de segunda via de certificado de matrícula ou pela sua substituição 30

2.4 – Por cada informação dada por escrito relativa:

2.4.1 – Ao actual proprietário inscrito do veículo e aos encargos que o oneram 3

2.4.2 – A proprietários anteriores 5

3 – Se for requerida urgência, duplica o valor do emolumento. Decreto-Lei n.º 178-A/2005 de 28 de Outubro

4 – Intermediação:

4.1 – Por cada remessa de requerimentos e documentos 5

5 – *Mapas estatísticos e bases de dados:*

5.1 – Pelo fornecimento em suporte de papel de mapas estatísticos:

5.1.1 – Até 5000 registos 1000

5.1.2 – Acima de 5000 registos 2000

5.2 – Pelo fornecimento em suporte electrónico de mapas estatísticos:

5.2.1 – Até 5000 registos 100

5.2.2 – Acima de 5000 registos 200

5.3 – Pela consulta em linha à base de dados do registo de veículos:

5.3.1 – Assinatura mensal, obrigatoriamente feita pelo período mínimo de um ano e que inclui até 300 acessos úteis 500

5.3.2 – Por cada acesso útil a mais 1

5.3.3 – São considerados acessos úteis, para efeitos do presente número, os que correspondem aos inputs ou outputs à finalidade para que foi autorizada a consulta.

5.4 – Por cada cópia parcial em suporte magnético:

5.4.1 – Até 5000 registos 100

5.4.2 – Acima de 5000 registos 200

5.5 – Por cada cópia parcial em suporte de papel (conteúdo integral ou parcial de registo):

5.5.1 – Até 1000 registos 2000

5.5.2 – Por cada adicional de 1000 registos ou fracção 1000

Decreto-Lei n.º 20/2008 de 31 de Janeiro de 2008, com entrada em vigor no dia 01 de Fevereiro de 2008

6 – Pelo processo de justificação 50
7 – Pela instrução e decisão de processo especial de rectificação 125
8 – *Os emolumentos previstos neste artigo têm um valor único, incluindo os montantes a pagar a título de emolumentos pessoais, quando estes sejam devidos.*

9 – Os emolumentos pessoais eventualmente devidos pela prática de actos previstos neste artigo são pagos pelo Instituto dos Registos e do Notariado, I. P. (IRN, I. P.).

10 – Para fazer face ao encargo referido no número anterior, constitui receita do IRN, I. P., o montante de € 20, a deduzir dos emolumentos previstos no n.º 1, ou o montante de € 1,5, a deduzir do emolumento previsto no n.º 2.1, por cada um dos actos previstos em tais preceitos.

11 – Para fazer face ao encargo com a gestão dos sistemas informáticos necessários à sua disponibilização, constitui receita do Instituto das Tecnologias de Informação na Justiça, I. P. (ITIJ) o montante de € 5, a deduzir, por cada acto de registo, independentemente de ser promovido por via electrónica, aos emolumentos previstos no n.º 1.

12 – Os emolumentos cobrados pelos actos de registo requeridos por via electrónica constituem receita do IRN, I. P., sem prejuízo da receita atribuída ao ITIJ, nos termos do número anterior.

13 – Os emolumentos previstos no n.º 5.3 constituem receita do IRN, I. P., e do ITIJ, I. P., em partes iguais. Decreto-Lei n.º 20/2008 de 31 de Janeiro de 2008, com entrada em vigor no dia 01 de Fevereiro de 2008

Secção VIII
Identificação civil

Artigo 26.º
Emolumentos da identificação civil

... Em euros

1 – Pela emissão de cada bilhete de identidade 3
2 – Certidões e informações:
2.1 – Por cada certidão 15
2.2 – Por cada informação 8
3 – Pela realização de serviço externo, para além das despesas de transporte.

SECÇÃO IX
Emolumentos diversos

ARTIGO 27.º
Emolumentos comuns

... Em euros

1 – Serviço de telecópia:

1.1 – Pela utilização do serviço de telecópia nos serviços dos registos e do notariado, para emissão de documentos, são cobrados os seguintes emolumentos:

1.1.1 – Por cada certificado de admissibilidade de firma ou denominação 10

1.1.2 – Por qualquer outro documento que contenha até sete folhas, incluindo as do pedido e resposta e uma eventual folha de certificação ou encerramento:

1.1.2.1 – No continente e Regiões Autónomas 5

1.1.2.2 – Em relação aos serviços consulares portugueses na Europa 20

1.1.2.3 – Em relação aos serviços consulares portugueses fora da Europa 50

1.1.3 – Por cada folha a mais, nos casos previstos nos n.ºs 1.1.2.1 a 1.1.2.3 acrescem respectivamente (euro) 0,50, (euro) 2,50 e (euro) 7,50.

1.2 – O pedido a que se refere o n.º 1.1.2 pode substituir o modelo legal da requisição de certidão a que haja lugar, desde que dele constem os elementos nesta contidos.

1.3 – Se o pedido não for satisfeito por culpa dos serviços, o utente é reembolsado das quantias entregues.

2 – Processo de constituição de sociedades promovido e dinamizado pelo notário:

2.1 – Pela prática dos actos relativos à promoção e dinamização da constituição de sociedades comerciais e demais sujeitas a registo comercial, nos termos do Decreto-Lei n.º 267/93, de 31 de Julho 150

2.2 – Do emolumento referido no n.º 2.1 pertencem dois terços ao cartório notarial e um terço à conservatória do registo comercial.

3 – Regimes especiais de constituição imediata de sociedades e associações e de constituição on-line de sociedades: Lei n.º 40/2007 de 24 de Agosto, com entrada em vigor no dia 31 de Outubro de 2007

3.1 – Pela prática dos actos compreendidos no regime especial de constituição imediata de sociedades, com ou sem nomeação de órgãos sociais ou secretário da sociedade 360
Decreto-Lei n.º 125/2006 de 29 de Junho
3.2 – Pela prática dos actos compreendidos no regime especial de constituição imediata de associações 170
3.3 – Os emolumentos previstos nos números anteriores têm um valor único e o previsto no n.º 3.1 inclui o custo da publicação obrigatória.
3.4 – Do emolumento previsto no n.º 3.1, deduzido da taxa devida pela publicação a que se refere o n.º 3.3, pertencem dois terços à conservatória do registo comercial e um terço ao Registo Nacional de Pessoas Colectivas (RNPC).
3.5 – Pela prática dos actos compreendidos no regime especial de constituição on-line de sociedades, com ou sem nomeação de órgãos sociais ou secretário da sociedade e com opção por pacto ou acto constitutivo de modelo aprovado 360
3.6 – No caso de constituição on-line de sociedades, com ou sem nomeação de órgãos sociais ou secretário da sociedade e com opção por pacto ou acto constitutivo elaborado pelos interessados 380
3.7 – Os emolumentos previstos nos n.ᵒˢ 3.5 e 3.6 têm um valor único e incluem o custo da publicação obrigatória do registo.
Lei n.º 40/2007 de 24 de Agosto, com entrada em vigor no dia 31 de Outubro de 2007
4 – Impugnação das decisões:
4.1 – Por cada processo de recurso hierárquico 150
Decreto-Lei n.º 111/2005 de 8 de Julho
4.2 – Em caso de procedência do recurso haverá lugar à devolução do respectivo preparo. Decreto-Lei n.º 111/2005 de 8 de Julho
4.3 – Havendo provimento parcial, o emolumento do n.º 4.1 é reduzido a metade. Decreto-Lei n.º 125/2006 de 29 de Junho
5 – Por cada certificado emitido nos termos do artigo 133.º do Regulamento dos Serviços dos Registos e do Notariado 50
Decreto-Lei n.º 111/2005 de 8 de Julho
6 – Reconhecimentos e termos de autenticação:
6.1 – Pelo reconhecimento de cada assinatura e de letra e assinatura 8
6.2 – Pelo reconhecimento que contenha, a pedido dos interessados, menção de qualquer circunstância especial 12,50

6.3 – Por cada termo de autenticação com um só interveniente 17,50
6.4 – Por cada interveniente a mais 4
6.5 – Por cada termo de autenticação de procuração com um só mandante e mandatário 15
6.6 – Por cada mandante ou mandatário adicional 6
Decreto-Lei n.º 76-A/2006 de 29 de Março
7 – Traduções e certificados:
7.1 – Pelo certificado de exactidão da tradução de cada documento realizada por tradutor ajuramentado 17,50
7.2 – Pela tradução de documentos, por cada página 15
Decreto-Lei n.º 76-A/2006 de 29 de Março
8 – Fotocópias e respectiva conferência, públicas-formas e certificação da conformidade de documentos electrónicos com os documentos originais:
8.1 – Por cada pública-forma, conferência de fotocópia ou fotocópia e respectiva conferência 14
8.2 – Por cada certificação da conformidade de documentos electrónicos com os documentos originais e respectiva digitalização.. 9,50
Decreto-Lei n.º 8/2007 de 17 de Janeiro

Artigo 27.º-A
Procedimento especial de transmissão, oneração e registo de imóveis

1 – Pelo procedimento especial de transmissão, oneração e registo de imóveis, com ou sem marcação prévia, incluindo todos os registos, com excepção daqueles de que dependa a verificação dos pressupostos do procedimento 650

2 – Pelo procedimento especial de transmissão, oneração e registo de imóveis, com ou sem marcação prévia, se apenas for registado um facto, com excepção daqueles de que dependa a verificação dos pressupostos 350

3 – Pela desistência ou indeferimento do procedimento 50

4 – Os emolumentos previstos neste artigo têm um valor único, incluindo os montantes a pagar a título de emolumentos pessoais, quando estes sejam devidos.

5 – Aos montantes referidos nos n.ºs 1 a 3 é descontado o valor eventualmente adiantado pelo envio electrónico da informação necessária ao exercício do direito legal de preferência, previsto na portaria que o regulamenta.

6 – Os emolumentos pessoais eventualmente devidos pela prática de actos previstos neste artigo são pagos pelo Instituto dos Registos e do Notariado, I. P. (IRN, I. P.)

7 – Por cada procedimento constitui receita do IRN, I. P., o montante de (euro) 100, a deduzir aos emolumentos previstos neste artigo, excepto nos casos da desistência ou do indeferimento em que o emolumento reverte integralmente para o IRN, I. P. Portaria n.º 794-A/2007 de 23 de Julho

SECÇÃO X
Isenções ou reduções emolumentares

ARTIGO 28.º
Isenções ou reduções emolumentares

1 – Os emolumentos devidos por actos notariais e de registo decorrentes da compra e venda, doação e partilha mortis causa de imóveis rústicos são reduzidos em função do valor do acto, nos seguintes termos:

1.1 – Até (euro) 5000 – em três quartos;
1.2 – Acima de (euro) 5000 e até (euro) 10000 – em dois terços;
1.3 – Acima de (euro) 10000 e até (euro) 15000 – em metade;
1.4 – Acima de (euro) 15000 e até (euro) 25000 – em um terço;
1.5 – Acima de (euro) 25000 e até (euro) 35000 – em um quarto;
1.6 – Acima de (euro) 35000 e até (euro) 80000 – em um oitavo.

2 – Os emolumentos devidos pela emissão de certidões destinadas a instruir as escrituras de doação e partilha mortis causa referidas no número anterior beneficiam de uma redução correspondente a metade do respectivo valor.

3 – As certidões que beneficiem da redução emolumentar prevista no número anterior devem mencionar o fim a que se destinam, único para que podem ser utilizadas.

4 – Os benefícios previstos no n.º 1 do presente artigo são aplicáveis à aquisição por compra e venda de imóvel para habitação própria e permanente.

5 – Às aquisições realizadas ao abrigo do regime de conta poupança-habitação aplica-se a redução emolumentar prevista no n.º 1, se esta for mais favorável do que a prevista naquele regime.

6 – A transmissão isolada de partes indivisas de imóveis rústicos e urbanos, efectuadas nos termos e condições constantes dos n.ºs 1 e 2,

goza das reduções emolumentares aí previstas, se pelo acto de aquisição o adquirente concentrar na sua esfera jurídica a totalidade do direito de propriedade do imóvel.

7 – Goza igualmente do benefício previsto no n.º 1 a aquisição simultânea e pelo mesmo sujeito, da sua propriedade e do usufruto de imóveis rústicos e urbanos para habitação própria e permanente, titulada nos termos atrás descritos.

8 – Para efeitos do disposto no n.º 1, considera-se como valor do acto o preço global ou o valor total atribuído aos imóveis ou a soma dos seus valores patrimoniais, se superior.

9 – São, também, isentos dos emolumentos de urgência, os actos lavrados ao abrigo de regimes de urgência legal, incluindo os que por virtude de uma relação de dependência devam ser lavrados previamente àquele.

10 – Os emolumentos devidos pelo acesso e fornecimento, nos termos da lei, de cópias parciais de registo em suporte magnético ou em suporte de papel, resultantes da consulta em linha à base de dados do registo de automóveis quando requerida e efectuada pelas câmaras municipais ou entidades administrativas municipais, no exercício exclusivo de competências no âmbito da regulação e fiscalização do cumprimento das disposições do Código da Estrada e legislação complementar, são reduzidos, de acordo com o número de eleitores dos respectivos municípios, nos termos seguintes:

10.1 – Municípios com 10000 ou menos eleitores – em metade;

10.2 – Municípios com mais de 10000 e menos de 50000 eleitores – em um terço;

10.3 – Municípios com mais de 50000 e menos de 100000 eleitores – em um quarto.

11 – Os emolumentos devidos pelo fornecimento de cópias totais do ficheiro central de pessoas colectivas (FCPC) e do registo de pessoas colectivas religiosas (RPCR), quando solicitadas por pessoas colectivas religiosas são reduzidos a metade.

12 – (Revogado.) Decreto-Lei n.º 324/2007 de 28 de Setembro de 2007, com entrada em vigor no dia 29 de Setembro de 2007

13 – Pela consulta em linha efectuada pelos solicitadores de execução às bases de dados registrais e de identificação civil não há lugar ao pagamento de assinatura mensal, sendo devidos por cada acesso ..... 0,5 Decreto-Lei n.º 111/2005 de 8 de Julho

14 – Estão isentos de tributação emolumentar os actos notariais e de registo relacionados com a aquisição e administração de bens imóveis pertencentes ao domínio privado do Estado em que a Direcção-Geral do Património ou outros serviços da administração directa ou indirecta do Estado tenham intervenção ou sejam por eles requeridos.

15 – Estão isentos de tributação emolumentar os actos de registo requeridos pelos institutos públicos relacionados com a regularização extraordinária da situação jurídica dos bens imóveis pertencentes ao seu património próprio nos termos previstos em legislação especial.

16 – Estão isentos de tributação emolumentar os actos de registo requeridos pelos adquirentes de bens imóveis ao Estado ou a instituto público necessários à regularização da situação jurídica dos mesmos nos termos previstos na legislação referida no número anterior, com excepção do registo da aquisição ao Estado ou ao instituto público.

17 – As isenções emolumentares previstas nos n.ºs 13 a 15 vigoram até ao final de 2008, sendo as previstas no n.º 13 aplicáveis, no que respeita aos actos notariais, apenas aos actos praticados pelos notários públicos durante o período transitório previsto no artigo 106.º do Estatuto do Notariado, aprovado pelo Decreto-Lei n.º 26/2004, de 4 de Fevereiro. Decreto-Lei n.º 199/2004 de 18 de Agosto

18 – Estão isentos de tributação emolumentar os actos notariais e de registo exigidos para execução de providências integradoras ou decorrentes de plano de insolvência judicialmente homologado que visem o saneamento da empresa, através da recuperação do seu titular ou da sua transmissão, total ou parcial, a outra ou outras entidades. Decreto-Lei n.º 199/2004 de 18 de Agosto e Decreto-Lei n.º 53/2004 de 18 de Março

19 – Os emolumentos devidos pelos regimes especiais de constituição imediata e de constituição on-line de sociedades são reduzidos em (euro) 60 quando a actividade principal da sociedade seja classificada como actividade informática ou conexa, ou ainda como de investigação e desenvolvimento, não sendo devida participação emolumentar pela referida redução. Decreto-Lei n.º 125/2006 de 29 de Junho

20 – Sem prejuízo da redução prevista no número anterior, o emolumento devido pelo regime especial de constituição online de sociedades é reduzido em 50 %, quanto a todas as verbas que o compõem, quando se verifique a opção por pacto ou acto constitutivo de modelo aprovado.

21 – O emolumento devido pela prática dos actos compreendidos no regime especial de constituição imediata de associações de estudantes é reduzido em (euro) 100, não sendo devida participação emolumentar pela referida redução. O disposto neste número entrou em vigor no dia 31 de Outubro de 2007

22 – Os registos relativos a veículo que utilize exclusivamente energia eléctrica ou solar, ou outra forma não poluente de energia, estão isentos de emolumentos.

23 – Os registos relativos a veículo que utilize exclusivamente combustível de petróleo liquefeito (GPL) ou gás natural beneficiam de uma redução de 60 % do valor do emolumento.

24 – Os registos relativos a veículos que, no acto da entrada do consumo interno, se apresentem equipados com motores híbridos, preparados para o consumo, no seu sistema de propulsão, quer de gás de petróleo liquefeito (GPL), gás natural, energia eléctrica ou solar, quer de gasolina ou gasóleo, beneficiam de uma redução de 30% do valor do emolumento.

25 – Os emolumentos devidos por actos de registo, quando requeridos por via electrónica, são reduzidos em 50%, quanto a todas as verbas que os compõem. O disposto neste número entrou em vigor no dia 01 de Outubro de 2007

26 – O registo por depósito promovido pela conservatória, nos termos do artigo 29.º-A do Código do Registo Comercial, não está sujeito ao pagamento do emolumento previsto no n.º 3 do artigo 22.º

27 – Os emolumentos devidos pelo fornecimento em suporte electrónico de mapas estatísticos de registo de veículos a entidades sem fins lucrativos são reduzidos a um quarto.

28 – Se o registo for solicitado por entidades licenciadas que exerçam a actividade de transportes rodoviários de mercadorias por conta de outrem, o primeiro registo de transmissão de reboques está isento de tributação emolumentar e os emolumentos devidos pelos subsequentes registos de transmissão de reboques são reduzidos a três quartos.

29 – As certidões e outros documentos de carácter probatório requeridos para fins eleitorais, bem como os reconhecimentos de assinaturas e outros actos respeitantes a documentos destinados a apresentação para os mesmos fins estão isentos de emolumentos. Decreto-Lei n.º 324/2007 de 28 de Setembro de 2007, com entrada em vigor no dia 29 de Setembro de 2007

TABELA DE EMOLUMENTOS PESSOAIS

Portaria n.º 996/98 de 25 de Novembro

ANEXO

Tabela de emolumentos do registo civil

Artigo 10.º

1 – Pela tradução de documentos realizada por conservador, por cada página ou fracção da tradução, incluindo o respectivo certificado – 5000$00 .... *24,94*

Artigo 11.º

6 – Pela requisição de qualquer certidão a outra conservatória – 250$00 .... *1,25*

Artigo 13.º

2 – Pelo preenchimento, a pedido dos interessados, do conjunto de impressos para bilhete de identidade – 200$00 .... *1,00*

Artigo 14.º

1 – Pelo acto de casamento não urgente celebrado, a pedido das partes, fora da conservatória ou nesta, mas fora das horas regulamentares ou em sábado, domingo ou dia feriado, além do emolumento do assento, acresce o emolumento pessoal de 10000$00 [14000$00] *69,83*

2 – Por qualquer outro acto praticado fora da conservatória ou nesta, mas fora das horas regulamentares ou em sábado, domingo ou dia

feriado, sem prejuízo do emolumento respectivo a que houver lugar – 2000$00 .... *9,98*

3 – Os emolumentos dos números anteriores não são devidos nos actos praticados em estabelecimentos prisionais ou hospitalares nem quando os requisitantes dos actos se encontrarem na repartição, aguardando a sua vez, dentro das horas regulamentares.

4 – Aos emolumentos respectivos acrescem as despesas de transporte.

Artigo 15.º

Por cada auto de redução a escrito de declaração, salvo se respeitante a assento isento ou a depósito de morte fetal, ou de requerimento verbal:

a) Para a prática de acto de registo – 600$00 .... *2,99*

Nota:

– Pela redução a escrito das declarações verbais para fins de nacionalidade, o pedido dos interessados, são devidos, pelo IRN, I. P., emolumentos pessoais aos funcionários do registo civil. Porém, não são cobrados, aos utentes, à parte do valor emolumentar correspondente ao acto em causa.

b) Para fins de instauração de processo de casamento – 600$00 .... *2,99*

c) Para fins de instauração de qualquer outro processo regulado no Código do Registo Civil – 1600$00 .... *7,98*

Artigo 16.º

1 – Os emolumentos previstos nos artigos 10.º, n.º 1, 11.º, n.º 6, 13.º, n.º 2, 14.º e 15.º da presente tabela têm natureza de emolumentos pessoais.

2 – Dos emolumentos do artigo 14.º reverte:

a) A totalidade para o conservador ou para o seu substituto legal, se o acto for por qualquer deles presidido e lavrado;

b) Dois terços para o conservador ou para o seu substituto legal e um terço para o oficial, se o acto for presidido por um daqueles e assistido e lavrado por este.

3 – Os emolumentos dos artigos 10.º, n.º 1, 11.º, n.º 6, 13.º, n.º 2, e 15.º revertem em proveito dos funcionários da conservatória na proporção dos respectivos vencimentos de categoria.

4 – O montante máximo dos emolumentos a perceber mensalmente pelos funcionários nos termos do número anterior é fixado por despacho do Ministro da Justiça.

Tabela de emolumentos do registo predial

Artigo 16.º

1 – a) Pelo requerimento ou preenchimento do impresso-requisição para a realização de qualquer acto de registo – 750$00 .... *3,74*

b) Acresce, por cada acto de registo além do primeiro – 250$00 .... *1,25*

c) Quando o requerimento ou requisição se destinar a obter uma certidão – 250$00 .... *1,25*

d) Quando o requerimento se destinar a outras repartições – 750$00 .... *3,74*

2 – a) Pelo estudo e organização do processo pré-registral – 1200$00 .... *5,99*

b) Se o estudo previsto na alínea anterior exceder a apreciação da viabilidade do pedido, em face dos documentos apresentados e dos registos anteriores, acresce o seguinte emolumento:

Por requisição até dois actos de registo – 2500$00 .... *12,47*

Por requisição de três ou mais actos de registo – 6000$00. *29,93*

3 – Pelas diligências de aperfeiçoamento do processo registral de que resulte a junção de documentos em apresentação complementar para sanar deficiências que não envolvam novo pedido de registo nem constituam motivo de recusa – 2500$00 .... *12,47*

4 – Os emolumentos previstos nos números anteriores têm a natureza de emolumentos pessoais, revertendo para os funcionários da repartição na proporção dos seus vencimentos de categoria.

5 – O montante máximo dos emolumentos a perceber mensalmente pelos funcionários nos termos do número anterior é fixado por despacho do Ministro da Justiça.

Tabela de emolumentos do registo comercial

Artigo 20.º

1 – a) Pelo requerimento ou preenchimento do impresso-requisição para a realização de qualquer acto de registo – 750$00 .... *3,74*
b) Acresce, por cada acto de registo além do primeiro – 250$00 .... *1,25*
c) Quando o requerimento ou requisição se destinar a obter uma certidão – 250$00 .... *1,25*
d) Quando o requerimento se destinar a outras repartições – 750$00 .... *3,74*
2 – a) Pelo estudo e organização do processo pré-registral – 1200$00 .... *5,99*
b) Se o estudo previsto na alínea anterior exceder a apreciação da viabilidade do pedido, em face dos documentos apresentados e dos registos anteriores, acresce o seguinte emolumento:
Por requisição até dois actos de registo – 2500$00 .... *12,47*
Por requisição de três ou mais actos de registo – 6000$00 .... *29,93*
3 – Pelas diligências de aperfeiçoamento do processo registral, de que resulte a junção de documentos em apresentação complementar para sanar deficiências que não envolvam novo pedido de registo nem constituam motivo de recusa – 2500$00 .... *12,47*
4 – Os emolumentos previstos nos números anteriores têm a natureza de emolumentos pessoais, revertendo para os funcionários da repartição na proporção dos seus vencimentos de categoria.
5 – O montante máximo dos emolumentos a perceber mensalmente pelos funcionários nos termos do número anterior é fixado por despacho do Ministro da Justiça.

Tabela de emolumentos do registo de automóveis

Artigo 7.º

1 – a) Pelo requerimento ou preenchimento do impresso-requisição para realização de qualquer acto de registo sobre cada veículo – 750$00 .... *3,74*
b) Quando o requerimento ou requisição se destinar a obter uma certidão – 250$00 .... *1,25*

2 – Os emolumentos previstos nos números anteriores têm a natureza de emolumentos pessoais, revertendo para os funcionários da repartição na proporção dos seus vencimentos de categoria.

3 – O montante máximo dos emolumentos a perceber mensalmente pelos funcionários nos termos do número anterior é fixado por despacho do Ministro da Justiça.

Tabela de emolumentos do registo de navios

Artigo 16.º

1 – a) Pelo requerimento ou preenchimento de impresso-requisição para realização de qualquer acto de registo – 750$00 .... *3,74*

b) Acresce, por cada acto de registo além do primeiro – 250$00 .. *1,25*

c) Quando o requerimento ou requisição se destinar a obter uma certidão – 250$00 .... *1,25*

d) Quando o requerimento se destinar a outras repartições – 750$00 .... *3,74*

2 – a) Pelo estudo e organização do processo pré-registral – 1200$00 .... *5,99*

b) Se o estudo previsto na alínea anterior exceder a apreciação da viabilidade do pedido, em face dos documentos apresentados e dos registos anteriores, acresce o seguinte emolumento:

Por requisição até dois actos de registo – 2500$00 .... *12,47*

Por requisição de três ou mais actos de registo – 6000$00 ...... *29,93*

3 – Pelas diligências de aperfeiçoamento do processo registral de que resulte a junção de documentos em apresentação complementar para sanar deficiências que não envolvam novo pedido de registo nem constituam motivo de recusa – 2500$00 .... *12,47*

4 – Os emolumentos previstos nos números anteriores têm a natureza de emolumentos pessoais, revertendo para os funcionários da repartição na proporção dos seus vencimentos de categoria.

5 – O montante máximo dos emolumentos a perceber mensalmente pelos funcionários nos termos do número anterior é fixado por despacho do Ministro da Justiça.

Tabela de emolumentos do Registo Nacional de Pessoas Colectivas

Artigo 8.º

1 – Pelo preenchimento de cada impresso a pedido do requerente – 750$00 .... *3,74*

2 – O emolumento previsto no número anterior tem a natureza e segue o regime dos emolumentos pessoais.

Tabela de emolumentos do notariado

Capítulo II
Tabelamento dos actos

Artigo 4.º

3 – Por cada instrumento de acta de reunião de organismo social e assistência a ela:
   a) Durando a reunião até uma hora – 10000$00 .... *49,88*
   b) Por cada hora a mais ou fracção – 3000$00 .... *14,96*

Artigo 7.º

1 – Pela tradução de documentos realizada por notário, por cada página ou fracção da tradução, incluindo o respectivo certificado – 5000$00 .... *24,94*

Artigo 14.º

1 – É devido o emolumento de 5000$00 [*24,94*] pelo estudo e preparação das seguintes escrituras, salvo se se reproduzir minuta apresentada pelas partes:
   a) Justificação e reconhecimento de direitos;
   b) Habilitação;
   c) Partilha;
   d) Divisão;
   e) Permuta;
   f) Dação em cumprimento e transacção;

g) Constituição de servidão, do direito de superfície e do direito de habitação periódica;
h) Constituição de propriedade horizontal ou sua alteração;
i) Arrendamento;
j) Locação financeira;
l) Locação de estabelecimento;
m) Constituição, fusão, cisão, transformação e dissolução de sociedades, bem como alteração de contrato de sociedade;
n) Constituição de estabelecimento individual de responsabilidade limitada e alteração do acto constitutivo;
o) Constituição de associação, fundação, agrupamento complementar de empresas, consórcio, cooperativa e agrupamento europeu de interesse económico, bem como de alteração dos seus estatutos;
p) Aquisição tendente ao domínio total;
q) Qualquer acto que envolva aplicação de normas jurídicas estrangeiras.

2 – Nas escrituras não mencionadas no número anterior em que figurem outras cláusulas para além das respeitantes aos elementos essenciais dos negócios titulados é devido o emolumento do n.º 1, reduzido a metade.

3 – Cumulando-se na mesma escritura mais de um dos actos referidos nos números anteriores, o emolumento é devido por cada um deles.

4 – É devido o emolumento de 1000$00 por cada requerimento directamente relacionado com actos notariais que deva ser apresentado noutras repartições.

Artigo 15.º

1 – Pela celebração de qualquer acto dentro das horas regulamentares, fora do cartório, a requisição dos interessados, acrescem aos emolumentos que ao acto competirem – 10000$00 .... *49,88*

2 – O emolumento do número anterior é contado por inteiro quanto ao primeiro acto praticado e por metade quanto aos demais, se o encargo do pagamento da conta competir ao mesmo interessado.

3 – Contar-se-á apenas uma vez o emolumento deste artigo, quando se trate exclusivamente de reconhecimentos e termos de autenticação.

4 – Não é devido o emolumento quanto a reconhecimentos e termos de autenticação que se pratiquem juntamente com outro acto.

5 – O emolumento do n.º 1 é reduzido a metade nas escrituras de aquisição, a título oneroso, de habitação própria permanente ou habitação social, nas escrituras de mútuo que se destine a essa aquisição e nos testamentos lavrados em estabelecimentos prisionais ou hospitalares.

Artigo 16.º

1 – Para celebração de qualquer acto fora das horas regulamentares, a requisição dos interessados, aos emolumentos que ao acto competirem acrescem – 7500$00 .... *37,41*

2 – Ao emolumento do número anterior é aplicável, conforme os casos, o disposto nos n.ºs 3 e 4 do artigo precedente.

3 – O emolumento do n.º 1 é elevado para o dobro sempre que os actos forem celebrados, de harmonia com a requisição, antes das 8 ou depois das 21 horas, bem como em dia em que o cartório esteja encerrado.

Capítulo IV
Disposições finais

Artigo 20.º

1 – Os emolumentos previstos nos artigos 4.º, n.º 3, 7.º, n.º 1, 14.º, 15.º e 16.º têm a natureza de emolumentos pessoais.

2 – Os emolumentos referidos no número anterior estão sujeitos às seguintes regras de distribuição:

a) Os dos artigos 4.º, n.º 3, e 7.º, n.º 1, revertem na totalidade para o funcionário que efectuar o correspondente serviço;

b) Os dos artigos 14.º, 15.º e 16.º pertencem dois terços ao notário ou a quem legalmente o substituir, nos casos de vacatura de lugar ou de impedimento, e um terço aos oficiais, na proporção dos seus vencimentos de categoria.

3 – É fixado em montante não superior a metade do respectivo vencimento de categoria o máximo dos emolumentos a perceber mensalmente pelos funcionários, nos termos dos artigos 14.º, n.º 4, e 15.º

Artigo 24.º

1 – a) Pelo requerimento ou preenchimento do impresso-requisição para a realização de qualquer acto de registo e respectiva remessa à conservatória competente, a pedido do interessado – 750$00 .... *3,74*

b) Acresce, por cada acto de registo além do primeiro – 250$00 .... *1,25*

2 – O emolumento previsto no número anterior tem a natureza e segue o regime dos emolumentos pessoais.

LEGISLAÇÃO CONEXA

- **Decreto-Lei n.º 126/99 de 21 de Abril**

O vencimento dos conservadores e notários é constituído por uma parte fixa ou ordenado e pela participação no rendimento emolumentar da respectiva repartição.

Atendendo a que as isenções emolumentares são, hoje em dia, cada vez maiores e mais frequentes, caso não seja expressamente consagrado que não abrangem a participação emolumentar, a remuneração dos notários, conservadores e oficiais do registo e do notariado deixa de se ajustar ao trabalho efectivamente realizado.

Se é certo que alguns diplomas, como é o caso, entre outros, dos Decretos-Leis n.ºs 164/92, de 5 de Agosto, e 315/98, de 20 de Outubro, contêm já esta regra, importa, todavia, esclarecer, de forma expressa, que as isenções emolumentares não interferem na remuneração de quem lavra as escrituras públicas e os respectivos registos.

Assim:

Nos termos da alínea a) do n.º 1 do artigo 198.º da Constituição, o Governo decreta o seguinte:

Artigo 1.º

As isenções e reduções emolumentares em relação aos valores fixados na tabela de que beneficiem actos notariais e de registo predial ou comercial não abrangem os emolumentos pessoais nem as importâncias correspondentes à participação emolumentar normalmente devida aos notários, conservadores e oficiais do registo e do notariado pela sua intervenção nos actos, salvo nos casos de isenção a favor do Estado ou das autarquias locais e nos relativos à organização do processo eleitoral.

Artigo 2.º

O presente diploma entra em vigor no dia seguinte ao da sua publicação.

Visto e aprovado em Conselho de Ministros de 11 de Março de 1999. – António Manuel de Oliveira Guterres – José Eduardo Vera Cruz Jardim.

Promulgado em 7 de Abril 1999.

Publique-se.

O Presidente da República, Jorge Sampaio.

Referendado em 9 de Abril de 1999.

O Primeiro-Ministro, *António Manuel de Oliveira Guterres*.

• **Decreto-Lei n.º 322-A/2001 de 14 de Dezembro**

Artigo 2.º
Norma revogatória

1 – São revogados:

b) A Portaria n.º 996/98, de 25 de Novembro, excepto na parte relativa aos emolumentos pessoais e respectivas regras de distribuição;

• **Decreto-Lei n.º 194/2003 de 23 de Agosto**

Artigo 2.º
[...]

1 – São revogados:

a) ...

b) A Portaria n.º 996/98, de 25 de Novembro, excepto nas disposições relativas aos emolumentos pessoais e respectivas regras de distribuição;

• **Decreto-Lei n.º 76-A/2006 de 29 de Março**

9.9 – Os emolumentos pessoais eventualmente devidos pela prática de actos previstos nos n.ᵒˢ 9.2 e 9.3 são pagos pela Direcção-Geral dos Registos e do Notariado (DGRN).

9.10 – Para fazer face ao encargo referido no número anterior, constitui receita da DGRN o montante de (euro) 1,50, a deduzir aos emolumentos previstos nos n.ᵒˢ 9.2 e 9.3, por cada certidão ou fotocópia emitida.

Artigo 22.º

1 – Os emolumentos previstos neste artigo têm um valor único, incluindo os montantes relativos aos actos subsequentes de inscrição no ficheiro central de pessoas colectivas e de publicação obrigatória, bem como os montantes a pagar a título de emolumentos pessoais, quando estes sejam devidos.

• **Decreto-Lei n.º 125/2006 de 29 de Junho**

Artigo 13.º
Encargos

1 – Pelo procedimento de constituição de sociedade regulado no presente decreto-lei são devidos encargos relativos:
   a) Aos emolumentos previstos no Regulamento Emolumentar dos Registos e do Notariado;
   b) Ao imposto do selo, nos termos da tabela respectiva.

2 – Não são devidos emolumentos pessoais no âmbito do regime especial de constituição *on-line* de sociedades.

Artigo 14.º
[...]

1 – Pelo procedimento de constituição de sociedade regulado no presente diploma são devidos encargos relativos:
   a) ...
   b) ...
   c) ...
   d) Às taxas previstas na Tabela de Taxas de Propriedade Industrial para a aquisição do registo de marca, nos casos em que este facto ocorra simultaneamente com a constituição da sociedade.

2 – O Estado goza de isenção do pagamento das taxas devidas pela prática de actos junto do INPI, ao abrigo do presente diploma.

3 – Sem prejuízo do disposto no artigo 11.º, não são devidos quaisquer encargos pela recusa de titulação e de registo, procedendo-se nesses casos à devolução de todas as quantias cobradas pelo procedimento de constituição de sociedades regulado neste diploma.

4 – Pelo procedimento de constituição de sociedades regulado neste diploma não são devidos emolumentos pessoais.

- **Portaria n.º 1416-A/2006 de 19 de Dezembro**

Artigo 13.º
Encargos

1 – Pelo procedimento de promoção de actos de registo comercial *on-line* regulado na presente portaria é devido o pagamento de emolumentos previstos no Regulamento Emolumentar dos Registos e do Notariado.

2 – Não são devidos emolumentos pessoais no âmbito do regime especial de promoção de actos de registo comercial *on-line*.

CONSULADOS

Decreto-Lei n.º 162/2006
de 8 de Agosto

As estruturas consulares vão sendo sistematicamente confrontadas com novas realidades, tendo de adaptar o seu modo de funcionamento e a sua organização aos desafios diários impostos por diversos factores.

As solicitações dos portugueses espalhados pelo mundo, as diferentes conjunturas económicas e sociais das sociedades onde se encontram, a adaptação aos novos vectores de actuação dos postos consulares, a introdução de procedimentos e funcionalidades internos com vista a dar respostas adequadas às expectativas de quem os procura impeliram os postos e secções consulares a procurar ajustar-se por forma a criar as capacidades de melhor e mais oportuna adaptação às necessidades emergentes da comunidade.

As necessidades sentidas pelas estruturas consulares nos últimos anos e a importância de dar resposta adequada e eficaz à comunidade portuguesa que a elas se dirige e de garantir que estas extensões da Administração Pública Portuguesa no estrangeiro prestem um serviço pautado por critérios de qualidade e eficiência aconselham a revisão de alguns normativos do Regulamento Consular, aprovado pelo Decreto-Lei n.º 381/97, de 30 de Dezembro, com as alterações introduzidas pela Lei n.º 22/98, de 12 de Maio.

O presente diploma pretende assim, sobretudo, colmatar as lacunas sentidas no funcionamento e organização das secções e dos postos consulares e, bem assim, no seu modo de relacionamento com os cidadãos que os procuram e pretendam utilizar os serviços públicos que oferecem.

As dúvidas que subsistem na sociedade civil relativamente ao âmbito e sentido de alguns dos actos de protecção consular, a falta de consagração no Regulamento Consular das figuras de cônsul-geral-adjunto e cônsul-adjunto, o aproveitamento de recursos materiais e humanos para possibilitar a prestação de serviços à comunidade portuguesa residente no estrangeiro, a importância de equiparar as secções consulares aos postos de carreira, em termos de organização, funcionamento e competências, a necessidade de adaptar as normas do presente diploma ao novo regime jurídico do passaporte electrónico português e, finalmente, a frequência com que muitos postos consulares se vêem impossibilitados de assegurar a sua gestão corrente ou praticar actos de registo e notariado, por não terem titular ou este se encontrar ausente ou impedido, e não disporem de qualquer outro elemento legalmente competente para o efeito, exigem a alteração do diploma legal que aprova o Regulamento Consular.

Assim:

Nos termos da alínea a) do n.º 1 do artigo 198.º da Constituição, o Governo decreta o seguinte:

Artigo 1.º
Alteração ao Decreto-Lei n.º 381/97, de 30 de Dezembro

Os artigos 1.º, 3.º, 27.º, 28.º, 30.º, 33.º, 40.º, 48.º, 49.º, 52.º e 56.º do Decreto-Lei n.º 381/97, de 30 de Dezembro, na redacção que lhe foi dada pela Lei n.º 22/98, de 12 de Maio, passam a ter a seguinte redacção:

«Artigo 1.º
Rede consular

1 – ...

a) Consulados de carreira, que se dividem em consulados-gerais e consulados;
b) ...
c) ...
d) ...

2 – ...

3 – Os postos consulares podem, sempre que se justifique e mediante prévia autorização, instituir presenças consulares que assegurem o apoio consular a determinada comunidade.

4 – Nas missões diplomáticas podem ser organizadas secções consulares, nos moldes estabelecidos para os postos consulares.

ARTIGO 3.º
[...]

1 – Os consulados de carreira e as secções consulares são geridos por funcionários diplomáticos.
2 – ...
3 – ...

ARTIGO 27.º
Natureza e cargos

1 – Os titulares dos postos consulares são agentes do Estado, nomeados pelo Governo, e ocupam um dos cargos seguintes:
a) ...
b) ...
c) ...
d) ...
2 – No exercício das suas funções, os cônsules-gerais e os cônsules podem, em circunstâncias excepcionais e devidamente fundamentadas, ser coadjuvados, respectivamente, por cônsules-gerais-adjuntos e cônsules-adjuntos.

ARTIGO 28.º
[...]

1 – ...
2 – ...
3 – ...
4 – ...
5 – A nomeação dos cônsules-gerais-adjuntos e cônsules-adjuntos é feita nos termos do n.º 1.

ARTIGO 30.º
[...]

1 – Os cônsules honorários não têm direito a qualquer remuneração pelo exercício das suas funções.
2 – Em circunstâncias excepcionais e devidamente fundamentadas, os cônsules honorários podem receber subsídios para cobertura de custos relacionados com o exercício das suas funções.

Artigo 33.º
[...]

1 – Na ausência ou impedimento do cônsul titular do posto de carreira, este é gerido, sucessivamente, pelo cônsul-adjunto, pelo vice-cônsul e pelo chanceler mais antigo.

2 – Em casos excepcionais e devidamente fundamentados, a gestão corrente dos assuntos do posto de carreira pode ser atribuída a outro membro qualificado do pessoal consular ou a funcionário qualificado do quadro de pessoal dos serviços internos do Ministério dos Negócios Estrangeiros, após determinação expressa nesse sentido do Ministro dos Negócios Estrangeiros.

3 – Na ausência ou impedimento do vice-cônsul ou do agente consular titulares de postos consulares, estes são geridos pelo membro do pessoal consular mais categorizado.

4 – ...

Artigo 40.º
[...]

1 – Os postos e as secções consulares prestam a assistência necessária e possível às pessoas singulares e colectivas portuguesas no estrangeiro, nos termos das leis nacionais e estrangeiras em vigor e de acordo com o direito internacional, nomeadamente através de:
   a) Prestação de apoio a portugueses em dificuldade, como nos casos de prisão ou de detenção;
   b) ...
   c) Prestação de socorros no caso de catástrofe natural ou de graves perturbações de ordem civil, adoptando as medidas apropriadas aos acontecimentos, como a evacuação de cidadãos portugueses, sempre que tal se justifique;
   d) ...
   e) Prestação de apoio, quando necessário, aos familiares de portugueses falecidos no estrangeiro, acompanhando-os nas diligências a realizar, acautelando os interesses dos presumíveis herdeiros e assegurando as diligências adequadas à transferência de espólios;
   f) Acompanhamento dos processos de repatriação de portugueses no estrangeiro, em particular nos casos de expulsão, por forma a

prestar o aconselhamento necessário e a garantir a defesa dos direitos dos cidadãos nacionais;
g) [Anterior alínea f).]
h) [Anterior alínea g).]
i) [Anterior alínea h).]
j) [Anterior alínea i).]
l) [Anterior alínea j).]
m) [Anterior alínea l).]
2 – ...

Artigo 48.º
[...]

Os postos e as secções consulares podem conceder passaportes e emitir outros documentos de viagem, nos termos das normas jurídicas nacionais, comunitárias e internacionais em vigor.

Artigo 49.º
[...]

1 – (Anterior corpo do artigo.)
2 – Em circunstâncias excepcionais e devidamente fundamentadas, os postos e as secções consulares podem receber e instruir pedidos de bilhete de identidade apresentados por cidadãos portugueses residentes em áreas de jurisdição contíguas, nos termos a legislar em diploma próprio.

Artigo 52.º
[...]

1 – No exercício das funções referidas no artigo anterior, compete aos cônsules titulares de postos de carreira, aos encarregados das secções consulares e aos cônsules-adjuntos por aqueles expressamente autorizados lavrar, nomeadamente, os seguintes actos de registo:
a) ...
b) ...
c) ...
d) ...
2 – Os vice-cônsules, os chanceleres dos consulados de carreira e das secções consulares e outros funcionários especialmente designados

para o efeito pelo Ministro dos Negócios Estrangeiros podem desempenhar todas as funções das entidades referidas no número anterior, excepto a celebração de casamento.

3 – Em caso de vacatura do lugar, licença ou impedimento, o cônsul titular do posto de carreira e o encarregado da secção consular são substituídos, sucessivamente, no exercício das funções referidas no artigo anterior, pelo cônsul-adjunto autorizado nos termos do n.º 1, pelo vice--cônsul, pelo chanceler mais antigo ou por outros funcionários qualificados, especialmente designados para o efeito pelo Ministro dos Negócios Estrangeiros.

4 – ...
5 – ...
6 – ...

Artigo 56.º
[...]

1 – Os cônsules titulares de postos de carreira e os encarregados das secções consulares e os cônsules-adjuntos por aqueles expressamente autorizados têm competência para a prática de actos notariais relativos a portugueses que se encontrem no estrangeiro ou que devam produzir os seus efeitos em Portugal.

2 – Os vice-cônsules, os chanceleres dos consulados de carreira e secções consulares e outros funcionários especialmente designados para o efeito pelo Ministro dos Negócios Estrangeiros podem desempenhar as funções das entidades referidas no número anterior, com excepção da celebração de escrituras, bem como de testamentos públicos ou instrumentos de aprovação, depósito ou abertura de testamentos cerrados e internacionais.

3 – Em caso de vacatura do lugar, licença ou impedimento, o cônsul titular do posto de carreira e o encarregado da secção consular são substituídos, sucessivamente, no exercício das funções referidas no n.º 1, pelo cônsul-adjunto autorizado nos termos daquele número, pelo vice-cônsul, pelo chanceler mais antigo ou por outros funcionários qualificados especialmente designados para o efeito pelo Ministro dos Negócios Estrangeiros.»

Artigo 2.º
Aditamento ao Decreto-Lei n.º 381/97, de 30 de Dezembro

Ao Decreto-Lei n.º 381/97, de 30 de Dezembro, na redacção que lhe foi dada pela Lei n.º 22/98, de 12 de Maio, é aditado o artigo 40.º-A, com a seguinte redacção:

«Artigo 40.º-A
Assistência em casos de detenção e prisão

1 – Os postos e as secções consulares prestam apoio aos nacionais detidos ou presos no estrangeiro, conformando a sua actuação à estrita observância do princípio da não ingerência na administração da justiça do Estado receptor.

2 – Para efeitos do cumprimento do número anterior, os postos e as secções consulares promovem, sempre que os interessados o solicitem:
   a) Contactos com as autoridades locais a fim de obter informações sobre as circunstâncias e condições de detenção do cidadão nacional e sobre o enquadramento legal da infracção alegadamente praticada, nos termos da lei local;
   b) Assistência aos nacionais detidos, nomeadamente inteirando-se das suas necessidades imediatas, informando-os dos seus direitos e disponibilizando-lhes uma listagem de advogados com reconhecidas capacidades técnicas para a sua defesa;
   c) Contactos com os familiares dos cidadãos detidos;
   d) Visitas regulares aos cidadãos detidos, que contribuam para o conhecimento das suas condições de detenção e do seu estado de saúde física e mental;
   e) Acompanhamento do processo judicial em todas as suas fases;
   f) Entrega de bens de primeira necessidade e de medicamentos prescritos.»

Artigo 3.º
Norma revogatória

São revogados os artigos 23.º, 24.º e 25.º do Decreto-Lei n.º 381/97, de 30 de Dezembro, na redacção que lhe foi dada pela Lei n.º 22/98, de 12 de Maio.

Artigo 4.º
Republicação

É republicado, em anexo, que faz parte integrante do presente decreto-lei, o Decreto-Lei n.º 381/97, de 30 de Dezembro, com a redacção actual.

Visto e aprovado em Conselho de Ministros de 1 de Junho de 2006. – *José Sócrates Carvalho Pinto de Sousa – João Titterington Gomes Cravinho – Fernando Teixeira dos Santos – Alberto Bernardes Costa.*
Promulgado em 24 de Julho de 2006.
Publique-se.
O Presidente da República, Aníbal Cavaco Silva.
Referendado em 25 de Julho de 2006.
O Primeiro-Ministro, *José Sócrates Carvalho Pinto de Sousa.*

REGULAMENTO CONSULAR

ANEXO
(a que se refere o artigo 4.º)
Republicação do Decreto-Lei n.º 381/97, de 30 de Dezembro

PARTE I
Da organização consular

Título I
Dos serviços consulares externos e dos titulares dos postos consulares

Capítulo I
Serviços consulares externos

Secção I
Postos consulares

Artigo 1.º
Rede consular

1 – A rede consular portuguesa compreende as seguintes categorias de postos consulares:
   a) Consulados de carreira, que se dividem em consulados-gerais e consulados;

b) Vice-consulados;
c) Agências consulares;
d) Consulados honorários.

2 – Os postos consulares podem, mediante prévia autorização, abrir escritórios fora da sua sede, em conformidade com o direito vigente.

3 – Os postos consulares podem, sempre que se justifique e mediante prévia autorização, instituir presenças consulares que assegurem o apoio consular a determinada comunidade.

4 – Nas missões diplomáticas podem ser organizadas secções consulares, nos moldes estabelecidos para os postos consulares.

Artigo 2.º
Atribuições dos postos consulares

São atribuições dos postos consulares:
a) A promoção e valorização dos portugueses nos países de acolhimento;
b) A protecção dos direitos e dos legítimos interesses das pessoas singulares e colectivas portuguesas;
c) A defesa dos direitos dos portugueses enquanto cidadãos da União Europeia;
d) O apoio social aos portugueses;
e) O progresso educativo e profissional dos portugueses;
f) A defesa e a divulgação da língua e da cultura portuguesas;
g) A incentivação à participação dos luso-descendentes na cultura portuguesa;
h) A promoção e o desenvolvimento de relações comerciais e económicas entre pessoas nacionais e estrangeiras;
i) A cooperação com autoridades nacionais e estrangeiras na sua área de intervenção.

Artigo 3.º
Titulares dos postos consulares

1 – Os consulados de carreira e as secções consulares são geridos por funcionários diplomáticos.

2 – Os vice-consulados e as agências consulares são geridos, respectivamente, por vice-cônsules e por agentes consulares.

3 – Os consulados honorários são geridos pelos respectivos cônsules honorários.

ARTIGO 4.º
Criação, modificação e extinção de postos consulares

1 – A criação de postos consulares é feita por despacho conjunto dos Ministros dos Negócios Estrangeiros e das Finanças.

2 – A modificação de categoria e de sede e a extinção de postos consulares, bem como o estabelecimento e a alteração das respectivas áreas de jurisdição, são feitas por despacho do Ministro dos Negócios Estrangeiros.

ARTIGO 5.º
Criação de consulados-gerais

A criação de consulados-gerais é determinada pela consideração de factores históricos, culturais, económicos ou sociais relevantes e justificativos da atribuição daquela categoria aos postos consulares.

ARTIGO 6.º
Assessores consulares

1 – Os consulados-gerais poderão dispor de assessores para as áreas jurídica, da acção social, da cultura e da economia, para coadjuvarem os cônsules-gerais.

2 – Os assessores para as áreas da acção cultural e económica visam, entre outras atribuições que lhes sejam conferidas, dotar os consulados dos instrumentos indispensáveis para inventariar as potencialidades culturais-económicas das comunidades portuguesas de emigrantes na sua área de jurisdição.

3 – A criação da categoria de assessor consular é feita, para cada um dos consulados-gerais, mediante despacho conjunto dos Ministros dos Negócios Estrangeiros e das Finanças.

ARTIGO 7.º
Pessoal nos consulados honorários

Os consulados honorários poderão, em casos justificados, dispor, para coadjuvação do respectivo titular, de pessoal administrativo e técnico.

ARTIGO 8.º
Quadro de pessoal

1 – O quadro de pessoal dos postos consulares é fixado por despacho conjunto dos Ministros dos Negócios Estrangeiros e das Finanças e deverá tomar em consideração os recursos existentes para a realização dos objectivos fixados para a acção consular e os meios disponíveis de controlo do desenvolvimento daquela acção.

2 – O titular do posto consular deverá transmitir informação adequada aos membros do pessoal consular sobre os objectivos referidos no número anterior, por forma a ser obtida a máxima operacionalidade dos serviços.

ARTIGO 9.º
Atendimento de público

1 – Os funcionários consulares devem garantir aos utentes dos serviços o direito a:
 a) Atendimento personalizado;
 b) Informação ou esclarecimento correcto e completo;
 c) Rápido encaminhamento e resolução dos pedidos apresentados;
 d) Isenção e imparcialidade no tratamento;
 e) Urbanidade e cortesia no trato.

2 – Serão afixados, em local adequado, o horário de funcionamento do posto consular e os editais e avisos exigidos por lei, bem como quaisquer outros documentos de informação julgados úteis.

3 – Em cada posto consular haverá um livro de reclamações para utilização dos utentes dos serviços consulares.

ARTIGO 10.º
Estrutura dos postos consulares

Os postos consulares de carreira têm sempre os seguintes departamentos:
 a) A chancelaria;
 b) O arquivo;
 c) O serviço de contabilidade.

Artigo 11.º
Natureza e função da chancelaria

1 – A chancelaria é a unidade administrativa central dos postos consulares referidos no artigo anterior e tem por função a disponibilização dos recursos humanos e materiais existentes para a consecução dos objectivos da acção consular.

2 – A chancelaria será organizada de modo a obter a maximização da utilidade dos serviços consulares.

Artigo 12.º
Chefia da chancelaria

1 – A chancelaria é chefiada pelo chanceler.

2 – Na ausência ou impedimento do chanceler, a chancelaria será chefiada pelo membro do pessoal consular mais categorizado.

Artigo 13.º
Arquivo consular

1 – O arquivo consular é instalado em lugar de segurança.

2 – Constituem o arquivo:
a) O material criptográfico, o selo branco, os impressos de passaporte, as vinhetas de vistos e os documentos classificados com grau de segurança;
b) Os códigos, os regulamentos e demais legislação nacional relativa à actividade consular;
c) Os tratados, as convenções e demais acordos internacionais celebrados entre Portugal e outros países sobre matéria consular;
d) Os regulamentos, as directivas e outras normas do direito comunitário aplicáveis à acção consular;
e) Outros documentos e materiais que devam ser guardados no arquivo;
f) O inventário de todos os bens do consulado.

3 – O arquivo consular deverá dispor de uma colecção actualizada do Diário da República, 1.ª série.

4 – Os documentos e o material referidos nas alíneas a) e f) do n.º 2 são guardados em cofre.

ARTIGO 14.º
Destruição de documentos

Os documentos constantes do arquivo consular podem ser destruídos de cinco em cinco anos, depois de microfilmados, se não houver interesse na sua conservação, mediante prévia autorização do Ministro dos Negócios Estrangeiros.

ARTIGO 15.º
Guarda e conservação do arquivo

A guarda e a conservação do arquivo incumbem ao arquivista.

ARTIGO 16.º
Serviço de contabilidade

O serviço de contabilidade rege-se pelas normas da contabilidade pública, na parte aplicável, e tem as seguintes competências:
 a) Arrecadar as receitas e outros fundos disponíveis;
 b) Efectuar os pagamentos das despesas autorizadas;
 c) Fazer os lançamentos nos livros próprios da contabilidade das operações realizadas;
 d) Elaborar e remeter ao Ministério dos Negócios Estrangeiros e a outras entidades competentes, nos termos legais, os mapas da contabilidade.

ARTIGO 17.º
Chefia do serviço de contabilidade

1 – O serviço de contabilidade é chefiado pelo vice-cônsul.

2 – Na sua ausência ou impedimento, o vice-cônsul é substituído pelo chanceler mais antigo.

ARTIGO 18.º
Símbolos

1 – A bandeira portuguesa deverá estar hasteada no edifício do posto consular, salvo se as leis, regulamentos e usos do Estado receptor determinarem de modo diverso.

2 – Na frontaria do edifício será colocado o escudo nacional, com a legenda «Consulado-geral», «Consulado», «Vice-consulado», «Agência consular» ou «Consulado honorário de Portugal».

Artigo 19.º
Comissão de acção social e cultural

Poderá ser constituída junto de cada posto consular de carreira uma comissão de acção social e cultural.

Artigo 20.º
Funções da comissão de acção social e cultural

A comissão de acção social e cultural tem por funções, na área de jurisdição do respectivo posto consular:
 a) Propor e suscitar programas de apoio social aos portugueses, designadamente em articulação com instituições da sociedade civil;
 b) Providenciar acerca da protecção e defesa dos idosos, indigentes, desempregados e outros desfavorecidos;
 c) Incentivar acções de formação profissional;
 d) Fomentar processos de defesa dos direitos laborais dos trabalhadores portugueses;
 e) Promover o desenvolvimento do ensino da língua e da cultura portuguesas;
 f) Propor medidas tendentes à melhoria da situação e sucesso escolar dos alunos portugueses nos vários graus de ensino;
 g) Criar e desenvolver contactos e ligações entre as associações locais e entre estas e as associações existentes em território português, de modo a contribuir para uma maior ligação das comunidades nacionais.

Artigo 21.º
Composição da comissão de acção social e cultural

A comissão de acção social e cultural é presidida pelo chefe do posto consular respectivo e dela fazem parte:
 a) O assessor social ou o assessor cultural ou, na inexistência destes, o membro do pessoal consular designado para o efeito pelo chefe do posto consular;
 b) Dois elementos eleitos pelos membros da comunidade portuguesa, inscritos no posto consular e residentes na área de jurisdição deste.

ARTIGO 22.º
Reuniões da comissão de acção social e cultural

1 – A comissão de acção social e cultural reúne uma vez por mês ou, sempre que necessário, por iniciativa do seu presidente ou a pedido de qualquer outro dos seus membros.

2 – De cada reunião será lavrada acta pelo membro indicado pelo presidente para a secretariar.

SECÇÃO II
Secções consulares

ARTIGO 23.º
(Revogado.)

ARTIGO 24.º
(Revogado.)

ARTIGO 25.º
(Revogado.)

SECÇÃO III
Inspecção consular

ARTIGO 26.º
Inspecção consular

1 – Os postos e secções consulares serão objecto de inspecção periódica, com a frequência considerada conveniente, a fim de melhorar o respectivo funcionamento.

2 – O relatório da inspecção deverá conter, designadamente, informação sobre:
   a) A assistência prestada aos portugueses e suas associações na área da respectiva jurisdição consular;
   b) O cumprimento das disposições legais e das instruções administrativas emanadas do Ministério dos Negócios Estrangeiros;

c) O modo do exercício das funções consulares nos domínios da protecção consular, da cultura, da economia, do apoio social e da cooperação consular com autoridades nacionais e estrangeiras;
d) Propostas visando o aperfeiçoamento dos serviços consulares externos.

Capítulo II
Titulares dos postos consulares

Artigo 27.º
Natureza e cargos

1 – Os titulares dos postos consulares são agentes do Estado, nomeados pelo Governo, e ocupam um dos cargos seguintes:
   a) Cônsules titulares de postos de carreira, que se agrupam em cônsules-gerais e cônsules;
   b) Vice-cônsules;
   c) Agentes consulares;
   d) Cônsules honorários.

2 – No exercício das suas funções, os cônsules-gerais e os cônsules podem, em circunstâncias excepcionais e devidamente fundamentadas, ser coadjuvados, respectivamente, por cônsules-gerais-adjuntos e cônsules-adjuntos.

Artigo 28.º
Nomeação

1 – A nomeação dos cônsules titulares de postos de carreira é feita, ouvido o Conselho Diplomático do Ministério dos Negócios Estrangeiros, por despacho conjunto do Primeiro-Ministro e do Ministro dos Negócios Estrangeiros.

2 – A nomeação dos outros titulares de postos consulares é feita por despacho do Ministro dos Negócios Estrangeiros.

3 – A nomeação referida no número anterior é feita por um período de três anos, renovável.

4 – A nomeação dos cônsules honorários é de livre escolha ministerial de entre cidadãos nacionais ou estrangeiros capazes da promoção e da defesa dos interesses nacionais.

5 – A nomeação dos cônsules-gerais-adjuntos e cônsules-adjuntos é feita nos termos do n.º 1.

ARTIGO 29.º
Estatuto dos cônsules honorários

Os cônsules honorários não adquirem por esse facto a qualidade de funcionários públicos nem qualquer outro vínculo à função pública.

ARTIGO 30.º
Compensações financeiras dos cônsules honorários

1 – Os cônsules honorários não têm direito a qualquer remuneração pelo exercício das suas funções.

2 – Em circunstâncias excepcionais e devidamente fundamentadas, os cônsules honorários podem receber subsídios para cobertura de custos relacionados com o exercício das suas funções.

ARTIGO 31.º
Posse

1 – A investidura dos cônsules titulares de postos de carreira nos seus cargos é feita em conformidade com o disposto no estatuto diplomático.

2 – Os outros titulares de postos consulares tomam posse perante o cônsul titular do posto de carreira de quem dependem ou, na inexistência deste, perante o chefe da respectiva missão diplomática.

3 – O auto de posse é arquivado no Ministério dos Negócios Estrangeiros.

ARTIGO 32.º
Início e termo de funções

1 – Após a obtenção do exequatur ou antes, no caso da sua admissão provisória pelo Estado receptor, o titular do posto consular anuncia, pelos meios adequados, a sua entrada em funções às autoridades locais e aos portugueses residentes na área da sua jurisdição consular.

2 – O termo das suas funções será anunciado de modo idêntico.

3 – Durante o exercício das suas funções, o titular do posto consular deve manter com as entidades referidas no n.º 1 relações de colaboração que contribuam para a eficácia da actividade consular.

Artigo 33.º
Ausência ou impedimento

1 – Na ausência ou impedimento do cônsul titular do posto de carreira, este é gerido, sucessivamente, pelo cônsul-adjunto, pelo vice-cônsul e pelo chanceler mais antigo.

2 – Em casos excepcionais e devidamente fundamentados, a gestão corrente dos assuntos do posto de carreira pode ser atribuída a outro membro qualificado do pessoal consular ou a funcionário qualificado do quadro de pessoal dos serviços internos do Ministério dos Negócios Estrangeiros, após determinação expressa nesse sentido do Ministro dos Negócios Estrangeiros.

3 – Na ausência ou impedimento do vice-cônsul ou do agente consular titulares de postos consulares, estes são geridos pelo membro do pessoal consular mais categorizado.

4 – Na ausência ou impedimento do cônsul honorário e na falta de designação de substituto ad interim, o posto consular é considerado encerrado pelo período que durar a ausência ou impedimento do respectivo titular.

Artigo 34.º
Correspondência

1 – Os cônsules titulares de postos de carreira correspondem-se directamente com o Ministério dos Negócios Estrangeiros, com a missão diplomática portuguesa no país em que estão reconhecidos e com as autoridades consulares e territoriais locais.

2 – A correspondência directa com quaisquer outras autoridades portuguesas só poderá fazer-se sobre matérias que não caibam na competência específica do Ministério dos Negócios Estrangeiros, devendo a este ser enviada cópia da correspondência trocada.

3 – Os outros titulares de postos consulares podem corresponder-se também com as autoridades referidas nos n.ºs 1 e 2, devendo, neste caso, enviar cópia da correspondência trocada ao cônsul titular do posto de carreira ou, na inexistência deste, ao chefe da missão diplomática de quem dependem.

Artigo 35.º
Competência

1 – A competência dos titulares de postos consulares é a determinada pelo presente diploma e por outras normas aplicáveis do direito interno, comunitário e internacional público.

2 – Os cônsules honorários não têm competência para:
a) Actos de registo civil e de notariado;
b) Emissão de documentos de identificação e de viagem;
c) Concessão de vistos;
d) Recenseamento eleitoral.

3 – A acção dos vice-cônsules, agentes consulares e cônsules honorários é desenvolvida, no âmbito da sua competência, segundo as directrizes do cônsul titular do posto de carreira de quem dependem ou, na inexistência deste, do chefe da respectiva missão diplomática.

Capítulo III
Facilidades, privilégios e imunidades

Artigo 36.º
Facilidades, privilégios e imunidades

As facilidades, privilégios e imunidades relativos aos postos consulares, aos funcionários consulares de carreira e aos outros membros dos postos consulares são os concedidos pelo direito internacional público e pelas normas locais do Estado receptor.

PARTE II
Da acção consular

Título I
Das funções consulares

Capítulo I
Disposições gerais

Artigo 37.º
Definição da acção consular

A acção consular é definida pelo Ministro dos Negócios Estrangeiros, que superintende, através dos serviços do Ministério, na sua execução.

Artigo 38.º
Unidade de acção

1 – Os consulados de carreira, embora dotados de autonomia funcional, devem coordenar as suas actividades com as missões diplomáticas portuguesas, de modo a garantir a unidade de acção e de objectivos da política externa do Estado.

2 – Os postos e as secções consulares prestarão às missões diplomáticas as informações adequadas em matéria política, económica, social e cultural que sejam consideradas relevantes para a acção daquelas missões.

Artigo 39.º
Princípios da acção consular

1 – A acção consular orienta-se pelos princípios da legalidade, da prossecução do interesse público e da protecção dos direitos e interesses dos cidadãos, da igualdade e da proporcionalidade, da justiça e da imparcialidade, da colaboração com os seus destinatários, da participação, da decisão, da desburocratização e da eficiência, nos termos da lei administrativa vigente.

2 – Os membros dos postos consulares devem respeitar as leis do Estado receptor e abster-se de interferir nos seus assuntos internos.

CAPÍTULO II
Funções de protecção consular

SECÇÃO I
Protecção consular

ARTIGO 40.º
Actos de protecção consular

1 – Os postos e as secções consulares prestam a assistência necessária e possível às pessoas singulares e colectivas portuguesas no estrangeiro, nos termos das leis nacionais e estrangeiras em vigor e de acordo com o direito internacional, nomeadamente através de:
   a) Prestação de apoio a portugueses em dificuldade, como nos casos de prisão ou de detenção;
   b) Prestação de socorros no caso de sinistro, procurando assegurar a assistência médica necessária e tomando as demais providências adequadas à situação;
   c) Prestação de socorros no caso de catástrofe natural ou de graves perturbações de ordem civil, adoptando as medidas apropriadas aos acontecimentos, como a evacuação de cidadãos portugueses, sempre que tal se justifique;
   d) Salvaguarda de menores e de outros incapazes que se encontrem desprotegidos e se mostrem em perigo, intervindo na tomada de providências cautelares e na organização da tutela e da curatela;
   e) Prestação de apoio, quando necessário, aos familiares de portugueses falecidos no estrangeiro, acompanhando-os nas diligências a realizar, acautelando os interesses dos presumíveis herdeiros e assegurando as diligências adequadas à transferência de espólios;
   f) Acompanhamento dos processos de repatriação de portugueses no estrangeiro, em particular nos casos de expulsão, por forma a prestar o aconselhamento necessário e a garantir a defesa dos direitos dos cidadãos nacionais;
   g) Emissão de documentos de identificação e de viagem;

h) Apoio social, jurídico ou administrativo possível e adequado, de modo a garantir a defesa e a protecção dos direitos dos portugueses;
i) Acompanhamento, quando solicitado, do pagamento de indemnizações, de rendas, de pensões ou de outras prestações monetárias devidas a portugueses, dando a conhecer a estes os direitos e deveres de que são sujeitos à face das leis locais;
j) Assistência a idosos, reformados, desempregados e outros desprotegidos;
l) Diligências para localização de portugueses desaparecidos no estrangeiro;
m) Assistência à navegação marítima e à aeronáutica civil.

2 – Os postos e as secções consulares prestam também a assistência necessária e possível a apátridas e a refugiados residentes habitualmente em Portugal.

Artigo 40.º-A
Assistência em casos de detenção e prisão

1 – Os postos e as secções consulares prestam apoio aos nacionais detidos ou presos no estrangeiro, conformando a sua actuação à estrita observância do princípio da não ingerência na administração da justiça do Estado receptor.

2 – Para efeitos do cumprimento do número anterior, os postos e as secções consulares promovem, sempre que os interessados o solicitem:
a) Contactos com as autoridades locais a fim de obter informações sobre as circunstâncias e condições de detenção do cidadão nacional e sobre o enquadramento legal da infracção alegadamente praticada, nos termos da lei local;
b) Assistência aos nacionais detidos, nomeadamente inteirando-se das suas necessidades imediatas, informando-os dos seus direitos e disponibilizando-lhes uma listagem de advogados com reconhecidas capacidades técnicas para a sua defesa;
c) Contactos com os familiares dos cidadãos detidos;
d) Visitas regulares aos cidadãos detidos, que contribuam para o conhecimento das suas condições de detenção e do seu estado de saúde física e mental;
e) Acompanhamento do processo judicial em todas as suas fases;

f) Entrega de bens de primeira necessidade e de medicamentos prescritos.

Artigo 41.º
Pagamento de socorros

1 – Os portugueses socorridos no estrangeiro pelos postos e pelas secções consulares que tiverem meios para restituir ao Estado as quantias com eles gastas em socorros deverão assumir, em declaração escrita para o efeito, o compromisso do respectivo reembolso.

2 – O reembolso será efectuado em moeda nacional ao câmbio vigente à data da prestação dos socorros.

3 – A declaração referida no n.º 1, feita pelo socorrido ou por seu representante, com assinatura reconhecida, vale em juízo como título executivo.

4 – Os titulares dos postos consulares e os encarregados das secções consulares devem remeter mensalmente ao Ministério dos Negócios Estrangeiros a relação das despesas efectuadas com socorros prestados.

Artigo 42.º
Evacuações

Em caso de guerra, de crises políticas violentas ou de qualquer outra catástrofe natural ou de graves perturbações de ordem civil em que haja necessidade de proceder à evacuação de portugueses, os postos e as secções consulares devem tomar medidas rápidas adequadas à situação, designadamente:
  a) Contactar com as pessoas e informá-las dos comportamentos a adoptar;
  b) Informar da existência e da localização de pontos de refúgio e de concentração;
  c) Apurar as necessidades logísticas exigidas pelas circunstâncias e obter os meios para a sua satisfação;
  d) Procurar o apoio e a colaboração de entidades capazes de auxílio;
  e) Proporcionar e proteger a retirada para fora das zonas de perigo;
  f) Cooperar com outros serviços competentes nas operações de evacuação.

ARTIGO 43.º
Despesas de evacuação

As despesas efectuadas com operações de evacuação são suportadas pelo Estado.

ARTIGO 44.º
Assistência e outros procedimentos em matéria de navegação marítima

1 – Os postos e as secções consulares devem prestar apoio às embarcações nacionais que se encontrem nos portos e nas águas territoriais ou interiores do Estado receptor.

2 – Em caso de naufrágio ou de outro sinistro marítimo, os postos e as secções consulares devem solicitar às autoridades locais as medidas destinadas à protecção da embarcação, da respectiva carga e dos seus tripulantes e passageiros, assim como dispensar às pessoas sinistradas a assistência necessária.

3 – Em caso de o capitão, o armador, os seguradores ou os seus agentes se encontrarem impossibilitados de adoptar as medidas pertinentes em caso de sinistro, o posto ou a secção consular poderá agir em lugar e no interesse do armador.

4 – A competência dos postos e das secções consulares para a prática de outros actos relativos às embarcações, carga e pessoal do mar é regulada pela lei nacional e pelas convenções internacionais em vigor.

5 – Os postos e as secções consulares devem salvaguardar de interferências locais o exercício da competência atribuída pelo direito internacional ao Estado da bandeira em matéria de navegação marítima.

ARTIGO 45.º
Assistência e outros procedimentos em matéria de aeronáutica civil

O disposto no artigo anterior aplica-se, com as necessárias adaptações, à aeronáutica civil.

ARTIGO 46.º
Repatriação

1 – A repatriação de portugueses tem lugar em caso de:
a) Falta de meios para suportar as despesas de regresso;

b) Razões médicas que aconselhem, em situações de perigo de vida, o regresso imediato, por impossibilidade de tratamento local;
c) Expulsão.

2 – No caso da alínea c) do número anterior, havendo fundamentação legal para a expulsão, o posto ou a secção consular deverá emitir os necessários documentos de viagem.

3 – Não existindo a fundamentação legal referida no número anterior, o titular do posto consular ou o encarregado da secção consular diligenciará junto das competentes autoridades para esclarecimento da situação.

4 – A repatriação só se efectua por vontade expressa do repatriando ou de seu representante, salvo o caso previsto na alínea c) do n.º 1.

5 – O transporte do repatriando far-se-á pelo meio mais conveniente, atendendo a factores de rapidez e economia.

Artigo 47.º
Reembolso das despesas efectuadas

É aplicável às despesas efectuadas com a repatriação de portugueses o disposto no artigo 41.º

Secção II
Emissão de documentos

Artigo 48.º
Passaportes e outros documentos de viagem

Os postos e as secções consulares podem conceder passaportes e emitir outros documentos de viagem, nos termos das normas jurídicas nacionais, comunitárias e internacionais em vigor.

Artigo 49.º
Bilhetes de identidade

1 – Os postos e as secções consulares podem receber e instruir pedidos de bilhete de identidade apresentados por cidadãos portugueses residentes nas respectivas áreas de jurisdição, devendo observar para o efeito, na parte aplicável, os preceitos legais em vigor.

2 – Em circunstâncias excepcionais e devidamente fundamentadas, os postos e as secções consulares podem receber e instruir pedidos de

bilhete de identidade apresentados por cidadãos portugueses residentes em áreas de jurisdição contíguas, nos termos a legislar em diploma próprio.

Artigo 50.º
Certificados

A pedido do interessado ou do seu representante legal, podem os postos e as secções consulares emitir certificados comprovativos de factos ou de situações destinados a proteger e a assegurar direitos e interesses legítimos do requerente.

Secção III
Registo civil e notariado

Subsecção I
Registo civil

Artigo 51.º
Órgãos especiais

Os cônsules titulares de postos de carreira e os encarregados das secções consulares são órgãos especiais de registo civil relativamente aos portugueses residentes habitualmente no estrangeiro ou que aí se encontrem acidentalmente.

Artigo 52.º
Competência

1 – No exercício das funções referidas no artigo anterior, compete aos cônsules titulares de postos de carreira, aos encarregados das secções consulares e aos cônsules-adjuntos por aqueles expressamente autorizados lavrar, nomeadamente, os seguintes actos de registo:
   a) De nascimento ocorrido no estrangeiro, quando atributivo da nacionalidade portuguesa;
   b) De casamento no estrangeiro de dois portugueses ou de português e estrangeiro;
   c) De óbito de português ocorrido no estrangeiro;
   d) De declaração de maternidade ou de perfilhação.

2 – Os vice-cônsules, os chanceleres dos consulados de carreira e das secções consulares e outros funcionários especialmente designados para o efeito pelo Ministro dos Negócios Estrangeiros podem desempenhar todas as funções das entidades referidas no número anterior, excepto a celebração de casamento.

3 – Em caso de vacatura do lugar, licença ou impedimento, o cônsul titular do posto de carreira e o encarregado da secção consular são substituídos, sucessivamente, no exercício das funções referidas no artigo anterior, pelo cônsul-adjunto autorizado nos termos do n.º 1, pelo vice-cônsul, pelo chanceler mais antigo ou por outros funcionários qualificados, especialmente designados para o efeito pelo Ministro dos Negócios Estrangeiros.

4 – Os consulados de carreira e as secções consulares são igualmente competentes para receberem requerimentos e documentos para actos de registo ou para a instrução dos respectivos processos, bem como para receber declarações, incluindo as destinadas à feitura de novos registos e à requisição de certidões, desde que o declarante ou requerente tenha residência no estrangeiro.

5 – No caso previsto no número anterior, os autos de declarações, requerimentos e demais documentos devem ser enviados à conservatória competente no prazo de cinco dias.

6 – A competência atribuída aos consulados de carreira e às secções consulares não abrange a instrução e decisão do processo especial de divórcio e separação de pessoas e bens por mútuo consentimento nem a decisão dos demais processos especiais que, nos termos do Código do Registo Civil, são da exclusiva competência do conservador.

Artigo 53.º
Disposições aplicáveis

O exercício de funções consulares no âmbito do registo civil rege-se, com as necessárias adaptações, pelas disposições do Código do Registo Civil.

Artigo 54.º
Prova dos factos

As certidões do registo consular do casamento ou óbito ocorridos no estrangeiro ainda não integrado na conservatória competente podem ser aceites como sua prova.

SUBSECÇÃO II
Notariado

Artigo 55.º
Órgãos especiais

Os cônsules titulares de postos de carreira e os encarregados das secções consulares são órgãos especiais da função notarial.

Artigo 56.º
Competência

1 – Os cônsules titulares de postos de carreira e os encarregados das secções consulares e os cônsules-adjuntos por aqueles expressamente autorizados têm competência para a prática de actos notariais relativos a portugueses que se encontrem no estrangeiro ou que devam produzir os seus efeitos em Portugal.

2 – Os vice-cônsules, os chanceleres dos consulados de carreira e secções consulares e outros funcionários especialmente designados para o efeito pelo Ministro dos Negócios Estrangeiros podem desempenhar as funções das entidades referidas no número anterior, com excepção da celebração de escrituras, bem como de testamentos públicos ou instrumentos de aprovação, depósito ou abertura de testamentos cerrados e internacionais.

3 – Em caso de vacatura do lugar, licença ou impedimento, o cônsul titular do posto de carreira e o encarregado da secção consular são substituídos, sucessivamente, no exercício das funções referidas no n.º 1, pelo cônsul-adjunto autorizado nos termos daquele número, pelo vice-cônsul, pelo chanceler mais antigo ou por outros funcionários qualificados especialmente designados para o efeito pelo Ministro dos Negócios Estrangeiros.

Artigo 57.º
Disposições aplicáveis

O exercício de funções consulares no âmbito do notariado rege-se, com as necessárias adaptações, pelas disposições do Código do Notariado.

SUBSECÇÃO III
Formação de pessoal

ARTIGO 58.º
Formação de pessoal

Os consulados de carreira e as secções consulares disporão de pessoal habilitado com a necessária preparação técnico-jurídica em matéria de registo civil e de notariado.

SECÇÃO IV
Emolumentos

ARTIGO 59.º
Cobrança de emolumentos

Os emolumentos que sejam devidos pela prática de actos consulares são regulados em diploma próprio.

SECÇÃO V
Inscrição consular

ARTIGO 60.º
Definição

A inscrição consular é o assento no arquivo consular da identidade do cidadão português no estrangeiro e nela deverá constar:
a) O nome, a filiação, a naturalidade, a residência, a data de nascimento e o estado civil;
b) A profissão.

ARTIGO 61.º
Obrigatoriedade de inscrição

A inscrição consular é necessária para a prática de actos consulares e para efeitos de recenseamento eleitoral.

ARTIGO 62.º
Identificação

A identificação do cidadão português para efeitos de inscrição é feita mediante:
a) Bilhete de identidade;
b) Outro documento autêntico que permita a identificação;
c) Conhecimento pessoal do funcionário consular perante quem é solicitada a inscrição;
d) Prova testemunhal apreciada pelo titular do posto consular ou pelo encarregado da secção consular.

ARTIGO 63.º
Inscrição provisória

1 – Não sendo possível a identificação pelos meios referidos no artigo anterior, a inscrição consular poderá ser feita com carácter provisório.

2 – A inscrição provisória valerá por um período de três meses, findo o qual, não tendo sido feita a prova da identidade do interessado, é cancelada.

3 – Durante o período da inscrição provisória, não poderão ser praticados actos consulares que afectem o estado ou a capacidade civil do inscrito nem a este poderão ser emitidos documentos que possam servir de meio de prova da sua nacionalidade.

CAPÍTULO III
Funções culturais

ARTIGO 64.º
Promoção da cultura portuguesa

Os postos consulares devem difundir os valores da cultura portuguesa, quer junto das comunidades nacionais no estrangeiro, quer junto das comunidades locais de acolhimento, promovendo e fomentando, designadamente:
a) As iniciativas que visem a preservação e a difusão da língua portuguesa, nomeadamente a criação de cursos de português e a acção neles desenvolvida por professores que contribuam para o alargamento da lusofonia;

b) A actividade de institutos e de centros de irradiação da cultura portuguesa;
c) O aparecimento e o desenvolvimento de associações de vocação cultural;
d) As manifestações de tradições e de costumes portugueses;
e) O intercâmbio a nível universitário;
f) A colaboração com todas as entidades nacionais e estrangeiras que possam contribuir para a divulgação da cultura portuguesa.

CAPÍTULO IV
Funções económicas

ARTIGO 65.º
Iniciativas económicas e comerciais

Incumbe aos postos consulares, no plano da criação e do desenvolvimento de relações comerciais e económicas entre Portugal e os países onde actuam:
a) Dar a conhecer os respectivos mercados aos agentes interessados;
b) Fomentar o intercâmbio empresarial;
c) Incentivar as trocas comerciais;
d) Informar sobre oportunidades de investimento;
e) Apoiar os agentes económicos portugueses e as suas associações;
f) Fornecer outros dados e estudos relevantes de natureza comercial e económica.

CAPÍTULO V
Funções sociais

ARTIGO 66.º
Apoio social

Incumbe aos postos consulares, no plano do apoio social aos cidadãos portugueses no estrangeiro, promover, nomeadamente:
a) O apoio e protecção a cidadãos portugueses em estado de necessidade, como os idosos, indigentes e outros que se encontrem em situação de exclusão social;

b) A defesa e protecção dos direitos sociais dos Portugueses no estrangeiro;
c) O incentivo à formação profissional de trabalhadores portugueses;
d) A procura da inserção sócio-profissional adequada dos cidadãos portugueses nas sociedades de acolhimento;
e) A criação de escolas e cursos portugueses;
f) O desenvolvimento de acções tendentes à melhoria da integração escolar dos alunos portugueses no estrangeiro;
g) O incentivo à obtenção de graus elevados de ensino;
h) O intercâmbio entre jovens portugueses e luso-descendentes.

Capítulo VI
Outras funções

Artigo 67.º
Nacionalidade portuguesa

A competência dos postos e das secções consulares em matéria de nacionalidade é regida pelas leis da nacionalidade portuguesa em vigor.

Artigo 68.º
Processos eleitorais

Incumbe aos postos e às secções consulares em matéria eleitoral:
a) Incentivar a inscrição no recenseamento dos cidadãos eleitores residentes na respectiva área de jurisdição consular, nomeadamente através da criação de comissões de recenseamento eleitoral;
b) Organizar e fiscalizar os cadernos de recenseamento;
c) Cooperar com as competentes autoridades de modo que os processos eleitorais decorram segundo a lei;
d) Estimular a participação dos cidadãos portugueses, na sua qualidade de cidadãos da União Europeia, nos processos eleitorais que nela tenham lugar;
e) Apoiar a organização e participação nas eleições para o Conselho das Comunidades Portuguesas.

ARTIGO 69.º
Concessão de vistos

A competência dos postos e das secções consulares para a concessão de vistos é regulada pelas normas internas, comunitárias e internacionais em vigor.

ARTIGO 70.º
Obrigações militares

Os postos e as secções consulares, a pedido das autoridades militares portuguesas, darão seguimento à documentação relativa ao cumprimento de obrigações militares dos cidadãos portugueses no estrangeiro.

Capítulo VII
Relatórios

ARTIGO 71.º
Envio de relatório

1 – Os postos e secções consulares enviarão semestralmente ao Ministério dos Negócios Estrangeiros, até aos dias 31 de Julho e 31 de Janeiro de cada ano, relatório referente à respectiva actividade consular, que deverá incluir, designadamente:
   a) O número e as características das acções empreendidas;
   b) A indicação dos resultados obtidos;
   c) O grau de realização dos objectivos propostos;
   d) A análise da actuação empreendida;
   e) O planeamento de iniciativas futuras.

2 – Do relatório referido no número anterior devem os titulares dos postos consulares e encarregados de secções consulares enviar cópia à embaixada portuguesa no país onde estão reconhecidos.

Título II
Da cooperação consular

Capítulo I
Cooperação com autoridades nacionais e estrangeiras

Artigo 72.º
Cooperação judiciária e administrativa

Os postos e as secções consulares colaboram com as autoridades judiciárias e administrativas nacionais e estrangeiras nos termos dos direitos nacional, comunitário e internacional público em vigor.

Artigo 73.º
Cooperação comunitária

1 – Os postos e as secções consulares devem protecção consular aos cidadãos da União Europeia no território de países terceiros em que o Estado membro de que aqueles cidadãos são nacionais não se encontre representado.

2 – A protecção consular referida no número anterior e demais formas de cooperação consular com as autoridades dos outros Estados membros da União Europeia são reguladas pelo direito internacional e pelas respectivas normas comunitárias em vigor.

Capítulo II
Cooperação no quadro da comunidade lusófona

Artigo 74.º
Cooperação consular

1 – Os postos e as secções consulares cooperam com as autoridades dos outros Estados da Comunidade dos Países de Língua Portuguesa, em conformidade com o disposto nas convenções internacionais em vigor, competindo-lhes, especialmente:
   a) Prestar protecção consular, quando solicitada, aos nacionais daqueles Estados;

b) Colaborar com os respectivos postos e secções consulares, nos termos acordados, em outras matérias relacionadas com o exercício de funções consulares.

2 – Os postos e secções consulares poderão apresentar propostas de aprofundamento e sistematização da colaboração referida no número anterior.

PARTE III
Dos membros do pessoal consular

Título I
Dos membros do pessoal consular

Capítulo I
Disposições gerais

Artigo 75.º
Nacionalidade

São de nacionalidade portuguesa os seguintes membros do pessoal consular:
a) Os assessores consulares;
b) O vice-cônsul;
c) O chanceler;
d) O arquivista.

Artigo 76.º
Formação profissional

1 – A formação profissional dos membros do pessoal consular deverá ser permanente e orientada para o aperfeiçoamento do exercício das suas funções.

2 – As acções de formação profissional são realizadas pelo Ministério dos Negócios Estrangeiros, em cooperação com outras entidades.

3 – As acções referidas no número anterior serão ligadas, de preferência, às áreas do direito, da economia, da contabilidade pública e da modernização dos métodos de gestão.

Capítulo II
Regime jurídico

Secção I
Assessores consulares

Artigo 77.º
Nomeação

1 – O recrutamento para o corpo de assessores consulares é feito por concurso público, que se processará nos termos do respectivo aviso de abertura de entre as pessoas habilitadas com curso superior e especialização profissional adequada ao exercício das respectivas funções, preferencialmente de entre os membros da função pública.

2 – A regulamentação do concurso referido no número anterior é aprovada por despacho conjunto dos Ministros dos Negócios Estrangeiros e das Finanças.

Artigo 78.º
Duração da colocação

Os assessores consulares são nomeados em comissão de serviço por um período de três anos, renovável uma só vez no mesmo posto consular.

Artigo 79.º
Direitos e deveres

Sem prejuízo dos direitos e dos deveres gerais da função pública e do disposto no presente diploma, os assessores consulares são equiparados aos adidos do pessoal especializado do Ministério dos Negócios Estrangeiros, sendo-lhes aplicável o respectivo regime jurídico.

SECÇÃO II
Outro pessoal não diplomático dos serviços consulares externos

ARTIGO 80.º
Concurso

Os funcionários não diplomáticos do quadro de pessoal do Ministério dos Negócios Estrangeiros concorrerão às vagas existentes nos postos consulares segundo as normas definidas em diploma especial.

ARTIGO 81.º
Pessoal contratado localmente

O estatuto do pessoal contratado localmente é regulado em diploma especial.

ARTIGO 82.º
Regime jurídico

O regime jurídico do pessoal não diplomático dos serviços consulares externos é definido em diploma especial e, subsidiariamente, pelo direito da função pública e pelo direito privado local, conforme a natureza pública ou privada da sua vinculação.

SECÇÃO III
Actividade sindical

ARTIGO 83.º
Liberdade sindical

Os membros do pessoal consular gozam de liberdade sindical, conforme o disposto na Constituição e na lei.

ARTIGO 84.º
Actividade sindical

O exercício da actividade sindical realizar-se-á nos lugares não reservados ao atendimento do público.

Portaria n.º 710/2007
de 11 de Junho

Atendendo a que a Decisão n.º **2006/440/CE**, de 1 de Junho, do Conselho da União Europeia, determina o aumento do valor a cobrar pelos custos administrativos dos vistos uniformes e tendo em consideração, por outro lado, a adopção, por Portugal, de um novo modelo de passaporte, o passaporte electrónico português, operada pelo Decreto-Lei n.º 138/2006, de 26 de Julho, e pela Portaria n.º 1245/2006, de 25 de Agosto, bem como as recentes alterações introduzidas à Lei da Nacionalidade pela Lei Orgânica n.º 2/2006, de 17 de Abril, e pelo Decreto-Lei n.º 237-A/2006, de 14 de Dezembro, cumpre alterar a Portaria n.º 19/2003, de 11 de Janeiro, que aprova a tabela de emolumentos consulares a cobrar pelos serviços externos do Ministério dos Negócios Estrangeiros, a qual já havia sido alterada pelas Portarias n.ºˢ 366/2003, de 5 de Maio, e 242/2005, de 8 de Março.

Assim:

Manda o Governo, pelo Ministro de Estado e dos Negócios Estrangeiros, o seguinte:

1.º   Os artigos 3.º, 4.º, 26.º, 27.º, 42.º, 67.º, 86.º e 88.º da tabela de emolumentos consulares, aprovada pela Portaria n.º 19/2003, de 11 de Janeiro, passam a ter a seguinte redacção:

«Artigo 3.º

1 – Pela concessão, produção, personalização e remessa de passaporte comum electrónico – (euro) 70.

2 – Pela concessão, produção, personalização e remessa de passaporte comum electrónico a titulares com idade inferior a 12 anos – (euro) 50.

3 – Pela concessão, produção, personalização e remessa de passaporte comum electrónico a titulares com idade superior a 65 anos – (euro) 60.

4 – Pelos serviços especiais previstos no artigo 5.º da Portaria n.º 1245/2006, de 25 de Agosto, referentes ao acto previsto nos números anteriores, acresce a quantia de:
   a) (euro) 30, quando seja solicitada a remessa do passaporte por correio seguro para a morada do titular;
   b) (euro) 35, quando seja solicitado o serviço expresso para remessa do passaporte;
   c) (euro) 45, quando seja solicitado o serviço urgente para remessa do passaporte.

5 – Pelo serviço externo de recolha dos elementos necessários para a concessão do passaporte, nos casos em que a lei o permita, é devida a quantia de (euro) 50, a acrescer aos restantes emolumentos.

6 – Pela concessão e emissão de novo passaporte para titular de passaporte válido, em caso de não apresentação do que se visa substituir, é devida a quantia de (euro) 30, a acrescer aos restantes emolumentos.

7 – Pela emissão e concessão de segundo passaporte, nos casos em que a lei o permita, é devida a quantia de (euro) 10, a acrescer aos restantes emolumentos.

8 – Pela emissão de passaporte para estrangeiros ou substituição de passaporte válido para estrangeiros – (euro) 45.

9 – Os emolumentos previstos nos n.ᵒˢ 1 a 3 revertem:
   a) Para a Imprensa Nacional – Casa da Moeda (INCM), através da Direcção-Geral dos Assuntos Consulares e Comunidades Portuguesas (DGACCP), em (euro) 27,50;
   b) Do remanescente, para o Serviço de Estrangeiros e Fronteiras (SEF) em 20% e para o Fundo para as Relações Internacionais (FRI) em 80%.

10 – As quantias previstas no n.º 4 revertem para a INCM, através da DGACCP.

11 – O produto das quantias previstas nos n.ᵒˢ 5 a 8 é atribuído do seguinte modo:
   a) A quantia prevista no n.º 5 do presente artigo constitui receita do FRI;
   b) As quantias previstas nos n.ᵒˢ 6 e 7 são em 80% receita do SEF e em 20% receita da entidade concedente;

c) A quantia prevista no n.º 8 reverte em 20% para o FRI e em 80% para o SEF.

Artigo 4.º

1 – ...

2 – ...

3 – Pela emissão de passaporte temporário – (euro) 120.

4 – É gratuita a emissão de passaporte temporário nos casos em que a necessidade de deslocação para fora de país estrangeiro ou a impossibilidade de uso do passaporte comum se devam a catástrofe, guerra, alteração grave da ordem pública ou outro caso de força maior.

Artigo 26.º

1 – Atribuição:

1.1 – Por cada procedimento de inscrição de nascimento ocorrido no estrangeiro ou de atribuição da nacionalidade portuguesa referentes a maior, bem como pelos autos de redução a escrito das declarações prestadas para esse efeito, pelos respectivos registos e documentos oficiosamente obtidos – (euro) 175.

2 – Aquisição:

2.1 – Por cada procedimento de aquisição da nacionalidade por efeito da vontade, por adopção ou por naturalização referentes a maior, bem como pelo auto de redução a escrito das declarações verbais prestadas para esse efeito, pelo respectivo registo e documentos oficiosamente obtidos – (euro) 175.

2.2 – Por cada procedimento de aquisição da nacionalidade por efeito da vontade ou por naturalização referentes a incapaz, bem como pelo auto de redução a escrito das declarações verbais prestadas para esse efeito, pelo respectivo registo e documentos oficiosamente obtidos – (euro) 120.

3 – Perda:

3.1 – Por cada procedimento de perda da nacionalidade, bem como pela redução a escrito da declaração verbal prestada para esse efeito, pelo respectivo registo e documentos oficiosamente obtidos – (euro) 120.

4 – Pelos custos decorrentes da organização dos actos referidos nos números anteriores acresce, quando praticados no estrangeiro, (euro) 75.

5 – Serão ainda cobradas aos interessados as despesas resultantes do previsto no n.º 9 do artigo 37.º do Decreto-Lei n.º 237-A/2006, de 14 de Dezembro.

6 – A receita emolumentar referida nos n.ºs 1, 2 e 3 do presente artigo reverte para a Direcção-Geral dos Registos e do Notariado, constituindo receita FRI o valor emolumentar constante do n.º 4.

7 – Em caso de indeferimento liminar, os emolumentos previstos nos números anteriores são devidos na sua totalidade.

Artigo 27.º

1 – São gratuitos os seguintes actos:
a) ...
b) ...
c) ...
d) Registo da declaração para aquisição da nacionalidade, nos termos dos artigos referidos na alínea anterior e registos oficiosos lavrados nos termos do artigo 33.º da Lei n.º 37/81, de 3 de Outubro, bem como os procedimentos e documentos necessários a uns e outros;
e) Certidões, fotocópias e comunicações que decorram do cumprimento das obrigações previstas no Regulamento da Nacionalidade e que não devem entrar em regra de custas, incluindo a emissão do boletim original de nascimento, casamento, óbito ou morte fetal.

2 – ...

Artigo 42.º

1 – ...
2 – ...
3 – ...
4 – ...
5 – ...

6 – É gratuito o reconhecimento presencial de assinatura efectuado em declarações ou requerimentos para fins de atribuição, aquisição ou perda da nacionalidade portuguesa.

ARTIGO 67.º

1 – Pelos custos administrativos do tratamento de pedidos de vistos uniformes são cobrados os seguintes emolumentos:
   a) Visto de escala (tipo A) – (euro) 60;
   b) Visto de trânsito (tipo B) – (euro) 60;
   c) Visto de curta duração de 1 a 90 dias (tipo C) – (euro) 60;
   d) Visto de validade territorial limitada (tipos B e C) – (euro) 60;
   e) Visto colectivo (tipos A, B e C) – (euro) 60, acrescendo mais (euro) 1 por pessoa.

2 – ...

3 – Pelos custos administrativos do tratamento do visto de longa duração concomitante com o visto de curta duração:
   a) ...
   b) ...

4 – Estão isentos do pagamento dos emolumentos relativos a vistos uniformes os requerentes de visto de uma das seguintes categorias:
   a) Menores de 6 anos;
   b) Alunos do ensino primário e secundário, estudantes do ensino superior, estudantes de pós-graduação e professores e acompanhantes que realizem viagem para fins de estudo ou de formação escolar;
   c) Investigadores nacionais de países terceiros que se desloquem para efeitos de investigação científica na Comunidade, tal como definidos na Recomendação n.º **2005/761/CE**, do Parlamento Europeu e do Conselho, de 28 de Setembro, destinada a facilitar a emissão pelos Estados membros de vistos uniformes de curta duração para os investigadores nacionais de países terceiros que se desloquem para efeitos de investigação científica na Comunidade.

5 – Estão isentos do pagamento dos custos administrativos relativos ao tratamento de pedido de visto:
   a) Os titulares de passaporte diplomático ou de serviço;
   b) Os nacionais portugueses que tenham também a nacionalidade do país de residência e que por imposições locais não possam viajar com o passaporte português;
   c) Os bolseiros com bolsas atribuídas por Portugal e os estagiários em Portugal ao abrigo de acordos de cooperação;

d) Os nacionais de países terceiros que sejam familiares de cidadãos da União Europeia ou do Espaço Económico Europeu, que exerçam o seu direito à livre circulação, entendendo-se por familiares neste contexto:
  i) O cônjuge de um cidadão da União Europeia;
  ii) O parceiro com quem um cidadão da União Europeia vive, em união de facto, constituída nos termos da lei ou com quem o cidadão mantém uma relação permanente devidamente certificada pela autoridade competente do Estado membro onde reside;
  iii) O descendente directo, com menos de 21 anos de idade ou que esteja a cargo de um cidadão da União Europeia, assim como o do cônjuge ou do parceiro na acepção da subalínea anterior;
  iv) O ascendente directo que esteja a cargo de um cidadão da União Europeia, assim como o seu cônjuge ou do parceiro na acepção da subalínea ii);
e) Os doentes beneficiários de acordos de cooperação com Portugal no domínio da saúde e respectivo acompanhante.

Artigo 86.º

1 – Pelos actos praticados fora da chancelaria, ou nesta mas fora das horas regulamentares, ou em dia em que aquela esteja encerrada, a solicitação dos interessados, serão cobrados emolumentos correspondentes ao dobro dos fixados na tabela para o respectivo ano.

2 – ...

3 – ...

4 – Exceptua-se do n.º 1 o tratamento de pedidos de visto.

Artigo 88.º

1 – Para além dos emolumentos previstos na tabela, são cobrados:
a) O imposto de selo;
b) O valor dos impressos fornecidos pelos serviços competentes do Ministério dos Negócios Estrangeiros;
c) O valor dos impressos, taxas e emolumentos devidos a outras entidades;
d) As despesas de correio, telefone, telecópia, comunicação de dados e telex.

2 – Exceptuam-se do previsto no número anterior o tratamento de pedidos de visto.»

2.º O presente diploma entra em vigor no dia seguinte ao da sua publicação.

3.º A Portaria n.º 19/2003, de 11 de Janeiro, é republicada em anexo ao presente diploma, dele fazendo parte integrante.

O Ministro de Estado e dos Negócios Estrangeiros, *Luís Filipe Marques Amado*, em 1 de Março de 2007.

Portaria n.º 7/2008
de 3 de Janeiro

Considerando que as alterações recentemente introduzidas pelo Código do Registo Civil e pelo Regulamento Emolumentar dos Registos e Notariado consagram modificações significativas, atendendo, por outro lado, às alterações introduzidas pela Lei n.º 23/2007, de 4 de Julho, ao regime de entrada, permanência, saída e afastamento de estrangeiros do território nacional, e tendo igualmente presente a necessidade de consagrar regras que permitam enquadrar legalmente a utilização da Internet no relacionamento com os cidadãos, através da possibilidade de requisição online de um conjunto de serviços consulares, importa alterar a Portaria n.º 19/2003, de 11 de Janeiro, que aprova a tabela de emolumentos consulares a cobrar pelos serviços externos do Ministério dos Negócios Estrangeiros, a qual já havia sido alterada pelas Portarias n.ºs 366/2003, de 5 de Maio, 242/2005, de 8 de Março, e 710/2007, de 11 de Junho, que a republicou.

Assim:

Manda o Governo, pelo Ministro de Estado e dos Negócios Estrangeiros, o seguinte:

1.º Os artigos 12.º, 15.º, 16.º, 17.º, 18.º, 19.º, 23.º, 24.º, 26.º, 67.º e 90.º da tabela de emolumentos consulares, aprovada pela Portaria n.º 19/2003, de 11 de Janeiro, passam a ter a seguinte redacção:

«Artigo 12.º

Pelo assento de transcrição de qualquer acto lavrado nos termos do n.º 4 do artigo 6.º do Código do Registo Civil – (euro) 140.

Artigo 15.º

1 – Pelas convenções antenupciais – (euro) 100.

2 – O emolumento previsto no número anterior inclui, consoante os casos:
 a) Declaração de convenção antenupcial ou revogação de convenção;
 b) Registo de convenção antenupcial;
 c) Registo de alteração de regime de bens.

3 – O emolumento previsto no n.º 1 é devido à conservatória onde a convenção antenupcial é celebrada e registada, ainda que o registo de alteração do regime de bens seja lavrado noutra conservatória.

Artigo 16.º

1 – Pelo processo e registo de casamento – (euro) 100.

2 – O emolumento previsto no número anterior inclui, consoante os casos:
 a) A organização de processo de casamento;
 b) O processo de dispensa de impedimentos matrimoniais;
 c) A declaração de dispensa de prazo internupcial;
 d) A declaração de consentimento para casamento de menores;
 e) O processo de suprimento de autorização para casamento de menores;
 f) O suprimento de certidão de registo;
 g) Os certificados previstos nos artigos 146.º e 163.º do Código do Registo Civil;
 h) O assento de casamento ou assento de transcrição de casamento lavrado no estrangeiro perante autoridade estrangeira, respeitante a nacional português.

3 – Os emolumentos previstos nos números anteriores são devidos à conservatória e posto consular organizador do processo de casamento, ainda que um ou mais dos restantes actos previstos no número anterior sejam promovidos ou efectuados noutras conservatórias.

Artigo 17.º

1 – Pelo processo de alteração do nome – (euro) 200.

2 – O emolumento previsto no número anterior pertence à Conservatória dos Registos Centrais.

Artigo 18.º

Pelos processos de justificação judicial e administrativa, quando requeridos pelos interessados – (euro) 30.

Artigo 19.º

1 – Por cada certidão de registo ou de documento – (euro) 16,50.
2 – ...
3 – ...
4 – ...
5 – ...

Artigo 23.º

1 – São gratuitos os seguintes actos e processos:
a) Assento de nascimento ocorrido em unidade de saúde no estrangeiro, ao abrigo de protocolo celebrado com o Estado Português;
b) Assento de nascimento, de declaração de maternidade ou de perfilhação;
c) Assento de óbito ou depósito do certificado médico de morte fetal;
d) Assento de casamento civil ou católico urgente;
e) Assento de transcrição de nascimento lavrado no estrangeiro, perante autoridade estrangeira, respeitante a indivíduo a quem seja atribuída a nacionalidade portuguesa ou que a adquira;
f) Assento de transcrição de declaração de maternidade, de perfilhação ou de óbito lavrado no estrangeiro, perante autoridade estrangeira, respeitante a nacional português;
g) Assento de transcrição ou integração de actos de registo lavrados pelos órgãos especiais do registo civil;
h) Reconstituição de acto ou de processo;
i) Processo de impedimento do casamento;
j) Processo de sanação da anulabilidade do casamento por falta de testemunhas;
l) Processo de autorização para inscrição tardia de nascimento;
m) Emissão de boletim original de nascimento, casamento, óbito ou morte fetal;

n) O registo previsto no n.º 1 do artigo 1.º do Decreto-Lei n.º 249/77, de 14 Junho, bem como os documentos e processos a ele respeitantes.

2 – ...

3 – Para efeitos do disposto no número anterior, nos actos, processos e procedimentos requeridos por mais de uma pessoa, em que apenas um requerente beneficie da gratuitidade, é devido pelo requerente não beneficiário o pagamento de metade do emolumento previsto para acto, processo e procedimento.

Artigo 24.º

1 – Pela requisição de cada bilhete de identidade – (euro) 3.

2 – Pela emissão de cada bilhete de identidade – (euro) 3.

3 – Por cada certidão de nascimento para emissão de documento de identificação – (euro) 8.

4 – ...

5 – ...

6 – Os emolumentos referidos nos n.ᵒˢ 2, 3 e 4 pertencem ao Instituto dos Registos e do Notariado.

Artigo 26.º

1 – ...

2 – ...

3 – ...

4 – São ainda cobradas aos interessados as despesas resultantes do previsto no n.º 9 do artigo 37.º do Decreto-Lei n.º 237-A/2006, de 14 de Dezembro.

5 – Pelos custos decorrentes da organização dos actos referidos nos n.ᵒˢ 1.2, 2, 3 e 4 acresce, quando praticados no estrangeiro, (euro) 75.

6 – A receita emolumentar referida nos n.ᵒˢ 1.2, 2 e 3 do presente artigo reverte para a Conservatória dos Registos Centrais, constituindo receita do FRI o valor emolumentar constante nos n.os 1.1 e 5.

7 – ...

Artigo 67.º

1 – ...

2 – Pelos custos administrativos do tratamento de pedidos de visto nacionais:
   a) De residência – (euro) 80;
   b) De estada temporária – (euro) 65.
3 – ...
4 – ...
5 – Estão isentos do pagamento dos custos administrativos relativos ao tratamento de pedido de visto:
   a) Os titulares de passaportes diplomáticos, de serviço, oficiais e especiais ou de documentos de viagem emitidos por organizações internacionais;
   b) ...
   c) Vistos concedidos a cidadãos estrangeiros que beneficiem de bolsas de estudo atribuídas pelo Estado Português;
   d) ...
   e) ...
   f) Vistos concedidos a descendentes de titulares de autorização de residência, ao abrigo das disposições sobre reagrupamento familiar;
   g) Vistos de estada temporária e vistos de residência para actividades de investigação altamente qualificada.

Artigo 90.º

1 – ...
2 – ...
3 – ...
4 – As isenções previstas no n.º 1 só se aplicam ao acto consular ou parte dele cujo emolumento reverte a favor do FRI.»

2.º É aditado o artigo 88.º-A, com a seguinte redacção:

«Artigo 88.º-A

São cobrados os custos de transferência electrónica de fundos relativos a pedidos de actos efectuados por transmissão electrónica de dados.»

3.º São revogados os artigos 11.º, 13.º, 14.º e 63.º da tabela de emolumentos consulares, aprovada pela Portaria n.º 19/2003, de 11 de Janeiro.

4.º O presente diploma entra em vigor no dia seguinte ao da sua publicação.

5.º A Portaria n.º 19/2003, de 11 de Janeiro, é republicada em anexo ao presente diploma, dele fazendo parte integrante.

O Ministro de Estado e dos Negócios Estrangeiros, *Luís Filipe Marques Amado*, em 20 de Dezembro de 2007.

TABELA DE EMOLUMENTOS CONSULARES

(alteração à Portaria n.º 19/2003, de 11 de Janeiro)

ANEXO
Republicação

Capítulo I
Actos consulares

Secção I
Protecção consular

Artigo 1.º

Pela inscrição consular – gratuita.

Artigo 2.º

Pela cédula ou certificado de inscrição consular com validade de cinco anos 6,50

Artigo 3.º

1 – Pela concessão, produção, personalização e remessa de passaporte comum electrónico 70
2 – Pela concessão, produção, personalização e remessa de passaporte comum electrónico a titulares com idade inferior a 12 anos 50

3 – Pela concessão, produção, personalização e remessa de passaporte comum electrónico a titulares com idade superior a 65 anos 60

4 – Pelos serviços especiais previstos no artigo 5.º da Portaria n.º 1245/2006, de 25 de Agosto, referentes ao acto previsto nos números anteriores, acresce a quantia de:
   a) (euro) 30, quando seja solicitada a remessa do passaporte por correio seguro para a morada do titular;
   b) (euro) 35, quando seja solicitado o serviço expresso para remessa do passaporte;
   c) (euro) 45, quando seja solicitado o serviço urgente para remessa do passaporte.

5 – Pelo serviço externo de recolha dos elementos necessários para a concessão do passaporte, nos casos em que a lei o permita, é devida a quantia de (euro) 50, a acrescer aos restantes emolumentos.

6 – Pela concessão e emissão de novo passaporte para titular de passaporte válido, em caso de não apresentação do que se visa substituir, é devida a quantia de (euro) 30, a acrescer aos restantes emolumentos.

7 – Pela emissão e concessão de segundo passaporte, nos casos em que a lei o permita, é devida a quantia de (euro) 10, a acrescer aos restantes emolumentos.

8 – Pela emissão de passaporte para estrangeiros ou substituição de passaporte válido para estrangeiros 45

9 – Os emolumentos previstos nos n.ᵒˢ 1 a 3 revertem:
   a) Para a Imprensa Nacional – Casa da Moeda (INCM), através da Direcção-Geral dos Assuntos Consulares e Comunidades Portuguesas (DGACCP), em (euro) 27,50;
   b) Do remanescente, para o Serviço de Estrangeiros e Fronteiras (SEF) em 20% e para o Fundo para as Relações Internacionais (FRI) em 80%.

10 – As quantias previstas no n.º 4 revertem para a INCM, através da DGACCP.

11 – O produto das quantias previstas nos n.ᵒˢ 5 a 8 é atribuído do seguinte modo:
   a) A quantia prevista no n.º 5 do presente artigo constitui receita do FRI;
   b) As quantias previstas nos n.ᵒˢ 6 e 7 são em 80% receita do SEF e em 20% receita da entidade concedente;
   c) A quantia prevista no n.º 8 reverte em 20% para o FRI e em 80% para o SEF.

Artigo 4.º

1 – Pelo título individual de viagem única 10
2 – Pelo Emergency Travel Document 10
3 – Pela emissão de passaporte temporário 120
4 – É gratuita a emissão de passaporte temporário nos casos em que a necessidade de deslocação para fora de país estrangeiro ou a impossibilidade de uso do passaporte comum se devam a catástrofe, guerra, alteração grave da ordem pública ou outro caso de força maior.

Artigo 5.º

1 – Pelo visto em cédulas de marítimos 11
2 – Pelo averbamento em cédulas de marítimos 11

Artigo 6.º

Pela intervenção de funcionário consular em diligências junto das autoridades locais ou de qualquer outra entidade, a solicitação dos interessados 17

Artigo 7.º

1 – Por informações solicitadas sobre paradeiro de portugueses ou sobre qualquer outra matéria:
    a) Obtidas na sede do posto consular 7
    b) Obtidas fora da sede do posto consular 28
2 – As informações referentes à residência de portugueses ou a outros elementos sobre identificação civil só podem ser concedidas às pessoas referidas na Lei n.º 33/99, de 18 de Maio.

Artigo 8.º

Pelo visto em contratos de trabalho ou em pedidos numéricos de trabalhadores 14

Artigo 9.º

Pela carta de chamada (termo de responsabilidade) 28

Artigo 10.º

Não são devidos emolumentos pela intervenção referida no artigo 6.º, quando efectuada em favor dos interesses dos ausentes e incapazes, praticando em seu benefício os actos conservatórios que as circunstâncias exijam e para protecção das viúvas, órfãos e todos os portugueses naufragados, desvalidos ou prisioneiros.

Secção II
Actos de registo civil

Artigo 11.º

Revogado

Portaria n.º 7/2008 *de 03 de Janeiro de 2008, com entrada em vigor no dia 04 de Janeiro de 2008*

Artigo 12.º

Pelo assento de transcrição de qualquer acto lavrado nos termos do n.º 4 do artigo 6.º do Código do Registo Civil 140

Portaria n.º 7/2008 *de 03 de Janeiro de 2008, com entrada em vigor no dia 04 de Janeiro de 2008*

Artigo 13.º

Revogado

Portaria n.º 7/2008 *de 03 de Janeiro de 2008, com entrada em vigor no dia 04 de Janeiro de 2008*

Artigo 14.º

Revogado

Portaria n.º 7/2008 *de 03 de Janeiro de 2008, com entrada em vigor no dia 04 de Janeiro de 2008*

Artigo 15.º

1 – Pelas convenções antenupciais 100
2 – O emolumento previsto no número anterior inclui, consoante os casos:
a) Declaração de convenção antenupcial ou revogação de convenção;
b) Registo de convenção antenupcial;
c) Registo de alteração de regime de bens.
3 – O emolumento previsto no n.º 1 é devido à conservatória onde a convenção antenupcial é celebrada e registada, ainda que o registo de alteração do regime de bens seja lavrado noutra conservatória. **Portaria n.º 7/2008** de 03 de Janeiro de 2008, com entrada em vigor no dia 04 de Janeiro de 2008

Artigo 16.º

1 – Pelo processo e registo de casamento 100
2 – O emolumento previsto no número anterior inclui, consoante os casos:
a) A organização de processo de casamento;
b) O processo de dispensa de impedimentos matrimoniais;
c) A declaração de dispensa de prazo internupcial;
d) A declaração de consentimento para casamento de menores;
e) O processo de suprimento de autorização para casamento de menores;
f) O suprimento de certidão de registo;
g) Os certificados previstos nos artigos 146.º e 163.º do Código do Registo Civil;
h) O assento de casamento ou assento de transcrição de casamento lavrado no estrangeiro perante autoridade estrangeira, respeitante a nacional português.
3 – Os emolumentos previstos nos números anteriores são devidos à conservatória e posto consular organizador do processo de casamento, ainda que um ou mais dos restantes actos previstos no número anterior sejam promovidos ou efectuados noutras conservatórias. **Portaria n.º 7/2008** de 03 de Janeiro de 2008, com entrada em vigor no dia 04 de Janeiro de 2008

ARTIGO 17.º

1 – Pelo processo de alteração do nome 200
2 – O emolumento previsto no número anterior pertence à Conservatória dos Registos Centrais. **Portaria n.º 7/2008** *de 03 de Janeiro de 2008, com entrada em vigor no dia 04 de Janeiro de 2008*

ARTIGO 18.º

Pelos processos de justificação judicial e administrativa, quando requeridos pelos interessados 30
Portaria n.º 7/2008 *de 03 de Janeiro de 2008, com entrada em vigor no dia 04 de Janeiro de 2008*

ARTIGO 19.º

1 – Por cada certidão de registo ou de documento 16,50
Portaria n.º 7/2008 *de 03 de Janeiro de 2008, com entrada em vigor no dia 04 de Janeiro de 2008*
2 – Por cada certidão negativa de registo 23
3 – Sendo a certidão para fins de abono de família ou de segurança social e de nascimento para obtenção do bilhete de identidade 8
4 – As certidões referidas no número anterior devem mencionar o fim a que se destinam, único para que podem ser utilizadas.
5 – Pela certidão de documento, além do emolumento previsto no n.º 1, acresce, por cada página, ... 2,50

ARTIGO 20.º

1 – Pelo exame de livros para fins de investigação científica, por cada período de duas horas de consulta 7
2 – Pelo exame de livros para fins de investigação genealógica, por cada período de uma hora de consulta 7

ARTIGO 21.º

1 – Por cada consulta de nome que envolva a emissão de parecer onomástico 50
2 – O emolumento referido no número anterior pertence à Conservatória dos Registos Centrais.

Artigo 22.º

Pela tradução de documentos de registo civil será cobrada apenas metade dos emolumentos previstos nos artigos 43.º e 44.º

Artigo 23.º

1 – São gratuitos os seguintes actos e processos:

a) Assento de nascimento ocorrido em unidade de saúde no estrangeiro, ao abrigo de protocolo celebrado com o Estado Português;

b) Assento de nascimento, de declaração de maternidade ou de perfilhação;

c) Assento de óbito ou depósito do certificado médico de morte fetal;

d) Assento de casamento civil ou católico urgente;

e) Assento de transcrição de nascimento lavrado no estrangeiro, perante autoridade estrangeira, respeitante a indivíduo a quem seja atribuída a nacionalidade portuguesa ou que a adquira;

f) Assento de transcrição de declaração de maternidade, de perfilhação ou de óbito lavrado no estrangeiro, perante autoridade estrangeira, respeitante a nacional português;

g) Assento de transcrição ou integração de actos de registo lavrados pelos órgãos especiais do registo civil;

h) Reconstituição de acto ou de processo;

i) Processo de impedimento do casamento;

j) Processo de sanação da anulabilidade do casamento por falta de testemunhas;

l) Processo de autorização para inscrição tardia de nascimento;

m) Emissão de boletim original de nascimento, casamento, óbito ou morte fetal;

n) O registo previsto no n.º 1 do artigo 1.º do Decreto-Lei n.º 249/77, de 14 Junho, bem como os documentos e processos a ele respeitantes.

Portaria n.º 7/2008 de 03 de Janeiro de 2008, com entrada em vigor no dia 04 de Janeiro de 2008

2 – Beneficiam ainda de gratuitidade dos actos de registo civil, dos processos e declarações que lhes respeitem, dos documentos necessários e processos relativos ao suprimento destes, bem como das certidões requeridas para quaisquer fins, os indivíduos que provem a sua insuficiência económicas pelos seguintes meios:

a) Documento emitido pela competente autoridade administrativa;

b) Declaração passada por instituição pública de assistência social onde o indivíduo se encontre internado.

3 – Para efeitos do disposto no número anterior, nos actos, processos e procedimentos requeridos por mais de uma pessoa, em que apenas um requerente beneficie da gratuitidade, é devido pelo requerente não beneficiário o pagamento de metade do emolumento previsto para acto, processo e procedimento. **Portaria n.º 7/2008** *de 03 de Janeiro de 2008, com entrada em vigor no dia 04 de Janeiro de 2008*

Secção III
Actos de identificação civil

Artigo 24.º

1 – Pela requisição de cada bilhete de identidade 3,00
2 – Pela emissão de cada bilhete de identidade 3,00
3 – Por cada certidão de nascimento para emissão de documento de identificação 8
Portaria n.º 7/2008 *de 03 de Janeiro de 2008, com entrada em vigor no dia 04 de Janeiro de 2008*
4 – Por cada informação sobre identidade civil 8
5 – Pela realização de serviço externo 25
6 – Os emolumentos referidos nos n.ºˢ 2, 3 e 4 pertencem ao Instituto dos Registos e do Notariado.
Portaria n.º 7/2008 *de 03 de Janeiro de 2008, com entrada em vigor no dia 04 de Janeiro de 2008*

Artigo 25.º

São gratuitos:
a) A emissão do primeiro bilhete de identidade, desde que o requerente seja menor;
b) A emissão do bilhete de identidade quando o requerente comprove encontrar-se em insuficiência económica ou que se encontra internado em instituição de assistência ou de beneficência;
c) As informações prestadas nos termos do artigo 24.º da Lei n.º 33/99, de 18 de Maio.

Secção IV
Actos de nacionalidade

Artigo 26.º

1 – Atribuição:

1.1 – Por cada procedimento de inscrição de nascimento ocorrido no estrangeiro ou de atribuição da nacionalidade portuguesa referentes a maior, bem como pelos autos de redução a escrito das declarações prestadas para esse efeito, pelos respectivos registos e documentos oficiosamente obtidos 175

2 – Aquisição:

2.1 – Por cada procedimento de aquisição da nacionalidade por efeito da vontade, por adopção ou por naturalização referentes a maior, bem como pelo auto de redução a escrito das declarações verbais prestadas para esse efeito, pelo respectivo registo e documentos oficiosamente obtidos 175

2.2 – Por cada procedimento de aquisição da nacionalidade por efeito da vontade ou por naturalização referentes a incapaz, bem como pelo auto de redução a escrito das declarações verbais prestadas para esse efeito, pelo respectivo registo e documentos oficiosamente obtidos 120

3 – Perda:

3.1 – Por cada procedimento de perda da nacionalidade, bem como pela redução a escrito da declaração verbal prestada para esse efeito, pelo respectivo registo e documentos oficiosamente obtidos 120

4 – São ainda cobradas aos interessados as despesas resultantes do previsto no n.º 9 do artigo 37.º do Decreto-Lei n.º 237-A/2006, de 14 de Dezembro.

5 – Pelos custos decorrentes da organização dos actos referidos nos n.ºs 1.2, 2, 3 e 4 acresce, quando praticados no estrangeiro, ... 75

6 – A receita emolumentar referida nos n.ºs 1.2, 2 e 3 do presente artigo reverte para a Conservatória dos Registos Centrais, constituindo receita do FRI o valor emolumentar constante nos n.ºs 1.1 e 5.

Portaria n.º 7/2008 *de 03 de Janeiro de 2008, com entrada em vigor no dia 04 de Janeiro de 2008*

7 – Em caso de indeferimento liminar, os emolumentos previstos nos números anteriores são devidos na sua totalidade.

Artigo 27.º

1 – São gratuitos os seguintes actos:

a) Declaração atributiva da nacionalidade portuguesa, para inscrição de nascimento ocorrido no estrangeiro, ou declaração para fins de atribuição da referida nacionalidade, desde que referentes a menor;

b) Assento de nascimento ocorrido no estrangeiro, atributivo da nacionalidade portuguesa, ou registo de atribuição da referida nacionalidade, desde que referentes a menor;

c) Declaração para aquisição da nacionalidade, nos termos dos artigos 30.º e 31.º da Lei n.º 37/81, de 3 de Outubro;

d) Registo da declaração para aquisição da nacionalidade, nos termos dos artigos referidos na alínea anterior e registos oficiosos lavrados nos termos do artigo 33.º da Lei n.º 37/81, de 3 de Outubro, bem como os procedimentos e documentos necessários a uns e outros;

e) Certidões, fotocópias e comunicações que decorram do cumprimento das obrigações previstas no Regulamento da Nacionalidade e que não devem entrar em regra de custas, incluindo a emissão do boletim original de nascimento, casamento, óbito ou morte fetal.

2 – Beneficiam ainda de gratuitidade dos actos de nacionalidade, dos processos e declarações que lhes respeitem, dos documentos necessários e processos relativos ao suprimento destes, bem como das certidões requeridas para quaisquer fins, os indivíduos que provem a sua insuficiência económica pelos meios enumerados nas alíneas a) ou b) do n.º 2 do artigo 23.º da presente tabela.

Artigo 28.º

1 – Por cada certificado de nacionalidade 34

2 – O emolumento referido no número anterior pertence à Conservatória dos Registos Centrais.

Secção V
Actos de processo

Artigo 29.º

Pela arrecadação, administração e liquidação de espólios 100

Artigo 30.º

1 – Pela intervenção do funcionário consular em diligência ou acto praticado fora da respectiva chancelaria consular:
   a) Na localidade 45
   b) Fora da sede 68
   c) Durante a diligência mais de um dia, por cada dia além do primeiro 39

2 – Efectuando-se duas ou mais diligências no mesmo local e dia, com referência a um único acto, são aplicados os emolumentos precedentes, como se de uma só diligência se tratasse.

3 – Comparecendo o funcionário consular no local da diligência, mas deixando esta de se verificar por motivo ou facto alheio ao mesmo funcionário, cobrar-se-ão os emolumentos, como se ela tivesse sido efectuada.

Artigo 31.º

Pela intervenção do funcionário consular em conciliação ou arbitragem 50

Artigo 32.º

Pela intervenção do funcionário consular em processo de tutela ou curatela, quando o valor dos bens seja superior a (euro) 500 50

Artigo 33.º

Pela nomeação de louvados ou peritos 44,50

Artigo 34.º

Por anúncios, éditos ou editais, cada lauda 13,75

Artigo 35.º

1 – Por diligências efectuadas no âmbito de processos judiciais ou de procedimentos administrativos a solicitação de autoridades judiciárias, de entidades do sector público ou de autarquias locais, por cada:
   a) Informação avulsa 33,50
   b) Inquirição de testemunha 33,50

c) Notificação ou citação 33,50
d) Inquérito 50,50

2 – Os emolumentos referidos no número anterior não serão devidos nos casos em que esteja legalmente prevista a isenção subjectiva.

3 – Os actos solicitados nos termos do n.º 1 são pagos com a apresentação do pedido.

4 – Quando o acto solicitado não puder ser satisfeito será a respectiva importância devolvida à entidade solicitante.

5 – É aplicável às situações previstas neste artigo, com as devidas adaptações, o disposto no n.º 3 do artigo 30.º

ARTIGO 36.º

1 – Pelo exame de livros, processos, títulos ou quaisquer documentos para averiguação de determinado facto 55

2 – Pelo exame de livros para fins de investigação científica, por cada período de duas horas de consulta 7

3 – Pelo exame de livros para fins de investigação genealógica, por cada período de uma hora de consulta 7

ARTIGO 37.º

Não são devidos emolumentos:

a) Pelos actos referidos no n.º 1 do artigo 29.º, quando o seu valor seja inferior a (euro) 500;

b) Pela arrecadação de espólios de não residentes no distrito consular, quando efectuada por motivo de sinistro.

SECÇÃO VI
Actos de notariado

ARTIGO 38.º

1 – Por cada escritura com um só acto 175

2 – a) Por cada testamento público, testamento internacional, instrumento de aprovação ou abertura de testamento cerrado 220

b) Pela revogação de testamento 90

3 – Pelo distrate, resolução ou revogação de actos notariais será devido um emolumento correspondente a 80% do emolumento do respectivo acto.

4 – Por quaisquer outros instrumentos avulsos, com excepção dos de protesto de títulos de crédito 37

5 – Por cada instrumento de acta de reunião de organismo social e assistência a ela:
    a) Durante a reunião até uma hora 55
    b) Por cada hora a mais ou fracção 16

Artigo 39.º

1 – Quando uma escritura contiver mais de um acto, cobram-se por inteiro os emolumentos devidos por cada um deles.

2 – Há pluralidade de actos se a denominação correspondente a cada um dos negócios jurídicos cumulados for diferente ou se os respectivos sujeitos activos e passivos não forem os mesmos.

3 – Não são considerados novos actos:
    a) As intervenções, aquiescências e renúncias de terceiros necessárias à plenitude dos efeitos jurídicos ou à perfeição do acto a que respeitam;
    b) As garantias entre os mesmos sujeitos;
    c) As garantias a obrigações constituídas por sociedades, agrupamentos complementares de empresas e agrupamentos europeus de interesse económico prestadas por sócios e pelos membros dos agrupamentos no mesmo instrumento em que a dívida tenha sido contraída.

4 – Contar-se-ão como um só acto, tributado pelo emolumento de maior valor previsto para os actos cumulados:
    a) A venda e a cessão onerosa entre os mesmos sujeitos;
    b) O arrendamento e o aluguer, bem como o contrato misto de locação e de parceria, entre os mesmos sujeitos e pelo mesmo prazo;
    c) A dissolução de sociedades e a liquidação ou partilha do respectivo património;
    d) A aquiescência recíproca entre os cônjuges ou a aquiescência conjunta do marido e mulher, para actos lavrados ou a lavrar noutro instrumento;
    e) A outorga de poderes de representação ou o seu substabelecimento por marido e mulher contanto que o representante seja o mesmo;

f) As diversas garantias de terceiros a obrigações entre os mesmos sujeitos prestados no título em que estas são constituídas, sem prejuízo do disposto na alínea c) do número anterior;

g) As diversas garantias a obrigações entre os mesmos sujeitos em título posterior àquele em que foram constituídas.

5 – O disposto nos números anteriores é igualmente aplicável aos instrumentos avulsos que contenham mais de um acto.

Artigo 40.º

1 – Por cada instrumento de protesto de títulos de crédito 9
2 – Pelo levantamento de cada título antes de protestado 9
3 – Pela informação, dada por escrito, referentes a registo lavrado no livro de protestos de títulos de crédito, por cada título 9

Artigo 41.º

Por cada notificação de titular inscrito efectuada nos termos do n.º 4 do artigo 99.º do Código do Notariado 45

Artigo 42.º

1 – Pelo reconhecimento de cada assinatura 11
2 – Por cada reconhecimento de letra e de assinatura 11
3 – Pelo reconhecimento que contenha, a pedido do interessado, a menção de qualquer circunstância especial 18
4 – Por cada termo de autenticação com um só interveniente .. 25
5 – Por cada interveniente a mais 6
6 – É gratuito o reconhecimento presencial de assinatura efectuado em declarações ou requerimentos para fins de atribuição, aquisição ou perda da nacionalidade portuguesa.

Artigo 43.º

Tradução de documentos feita na chancelaria consular e respectivo certificado de exactidão:
a) De língua estrangeira para portuguesa, cada lauda ou fracção .. 32
b) De língua portuguesa para estrangeira, cada lauda ou fracção .. 37
c) De línguas orientais para português, cada lauda ou fracção 47
d) De português para línguas orientais, cada lauda ou fracção 56

Artigo 44.º

Certificado de exactidão de tradução de cada documento realizado por tradutor ajuramentado:
   a) Sendo a tradução de língua estrangeira para portuguesa 24
   b) Sendo a tradução de língua portuguesa para estrangeira 26

Artigo 45.º

1 – Por cada certidão, certificado diverso dos previstos na presente secção, pública-forma, fotocópia e respectiva conferência até quatro páginas, inclusive 20

2 – Por cada certidão, certificado diverso dos previstos na presente secção, pública-forma, fotocópia e respectiva conferência a partir da 5.ª página, por cada página a mais 2,50

Artigo 46.º

Por cada extracto para publicação 23

Artigo 47.º

Por cada registo lavrado no livro a que se refere a alínea f) do artigo 7.º do Código do Notariado 29

Artigo 48.º

1 – Pelos actos requisitados que não sejam outorgados por motivos imputáveis às partes é devido o emolumento correspondente a 80% do emolumento do respectivo acto.

2 – Tratando-se, porém, de escrituras de partilha ou doação, ao emolumento do número anterior acrescerá o emolumento previsto no n.º 2 do artigo 38.º reduzido a metade.

Artigo 49.º

Não são devidos emolumentos pelos certificados para efeitos de cobrança de pensões por acidente de trabalho, sobrevivência, reforma, aposentação ou para efeitos de subsídio de desemprego.

Artigo 50.º

São gratuitos os seguintes actos:

a) Rectificação resultante de erro imputável ao notário ou de inexactidão proveniente de deficiência de título emitido pelos serviços dos registos e notariado;

b) Sanação e revalidação de actos notariais.

Artigo 51.º

São devidos à Conservatória dos Registos Centrais:

a) Pela transcrição de cada escritura ou testamento outorgado no estrangeiro 43

b) Por cada boletim de informação ou certidão referente à existência de testamento 23

c) Pelo registo na Conservatória dos Registos Centrais de cada escritura, testamento público, testamento internacional, instrumento de aprovação, de depósito e abertura de testamento cerrado 9

Secção VII
Actos de comércio e navegação

Artigo 52.º

Pelo visto na declaração relativa à venda de carga no porto de arribada 45

Artigo 53.º

Pelos vistos nos seguintes actos:

a) Rol de tripulação 18

b) No rol de tripulação com designação dos portos de destino e declaração do modo como tiver o capitão observado a lei e regulamentos vigentes 18

Artigo 54.º

1 – Pelo despacho de navio que, conforme as circunstâncias e respectivas prescrições do Regulamento Consular, deva ser expedido ou legalizado em cada porto estrangeiro:

a) Navio português ou estrangeiro tomando carga para porto português 56
b) Navio português ou estrangeiro seguindo em lastro, sem lastro algum, não tomando carga para portos portugueses 31
c) Qualquer acto de despacho em caso não previsto nas alíneas a) e b 28

2 – Tratando-se de navio português em navegação costeira e de cabotagem, cobrar-se-á nos casos previstos do número anterior metade do emolumento respectivo.

3 – As taxas indicadas nos n.ᵒˢ 1 e 2 incidem sobre os despachos efectuados no primeiro porto de saída, sendo reduzidas a metade nos restantes portos em que toque o navio.

Artigo 55.º

Pelo relatório ou protesto de mar, seu recebimento e legalização .. 39

Artigo 56.º

Pela numeração e rubrica de qualquer dos livros de bordo 56

Artigo 57.º

Pelo inventário de navio, seus aprestos e carga:
a) Pela primeira lauda 56
b) Por cada lauda a mais 24

Artigo 58.º

Pela declaração de inavegabilidade e autorização para venda do navio 80

Artigo 59.º

Pela emissão de licença de embarque de marítimos portugueses em embarcações estrangeiras 10

Artigo 60.º

1 – Por inscrições de hipoteca provisórias ou definitivas, de consignação de rendimentos, penhora, arresto e locação financeira 16

2 – Por cada inscrição de aquisição anterior à daquele que se apresente a requerer o registo em seu nome 56

3 – Por cada inscrição transcrita em consequência de mudança de capitania ou delegação marítima 56

4 – Pelos averbamentos previstos no artigo 89.º do Decreto-Lei n.º 42645, de 14 de Novembro de 1959, que assumam a natureza de subinscrições 56

5 – Pelas inscrições de subinscrições que abranjam mais de um navio, acresce aos emolumentos previstos nos números anteriores, por cada navio a mais 56

6 – Pelo averbamento à inscrição não especialmente previsto .. 48

7 – Pelo averbamento de cancelamento 72

8 – Pela urgência na feitura de cada registo dentro do prazo legal, são acrescidos em 50% os respectivos emolumentos.

9 – Pela desistência do pedido de registo 34

10 – Pela recusa de registo são devidos 50% do emolumento correspondente ao acto.

Artigo 61.º

Pelo exame e legalização de escritura de compra de navio 106

Artigo 62.º

Pela mudança de bandeira:

a) De portuguesa para estrangeira, incluindo o registo e a recepção em depósito dos papéis da embarcação, além de outra taxa a pagar no caso de venda 222

b) De estrangeira para portuguesa, além de outra taxa a pagar no caso de venda 84

Artigo 63.º

Revogado

Portaria n.º 7/2008 *de 03 de Janeiro de 2008, com entrada em vigor no dia 04 de Janeiro de 2008*

Artigo 64.º

Pelo certificado de navegabilidade provisório 66

Artigo 65.º

1 – Pela requisição e emissão de certidão negativa 26
2 – Pela requisição e emissão de certidão ou fotocópia de actos de registo:
   a) Respeitante a um só navio 16
   b) Por cada navio a mais 16
3 – Pela requisição e emissão de certidão ou fotocópia de documentos, além do emolumento do acto respeitante a um só navio, acresce por cada página 2,50
4 – Pela confirmação do conteúdo da certidão ou fotocópia é devido o emolumento da respectiva emissão, reduzido a metade.
5 – Pela informação dada por escrito:
   a) Em relação ao navio 11
   b) Por cada navio a mais 11
6 – Por fotocópia não certificada, por cada página 2,50
7 – O emolumento devido pelas certidões e fotocópias é cobrado no acto do pedido, sendo restituído no caso de recusa da sua emissão.

Artigo 66.º

O registo de rectificação é gratuito salvo se se tratar de inexactidão proveniente de deficiência dos títulos que não sejam emitidos pelos serviços dos registos e notariado.

Secção VIII
Vistos

Artigo 67.º

1 – Pelos custos administrativos do tratamento de pedidos de vistos uniformes são cobrados os seguintes emolumentos:
   a) Visto de escala (tipo A) 60
   b) Visto de trânsito (tipo B) 60
   c) Visto de curta duração de 1 a 90 dias (tipo C) 60
   d) Visto de validade territorial limitada (tipos B e C) 60

e) Visto colectivo (tipos A, B e C) – (euro) 60, acrescendo mais (euro) 1 por pessoa.

2 – *Pelos custos administrativos do tratamento de pedidos de visto nacionais:*
   a) De residência 80
   b) De estada temporária 65
Portaria n.º 7/2008 *de 03 de Janeiro de 2008, com entrada em vigor no dia 04 de Janeiro de 2008*

3 – Pelos custos administrativos do tratamento do visto de longa duração concomitante com o visto de curta duração:
   a) Em passaporte individual 80
   b) Em passaporte familiar 85

4 – Estão isentos do pagamento dos emolumentos relativos a vistos uniformes os requerentes de visto de uma das seguintes categorias:
   a) Menores de 6 anos;
   b) Alunos do ensino primário e secundário, estudantes do ensino superior, estudantes de pós-graduação e professores e acompanhantes que realizem viagem para fins de estudo ou de formação escolar;
   c) Investigadores nacionais de países terceiros que se desloquem para efeitos de investigação científica na Comunidade, tal como definidos na Recomendação n.º **2005/761/CE**, do Parlamento Europeu e do Conselho, de 28 de Setembro, destinada a facilitar a emissão pelos Estados membros de vistos uniformes de curta duração para os investigadores nacionais de países terceiros que se desloquem para efeitos de investigação científica na Comunidade.

5 – *Estão isentos do pagamento dos custos administrativos relativos ao tratamento de pedido de visto:*
   a) Os titulares de passaportes diplomáticos, de serviço, oficiais e especiais ou de documentos de viagem emitidos por organizações internacionais; **Portaria n.º 7/2008** *de 03 de Janeiro de 2008, com entrada em vigor no dia 04 de Janeiro de 2008*
   b) Os nacionais portugueses que tenham também a nacionalidade do país de residência e que por imposições locais não possam viajar com o passaporte português;
   c) Vistos concedidos a cidadãos estrangeiros que beneficiem de bolsas de estudo atribuídas pelo Estado Português; **Portaria n.º 7/2008** *de 03 de Janeiro de 2008, com entrada em vigor no dia 04 de Janeiro de 2008*

d) Os nacionais de países terceiros que sejam familiares de cidadãos da União Europeia ou do Espaço Económico Europeu, que exerçam o seu direito à livre circulação, entendendo-se por familiares neste contexto:

   i) O cônjuge de um cidadão da União Europeia;

   ii) O parceiro com quem um cidadão da União Europeia vive, em união de facto, constituída nos termos da lei ou com quem o cidadão mantém uma relação permanente devidamente certificada pela autoridade competente do Estado membro onde reside;

   iii) O descendente directo, com menos de 21 anos de idade ou que esteja a cargo de um cidadão da União Europeia, assim como o do cônjuge ou do parceiro na acepção da subalínea anterior;

   iv) O ascendente directo que esteja a cargo de um cidadão da União Europeia, assim como o seu cônjuge ou do parceiro na acepção da subalínea ii);

e) Os doentes beneficiários de acordos de cooperação com Portugal no domínio da saúde e respectivo acompanhante.

f) Vistos concedidos a descendentes de titulares de autorização de residência, ao abrigo das disposições sobre reagrupamento familiar; **Portaria n.º 7/2008** *de 03 de Janeiro de 2008, com entrada em vigor no dia 04 de Janeiro de 2008*

g) Vistos de estada temporária e vistos de residência para actividades de investigação altamente qualificada. **Portaria n.º 7/2008** *de 03 de Janeiro de 2008, com entrada em vigor no dia 04 de Janeiro de 2008*

SECÇÃO IX
Actos diversos

ARTIGO 68.º

Pelo certificado expedido a favor de sociedades estrangeiras que desejam estabelecer ou criar sucursais em Portugal, que se encontrem constituídas segundo as leis do respectivo país 190

ARTIGO 69.º

Pela intervenção do funcionário consular na venda de navio português 100

ARTIGO 70.º

Pela presidência de funcionário consular a um leilão ou arrematação em hasta pública (excepto no caso a que se refere o artigo anterior) 50

ARTIGO 71.º

Pelo depósito de documentos, processos ou registos a requerimento particular, incluindo o respectivo termo 66

ARTIGO 72.º

1 – Pela guarda e depósito de dinheiro, bens ou quaisquer valores ou títulos alheios a espólios, incluindo o acto de levantamento 20

2 – Não é devido qualquer emolumento relativamente ao período de indisponibilidade dos valores depositados em virtude de restrições impostas pelas autoridades locais.

ARTIGO 73.º

Por cada página ou fracção de fotocópia simples não certificada . 2,50

ARTIGO 74.º

Pela recepção e encaminhamento de pedidos de emissão, de renovação ou de averbamentos de documentos oficiais 7

ARTIGO 75.º

1 – Pela utilização do serviço de telecópia nos serviços consulares para emissão de documentos são cobrados os seguintes emolumentos:
a) Por qualquer documento que contenha até sete folhas, incluindo as do pedido e resposta e uma eventual folha de certificação ou encerramento:
Nos serviços consulares portugueses na Europa 20
Nos serviços consulares portugueses fora da Europa 50
b) Por cada folha a mais, nos casos previstos na alínea anterior, acrescem, respectivamente, (euro) 2,50 e (euro) 7,50.

2 – O pedido a que se refere a alínea a) do número anterior pode substituir o modelo legal de requisição de certidão a que haja lugar, desde que dele constem os elementos nesta contidos.

3 – Se o pedido não for satisfeito por culpa dos serviços, o utente é reembolsado das quantias entregues.

Artigo 76.º

Pela intervenção na cobrança de créditos ou de quaisquer valores, decorrente da intervenção em espólios 50

Artigo 77.º

1 – Diligência não judicial de busca nos livros, papéis ou processos de posto consular:
a) Por cada ano indicado pela parte 16,50
b) Indicando a parte o dia, o mês e o ano................................. 8

2 – Os emolumentos referidos no número anterior não podem exceder 130

Artigo 78.º

Pela licença para transporte de cadáver 28

Artigo 79.º

Certificado de residência 26

Artigo 80.º

Certificado pela importação de automóvel 70

Artigo 81.º

Por qualquer acto não especificado na tabela 25

Artigo 82.º

Não estão sujeitas a quaisquer emolumentos importâncias dos actos referentes às importâncias cobradas pelos consulados destinadas às famílias de portugueses vítimas de acidentes de trabalho.

Capítulo II
Disposições finais

Artigo 83.º

Nenhum acto para a realização do qual se torne necessário comprovar a identidade do requerente será praticado a favor de cidadão português sem que este se encontre inscrito.

Artigo 84.º

A dedução das percentagens fixadas na secção VIII do capítulo I não prejudica o pagamento de emolumentos devidos pelos actos previstos nas outras secções e das necessárias despesas de conservação, bem como da cobrança de quaisquer rendimentos ou créditos.

Artigo 85.º

As remunerações de peritos são arbitradas segundo as leis e usos locais.

Artigo 86.º

1 – Pelos actos praticados fora da chancelaria, ou nesta mas fora das horas regulamentares, ou em dia em que aquela esteja encerrada, a solicitação dos interessados, serão cobrados emolumentos correspondentes ao dobro dos fixados na tabela para o respectivo ano.

2 – São pagos antecipadamente os emolumentos cobrados nos termos do número anterior, bem como as despesas de transporte, quando a elas houver lugar.

3 – Só podem ser praticados nos termos do n.º 1 os actos que digam respeito à navegação ou que revistam carácter de extrema urgência.

4 – Exceptua-se do n.º 1 o tratamento de pedidos de visto.

Artigo 87.º

São pagos antecipadamente os emolumentos dos actos solicitados pelo correio.

Artigo 88.º

1 – Para além dos emolumentos previstos na tabela, são cobrados:
a) O imposto de selo;
b) O valor dos impressos fornecidos pelos serviços competentes do Ministério dos Negócios Estrangeiros;
c) O valor dos impressos, taxas e emolumentos devidos a outras entidades;
d) As despesas de correio, telefone, telecópia, comunicação de dados e telex.

2 – Exceptuam-se do previsto no número anterior o tratamento de pedidos de visto.

Artigo 88.º-A

São cobrados os custos de transferência electrónica de fundos relativos a pedidos de actos efectuados por transmissão electrónica de dados. **Portaria n.º 7/2008** *de 03 de Janeiro de 2008, com entrada em vigor no dia 04 de Janeiro de 2008*

Artigo 89.º

1 – Ao interessado será passado recibo das importâncias pagas, de modelo aprovado nos termos do Decreto Regulamentar n.º 5/94, de 24 de Fevereiro.

2 – Quando for praticado um número plural de actos entre si relacionados, o recibo referido no número anterior é emitido pelo montante total dos emolumentos cobrados.

3 – O recibo passado nos termos do número anterior é acompanhado de uma nota discriminativa de todos os actos praticados e respectivos emolumentos.

Artigo 90.º

1 – Para além dos actos previstos no capítulo I, são igualmente gratuitos:
a) Os actos como tal qualificados por norma interna ou internacional;
b) Os actos requeridos por indigentes ou indivíduos que se encontrem privados dos meios necessários à sua subsistência;

c) Os actos requeridos por deficientes das Forças Armadas Portuguesas;

d) Os actos relativos à expedição de navios da Armada Portuguesa;

e) As certidões, atestados, legalizações e informações solicitadas para fins de interesse público por entidades oficiais que beneficiem de isenção de emolumentos legalmente prevista;

f) Os actos solicitados a favor de funcionários em missão oficial, bem como a favor dos professores de português no estrangeiro, na área consular em que exerçam funções;

g) Os actos solicitados a favor de funcionários diplomáticos ou consulares portugueses, ou membros do pessoal assalariado local das missões diplomáticas e postos consulares na localidade do posto onde se encontrem a exercer funções;

h) Os vistos em passaportes de serviço, diplomáticos ou comuns de funcionários diplomáticos, cônsules ou vice-cônsules, de suas famílias e pessoal do seu serviço doméstico;

i) A passagem de certidões ou fotocópias requeridas para fins de serviço militar;

j) Os assentos, certidões ou quaisquer outros actos ou documentos que tenham de ser renovados, substituídos ou rectificados em consequência de os anteriores se mostrarem afectados de vício, irregularidade ou deficiência, imputáveis aos serviços.

2 – As isenções previstas no número anterior e no capítulo I da tabela devem ser declaradas no título de receita, com expressa menção do artigo ou disposição que as prevêem.

3 – Por autorização do Ministro de Estado e dos Negócios Estrangeiros pode ser concedida a isenção ou a redução dos emolumentos previstos na tabela.

4 – *As isenções previstas no n.º 1 só se aplicam ao acto consular ou parte dele cujo emolumento reverte a favor do FRI.* **Portaria n.º 7/2008** *de 03 de Janeiro de 2008, com entrada em vigor no dia 04 de Janeiro de 2008*

Artigo 91.º

1 – O pagamento dos emolumentos consulares é feito em moeda local, quando convertível em euros ou noutra moeda convertível.

2 – A conversão em euros para a moeda onde forem cobrados os emolumentos consulares será calculada segundo a taxa de câmbio consular,

que não poderá desviar-se mais de 6% em relação ao câmbio de compra, do último dia útil do mês anterior, das divisas cotadas pelo Banco de Portugal.

3 – A taxa de câmbio consular será obrigatoriamente revista sempre que for superior a 6% do desvio entre o seu valor e a cotação de compra da respectiva divisa pelo Banco de Portugal, no último dia útil de cada mês.

4 – A taxa revista em consequência do desvio referido no número anterior aplicar-se-á a partir do último dia do mês seguinte àquele em que se verificou o desvio em causa.

5 – Quando uma divisa não for cotada pelo Banco de Portugal, a taxa de câmbio consular será calculada por meio de câmbio cruzado em função do euro ou do dólar norte-americano e com base nas cotações praticadas no último dia útil do mês anterior.

6 – A taxa de câmbio consular da divisa referida no número anterior será revista em termos análogos ao previsto no n.º 3.

7 – As quantias em moeda estrangeira resultantes da conversão ao abrigo dos números anteriores serão arredondadas, por excesso, para a unidade divisionária imediatamente superior.

Portaria n.º 350/98
de 22 de Junho

Tendo em vista o disposto no n.º 3 do artigo 1.º do Decreto-Lei n.º 75/98, de 27 de Março, cumpre identificar os cônsules honorários que poderão, a título excepcional, continuar a praticar actos nos domínios contemplados pelo n.º 2 do artigo 35.º do Regulamento Consular, aprovado pelo Decreto-Lei n.º 381/97, de 30 de Dezembro.

Com efeito, a prática de determinados actos de registo civil e de notariado e a emissão de títulos de viagem, bem como a intervenção em operações de actualização de recenseamento eleitoral, poderão ser, deste modo, autorizadas aos postos consulares honorários que se encontrem a mais de 500 km dos consulados de carreira de que dependam ou que se situem em ilhas, aos que pratiquem mais de 1000 actos anuais e, bem assim, aos que existam em países onde não haja outra representação diplomática ou consular portuguesa.

Nessa conformidade:

Manda o Governo, pelo Ministro dos Negócios Estrangeiros, ao abrigo do n.º 3 do artigo 1.º do Decreto-Lei n.º 75/98, de 27 de Março, o seguinte:

1.º Os Consulados Honorários em Léon, Los Angeles, Manaus, Melbourne, Miami, Orense, Perth, St. Hélier, Waterbury e Winnipeg ficam autorizados a praticar actos de registo civil, de notariado e de recenseamento eleitoral e a emitir documentos de viagem.

2.º Os Consulados Honorários em Antuérpia, Adelaide, Brisbane, Curaçau, Darwin, Filadélfia, Gotemburgo, Malmo, Manchester, Mbabane e Mindelo ficam autorizados a praticar actos de registo civil, de notariado e de recenseamento eleitoral.

3.º Os Consulados Honorários em Accra, Amã, Aruba, Assunção, Aukland, Badajoz, Bangui, Blantyre, Ciudad Guyana, Comodoro

Ribadavia, Cumaná, Damasco, Edmonton, Fortaleza, Georgetown, Guatemala, Guayaquil, Karachi, Khartoum, Kingstown, Kuala-Lumpur, Huelva, La Paz, La Guaira, La Valetta, Liège, Londrina, Malabu, Manágua, Manamá, Maracaíbo, Mascate, Munique, Nassau, Panamá, Panamaribo, Port Louis, Port of Spain, Quebec, Quito, Reykjavik, Rosário, São José da Costa Rica, São Luís, São Salvador, Salamanca, Santo Domingo, St. John's, Tegucigalpa, Vitória e Wellington ficam autorizados a praticar actos de recenseamento eleitoral.

Ministério dos Negócios Estrangeiros.
Assinada em 30 de Abril de 1998.
O Ministro dos Negócios Estrangeiros, *Jaime José Matos da Gama.*

Decreto-Lei n.º 75/98
de 27 de Março

Enquanto não estiver concluída a reestruturação, em curso, da rede consular, nem sempre alguns postos de carreira poderão assegurar uma cobertura eficaz de determinadas zonas incluídas nas respectivas áreas de jurisdição onde residem comunidades portuguesas.

Por outro lado, a frequência de determinados actos de protecção consular aconselha, para evitar maiores incómodos às nossas comunidades, que os mesmos se realizem nos postos consulares mais próximos.

Ora, uma vez que o actual estado de cooperação consular europeia não permite ainda retirar aos cônsules honorários certas competências que lhes têm sido reconhecidas, julga-se conveniente a possibilidade de permitir aos referidos cônsules a prática dos actos acima mencionados.

Assim:

Nos termos da alínea a) do n.º 1 do artigo 198.º da Constituição, o Governo decreta o seguinte:

Artigo 1.º
Competências

1 – É exceptuada do disposto no n.º 2 do artigo 35.º do regulamento aprovado pelo Decreto-Lei n.º 381/97, de 30 de Dezembro, a competência dos cônsules honorários para a prática de actos a que respeitam os artigos 18.º, 24.º, n.ºs 2 e 3, 46.º, 47.º, 48.º, 49.º, 52.º, 53.º, 56.º, 59.º, 79.º e 80.º da Tabela de Emolumentos Consulares, aprovada pela Portaria n.º 754/96, de 23 de Dezembro.

2 – O Ministro dos Negócios Estrangeiros poderá, a título excepcional e em casos devidamente fundamentados, autorizar que cônsules honorários exerçam as competências próprias dos vice-cônsules dos consulados de carreira relativamente a:

a) Actos de registo civil e de notariado;

b) Operações de recenseamento eleitoral;
c) Emissão de documentos de viagem.

3 – A autorização prevista no número anterior será dada por portaria, da qual constará, igualmente, a enumeração dos actos que podem ser praticados.

Artigo 2.º
Produção de efeitos

O presente diploma produz efeitos a partir de 30 de Janeiro de 1998.

Visto e aprovado em Conselho de Ministros de 12 de Fevereiro de 1998. – *António Manuel de Oliveira Guterres – Luís Filipe Marques Amado – José Eduardo Vera Cruz Jardim.*

Promulgado em 13 de Março de 1998.

Publique-se.

O Presidente da República, Jorge Sampaio.

Referendado em 17 de Março de 1998.

O Primeiro-Ministro, *António Manuel de Oliveira Guterres.*

Despacho Normativo n.º 14/2006

Publicado no Diário da República,
1.ª série – N.º 45 – 3 de Março de 2006 – Página **1678**

Considerando que não são suficientemente claras as normas em vigor quer sobre o conceito de «chefia de missão ou embaixada» quer sobre as relações jurídico-funcionais entre o embaixador de Portugal em dado país e os cônsules-gerais, cônsules e cônsules honorários no mesmo país;

Considerando a competência ministerial para, com eficácia obrigatória para os serviços, interpretar oficialmente as normas vigentes e integrar as suas lacunas;

Ouvidos o secretário-geral do Ministério e o respectivo Departamento de Assuntos Jurídicos (DAJ):

Determino:

1 – O chefe de missão diplomática, ou quem suas vezes fizer, na chefia de uma embaixada ou de uma missão permanente junto de uma organização multilateral é o máximo superior hierárquico de todo o pessoal que aí preste serviço, quer se trate de pessoal diplomático quer de todas as outras categorias de pessoal.

2 – Do disposto no número anterior decorrem para o chefe de missão diplomática os poderes legais próprios do superior hierárquico e, nomeadamente, o poder de direcção (com o correlativo dever de obediência), o poder de fiscalização e o poder disciplinar sobre todo o pessoal da missão em causa.

3 – Sem prejuízo da autonomia funcional que lhes é reconhecida por lei, todos os cônsules-gerais, cônsules e cônsules honorários acreditados em cada país têm um dever geral de subordinação ao embaixador de Portugal nesse país, estando sujeitos, a título permanente, aos poderes de orientação, coordenação e superintendência do embaixador.

4 – Em caso de crise na organização ou funcionamento de qualquer consulado que possa pôr em causa o relacionamento político com o país de acolhimento ou a boa imagem de Portugal no mesmo, o Ministro dos Negócios Estrangeiros pode submetê-lo, por ordem verbal ou despacho escrito, à intervenção do embaixador, a exercer no âmbito dos poderes referidos no número anterior do presente despacho.

5 – O embaixador de Portugal, face a uma situação que entenda ser de emergência e na impossibilidade de receber em tempo útil qualquer decisão do Ministro dos Negócios Estrangeiros no sentido referido no n.º 4, deverá, por sua iniciativa, proceder à intervenção ali prevista no consulado em crise, pedindo de imediato ao Ministro a confirmação da sua decisão por escrito e relatando todas as medidas que haja tomado no exercício da intervenção em causa.

Ministério dos Negócios Estrangeiros, 30 de Janeiro de 2006. – O Ministro de Estado e dos Negócios Estrangeiros, *Diogo Pinto de Freitas do Amaral.*

Portaria n.º 799/2004
de 13 de Julho

Na sequência da criação e da reestruturação de alguns consulados honorários, e à semelhança do que já acontece relativamente a outros postos consulares honorários, referidos na Portaria n.º 350/98, de 22 de Junho, afigura-se conveniente alargar algumas competências próprias dos vice-cônsules dos consulados de carreira a cônsules honorários, de forma a melhorar o serviço público prestado.

Assim:

Manda o Governo, pela Ministra dos Negócios Estrangeiros e das Comunidades Portuguesas, ao abrigo dos n.ºs 2 e 3 do artigo 1.º do Decreto-Lei n.º 75/98, de 27 de Março, o seguinte:

1.º O Consulado Honorário de Portugal no Mindelo fica autorizado a praticar actos de registo civil, de notariado e de recenseamento eleitoral e a emitir documentos de viagem.

2.º Os Consulados Honorários de Portugal em Bangui, Fortaleza, Halifax, Kingston, Leamington, London, Niteroi e Rouen ficam autorizados a praticar actos de registo civil, de notariado e de recenseamento eleitoral.

A Ministra dos Negócios Estrangeiros e das Comunidades Portuguesas, *Maria Teresa Pinto Basto Gouveia*, em 1 de Junho de 2004.

Resolução do Conselho de Ministros n.º 66/2007

Publicada no Diário da República,
1.ª série – N.º 87 – 7 de Maio de 2007 – Página **2981**

A rede consular portuguesa, sustentada nos princípios e objectivos constantes das convenções internacionais, cresceu e desenvolveu-se fundamentalmente à luz da existência e da presença de portugueses a residir e a trabalhar nos diferentes países do mundo.

Portugal é, desde há vários séculos, um país de emigração. Ao longo da sua história têm-se revelado diversos fluxos de saída de cidadãos nacionais, claramente datados. Os principais destinos emigratórios foram: no século XIX, o Brasil; no início do século XX, os Estados Unidos da América e Canadá; nas décadas de 50 e 60, a África do Sul e a Venezuela, e, nas décadas de 60 e 70, França, Alemanha, Bélgica, Suíça, Holanda, Inglaterra e Luxemburgo.

A partir da década de 80 verificou-se um enorme decréscimo no número de nacionais emigrantes, mas, mais recentemente, a livre circulação de pessoas nos Estados membros da União Europeia e uma maior oportunidade de emprego em muitos destes países têm contribuído para um aumento da emigração portuguesa na Europa.

Os Estados membros da União Europeia têm promovido politicamente a mobilidade, no seu seio, através de estímulos e medidas económicas e sociais adequadas e dos instrumentos jurídicos necessários, por forma a garantir que o direito de livre circulação de pessoas seja garantido em todas as suas vertentes.

Por outro lado, Portugal, país tradicionalmente de emigração, passou, já nas últimas décadas do século XX, a país de acolhimento de trabalhadores estrangeiros, impondo-se o acompanhamento desta nova realidade tendo em consideração os países de origem das diferentes comunidades.

Atendendo às mudanças ocorridas, o Governo, através do Ministério dos Negócios Estrangeiros, desenvolveu um estudo sobre a rede consular portuguesa no mundo: coligiu-se informação com dados objectivos sobre a realidade consular de cada país; examinou-se e avaliou-se a comunidade portuguesa residente no estrangeiro e as suas necessidades; analisou-se a procura do tipo de serviços consulares e o modo de funcionamento e organização das respectivas estruturas, tendo-se concluído pela urgência de proceder a uma reforma da rede, dos serviços e da acção consulares.

Desta avaliação, tendo presente uma visão global da rede consular portuguesa no mundo e tendo por base um conjunto de critérios objectivos, mas também políticos, resultou a necessidade de alterar o actual quadro de representações consulares adaptando-o às novas realidades e às reais necessidades.

Tem-se ainda presente que, na vigência deste governo, foram já abertas três estruturas consulares: o escritório consular na Córsega (França) e o Consulado-Geral em Manchester (Reino Unido) e o Consulado-Geral em Xangai (China), especialmente vocacionado para a promoção da economia portuguesa, a projecção da imagem do País e as relações bilaterais com a República Popular da China.

O estudo desenvolvido foi apresentado, numa primeira fase, a todos os membros do Conselho das Comunidades Portuguesas, à Associação Sindical dos Diplomatas Portugueses e ao Sindicato dos Trabalhadores Consulares e das Missões Diplomáticas de Portugal no Estrangeiro, os quais elaboraram contributos que foram tidos em conta na ponderação final.

Foi igualmente dado a conhecer à Assembleia da República na Comissão Parlamentar dos Negócios Estrangeiros e das Comunidades Portuguesas.

As alterações à rede dos consulados que o Governo promove inserem-se no objectivo mais vasto de uma reforma consular externa, no seu conjunto, aproveitando mais eficazmente os recursos limitados de que o País dispõe para promover de forma integrada os nossos interesses políticos, económicos e culturais.

Neste sentido, nos países com maior representação consular, pretende-se que as estruturas consulares se relacionem entre si, de forma hierarquizada, numa lógica de rede e em estreita articulação com outras estruturas de representação de interesses portugueses, designadamente da Agência para o Investimento e Comércio Externo de Portugal, E. P., e do Instituto Camões, I. P.

A reforma consular que o Governo pretende levar a cabo desenvolver-se-á através de quatro eixos de actuação fundamentais, ao longo do ano de 2007, garantindo permanentemente a acção diplomática e consular nas suas múltiplas vertentes:
I) Modernização e informatização dos serviços consulares, já em curso;
II) Reestruturação da rede consular portuguesa no mundo;
III) Definição e concretização das novas missões da acção consular;
IV) Aprovação de um conjunto de medidas administrativas e legislativas que visam, designadamente, criar, extinguir e alterar estruturas consulares, definir o novo modelo de funcionamento e organização das mesmas e suas competências, atribuições específicas e modos de articulação, como ainda o estatuto e carreiras dos funcionários dos serviços externos do Ministério dos Negócios Estrangeiros.

Assim:
Nos termos das alíneas d) e g) do artigo 199.º da Constituição, o Conselho de Ministros resolve:

1 – Redefinir o mapa da rede consular portuguesa, conforme o constante do anexo à presente resolução, que dela faz parte integrante.

2 – Definir as novas missões dos postos consulares, assentes na prestação dos serviços consulares e na valorização da representação dos interesses políticos, diplomáticos, económicos e culturais de Portugal.

3 – Assegurar uma articulação permanente, constante e efectiva com as demais instituições portuguesas com presença no estrangeiro, nomeadamente com a Agência para o Investimento e Comércio Externo de Portugal, E. P., e com o Instituto Camões, I. P.

4 – Modernizar, desburocratizar e informatizar os serviços consulares, através da simplificação e desmaterialização de procedimentos administrativos, no âmbito do Programa de Simplificação Administrativa e Legislativa – SIMPLEX, tendo em vista garantir ao utente a prestação de um serviço público de qualidade, eficiente e rápido, e por forma a permitir que aquele possa dispensar a deslocação física aos postos consulares.

5 – Desenvolver as funcionalidades do «consulado virtual», disponibilizando o mais vasto conjunto de serviços e informações possível, em articulação com a execução da reestruturação consular.

6 – Aprovar as medidas administrativas e legislativas que visem a prossecução das acções definidas nos números anteriores, designadamente:
   a) Redefinir o modo de funcionamento, organização, hierarquização, articulação e competências dos diferentes tipos de estruturas consulares em cada país;
   b) Fomentar a instituição de presenças consulares;
   c) Harmonizar procedimentos administrativos nos diferentes postos consulares e criar um manual orientador para a prática dos mesmos;
   d) Harmonizar os horários de funcionamento e atendimento ao público das estruturas consulares;
   e) Estabelecer novas regras relativas ao estatuto do pessoal dos serviços externos do Ministério dos Negócios Estrangeiros.

7 – Aprovar os instrumentos jurídicos necessários para a criação, extinção e modificação de categoria das estruturas consulares que devam sofrer este tipo de alterações no âmbito da redefinição da rede consular, nos termos do anexo à presente resolução, que dela faz parte integrante.

Presidência de Conselho de Ministros, 15 de Março de 2007. – O Primeiro-Ministro, *José Sócrates Carvalho Pinto de Sousa.*

ANEXO
Mapa da reestruturação da rede consular

I – Europa

No que diz respeito às alterações à actual rede consular na Europa, é de salientar que os portugueses residentes no estrangeiro são cerca de 2 milhões, encontrando-se, sobretudo, concentrados na França, Suíça e Alemanha, razão pela qual a reflexão sobre o apoio e presença consulares nestes países foi especialmente cuidada e complexa. Durante a década de 70 e 80, na Europa, de Espanha até à Alemanha, compreendia-se uma linha de colocação estratégica de consulados que se articulavam com o tráfego de ida e volta dos emigrantes. Urge, pois, ajustar esta rede às novas realidades estruturais e conjunturais de cada país e da comunidade portuguesa nele residente, atendendo simultaneamente a que, integrando a União Europeia, os portugueses ali gozam de todos os direitos, deveres e facilidades inerentes à cidadania europeia.

França é o país que carece de maiores alterações na rede consular. Concluiu-se, assim, pela importância de reformular a resposta consular, sobretudo na zona de Paris, reajustando-a ao tipo de procura. Optou-se por fundir os Consulados de Nogent-sur-Marne e Versailles no Consulado-Geral em Paris e transformar este posto numa estrutura capaz de responder, em horário alargado, com rapidez e eficiência às reais necessidades da comunidade portuguesa residente na zona envolvente.

Em contrapartida, serão promovidas presenças consulares semanais naquelas cidades, de modo a garantir um maior apoio consular a quem não queira, ou não possa, deslocar-se à capital francesa.

Com base nos pressupostos definidos para a reestruturação da rede, entendeu-se, por outro lado, readaptar a categoria dos postos consulares em Toulouse, Nantes, Clermont-Ferrand e Lille e extinguir os consulados em Orléans e Tours, onde serão criados consulados honorários e instituídas presenças consulares.

Na Suíça vai-se ao encontro da crescente procura dos serviços consulares no Ticino, criando um escritório consular nesta cidade.

Na Alemanha conclui-se pela necessidade de readaptação da categoria e tipo de resposta das estruturas consulares em Frankfurt e Osnabruck.

Reformula-se igualmente o mapa da rede consular em Espanha. As relações consulares e diplomáticas com este País devem assumir, prioritariamente, as novas missões de promoção dos interesses económicos de Portugal e da difusão da língua e cultura portuguesas. A cooperação com Espanha e com as suas regiões autónomas, em particular com as regiões transfronteiriças, assume um papel fundamental sobretudo no campo económico e comercial. Neste âmbito é importante salientar o trabalho que tem vindo a ser desenvolvido pela Comissão Luso-Espanhola para a Cooperação Transfronteiriça e, bem assim, o quadro formal de relacionamento especial entre instâncias e entidades territoriais das regiões de fronteira que a Convenção de Valência, assinada pelos dois Estados em 2002, veio criar.

No presente quadro, a cooperação entre as missões diplomáticas e as estruturas consulares portuguesas e a articulação permanente e efectiva destas com as demais instituições portuguesas com presença no estrangeiro, com particular relevância para a Agência para o Investimento e Comércio Externo de Portugal, E. P. E., garantirão a presença e defesa dos interesses de Portugal em Espanha, de acordo com as orientações definidas para as relações bilaterais com este país.

Assim, entende-se que devem ser extintos o Consulado-Geral em Madrid – criando-se, em alternativa, a secção consular na Embaixada de Portugal em Madrid – e o Consulado em Bilbao. Por outro lado, as relações económicas, políticas e culturais da região Galiza-Norte de Portugal, cuja importância se tem vindo a intensificar, nomeadamente com o reconhecimento do seu carácter estratégico por parte da União Europeia, e a dinâmica da cooperação transfronteiriça justificam a transformação do Consulado-Geral em Vigo em Vice-Consulado integrado com a Agência para o Investimento e Comércio Externo de Portugal,

E. P. E. Nesta mesma lógica de defesa e prossecução dos interesses económicos, também o Consulado-Geral em Sevilha se transforma em escritório consular a funcionar integrado com aquela agência.

Também as redes consulares portuguesas na Holanda e em Itália sofrem transformações: no primeiro caso, funde-se o Consulado-Geral em Roterdão na Secção Consular da Embaixada em Haia e, no segundo caso, extingue-se o Consulado-Geral em Milão, dado que as funções de apoio e prestação de serviços consulares são asseguradas pela Secção Consular da Embaixada em Roma e a componente económica e comercial das relações bilaterais com a Itália são garantidas pela Embaixada de Portugal em Roma em articulação e coordenação com a Agência para o Investimento e Comércio Externo de Portugal, E. P. E.

Consequentemente, a rede consular portuguesa na Europa sofrerá as seguintes alterações:

1) Alemanha:
   a) Transformação do Consulado-Geral em Frankfurt em vice-consulado;
   b) Transformação do Escritório Consular em Osnabruck em vice-consulado;

2) Espanha:
   a) Criação da Secção Consular na Embaixada em Madrid;
   b) Extinção do Consulado-Geral em Madrid e do Consulado em Bilbao;
   c) Criação de consulado honorário em Bilbao;
   d) Transformação do Consulado-Geral em Vigo em vice-consulado;
   e) Transformação do Consulado-Geral em Sevilha em escritório consular;

3) França:
   a) Extinção dos Consulados em Versalhes, Nogent-sur-Marne, Orléans e Tours;
   b) Transformação do Consulado-Geral em Toulouse e dos Consulados em Nantes e Clermont-Ferrand em vice-consulados;
   c) Transformação do Consulado em Lille em escritório consular;
   d) Criação de consulados honorários em Orléans e Tours;

4) Holanda:
   a) Extinção do Consulado-Geral em Roterdão;

5) Itália:
   a) Extinção do Consulado-Geral em Milão;
   b) Criação de consulado honorário em Milão;

6) Suíça:
   a) Criação de escritório consular no Ticino.

II – América do Norte

Na América do Norte residem mais de 1 500 000 portugueses e lusodescendentes – cerca de 974 000 nos Estados Unidos da América e cerca de 600 000 no Canadá.

Nos Estados Unidos da América verifica-se grande concentração da comunidade portuguesa na costa atlântica, o que justifica a decisão de ser criada uma nova estrutura em Orlando. Nos dois Estados contíguos de Rhode Island e Massachusetts, encontram-se o Consulado-Geral em Boston e os Consulados de New Bedford e Providence. Juntos servem uma população de 112 307 portugueses inscritos, pelo que, por forma a continuar a garantir, por um lado, a prestação de serviço eficaz e de qualidade à imensa comunidade portuguesa residente nesta área e, por outro, adaptando as estruturas às reais necessidades que ali se sentem, transforma-se o Consulado em Providence em vice-consulado, mantendo-se as outras duas estruturas inalteradas.

No que se refere aos Consulados-Gerais em Nova Iorque e em Newark, estes servem, no seu conjunto, um total de 124 973 portugueses inscritos, a sua maioria residente em Newark. Assim, considerando critérios relacionados com a distância, a facilidade de mobilidade, a resposta adequada aos serviços pretendidos e o aproveitamento e rentabilização de meios humanos e atendendo a que em Newark reside a esmagadora maioria da comunidade portuguesa, transforma-se o Consulado-Geral em Nova Iorque em escritório consular integrado com a Agência para o Investimento e Comércio Externo de Portugal, E. P. E., assegurando-se, deste modo, a presença portuguesa e a defesa e promoção dos interesses económicos e comerciais nacionais nesta cidade.

Relativamente ao Canadá, considera-se necessário proceder a um ajuste da presença portuguesa em Winnipeg, face ao número de portugueses residentes e de associações existentes naquela região, justificando-se a criação de um escritório consular.

Quanto à presença portuguesa nas Bermudas, atendendo à reduzida comunidade portuguesa ali presente e ao número de actos praticados, extingue-se o Consulado em Hamilton, passando a consulado honorário.

Consequentemente, a rede consular portuguesa na América do Norte sofrerá as seguintes alterações:

1) Estados Unidos da América:
   a) Transformação do Consulado-Geral em Nova Iorque em escritório consular;
   b) Transformação do Consulado em Providence em vice-consulado;
   c) Criação de consulado honorário em Ontário (Califórnia) e Oahu (Hawai);
   d) Criação de escritório consular em Orlando;

2) Canadá:
   a) Extinção do Consulado Honorário em Winnipeg;
   b) Criação de escritório consular em Winnipeg;

3) Bermudas:
   a) Extinção do Consulado em Hamilton;
   b) Criação de consulado honorário em Hamilton.

III – América do Sul

O número de portugueses residentes no Brasil e o facto de se tratar de um País com uma enorme dimensão justifica que se mantenha, na quase totalidade, a actual rede consular. Não obstante, tendo em conta que o Consulado-Geral de Portugal em São Paulo tem vindo a apresentar ganhos de eficiência e que o Consulado em Santos, situado a curta distância, pratica cerca de 9000 actos consulares por ano e cobre as necessidades de cerca de 28500 inscritos, extingue-se aquele Consulado, transferindo-se a sua área de jurisdição para o Consulado-Geral em São Paulo, passando Santos a receber presenças consulares semanais.

No que diz respeito aos Consulados em Belém, Recife, Curitiba e Porto Alegre, justifica-se a sua passagem a vice-consulados.

Inversamente, entende-se ser necessária a criação de um vice-consulado em Fortaleza, dado o aumento da comunidade portuguesa, bem como o crescente fluxo turístico e interesses empresariais portugueses na região.

Consequentemente, a rede consular portuguesa na América do Sul sofrerá as seguintes alterações:

1) Brasil:
   a) Extinção do Consulado em Santos;
   b) Transformação dos Consulados em Belém, Recife, Porto Alegre e Curitiba em vice-consulados;
   c) Criação de um vice-consulado em Fortaleza.

IV – África

No que se refere à situação da presença portuguesa na África do Sul, atendendo sobretudo à reduzida comunidade portuguesa ali presente e ao número de actos praticados, extingue-se o Consulado em Durban, passando a consulado honorário.

Relativamente à Namíbia, considerou-se não ser actualmente necessário um escritório consular em Windhoek em virtude de o número de portugueses ali residentes ser relativamente inexpressivo e o número de actos praticados reduzido, pelo que a presença portuguesa ficará assegurada com a criação de um consulado honorário, em substituição do Escritório Consular em Windhoek, que é extinto.

Assim, a rede consular portuguesa em África sofrerá as seguintes alterações:
1) África do Sul:
   a) Extinção do Consulado em Durban;
   b) Criação de consulado honorário em Durban;
2) Namíbia:
   a) Extinção do Escritório Consular em Windhoek;
   b) Criação de consulado honorário em Windhoek.

Decreto Regulamentar n.º 47/2007
de 27 de Abril

No quadro das orientações definidas pelo Programa de Reestruturação da Administração Central do Estado (PRACE) e dos objectivos do Programa do Governo no tocante à modernização administrativa e à melhoria da qualidade dos serviços públicos, com ganhos de eficiência, importa concretizar o esforço de racionalização estrutural consagrado no Decreto-Lei n.º 204/2006, de 27 de Outubro, que aprovou a Lei Orgânica do Ministério dos Negócios Estrangeiros, avançando na definição dos modelos organizacionais dos serviços que integram a respectiva estrutura.

Torna-se, assim, imperioso adaptar os meios e as estruturas existentes na Direcção-Geral dos Assuntos Consulares e Comunidades Portuguesas (DGACCP), assim como a sua orgânica e atribuições, a um novo modelo de funcionamento decorrente, por um lado, das novas exigências e tendências da sociedade civil e, em particular, das comunidades portuguesas e, por outro lado, dos novos modos e instrumentos de trabalho, onde se destacam as novas tecnologias.

As constantes alterações dos fluxos migratórios, as várias mudanças no perfil do português residente no estrangeiro, a crescente procura de informação e conselhos de ordem prática dos portugueses que se deslocam para fora do país, em turismo ou em trabalho, e a necessidade de garantir, com prontidão, apoio e protecção consulares em complexas e diferenciadas situações, assim como de zelar pela qualidade e eficiência dos serviços públicos prestados aos nacionais no estrangeiro exige que a DGACCP seja uma estrutura flexível e apetrechada com os recursos físicos e humanos capazes de assegurar a boa prossecução da missão e das atribuições deste serviço.

A DGACCP, enquanto responsável pela gestão dos postos consulares, que representam uma extensão da Administração Pública no estrangeiro, tem um papel determinante no relacionamento institucional com os portugueses que se encontram fora do seu país e que, enquanto executora das orientações políticas para a comunidade portuguesa, tem uma função única no apoio aos emigrantes, nomeadamente em termos sociais e jurídicos, de inserção sócio-cultural ou formação profissional.

Assim:

Ao abrigo do disposto no n.º 1 do artigo 24.º da Lei n.º 4/2004, de 15 de Janeiro, e nos termos da alínea c) do artigo 199.º da Constituição, o Governo decreta o seguinte:

Artigo 1.º
Natureza

1 – A Direcção-Geral dos Assuntos Consulares e Comunidades Portuguesas, abreviadamente designada por DGACCP, é um serviço central do Ministério dos Negócios Estrangeiros (MNE), integrado na administração directa do Estado e dotado de autonomia administrativa.

2 – A DGACCP tem uma unidade desconcentrada designada de Direcção de Serviços Regional localizada no Porto e com o âmbito territorial da região norte.

Artigo 2.º
Missão e atribuições

1 – A DGACCP tem por missão assegurar a efectividade e a continuidade da acção do MNE no domínio da gestão dos postos consulares e da realização da protecção consular, no plano das relações internacionais consular, bem como na coordenação e execução da política de apoio à emigração às comunidades portuguesas no estrangeiro.

2 – A DGACCP prossegue as seguintes atribuições:
   a) Orientar e supervisionar a actividade dos postos consulares;
   b) Assegurar a unidade da acção do Estado no domínio das relações internacionais de carácter consular;
   c) Assegurar a representação do Ministério nas comissões interministeriais e outros organismos nacionais quando as respectivas atribuições abrangerem questões de natureza consular ou relativas à situação dos portugueses residentes no estrangeiro e aos interesses daí decorrentes;

d) Executar as políticas dirigidas às comunidades portuguesas no estrangeiro e, em função das experiências recolhidas, contribuir para a sua melhor definição;
e) Promover e colaborar com outras entidades, nacionais e estrangeiras, em acções de formação profissional de cidadãos portugueses residentes no estrangeiro e em território nacional;
f) Conceber e propor programas de acção, decorrentes das políticas definidas pelo MNE, na relação com os cidadãos portugueses residentes no estrangeiro, em coordenação com entidades públicas e privadas, nacionais e estrangeiras, e outras organizações internacionais;
g) Garantir a prestação de apoio consular aos cidadãos portugueses no estrangeiro.

Artigo 3.º
Órgãos

1 – A DGACCP é dirigida por um director-geral coadjuvado por dois subdirectores gerais.

2 – Junto da DGACCP funcionam:
a) A Comissão Interministerial para as Comunidades Portuguesas, com funções de coordenação em matéria de política de emigração e de comunidades portuguesas no estrangeiro;
b) A Comissão Organizadora do Recenseamento Eleitoral dos Portugueses no Estrangeiro, que tem por missão organizar e apoiar o recenseamento eleitoral dos portugueses no estrangeiro e garantir a realização dos actos eleitorais e outros sufrágios junto das mesas eleitorais constituídas no estrangeiro.

Artigo 4.º
Director-geral

1 – Compete ao director-geral dirigir e orientar a acção dos órgãos e serviços da DGACCP, nos termos das competências que lhe forem conferidas por lei ou nele delegadas ou subdelegadas.

2 – Os subdirectores-gerais exercem as competências que lhes sejam delegadas ou subdelegadas pelo director-geral, devendo este identificar a quem compete substituí-lo nas suas faltas e impedimentos.

Artigo 5.º
Comissão Interministerial para as Comunidades Portuguesas

1 – A Comissão Interministerial para as Comunidades Portuguesas desempenha funções de coordenação em matéria de política de emigração e de comunidades portuguesas no estrangeiro.

2 – A organização e o funcionamento da Comissão Interministerial para as Comunidades Portuguesas são previstos em diploma próprio.

Artigo 6.º
Comissão Organizadora do Recenseamento Eleitoral dos Portugueses no Estrangeiro

1 – A Comissão Organizadora do Recenseamento Eleitoral dos Portugueses no Estrangeiro tem por missão organizar e apoiar o recenseamento dos portugueses no estrangeiro e garantir a realização dos actos eleitorais e outros sufrágios junto das assembleias eleitorais constituídas no estrangeiro.

2 – A organização e o funcionamento da Comissão Organizadora do Recenseamento Eleitoral dos Portugueses no Estrangeiro são previstos em diploma próprio.

Artigo 7.º
Tipo de organização interna

A organização interna dos serviços obedece ao modelo de estrutura hierarquizada.

Artigo 8.º
Regime administrativo e financeiro

1 – O apoio em matéria administrativa e financeira da DGACCP cabe ao Departamento Geral de Administração da Secretaria-Geral do Ministério dos Negócios Estrangeiros, a cujo director compete a autorização e pagamento das despesas, sem prejuízo de a DGACCP se encontrar sujeita às regras financeiras específicas dos serviços com autonomia administrativa.

2 – A DGACCP envia ao Departamento Geral de Administração da Secretaria-Geral do Ministério dos Negócios Estrangeiros toda a informação necessária ao exercício das competências que lhe são atribuídas.

Artigo 9.º
Receitas e despesas

1 – A DGACCP dispõe como receitas as dotações do orçamento de Estado e tem como despesas as decorrentes da prossecução das atribuições que lhe estão cometidas.

2 – As receitas e despesas da DGACCP são centralizadas no Departamento Geral de Administração da Secretaria-Geral do Ministério dos Negócios Estrangeiros.

Artigo 10.º
Quadro de cargos de direcção

Os lugares de direcção superior de 1.º e 2.º graus e de direcção intermédia de 1.º grau constam do mapa anexo ao presente decreto regulamentar, do qual faz parte integrante.

Artigo 11.º
Provimento de cargos de direcção

Nos termos do n.º 6 do artigo 23.º do Decreto-Lei n.º 204/2006, de 27 de Outubro, podem ser providos nos termos da lei geral os cargos de direcção superior de segundo grau e os cargos de direcção intermédia da DGACCP.

Artigo 12.º
Afectação de pessoal

A afectação à DGACCP do pessoal do quadro do Ministério é feita por despacho do secretário-geral do Ministério dos Negócios Estrangeiros, ouvido o Director-Geral.

Artigo 13.º
Efeitos revogatórios

Nos termos do artigo 5.º do Decreto-Lei n.º 201/2006, de 27 de Outubro, considera-se revogado na data de entrada em vigor do presente decreto regulamentar o Decreto-Lei n.º 53/94, de 24 de Fevereiro, com as alterações introduzidas pelos Decretos-Leis n.ᵒˢ 329/97, de 27 de Novembro, 76/98, de 27 de Março, 210/98, de 16 de Julho, 355/98, de

13 de Novembro, 235/99, de 25 de Junho, 430/99, de 22 de Outubro, e 253/2002, de 22 de Novembro.

Artigo 14.º
Regime transitório

O Centro Emissor para a Rede Consular, abreviadamente designado CERC, mantém-se em funcionamento, integrado na DGACCP, nos termos e com as competências previstas no Decreto-Lei n.º 1/95, de 12 de Janeiro, com as alterações introduzidas pelo Decreto-Lei n.º 115/2003, de 12 de Junho, até à conclusão da implementação do Cartão de Cidadão.

Artigo 15.º
Entrada em vigor

O presente decreto regulamentar entra em vigor no 1.º dia do mês seguinte ao da sua publicação.

Visto e aprovado em Conselho de Ministros de 14 de Dezembro de 2006. – *José Sócrates Carvalho Pinto de Sousa – Luís Filipe Marques Amado – Fernando Teixeira dos Santos.*
Promulgado em 27 de Março de 2007.
Publique-se.
O Presidente da República, Aníbal Cavaco Silva.
Referendado em 27 de Março de 2007.
O Primeiro-Ministro, *José Sócrates Carvalho Pinto de Sousa.*

ANEXO
(quadro a que se refere o artigo 7.º)

Designação dos cargos dirigentes	Qualificação dos cargos dirigentes	Grau	Número de lugares
Director-geral	Direcção superior	1.º	1
Subdirector-geral	Direcção superior	2.º	2
Director de serviços	Direcção intermédia	1.º	4

Despacho n.º 21 550/2007
de 17 de Setembro

Publicado no Diário da República,
2.ª série – N.º 179 – 17 de Setembro de 2007 – Página **27 090 a 27 091**

Ministério dos Negócios Estrangeiros

Secretaria-Geral

Despacho n.º 21 550/2007

O Decreto Regulamentar n.º 47/2007, de 27 de Abril, procedeu à reestruturação da Direcção-Geral dos Assuntos Consulares e Comunidades Portuguesas (DGACCP), a Portaria n.º 507/2007, de 30 de Abril, aprovou a organização e as atribuições e competências da sua estrutura nuclear, e a Portaria n.º 503/2007, de 30 de Abril, fixou o limite máximo das suas unidades orgânicas flexíveis.

Assim:

Ao abrigo dos n.ºs 5 a 8 do artigo 21.º e do n.º 5 do artigo 23.º da Lei n.º 4/2007, de 15 de Janeiro, com a redacção que lhe foi dada pela Lei n.º 51/2005, de 30 de Agosto, são criadas na DGACCP as seguintes unidades orgânicas flexíveis:

Artigo 1.º
**Unidades orgânicas flexíveis da Direcção-Geral
dos Assuntos Consulares e das Comunidades Portuguesas**

A Direcção-Geral dos Assuntos Consulares e das Comunidades Portuguesas, abreviadamente designada DGACCP, estrutura-se nas seguintes unidades orgânicas flexíveis:

  a) A Divisão de Apoio à Informatização dos Postos Consulares, na directa dependência do director-geral da DGACCP;

b) A Divisão de Planeamento e Administração Consular, integrada na Direcção de Serviços de Administração Consular;
c) A Divisão de Protecção Consular, integrada na Direcção de Serviços de Administração Consular;
d) A Divisão de Apoio Cultural e Associativismo, integrada na Direcção de Serviços de Emigração;
e) A Divisão de Apoio Social e Jurídico, integrada na Direcção de Serviços de Emigração;
f) A Divisão de Relações Públicas, Informação e Documentação, integrada na Direcção de Serviços de Emigração;
g) A Divisão de Qualificação Profissional, integrada na Direcção de Serviços de Emigração;
h) A Divisão de Vistos, integrada na Direcção de Serviços de Vistos e Circulação de Pessoas;
i) A Divisão de Acordos e Política Europeia de Vistos, integrada na Direcção de Serviços de Vistos e Circulação de Pessoas;
j) O Gabinete de Emergência Consular.

Artigo 2.º
Divisão de Apoio à Informatização dos Postos Consulares

À Divisão de Apoio à Informatização dos Postos Consulares cabem as competências previstas na alínea g) do n.º 2 do artigo 2.º da Portaria n.º 507/2007, de 30 de Abril.

Artigo 3.º
Divisão de Planeamento e Administração Consular

À Divisão de Planeamento e Administração Consular cabem as competências previstas nas alíneas c), e), f), i), m), n), o) e p) do n.º 2 do artigo 2.º da Portaria n.º 507/2007, de 30 de Abril.

Artigo 4.º
Divisão de Protecção Consular

À Divisão de Protecção Consular cabem as competências previstas nas alíneas a) e b) do n.º 2 do artigo 2.º da Portaria n.º 507/2007, de 30 de Abril.

Artigo 5.º
Gabinete de Emergência Consular

1 – Ao Gabinete de Emergência Consular cabem as competências previstas nas alíneas d), j) e l) do n.º 2 do artigo 2.º da Portaria n.º 507/2007, de 30 de Abril.

2 – O Gabinete de Emergência Consular é dirigido por um coordenador equiparado para todos os efeitos legais a chefe de divisão.

Artigo 6.º
Divisão de Apoio Cultural e Associativismo

À Divisão de Apoio Cultural e Associativismo cabem as competências previstas nas alíneas a), b), c) e j) do n.º 2 do artigo 3.º da Portaria n.º 507/2007, de 30 de Abril.

Artigo 7.º
Divisão de Apoio Social e Jurídico

À Divisão de Apoio Social e Jurídico cabem as competências previstas nas alíneas d), e), f), g), h) e j) do n.º 2 do artigo 3.º da Portaria n.º 507/2007, de 30 de Abril.

Artigo 8.º
Divisão de Relações Públicas, Informação e Documentação

À Divisão de Relações Públicas, Informação e Documentação cabem as competências previstas nas alíneas i) e j) do n.º 2 do artigo 3.º da Portaria n.º 507/2007, de 30 de Abril.

Artigo 9.º
Divisão de Qualificação Profissional

À Divisão de Qualificação Profissional cabem as competências previstas nas alíneas d) e l) do n.º 2 do artigo 2.º da Portaria n.º 507/2007, de 30 de Abril.

Artigo 10.º
Divisão de Vistos

À Divisão de Vistos cabem as competências previstas nas alíneas a) e c) do n.º 2 do artigo 4.º da Portaria n.º 507/2007, de 30 de Abril.

Artigo 11.º
Divisão de Acordos e Política Europeia de Vistos

À Divisão de Acordos e Política Europeia de Vistos cabem as competências previstas nas alíneas b), c) e e) do n.º 2 do artigo 4.º da Portaria n.º 507/2007, de 30 de Abril.

O presente despacho produz efeitos a partir de 1 de Maio de 2007.

3 de Setembro de 2007. – O Secretário-Geral, *Fernando d'Oliveira Neves.*

Lei n.º 4/1982
de 15 de Abril

Taxas de câmbio consular

A Assembleia da República decreta, nos termos da alínea d) do artigo 164.º e do n.º 2 do artigo 169.º da Constituição, o seguinte:

Artigo 1.º

O artigo 23.º da tabela de emolumentos consulares, aprovada pelo Decreto-Lei n.º 46641, de 13 de Novembro de 1965, passa a ter a seguinte redacção:

Art.º 23.º – 1 – A conversão dos escudos à moeda do país em que forem cobradas as taxas dos emolumentos consulares estabelecidas nas secções desta tabela será efectuada, segundo os câmbios fixados para este fim, pelo Ministério dos Negócios Estrangeiros, de acordo com o disposto nos números seguintes.

2 – As taxas de conversão de escudos nas moedas dos países em que são cobrados emolumentos consulares – taxas de câmbio consular – serão iguais aos câmbios de compra das divisas cotadas pelo Banco de Portugal.

3 – Quando alguma divisa não for cotada pelo Banco de Portugal, a taxa de câmbio consular será calculada por meio de câmbio cruzado (cross-rate), preferentemente em função do dólar dos EUA ou da libra esterlina.

4 – O montante em moeda estrangeira resultante da conversão, segundo os números anteriores, será arredondado, quando necessário, em ordem a facilitar a cobrança.

5 – As taxas de câmbio consular serão obrigatoriamente revistas no início de cada ano e, além disso, sempre que o desvio entre uma taxa de

câmbio consular em vigor e o câmbio no último dia de cada mês, determinado nos termos dos n.ᵒˢ 2 e 3, for igual ou superior a 6%.

6 – As taxas revistas em obediência ao número anterior entrarão em vigor até ao fim do mês seguinte ao da data da cotação que lhes servir de base.

Artigo 2.º

Todas as taxas de câmbio consular em vigor serão actualizadas com base nos câmbios do último dia do mês seguinte ao da promulgação da presente lei e as novas taxas serão postas em vigor até ao fim do segundo mês seguinte.

Artigo 3.º

Independentemente de as novas taxas de câmbio serem comunicadas aos postos consulares pelo Ministério dos Negócios Estrangeiros pelos meios habituais, a fim de serem postas em vigor, aquele Ministério dar-lhes-á publicidade em aviso no Diário da República.

Aprovada em 28 de Janeiro de 1982.

O Presidente da Assembleia da República, *Francisco Manuel Lopes Vieira de Oliveira Dias.*

CONSULADO VIRTUAL

O Consulado Virtual pretende facilitar o acesso aos serviços da Administração Pública disponíveis nos consulados portugueses de uma forma rápida e simples.

O que é o Consulado Virtual?

O Consulado Virtual consiste num sistema que, via Internet, permite disponibilizar um conjunto de serviços e informações até agora apenas acessíveis directamente nos postos e secções consulares portugueses.

Quem pode usufruir do Consulado Virtual?

Todos os utentes dos serviços prestados pelos postos e secções consulares portugueses, em especial os nacionais residentes no estrangeiro e inscritos no posto ou secção consular da sua área de residência.

Quais as vantagens na utilização do Consulado Virtual?

Desde logo, no consulado virtual é possível realizar integralmente um conjunto de serviços/actos que anteriormente apenas podiam ser realizados fisicamente num posto consular ou secção consular. Adicionalmente, no caso de serviços/actos que exigem a presença física do cidadão, é possível no Consulado Virtual proceder à marcação do serviço/acto, enviando em simultâneo um conjunto de informações que possibilitarão uma tramitação mais rápida do serviço/acto e um atendimento mais rápido e eficaz, aquando da deslocação ao posto ou secção consular.

O que é possível fazer no Consulado Virtual?

No Consulado Virtual, sempre que o serviço não exija a presença física do cidadão no posto ou secção consular, é possível a realização integral do serviço/acto solicitado, devendo ser enviados pelo requerente os dados necessários à sua execução e efectuado o pagamento do mesmo.

Caso o serviço/acto solicitado exija a presença física no posto ou secção consular, será possível ao cidadão no Consulado Virtual proceder à sua marcação. Neste caso poderá ainda, adicionalmente, enviar antecipadamente a informação necessária ao seu processo, o que permitirá um atendimento e processamento do pedido mais célere aquando da deslocação ao posto ou secção consular.

Como sei o estado actual dos meus pedidos?

O Consulado Virtual disponibiliza uma área específica em que cada cidadão poderá a qualquer momento consultar o estado dos seus pedidos pendentes, bem como o histórico de pedidos já concluídos. Através do Consulado Virtual, o cidadão receberá as informações registadas pelo posto ou secção consular sobre as acções que são necessárias à conclusão do serviço/acto.

Como obtenho a documentação final referente ao serviço/acto que iniciei no Consulado Virtual?

Para os pedidos de serviços/actos em que tal seja aplicável (por exemplo, certidões ou certificados), os documentos finais são enviados para a morada indicada pelo cidadão aquando do pedido, ficando o serviço/acto concluído. Para os pedidos de serviços/actos que exijam a presença física nas instalações consulares do interessado, a documentação será entregue da forma habitual

Como é tratado o meu pedido de serviço/acto?

O pedido introduzido pelo cidadão no Consulado Virtual será tratado no posto ou secção consular da sua área de residência, da mesma forma que seria caso o cidadão se deslocasse ao posto ou secção consular.

Como efectuo o pagamento do serviço/acto?

Para os casos em que é exigido o pagamento do serviço/acto no Consulado Virtual, este é realizado através da utilização de cartão de crédito.

O pagamento através de cartão de crédito na Internet é seguro?

No Consulado Virtual, quando o cidadão realiza um pagamento é accionado o processo que verifica se o cartão utilizado é válido. Caso se confirme a sua validade, é verificada a identidade do cliente, recorrendo em tempo real ao Emissor do Cartão de Crédito. Este valida a identidade do cliente e informa o Consulado Virtual que o cartão utilizado para pagamento é legítimo. A protecção dada por este protocolo nomeadamente em compras de origem fraudulenta, é totalmente garantida. Adicionalmente, o Consulado Virtual encontra-se protegido por um certificado digital, que permite a identificação inequívoca no mundo virtual, a realização de trocas de informação com confidencialidade, a certeza de que as mensagens enviadas não são alteradas e uma total declaração da autoria de mensagens.

Como posso aceder ao Consulado Virtual?

Através de www.consuladovirtual.pt, o cidadão poderá aceder directamente ao consulado virtual, através da introdução do seu código de utilizador e respectiva palavra passe.

Como posso ter o meu código de utilizador e palavra passe?

Através do site www.consuladovirtual.pt, o cidadão poderá iniciar o seu processo de registo caso se encontre já inscrito num posto ou secção consular, sendo-lhe enviado para a morada indicada o código de utilizador e a palavra passe. Caso o cidadão não se encontre ainda inscrito no posto ou secção consular da sua área de residência, poderá através do mesmo site iniciar o seu processo de inscrição provisória.

BIBLIOGRAFIA

FERREIRINHA, FERNANDO NETO E SILVA, ZULMIRA NETO LINO DA, *in* " Manual de Direito Notarial – Teoria e Prática", 2.ª edição, Almedina, 2004, Coimbra.

LIMA, PIRES DE E VARELA, ANTUNES, *in* " Código Civil – Anotado", 4.ª edição, Coimbra Editora, 1987, Coimbra.

MOCICA, FILOMENA MARIA B. MÁXIMO E SERRANO, MARIA DE LURDES M. SERRANO, *in* " Código do Registo Civil – Anotado", Editora Rei dos Livros, 2003, Lisboa.

NETO, ABÍLIO, *in* " Código de Processo Civil – Anotado", 15.ª edição, Ediforum, 2000, Lisboa.

ROCHA, JOSÉ CARLOS GOUVEIA, *in* " Código do Notariado – Anotado e Comentado", 2.ª edição, Almedina, 2004, Coimbra.

SAMPAIO, ÁLVARO, *in* " Código do Registo Civil – Anotado", 3.ª edição, Almedina, 2003, Coimbra.

SITES

Associação Sindical dos Conservadores dos Registos **http://www.ascr.pt/**
Caixa Geral de Aposentações **http://www.cga.pt/cgaInicio.asp**
Caixa Geral de Depósitos **https://caixaebanking.cgd.pt/servlet/icbApp//Main.html**
Comissão Internacional do Estado Civil **http://www.ciec1.org/**
Comissão Internacional do Estado Civil **http://www.gddc.pt/cooperacao/materia-civil-comercial/ciec.html**
Declarações Electrónicas **http://www.e-financas.gov.pt/de/jsp-dgci/main.jsp**
Direcção-Geral da Saúde **http://www.dgsaude.pt/default.aspx**
Direcção-Geral de Protecção Social aos Funcionários e Agentes da Administração Pública **http://www.adse.pt/default.aspx**
Embaixadas e Consulados em Portugal **http://www.psicologia.com.pt/profissional/projectos/ver_entidades.php?id=C60018&cod=C6-B**
Estatísticas da Justiça **http://www.siej.gplp.mj.pt/siej/SJ/main/home.aspx**
Gabinete de Estratégia e Planeamento **http://www.dgeep.mtss.gov.pt/**
Imprensa Nacional Casa da Moeda **http://www.incm.pt/**
Instituto dos Registos e do Notariado, I. P. **http://www.irn.mj.pt/IRN/sections/inicio/**
Jornal Oficial da Região Autónoma da Madeira **http://www.gov-madeira.pt/joram/**
Ministério da Justiça **http://www.mj.gov.pt/sections/home**
Ministério das Finanças **http://www.dgci.min-financas.pt/pt**
Ministério dos Negócios Estrangeiros **http://www.mne.gov.pt/mne/pt**
Ponto de Contacto Português da Rede Judiciária Europeia em Matéria Civil e Comercial **http://www.redecivil.mj.pt/index.htm**
Portal do Cidadão **http://www.portaldocidadao.pt/PORTAL/pt**
Presidência da República **http://www.presidencia.pt/**
Sistema de Gestão da Prova de Língua Portuguesa **http:/www.provalinguaportuguesa.gov.pt/**

ÍNDICE

ÍNDICE

Prefácio 7

1. ATRIBUIÇÃO 13
   POR EFEITO DA LEI 15
      1.1 Artigo 1.º n.º 1 alínea a) da Lei da Nacionalidade 15
      1.2 Artigo 1.º n.º 1 alínea b) da Lei da Nacionalidade 18
   POR EFEITO DA VONTADE 20
      1.3 Artigo 1.º n.º 1 alínea c) da Lei da Nacionalidade 20
      1.4 Artigo 1.º n.º 1 alínea d) da Lei da Nacionalidade 47
      1.5 Artigo 1.º n.º 1, alínea e) da Lei da Nacionalidade 53
      1.6 Artigo 1.º n.º 1, alínea f) da Lei da Nacionalidade 65

2. AQUISIÇÃO 67
   POR EFEITO DA VONTADE 71
      2.1 Aquisição por filhos menores ou incapazes 71
      2.2 Aquisição por efeito do casamento ou da união de facto 88
      2.3 Aquisição por declaração após aquisição de capacidade 106
   PELA ADOPÇÃO 119
      2.4 Aquisição com base na adopção plena 119
   OUTRAS AQUISIÇÕES 135
      2.5 A) Aquisição por mulher casada com estrangeiro 135
          B) Aquisição por quem, tendo tido a nacionalidade portuguesa, a perdeu por ter adquirido voluntariamente uma nacionalidade estrangeira 135
      2.6 Fundamentos de oposição à aquisição da nacionalidade por efeito da vontade ou da adopção 150
   POR NATURALIZAÇÃO 152
      2.7 É concedida a nacionalidade portuguesa por naturalização 152
      2.8 Pode ser concedida a nacionalidade portuguesa por naturalização 153

3. PERDA 199
   3.1 Perda da nacionalidade 201
   3.2 Outras perdas 211

4. DOCUMENTOS 213
   4.1 Procurações 215
   4.2 Substabelecimentos 216
   4.3 Legalização 231
   4.4 Apostilha 236
   4.5 Tradução 246

5. EMBAIXADAS E CONSULADOS 251
   LEGISLAÇÃO 287
   – Lei Orgânica n.º 2/2006 de 17 de Abril – Lei da Nacionalidade 289
   – Decreto-Lei n.º 237-A/2006 de 14 de Dezembro – Regulamento da Nacionalidade Portuguesa 311
   – Portaria n.º 1403-A/2006 de 15 de Dezembro – Aferição da Língua Portuguesa 355
   – Decreto-Lei n.º 308-A/1975 de 24 de Junho – Conservação da Nacionalidade Portuguesa 371
   – Decreto-Lei n.º 249/1977 de 14 de Junho – Actos lavrados nas ex--colónias 375
   – Decreto-Lei n.º 194/2003 de 23 de Agosto – Regulamento Emolumentar dos Registos e Notariado 379
   – Portaria n.º 996/98 de 25 de Novembro – Tabela de Emolumentos Pessoais 421
   – Legislação conexa 431

   CONSULADOS 435
   – Decreto-Lei n.º 162/2006 de 8 de Agosto – Regulamento Consular . 437
   – Portaria n.º 710/2007 de 11 de Junho – Tabela de Emolumentos Consulares 475
   – Portaria n.º 7/2008 de 3 de Janeiro – Tabela de Emolumentos Consulares – Republicação 483
   – Portaria n.º 350/98 de 22 de Junho – Cônsules honorários 517
   – Decreto-Lei n.º 75/98 de 27 de Março – Cônsules honorários 519
   – Despacho Normativo n.º 14/2006 – «chefia de missão ou embaixada» . 521
   – Portaria n.º 799/2004 de 13 de Julho – Cônsules honorários 523
   – Resolução do Conselho de Ministros n.º 66/2007 – Redefinição do mapa da rede consular portuguesa 525
   – Decreto Regulamentar n.º 47/2007 de 27 de Abril – Missão e atribuições da DGACCP 535

– Despacho n.º 21 550/2007 de 17 de Setembro – Criação de unidades flexíveis da DGACCP 541
– Lei n.º 4/1982 de 15 de Abril – Taxas de câmbio consular 545

Bibliografia 551

Sites 553

MINISTÉRIO DA JUSTIÇA

Decreto-Lei n.º 73/2008
de 16 de Abril

Artigo 1.º a Artigo 11.º *
* *Não se transcrevem por não se inserirem no âmbito da presente publicação.*

Artigo 12.º
Alteração ao Regulamento Emolumentar dos Registos e Notariado

Os artigos 22.º e 27.º do Regulamento Emolumentar dos Registos e Notariado, aprovado pelo Decreto-Lei n.º 322-A/2001, de 14 de Dezembro, com as alterações introduzidas pelo Decreto-Lei n.º 315/2002, de 27 de Dezembro, pela Lei n.º 32-B/2002, de 30 de Dezembro, e pelos Decretos-Leis n.ºˢ 194/2003, de 23 de Agosto, 53/2004, de 18 de Março, 199/2004, de 18 de Agosto, 111/2005, de 8 de Julho, 178-A/2005, de 28 de Outubro, 76-A/2006, de 29 de Março, 85/2006, de 23 de Maio, 125/2006, de 29 de Junho, 237-A/2006, de 14 de Dezembro, 8/2007, de 17 de Janeiro, e 263-A/2007, de 23 de Julho, pela Lei n.º 40/2007, de 24 de Agosto, e pelos Decretos-Leis n.ºˢ 324/2007, de 28 de Setembro, e 20/2008, de 31 de Janeiro, passam a ter a seguinte redacção:

«Artigo 22.º
[...]

1 – ...
2 – Inscrições e subinscrições:
2.1 – ...
2.2 – ...
2.3 – ...
2.4 – ...
2.5 – ...
2.6 – ...
2.7 – ...
2.8 – ...
2.9 – *Criação de representação permanente, incluindo a simultânea nomeação dos respectivos representantes – (euro) 200;*
2.10 – *(Anterior n.º 2.9.)*
2.11 – *(Anterior n.º 2.10.)*
3 – ...
4 – ...
5 – ...
6 – ...
7 – ...
8 – ...
9 – ...
10 – ...

11 – ...
12 – ...
13 – ...
14 – ...
15 – ...
16 – ...
17 – ...
18 – ...
19 – ...
20 – ...
21 – ...
22 – ...
23 – ...
24 – ...
25 – ...

Artigo 27.º
[...]

1 – ...
2 – ...
3 – ...
4 – *Regime especial de criação imediata de representações permanentes:*
4.1 – Pela prática dos actos compreendidos no regime especial de criação imediata de representações permanentes – (euro) 100;
4.2 – O emolumento previsto no número anterior tem um valor único e inclui o custo da publicação obrigatória do registo.
5 – (Anterior n.º 4.)
6 – (Anterior n.º 5.)
7 – (Anterior n.º 6.)
8 – (Anterior n.º 7.)
9 – (Anterior n.º 8.)»

Artigo 13.º a Artigo 14.º *

* Não se transcrevem por não se inserirem no âmbito da presente publicação.

Artigo 15.º
Entrada em vigor

O presente decreto-lei entra em vigor no dia seguinte ao da sua publicação.

Visto e aprovado em Conselho de Ministros de 28 de Fevereiro de 2008. – *José Sócrates Carvalho Pinto de Sousa – Alberto Bernardes Costa – José António Fonseca Vieira da Silva.*

Promulgado em 28 de Março de 2008.

Publique-se.

O Presidente da República, Aníbal Cavaco Silva.

Referendado em 31 de Março de 2008.

O Primeiro-Ministro, *José Sócrates Carvalho Pinto de Sousa.*